DESCRIPTION
DE
L'ÉGYPTE,

RECUEIL
DES OBSERVATIONS ET DES RECHERCHES

QUI ONT ÉTÉ FAITES EN ÉGYPTE

PENDANT L'EXPÉDITION DE L'ARMÉE FRANÇAISE.

SECONDE ÉDITION

DÉDIÉE AU ROI

PUBLIÉE PAR C. L. F. PANCKOUCKE.

TOME DIX-SEPTIÈME

ÉTAT MODERNE

IMPRIMERIE
DE C. L. F. PANCKOUCKE.

M. D. CCC. XXIV.

BIBLIOTHÈQUE
DE
MONTBÉLIARD.

Série VII N.º
C.ᵗᵉ A Rayon
Tablette

DESCRIPTION

DE

L'ÉGYPTE.

DESCRIPTION

DE

L'ÉGYPTE

OU

RECUEIL

DES OBSERVATIONS ET DES RECHERCHES

QUI ONT ÉTÉ FAITES EN ÉGYPTE

PENDANT L'EXPÉDITION DE L'ARMÉE FRANÇAISE.

SECONDE ÉDITION
DÉDIÉE AU ROI
PUBLIÉE PAR C. L. F. PANCKOUCKE.

TOME DIX-SEPTIÈME.

ÉTAT MODERNE.

PARIS
IMPRIMERIE DE C. L. F. PANCKOUCKE

M. D. CCC. XXIV.

ÉTAT MODERNE.

MÉMOIRE

SUR

L'AGRICULTURE, L'INDUSTRIE

ET LE COMMERCE

DE L'ÉGYPTE;

Par M. P. S. GIRARD,

Ingénieur en chef des Ponts et Chaussées, Membre de l'Académie royale des sciences et de l'Institut d'Égypte, Chevalier de l'ordre royal de la Légion d'honneur.

Immédiatement après l'occupation des différentes provinces de l'Égypte par l'armée française, je fus chargé de remonter le Nil jusqu'à la première cataracte, de reconnaître l'influence de ce fleuve sur la fertilité de cette contrée, et de recueillir les matériaux nécessaires pour établir sur un plan général le système de ses irrigations.

Je partis du Kaire, le 29 ventose de l'an VII (19 mars

1799), avec plusieurs membres de la Commission des arts : chacun de nous s'occupa, pendant le voyage, des recherches vers lesquelles son goût particulier l'appelait. Celles que je me proposais de faire ayant spécialement pour objet l'amélioration du pays, il fallait, avant tout, acquérir la connaissance exacte de son état actuel, et des ressources que lui procurent l'agriculture, l'industrie et le commerce. Le champ des renseignemens que j'avais à recueillir, se trouvait ainsi parfaitement circonscrit; et je l'ai parcouru avec d'autant plus de détails, que je m'y suis, pour ainsi dire, exclusivement renfermé.

Je commençai, dès le jour même de notre départ, à porter sur mon journal de voyage les renseignemens que je recueillais. Ils m'étaient fournis tantôt par les cheykhs des villages, que je faisais appeler; tantôt par de simples cultivateurs que je rencontrais; souvent par des voyageurs du pays, que nous recevions dans notre barque. L'interprète qui nous accompagnait, n'ayant presque toujours qu'à répéter les mêmes questions à ceux que j'interrogeais, parvint bientôt à saisir l'esprit de leurs réponses; et, si elles n'ont pas toujours été faites avec la même bonne foi, je suis sûr du moins qu'elles m'ont été rendues avec fidélité.

La partie supérieure du Sa'yd n'était point encore complétement occupée par les troupes du général Desaix, lorsque nous arrivâmes à Syout : cette circonstance nous retint dans cette ville depuis le 28 mars jusqu'au 18 mai suivant.

Je fus, pendant cet intervalle de temps, témoin d'une

partie des travaux de la moisson ; je les suivis avec un vif intérêt, et ils me donnèrent l'occasion d'apprendre, de la bouche même des cultivateurs qui s'en occupaient, en quoi consistaient les travaux de l'agriculture dans les autres saisons de l'année.

Nous nous rendîmes ensuite par terre, et à petites journées, en suivant la rive gauche du Nil, de Syout à Qené, où nous arrivâmes le 25 mai. Nous y trouvâmes le général Belliard, qui commandait dans cette province. Il venait d'achever les préparatifs d'une expédition à la tête de laquelle il devait prendre possession du port de Qoçeyr : elle se trouva prête le lendemain de notre arrivée. C'était l'occasion la plus favorable qui pût se présenter de reconnaître l'intérieur du désert par lequel la vallée du Nil est séparée de la mer Rouge, et de prendre, sur le commerce qui se fait entre l'Égypte et l'Arabie par cette voie, les renseignemens dont j'avais besoin. Je partis donc pour Qoçeyr avec cette expédition : elle se borna à mettre une garnison française dans ce port ; nous en étions de retour le 14 juin.

Nous séjournâmes à Qené jusqu'au 26. Là, comme à Syout, j'eus le temps de confirmer ou de rectifier ce que je savais déjà sur les travaux et les produits de l'agriculture : j'appris ce qu'ils avaient de particulier dans cette partie de l'Égypte, et quels étaient les différens genres d'industrie auxquels ses habitans se livrent.

Nous suivîmes la rive droite du Nil pour nous rendre à Esné, où nous arrivâmes le 30 juin. Cette ville m'offrit, pour l'objet spécial de mes recherches, les mêmes ressources que j'avais trouvées à Syout et à Qené. Après y être restés neuf jours, nous en partîmes le 9 juillet pour remonter jusqu'à la première cataracte, et le 12 nous nous trouvâmes à Syène. Notre séjour s'y prolongea jusqu'au 26; nous étions le 30 de retour à Esné. Nous y passâmes encore dix jours, après lesquels nous nous mîmes en route pour visiter la plaine de Thèbes. Nous y arrivâmes le 11 août. Nous nous établîmes d'abord sur la rive gauche du fleuve, dans le village d'el-Aqâlteh, à peu de distance du *Memnonium* et de Medynet-abou; nous passâmes, le 19 août, sur la rive opposée; nous restâmes à Louqsor jusqu'au 29; enfin, nous remontâmes à Esné, où nous demeurâmes une troisième fois jusqu'au 14 septembre. Ainsi nous avons passé vingt-cinq jours dans cette ville, à trois reprises différentes.

Je n'avais pas besoin de m'arrêter à Qené, où notre séjour s'était déjà prolongé pendant près d'un mois, lorsque nous remontions le Nil; mais j'avais traversé sans m'y arrêter la province de Girgeh, l'une des plus importantes du Sa'yd, et je désirais beaucoup y recueillir quelques informations. J'y demeurai depuis le 12 jusqu'au 20 septembre. Je passai ensuite trois jours à Akhmym sur la rive droite du Nil. Enfin, en descendant ce fleuve, j'arrivai à Syout le 3 vendémiaire de l'an VIII (25 septembre 1799).

Les eaux de l'inondation, qui avaient couvert la campagne, venaient de s'écouler, et je pus être témoin des semailles, que l'on commençait. Le général Desaix avait depuis quelque temps établi ses quartiers à Syout, d'où il observait les mouvemens de Mourâd-bey. Il en partit le 1er octobre pour se mettre à sa poursuite, et le pousser dans le désert jusqu'au-delà du Fayoum, en couvrant la rive gauche du canal de Joseph. Je l'accompagnai dans cette excursion; mais, dix jours après, le général Desaix ayant reçu en même temps la nouvelle du départ du général en chef pour la France, et l'ordre de revenir au Kaire, il fallut renoncer pour cette fois au projet de visiter la province du Fayoum. Nous remontâmes à Minyeh, où nous nous embarquâmes sur le Nil le 14 octobre : j'arrivai au Kaire le 16, après une absence de sept mois.

Le général Kléber, qui était à la tête de l'armée, avait changé le système des travaux de l'Institut d'Égypte et de la Commission des arts. Il avait créé plusieurs commissions chargées de rassembler les divers documens qu'on jugeait le plus utiles : je fus adjoint à celles d'agriculture et de commerce. Je passai une partie des mois de novembre et de décembre, tant à mettre en ordre les matériaux que j'avais rapportés de la haute Égypte qu'à m'en procurer de nouveaux pour former mon contingent dans le travail des commissions dont je faisais partie. Je visitai pendant ces deux mois les plaines d'*Héliopolis*, des Pyramides et de Saqqârah, où je passai plusieurs jours. Ce fut pendant cet intervalle que s'établirent avec les principaux négocians du Kaire, chrétiens ou turks, les relations qui m'ont mis à portée d'acquérir sur le commerce actuel de l'Égypte les notions que j'exposerai dans la suite de ce mémoire.

Je profitai, le 24 décembre 1799, d'une occasion qui se présenta de faire la reconnaissance de la route du

Kaire à Suez par la vallée de l'Égarement. Nous arrivâmes dans ce port le 28, après quatre jours de marche : nous y séjournâmes jusqu'au 22 janvier 1800 ; ce qui me permit d'ajouter de nouveaux renseignemens à ceux que j'avais déjà sur le commerce de l'Égypte avec l'Arabie. Nous prîmes pour revenir au Kaire le chemin le plus court, qui passe entre le Moqattam et Birket el-Hâggy. Nous y étions de retour le 24 janvier.

A cette époque, l'Égypte était menacée et fut bientôt envahie par les troupes ottomanes; il fallut en faire une seconde fois la conquête, que décida la bataille d'*Héliopolis* : je demeurai à Gyzeh pendant tout le temps qui s'écoula depuis cette bataille jusqu'à ce que l'on pût de nouveau occuper la haute Égypte; je l'employai à vérifier les informations qui m'avaient été données précédemment sur l'agriculture des environs du Kaire.

Les nouvelles garnisons destinées pour la haute Égypte ne partirent que le 10 mai. J'accompagnai le général Zayonchek, auquel le commandement des provinces de Beny-Soueyf et du Fayoum avait été donné. Nous suivîmes par terre, avec son infanterie, la rive gauche du Nil, et nous arrivâmes à Beny-Soueyf le 13.

Cette marche à petites journées, avec un corps de troupes assez fort, me laissa le temps de prendre de nouveaux renseignemens sur l'agriculture du pays que je parcourais.

Après avoir passé trois jours près du général Zayonchek, je partis pour visiter la province du Fayoum. Je l'ai parcourue dans tous les sens, avec le commandant des troupes, qui y levait les contributions : j'y restai depuis le 17 mai jusqu'au 23 juin; et ce jour même je partis de Beny-Soueyf, avec une escorte de six janissaires, qui m'accompagnèrent jusqu'au Kaire, où j'arrivai trois jours après.

Le général en chef Kléber avait été assassiné le 14 juin, et le commandement de l'armée avait passé en d'autres mains.

Je résidai au Kaire pendant cinq mois environ, attendant le moment favorable de parcourir la basse Égypte. L'inondation de cette année avait été très-abondante, et il fallait que les terres fussent découvertes, afin de pouvoir visiter commodément le Delta.

Enfin je partis le 10 décembre : je parcourus d'abord la province de Menoufyeh, du midi au nord; je séjournai à Tantah; j'atteignis la branche du Nil qui passe à Rosette vis-à-vis du poste de Rahmânyeh, d'où, en me dirigeant à l'est, je me rendis à Semennoud, sur la branche de Damiette, en passant par Mehallet el-Kebyr.

Je quittai Semennoud le 31 décembre, et je m'embarquai sur le canal de Ta'bânyeh, qui se jette dans le lac Bourlos. Après avoir traversé ce lac pendant la nuit, j'arrivai au village de Beltym, le plus considérable de tous ceux que l'on voit bâtis sur la langue de terre qui sépare ce lac de la mer. Nous en partîmes le 2 janvier 1801, et nous nous rendîmes, toujours en suivant le lac, au village de Rous, situé sur la droite du Nil, vis-à-vis de Rosette.

Le général Zayonchek commandait dans cette ville;

je restai près de lui jusqu'au 9 : là, comme dans le Fayoum, il me procura avec la plus grande bienveillance tous les moyens de faciliter mes recherches.

Je repassai le Nil à son embouchure : je suivis le bord de la mer pendant deux journées de marche, jusqu'au boghâz de Bourlos ; c'est la bouche principale par laquelle les eaux de ce lac se jettent dans la mer. Il y a encore trois journées de là jusqu'à Damiette ; nous y arrivâmes le 13 janvier.

C'était la seconde fois que je visitais cette ville, dans laquelle j'avais fait, deux ans auparavant, un séjour forcé de près de deux mois. J'achevai d'y compléter les renseignemens que j'avais commencé à y prendre sur le commerce de la Syrie et sur les cultures propres à cette partie de l'Égypte. J'y demeurai jusqu'au 18. Je me rendis de Damiette à Menzaleh, gros village qui donne son nom au lac par lequel la partie orientale du Delta est couverte ; je visitai ensuite les établissemens de pêche de Mataryeh ; et, le 23 janvier, je me mis en route pour Mansourah, en remontant le canal d'Achmoun. Mon séjour à Mansourah se prolongea depuis le 25 jusqu'au 27. Je me dirigeai de cette ville sur l'emplacement de Sân, en descendant le canal de Moueys. De Sân, je me rendis à Sâlehyeh, où j'arrivai le 30 ; j'en partis le 1er février pour Belbeys. Enfin le 4 je me retrouvai au Kaire.

Peu de temps après mon retour, les événemens de la guerre, qui se succédèrent rapidement, suspendirent toute excursion. Il fallut s'attacher à un corps d'armée, et je restai dans celui que commandait le général Belliard jusqu'à notre embarquement, qui eut lieu à Abouqyr au commencement du mois d'août.

On voit, en parcourant l'itinéraire qui vient d'être tracé, que les recherches dont je me propose de rendre compte, se sont étendues à toutes les provinces de l'Égypte. La persévérance et les soins que j'ai apportés à les recueillir, donnent à leurs résultats le degré d'exactitude dont un pareil travail est susceptible. Celui que j'avais entrepris avait pour objet spécial, comme je l'ai dit, de connaître l'état actuel de l'agriculture, de l'industrie et du commerce de l'Égypte : ainsi la division s'en trouve naturellement indiquée sous chacun de ces titres.

PREMIÈRE PARTIE.

DE L'ÉTAT ACTUEL DE L'AGRICULTURE EN ÉGYPTE.

SECTION Ire.

Disposition et étendue des terrains cultivables. — Irrigations. — Moyens artificiels d'arrosement.

Le Nil, depuis Syène jusqu'au Kaire, coule, comme on sait, sur cent myriamètres environ de développement, du midi au nord, dans une vallée de trois lieues de largeur réduite entre deux chaînes de montagnes, dont l'une s'étend, à l'est, jusqu'à la mer Rouge, et dont l'autre termine, du côté de l'ouest, les déserts de l'ancienne Lybie.

A peu de distance au-dessous du Kaire, ces deux montagnes s'écartent l'une de l'autre : la première, en se retournant vers la mer Rouge; la seconde, en se prolongeant au nord-ouest jusqu'à la Méditerranée.

Tout l'espace renfermé entre ces deux chaînes et l'isthme de Suez est un terrain d'alluvion que le Nil a formé, et qu'il a sillonné à diverses époques, en suivant des directions différentes. Ce grand atterrissement, le fond de la vallée étroite dont nous venons de parler, et la province du Fayoum, qui s'y rattache par un grand canal, constituent le sol cultivable de l'Égypte. Il présente une superficie totale d'environ deux millions cent mille hectares.

Le sol est composé, à sa surface, d'un limon noirâtre qui repose sur des couches de sable fin plus ou moins épaisses, à travers lesquelles filtrent les eaux du Nil, et celles dont les terres sont couvertes lors de l'inondation.

Une contrée située entre les 24ᵉ et 31ᵉ degrés de latitude, où il ne pleut presque jamais, ne peut être fécondée que par le débordement du fleuve qui la traverse, ou par des arrosemens artificiels.

Le Nil commence à croître au solstice d'été, et parvient au *maximum* de sa crue à l'équinoxe d'automne; il décroît ensuite par degrés jusqu'au solstice d'été de l'année suivante : ainsi il s'exhausse pendant trois mois et s'abaisse pendant neuf; ce qui donne une idée de son régime.

Au moment où ses eaux sont le plus basses, le sol de la vallée leur est supérieur de huit et dix mètres dans la partie méridionale du Sa'yd, de quatre et cinq aux environs du Kaire, et d'un mètre seulement aux embouchures des deux branches de Rosette et de Damiette.

Deux mois après que le Nil a commencé à croître, c'est-à-dire du 20 au 25 août, on coupe les digues qui ont été élevées, quelque temps auparavant, à la tête des canaux d'irrigation creusés de distance en distance sur les deux rives du fleuve. Ces canaux sont dirigés dans la haute Égypte, plus ou moins obliquement, vers les deux chaînes de montagnes qui bordent la vallée : parvenus à leur pied, ils se prolongent parallèlement au désert;

mais des digues transversales en interrompent le cours, de sorte que leurs eaux, arrêtées par ces digues, s'élèvent contre elles et submergent une partie des terrains qu'elles enferment. On conçoit que plus la crue du Nil est considérable, plus les eaux s'élèvent en amont des barrages dont on vient de parler, et plus, par conséquent, l'espace qu'elles submergent est étendu.

Quand cette submersion a atteint sa plus grande hauteur, on coupe la digue qui soutenait les eaux; elles s'écoulent alors au-delà de cette digue, en suivant le même canal, qui se prolonge lui-même sur la limite du désert, jusqu'à un second barrage qui, arrêtant de nouveau les eaux, les oblige de se gonfler, et de se répandre sur une partie de l'espace renfermé entre deux digues transversales consécutives.

On coupe la seconde digue comme on avait coupé la première; les eaux descendent de la même manière contre un troisième barrage, qui produit à son tour la submersion d'une certaine étendue de terrain; et ainsi de suite, jusqu'à ce que les deux rives de la vallée, divisées en étages successifs par les principaux barrages dont nous venons d'indiquer la disposition, aient été inondées par les eaux dérivées du Nil.

Les prises d'eau sont renouvelées dans ce fleuve de distance en distance, au moyen de canaux particuliers qui réparent les pertes des dérivations supérieures, et qui augmentent, par le nouveau volume qu'elles y ajoutent, l'étendue des terres submergées.

Afin que les eaux de l'inondation restent sur les terres et ne retombent point dans le fleuve en amont des barrages contre lesquels elles s'accumulent, les rives du Nil sont bordées de digues plus ou moins hautes, qui servent de chemin pendant l'inondation; de sorte que, dans beaucoup d'endroits, pendant cette période de l'année, les eaux intérieures, retenues par ces digues, sont plus élevées que le niveau du fleuve.

Le système d'irrigation que nous venons de décrire, consiste, comme on voit, à former pendant l'inondation, sur les deux rives du Nil, une suite d'étangs qui s'élèvent les uns au-dessus des autres. Ainsi, tandis que la pente de ce fleuve est distribuée suivant une certaine loi de continuité, dans toute la longueur de son lit, depuis la première cataracte jusqu'à la Méditerranée, cette même pente se trouve distribuée par gradins le long des canaux qui traversent successivement les divers territoires qui le bordent.

Il est aisé de concevoir, d'après ce qui précède, que l'amélioration du système des arrosemens de l'Égypte ne dépend pas tant de la profondeur à laquelle les canaux sont creusés, que du bon entretien des digues qui barrent transversalement la vallée. Ces digues, dirigées ordinairement d'un village à l'autre, servent de communication entre eux pendant l'inondation, et sont entretenues par leurs habitans. Comme elles sont construites en terre, et exposées à des ruptures lorsque les eaux qu'elles soutiennent sont agitées par le vent, on revêt ces digues d'un ou de plusieurs rangs de nattes de jonc, que l'on soutient au moyen de piquets verticaux.

Ce mode d'irrigation se pratique dans l'intérieur du Delta, comme sur les deux rives du Nil dans la haute

Égypte. On voit que l'étendue des terres inondées dépend de deux circonstances; d'abord, de la hauteur de l'inondation; ensuite, de la durée du temps pendant lequel on laisse les eaux s'accumuler contre les digues qui les soutiennent : mais, comme le terrain situé immédiatement au-dessous reste à sec jusqu'à ce qu'on y laisse entrer les eaux supérieures en ouvrant ces digues, on conçoit que les villages inférieurs peuvent perdre, par les retards qu'on apporterait à cette ouverture, tous les avantages dont les villages supérieurs jouiraient seuls en laissant l'inondation tendue sur leur territoire. Cette diversité d'intérêts dans l'aménagement des eaux d'arrosage engendre souvent des querelles sanglantes dans le même canton; et, le défaut de police prolongeant les haines qui en résultent, il se trouve que des villages voisins sont, depuis un temps immémorial, ennemis irréconciliables.

Nous n'entreprendrons point ici de faire connaître tous les canaux dérivés du Nil pour inonder les terres adjacentes; on se formera une idée exacte du système général qu'ils forment, en jetant un coup d'œil sur la carte d'Égypte. Nous dirons seulement que, la vallée où coule le Nil, devenant plus large au-dessus de Girgeh, on a dérivé à cette hauteur, de la rive gauche de ce fleuve, un canal qui reçoit le nom de *canal de Joseph;* il se prolonge, en suivant toujours la lisière du désert Libyque, jusqu'à l'entrée de la province du Fayoum, qui est séparée du reste de l'Égypte, et qui aurait été condamnée à une stérilité perpétuelle, si le canal que nous venons d'indiquer n'y versait pas une partie de ses eaux.

Elles y pénètrent en passant sous un pont pratiqué dans la digue qui traverse la gorge d'el-Lâhoun; elles coulent de là jusqu'au centre du plateau le plus élevé de la province, où elles sont reçues dans un bassin irrégulier, situé entre la ville actuelle de Médine et les ruines de l'ancienne *Arsinoé*. C'est de ce réservoir commun que les eaux sont réparties entre les différens villages. Les canaux qui les y conduisent, sont fermés à leur origine par de petites chaussées de maçonnerie de brique, que les eaux doivent franchir simultanément quand elles sont parvenues à une hauteur déterminée. Elles coulent d'abord à plein canal; lorsqu'ensuite, par l'effet du décroissement du Nil, elles sont descendues au niveau de ces déversoirs, on est obligé d'y pratiquer des trouées, afin de prolonger l'écoulement : mais cette opération, faite sans aucun art, et souvent d'une manière clandestine, occasione quelquefois entre les cultivateurs de si grands désordres, que l'on a vu des villages entiers abandonnés, parce que des voisins plus puissans s'étaient emparés de vive force des eaux qui leur étaient destinées.

Le maintien des réglemens sur les irrigations du Fayoum est confié à l'effendy de la province : il est le dépositaire des titres où sont indiqués le nombre de villages et la quantité d'eau qui doit être distribuée à chacun. Ces titres indiquent aussi la somme d'argent que chaque village doit payer annuellement pour l'entretien des ouvrages qui lui sont d'une utilité spéciale; car l'entretien de ceux qui sont d'un intérêt commun, comme le canal de Joseph et les murs ou revêtemens de maçonnerie construits dans quelques endroits pour en fortifier les rives, est à la charge du Gouvernement.

A partir du bassin de distribution dont nous venons de parler, les eaux coulent presque au niveau du sol, jusque sur le bord occidental du plateau qui forme la partie la plus élevée de la province; là, elles se précipitent dans des ravins de huit à dix mètres de profondeur, qui les conduisent jusqu'au lac de Qeroun, connu autrefois sous le nom de *lac Mœris*.

La facilité de distribuer l'eau d'un réservoir, quand il s'élève au-dessus des terres adjacentes, rend la province du Fayoum susceptible d'être mieux arrosée, et, par conséquent, propre à un plus grand nombre de cultures que les autres parties de l'Égypte. C'est, au reste, au moyen de barrages plus ou moins rapprochés les uns des autres, que l'on y soutient les eaux sur le sol pendant le temps nécessaire pour le fertiliser.

La plupart des digues qui traversent l'Égypte supérieure et l'intérieur du Delta, sont coupées dans leur longueur par un ou plusieurs ponts ordinairement bâtis de brique, et dont les arches ont environ trois mètres de largeur; l'intervalle d'une pile à l'autre est occupé par un déversoir également construit en maçonnerie, et par-dessus lequel s'écoulent les eaux, quand elles ont séjourné suffisamment dans les terrains situés en amont de ces ponts.

Toutes les terres qui ont été inondées par les eaux du Nil depuis le moment de l'ouverture des canaux jusqu'à la rupture des digues, sont affectées à certaines cultures, lesquelles, comprises sous la dénomination générale d'*el-bayâdy*, n'ont besoin d'aucun arrosement jusqu'à la récolte. Les cultures que l'on entreprend pendant la même saison sur des terres que le Nil n'a point inondées, ou qu'il n'a point couvertes assez long-temps, exigent des arrosemens artificiels, et sont distinguées par la dénomination d'*el-chetaouy*, ou cultures d'hiver.

Après la récolte des grains *el-bayâdy* ou *el-chetaouy*, commencent les cultures appelées *el-keydy* ou *el-seyfy*, c'est-à-dire cultures d'été. Elles se font pendant la saison des plus basses eaux du Nil, et elles ont toujours besoin d'arrosemens, qui deviennent de plus en plus pénibles.

Enfin, quand le Nil commence à croître, succèdent aux cultures d'été celles que l'on désigne par les noms d'*el-demyry* lorsqu'elles se font dans des terres basses, et d'*el-nabâry* lorsqu'elles se font dans des terres hautes qu'il faut arroser. On voit, au surplus, que, pendant cette saison, les arrosemens artificiels deviennent de plus en plus faciles par l'accroissement du Nil et par l'introduction de ses eaux dans les canaux d'irrigation. Cette succession de cultures fournit en Égypte une division naturelle de l'année rurale en trois périodes d'environ quatre mois chacune. La première correspond à la durée des cultures d'hiver, *el-bayâdy* ou *el-chetaouy*; la seconde, à la durée des cultures d'été, *el-keydy* ou *el-seyfy*; enfin la troisième, à la durée des cultures d'automne, *el-demyry* ou *el-nabâry*. Lorsque les terres cultivées pendant la seconde et la troisième période sont situées le long du Nil ou sur le bord des canaux de dérivation, on les arrose à bras d'homme, en élevant l'eau de ces canaux à l'aide de seaux de cuir appelés *deloû* ou *châdouf*.

Pendant les cultures *el-keydy*, les champs de la haute Égypte sont arrosés par trois étages de *deloû*, à chacun desquels on emploie deux ouvriers qui se relèvent successivement.

Pendant les cultures *el-nabâry*, il n'y a plus qu'un seul étage de ces machines, qui n'exige que l'emploi journalier de deux manœuvres.

Mais, lorsque les terres sont situées à une certaine distance des rives du Nil ou d'un canal, l'eau destinée aux arrosemens est tirée du fond d'un puits au moyen d'une corde sans fin, garnie de pots de terre cuite : cette corde s'enroule sur un treuil que des bœufs attelés à un manége mettent en mouvement.

Dans la basse Égypte, et surtout dans la partie septentrionale du Delta, où les puits creusés pour les arrosemens ont toujours très-peu de profondeur, on se sert de roues à tympan pour en élever l'eau. Les augets dont la circonférence de ces roues est garnie, la puisent dans le réservoir, et l'élèvent à la hauteur du sol, au moyen d'un manége qui est aussi manœuvré par des bœufs ou par des buffles.

La description de toutes ces machines ayant été déjà publiée[1], nous sommes dispensés d'entrer dans de grands détails sur leur construction ; nous ferons remarquer seulement qu'elles sont de la plus grande simplicité, et les plus convenables que l'on puisse employer dans un pays où le prix de la main-d'œuvre est très-bas.

[1] *Arts et métiers*, pl. III, IV, V et VI; É. M., tom. XII.

Le *deloû* ou *châdouf* est composé d'un levier suspendu, vers le tiers de sa longueur, sur une traverse horizontale que soutiennent deux montants verticaux établis au sommet des berges du fleuve ou du canal où l'on puise l'eau : la branche la plus courte de ce levier porte un contre-poids de terre durcie, et sa branche la plus longue, une verge de bois attachée par un lien flexible, de manière que, pendant le mouvement de rotation du levier, cette verge reste toujours verticale; c'est à son extrémité inférieure qu'est suspendu le seau de cuir. Un homme, placé sur une saillie de terre ou sur un petit échafaud de bois, puise l'eau dans le seau, l'élève à la hauteur de sa poitrine, et la verse dans un petit canal, qui la conduit, si cela est nécessaire, dans un puisard, où elle est reprise de nouveau par une machine semblable, qui la transmet à une troisième, et ainsi de suite, jusqu'à ce qu'elle soit parvenue à la hauteur du terrain qu'elle doit arroser.

Chaque *deloû* élève l'eau à trois mètres environ de hauteur; on en place jusqu'à trois et quatre les uns au-dessus des autres, suivant les saisons et les localités.

On voit, par cette description succincte du *deloû*, que l'homme chargé de le manœuvrer n'a d'autre travail à faire que celui de diriger la verge verticale à laquelle le seau est suspendu, et de verser l'eau élevée par le contre-poids dans le canal qui la répand sur les terres.

Une expérience faite sur une de ces machines, et dont M. l'ingénieur Duchanoy m'a communiqué le résultat, a appris qu'un ouvrier égyptien pouvait élever, au moyen du *deloû*, 49 litres d'eau $\frac{27}{100}$ dans une minute à la hauteur de 2^m88 ; ce qui est fort au-dessous de la force ordinaire d'un homme, telle qu'on est dans l'usage de la calculer dans nos climats d'Europe[1].

Le même ingénieur a fait aussi une expérience pour connaître le produit d'une machine à pots. La roue horizontale, mise en mouvement par un bœuf attelé au manége, avait 2^m60 de diamètre et quarante dents; la roue verticale, engrenant dans la précédente, avait 1^m68 de diamètre et vingt-six dents. Cette machine élevait l'eau à une hauteur verticale de 6^m75.

Le treuil sur lequel s'enroulait la corde sans fin qui tenait les pots suspendus, avait un mètre de rayon.

Cette corde sans fin était garnie de vingt-deux pots, dont onze montaient pleins d'eau, tandis que onze descendaient à vide.

Une première expérience a donné en 15 minutes un produit de 1^{m. cub.}59324 d'eau. Une seconde a donné un produit de 1^{m. cub.}80566 en 17 minutes. Le produit moyen de ces deux expériences est ainsi de 0^{m. cub.}1062, ou 106 litres $\frac{21}{100}$ élevés à la hauteur de 6^m75 en une minute, ou bien enfin, ce qui revient au même, de 717

---

[1] L'effet utile de la machine est, comme on sait, le produit du poids de l'eau élevée par la hauteur de son ascension verticale; c'est-à-dire ici, 49 kilogr. $\frac{27}{100}$ × 2^m88 = 14289 kil. élevés à la hauteur d'un mètre en une minute. La même machine a été employée à quelques épuisemens qui ont été faits dernièrement sur les travaux du canal de Saint-Denis. On a trouvé qu'un homme élevait par minute 55 litres ou kilogrammes à la hauteur de 4 mètres, ou, ce qui revient au même, 220 kilogrammes à la hauteur d'un mètre. Ainsi il y a une différence de 7711 entre le produit utile de ce *deloû* et celui du *deloû* observé en Égypte ; ce qui tient à la différence entre les forces des ouvriers. Au surplus, l'expérience faite par M. l'ingénieur en chef Devilliers, sur le *deloû* employé au canal de Saint-Denis, vient à l'appui de ce qu'on savait déjà. En effet, l'action dynamique d'un homme de force moyenne employé de la même

kilogrammes élevés à un mètre de hauteur dans le même temps[1].

Une autre expérience, qui est rapportée dans la description des roues à pots, donnée par M. Jollois[2], a fait connaître qu'une machine dont le chapelet était composé de cinquante-six pots, a élevé $0^{m\,cub.}067606$ à la hauteur de $10^m 39$ pendant une minute.

L'effet utile de cette machine est, par conséquent, de 705 kilogrammes élevés à un mètre de hauteur pendant cette unité de temps, c'est-à-dire sensiblement égal à celui qui a été trouvé par les deux premières expériences que nous venons de rapporter.

Les produits des machines, dans le même temps, étant proportionnels à la force des moteurs qui les font agir, et les produits du *delou* et de la machine à pots étant entre eux comme les nombres 142 et 717, c'est-à-dire à très-peu près comme 1 à 5, il s'ensuivrait qu'en

---

manière est, par seconde, de 18 kilogrammes × $0^m 2 = 3.6$. ou, par minute, de 216 kilogr. (*Architecture hydraulique de Bélidor*, édition de M. Navier, pag. 396.)

[1] L'effet utile de cette roue à pots, mise en mouvement par un seul bœuf, a pour expression 106 kilogrammes $\frac{1}{1.6}$ × $6^m 75$ en une minute = 717 kilogrammes élevés à un mètre de haut.

L'action dynamique d'un cheval appliqué à un manége est exprimée par 45 kilogr. × $0^m 9$ en une seconde (*Architecture hydraulique de Bélidor*, édition de M. Navier, p. 396), et en une minute par 2430 kilogr. élevés à la hauteur d'un mètre. Prenant les $\frac{2}{3}$ seulement de cette expression, à cause des frottemens et de l'inertie de la machine, on a pour le produit utile de l'action dynamique d'un cheval attelé à un manége et marchant au pas, 1610 kil. élevés à un mètre de hauteur par minute; quantité plus que double de celle que nous venons de trouver pour les machines à pots en Égypte. Cette prodigieuse différence provient surtout de l'extrême imperfection de ces dernières, dont les roues sont ordinairement mal centrées, et les engrenages tout-à-fait irréguliers.

[2] *Arts et métiers*, pl. v, *É. M*, tom. xii, pag. 412.

Égypte cinq hommes seulement feraient le même travail qu'un bœuf.

A mesure que l'eau s'élève ou s'abaisse dans les puisards sur lesquels les manéges des machines à pots sont établis, on rapproche ou l'on éloigne les uns des autres les vases qui contiennent l'eau, afin que les bœufs qui mettent ces machines en mouvement, aient toujours à peu près la même action à exercer.

Tous les jardins enclos de murs qui sont aux environs des villes, et qui appartiennent aux particuliers les plus aisés, sont toujours arrosés au moyen de machines à pots.

SECTION II.

De la charrue. — Du noreg. — Des autres instrumens de l'agriculture. — Des animaux qui y sont employés.

Les instrumens aratoires des Égyptiens sont aussi simples qu'il est possible de les concevoir; et, s'il faut en juger par le peu de dispositions naturelles de ce peuple à perfectionner, ces instrumens doivent remonter à la plus haute antiquité.

Leur charrue, qui a été décrite (*Arts et métiers*, pl. VIII, *É. M.*, tom. XII, pag. 422), est composée de deux pièces de bois réunies à leurs extrémités sous un angle de cinquante à soixante degrés, dont on fait varier l'ouverture au moyen d'une cheville fixée sur la pièce inférieure ou traînante, et qui passe dans un trou pratiqué à travers la pièce supérieure. On arrête cette cheville dans la position convenable, au moyen d'une clavette en fer. L'angle que forment les deux pièces principales de la charrue, se trouve ainsi plus ou moins ouvert, selon que l'on veut donner plus ou moins de profondeur au labour. La pièce la plus longue, qui s'incline au-dessus de l'horizon, sert de timon et porte transversalement le joug auquel les bœufs sont attachés : la branche la plus courte, destinée à pénétrer le sol, est armée d'un soc de fer en forme de bêche, lequel, en traçant le sillon, reporte les terres également de chaque côté.

C'est à cette pièce inférieure que sont assemblés deux montans verticaux, qui, s'élevant à un peu plus d'un mètre de hauteur, sont liés l'un à l'autre, à un décimètre au-dessous de leur sommet, par une cheville transversale que le laboureur tient d'une main, tandis que, de l'autre, il conduit les bœufs attelés à la charrue. Ces bœufs sont attachés au joug avec des cordes de feuilles de dattier. L'insertion du joug sur le timon est à environ deux mètres et demi du sommet de l'angle formé par ce timon et la pièce traînante qui porte le soc. Le joug a deux mètres de longueur environ. La *planche* VIII, que nous venons de citer, rend superflus de plus grands détails sur les dimensions des diverses pièces dont la charrue est composée. Nous dirons seulement que celle qui est représentée sur la planche, est particulièrement en usage dans la basse Égypte et aux environs du Kaire : celle de la partie méridionale du Sa'yd est beaucoup plus légère et beaucoup plus grossièrement travaillée.

Pour se former une idée de cette dernière, il suffit de concevoir deux pièces de bois d'un mètre de haut, coudées naturellement à leur extrémité inférieure sous un angle de cent degrés environ. Ces deux pièces, parfaitement semblables, sont retenues fixement, à un décimètre de distance l'une de l'autre, par deux chevilles; l'une à quatre décimètres et l'autre à un mètre au-dessus du même coude. Cette dernière cheville les traverse toutes deux, et présente extérieurement deux poignées par lesquelles on peut la saisir.

Dans l'intervalle que ces deux pièces laissent entre elles, passe d'abord le timon, qui est mobile verticalement sur une cheville horizontale qui le traverse, ainsi que les montans qui l'embrassent. Cette cheville est placée au coude de ces montans.

Entre leurs parties traînantes, et suivant leur prolongement, est encastrée solidement la pièce de bois qui porte le soc. Celle qui forme le timon étant mobile autour d'une cheville horizontale, on fait varier à volonté l'angle qu'elle forme avec la première, afin de rendre le labour plus ou moins profond. On maintient les côtés de cet angle dans une position déterminée par une espèce de tenon de bois vertical, qui, fixé sur la pièce du soc, traverse une mortaise pratiquée dans le timon, et y est retenu par une clavette.

Le soc est un simple fer de bêche, de vingt centimètres de long sur treize de large; le timon est une simple perche de deux mètres de longueur, à l'extrémité de laquelle est chevillée une rallonge d'un mètre de long. C'est au milieu de cette pièce de rapport que le joug est attaché transversalement : ainsi il se trouve à un mètre et demi du coude que forment les deux montans. La longueur de ce joug est de trois mètres. (*Voyez la fig.* MM *de la collection des meubles et instrumens.*)

Le laboureur dirige cette charrue en tenant des deux mains, ou d'une seule, la cheville supérieure qui traverse les deux montans du bras de la charrue. C'est particulièrement celle que nous venons de décrire, que l'on voit sculptée sur les monumens de la haute Égypte.

Les Égyptiens ne connaissent point l'usage de la herse. Quand les terres ont été labourées et qu'il faut en aplanir la surface, ils font passer dessus un tronc de palmier, qui est traîné transversalement par un ou deux bœufs. Cette pièce de bois est attachée à ses deux extrémités par une corde lâche dont les deux moitiés forment, quand elle est tendue, un angle plus ou moins aigu. Au sommet de cet angle est attachée une autre corde à laquelle les bœufs sont attelés. Quelquefois, pour rendre plus pesant ce tronc de palmier et briser les mottes de terre dont le sol est couvert, l'homme qui conduit les bœufs s'assied sur cette espèce de rouleau.

Quand il s'agit de diviser en carreaux un terrain qui doit être arrosé artificiellement, ou quand il faut en aplanir la surface, on emploie une espèce de rabot appelé *massougah* : c'est une planche de huit décimètres de longueur, qui porte, d'un côté, un manche de $1^m 4$ de long; de l'autre côté, une corde de dattier, que tirent un ou deux hommes, tandis que la machine est dirigée de l'autre côté par celui qui en tient le manche.

On se sert de ces divers instrumens avant les semailles; une fois qu'elles sont terminées, on ne revient dans le champ que pour le sarcler ou pour l'arroser, jusqu'au moment de la récolte. Toutes les fois que la plante n'est point arrachée, elle est coupée à la faucille, et cette faucille est généralement plus petite et moins courbée que celle dont on fait usage dans les parties septentrionales de la France.

Lorsque la récolte est terminée, les grains, et généralement toutes les plantes qui font l'objet d'une grande culture, sont mis en gerbes ou en bottes, et transportés sur une place qui a été préparée à cet effet, soit dans le champ même où la moisson a été faite, soit dans un endroit choisi à peu de distance. Dans un pays où la température varie peu, et dont le climat n'est sujet à aucune des vicissitudes qui rendent plusieurs fois l'état du ciel incertain pendant la courte durée d'un jour, comme dans nos climats, on n'a pas besoin de granges pour mettre les récoltes à l'abri de la pluie et de la gelée; elles restent en plein air, jusqu'à ce qu'on en ait retiré les produits.

On ne connaît point en Égypte l'usage du fléau pour battre les grains. Dans la partie la plus méridionale du Sa'yd, le blé, tel qu'il a été récolté, est étendu sur une aire et foulé aux pieds des bœufs : par ce travail, non-seulement on fait sortir le grain de l'épi, mais encore on en brise la paille, qui est sèche et extrêmement fine; elle se trouve ainsi toute préparée pour servir de fourrage.

Dans le reste de l'Égypte, ces deux opérations s'exécutent à l'aide d'une machine appelée *noreg*, que l'on voit représentée *planche* VIII *des Arts et métiers*.

Cette machine est composée d'un châssis horizontal, formé de quatre pièces assemblées d'équerre entre elles : deux de ces pièces reçoivent, parallèlement aux deux autres, deux essieux en bois, sur lesquels sont fixées par leur centre trois et quatre roues en fer plat, de deux millimètres d'épaisseur et de quatre décimètres de haut. Tout l'assemblage est ainsi mobile horizontalement sur ces roues, dont la disposition est telle, que celles qui sont traversées par le même essieu correspondent au milieu de l'espace compris entre celles que traverse l'essieu suivant. Ce châssis est surmonté d'une espèce de siége en grosse menuiserie, où se place le conducteur des bœufs qui y sont attelés. Un anneau de fer, fixé dans la traverse intérieure du châssis, sert à attacher avec une corde un timon volant, à l'extrémité duquel est un joug transversal, que l'on fait passer sur le cou de ces animaux.

Les gerbes des grains de toute espèce que l'on destine à être battus au moyen de cette machine, sont déliées et étendues sur une aire de quinze à vingt mètres de diamètre, dont le centre est quelquefois occupé par une meule de ces grains; on fait ensuite promener circulairement la machine sur cette aire : les gerbes déliées sont ainsi foulées aux pieds des bœufs à diverses reprises; ce qui fait sortir le grain de l'épi, tandis que la paille se trouve hachée pendant la même opération par les roues de fer dont le *noreg* est armé et sur lesquelles il roule.

La paille des plantes céréales ou des fourrages secs soumis à cette opération est ramenée au pourtour extérieur de l'aire par des hommes qui se servent de longs râteaux à dents de bois.

Le *noreg* employé au Kaire et dans la basse Égypte est ordinairement composé de pièces plus pesantes et écarries avec plus de soin qu'on ne le pratique dans le Sa'yd. Le *noreg* dont on fait usage pour battre le riz à Rosette et à Damiette, est encore construit sur de plus fortes dimensions.

Il y a certaines plantes dont on retire la graine en les frappant avec de grands bâtons sur un emplacement préparé à cet effet; ce sont celles dont les tiges sèches ne peuvent être employées à la nourriture des bestiaux, mais qui doivent servir de combustible.

Quel que soit le moyen dont on a fait usage pour retirer les grains de leur épi ou les graines de leur capsule, il faut les nettoyer des matières étrangères qui peuvent s'y trouver mêlées. A cet effet, on les vanne grossièrement en les projetant en l'air par petites parties, avec des fourches de bois à dents rapprochées; on les fait ensuite passer au crible à plusieurs reprises.

Les labours se font généralement avec des bœufs; quelquefois on attelle des vaches à la charrue. J'ai vu, dans quelques villages de la haute Égypte, labourer avec des ânes, et, dans le Delta, avec des chameaux; mais ce cas est très-rare.

Tous les transports nécessaires aux travaux de l'agriculture se font à dos de chameau, ou avec des ânes, qui sont en Égypte très-remarquables par leur force.

SECTION III.

Des mesures agraires. — Des mesures de capacité. — Des poids. — Des monnoies.

En traitant de l'agriculture chez les Égyptiens, nous nous proposons particulièrement d'offrir les moyens d'en comparer les produits à ceux de l'agriculture en Europe : or, il faut, pour cela, évaluer en mesures connues celles dont on fait usage en Égypte, puisque nous nous servirons de celles-ci pour exprimer les résultats de nos recherches.

Nous avons traité fort au long des mesures agraires de cette contrée [1]; nous nous bornerons à rappeler ici ce que nous avons dit de celles de ces mesures qui sont en usage aujourd'hui.

L'unité de mesure agraire porte généralement le nom de *feddân :* c'est un carré de 20 cannes ou *qassâb* de côté, et, par conséquent, de 400 cannes superficielles.

La canne est une mesure linéaire dont la longueur est de 6 *pyk beledy* et $\frac{2}{3}$, dans l'usage que les particuliers en font entre eux : dans les mesurages que l'on fait pour l'assiette de l'impôt sur les terres ensemencées, la canne n'est que de 6 *pyk beledy* et $\frac{1}{3}$, c'est-à-dire plus courte d'un tiers de *pyk* que celle du grand *feddân*.

[1] Mémoire sur les mesures agraires des anciens Égyptiens, *A. M.*

La coudée désignée sous le nom de *pyk beledy* se divise en 24 doigts; sa longueur absolue est de 0^{m}5775[1].

La longueur de la canne du *feddân* des cultivateurs est par conséquent de 3^{m}85 : le côté de ce *feddân* est de 77^m; et sa surface, de 5929 mètres carrés.

On voit que cette unité de mesure agraire est, à très-peu près, les trois cinquièmes de notre hectare.

La longueur de la canne employée pour le *feddân* sur lequel les contributions sont assises, est de 3^{m}658 : le côté de ce *feddân* est, par conséquent, de 73^{m}16; et sa surface, de 5353 mètres carrés, un peu plus que le demi-hectare. Le *feddân* de 400 cannes, quelle que soit la longueur de la canne, se divise toujours en 24 parties, appelées *qirât*. Cette division se maintient dans toute la haute Égypte, jusqu'au Kaire; mais elle éprouve quelques variations dans le Delta et les autres provinces septentrionales.

Ainsi le *feddân* de ces provinces n'est pas toujours composé de 24 *qirât* comme dans le Sa'yd : on le réduit dans quelques cantons à 12, 15, 18 et 20 *qirât*, c'est-à-dire à la $\frac{1}{2}$, aux $\frac{5}{8}$, aux $\frac{3}{4}$ et aux $\frac{5}{6}$ du *feddân* primitif. Cela tient à la volonté des propriétaires des villages, et au pouvoir qu'ils exercent.

On distingue encore, dans les environs de Damiette, une espèce particulière de *feddân* : c'est un rectangle dont l'un des côtés a 24 cannes de longueur, et l'autre côté, 18 cannes seulement. Ainsi sa superficie se trouve de 432 cannes carrées. De plus, la canne qui sert à le

---

[1] Annuaire de l'an VIII, calculé pour le méridien du Kaire, pag. 56. — Mémoire sur les mesures agraires des anciens Égyptiens, *A. M.*

mesurer, est de $3^m 49$; ce qui donne, pour sa surface, $6877^m 48$ carrés, près des $\frac{7}{15}$ de notre hectare.

Dans tout ce que nous dirons ci-après, il ne sera question que du *feddân* du Sa'yd, de 400 cannes, et de 24 *qirât*, chacun de 16 cannes $\frac{2}{3}$ superficielles.

La mesure de capacité qui est employée pour les grains et les matières sèches, s'appelle généralement *ardeb*. Sa contenance éprouve quelques légères variations dans les différentes provinces de l'Égypte : mais l'*ardeb* du Kaire est connu partout ; et c'est à cette unité de mesure que nous rapporterons toutes les quantités de semence, et de grains récoltés, dont nous aurons occasion de parler.

L'*ardeb* du Kaire, comme nous l'avons dit ailleurs [1], contient vingt boisseaux romains antiques, dont chacun était, comme on sait, le tiers du pied cube. Supposant au pied romain, en nombre rond, $0^m 3$ de longueur, ce qui est une longueur un peu moindre que celle du plus grand des pieds romains mesurés par l'abbé Barthélemy, le boisseau romain sera de $0^m 009$ ou de 9 litres, et les 20 boisseaux qui forment l'*ardeb*, seront de 180 litres.

Un procès-verbal d'expériences faites sur le marché du Kaire et dans les magasins de blé qu'on avait établis dans l'île de Roudah, fait connaître que l'*ardeb* du Kaire équivaut à 14 boisseaux de Paris et $\frac{1}{6}$: or, le boisseau de Paris contient 13 litres. L'*ardeb* du Kaire équivaudrait, par cette épreuve, à 184 litres [2].

---

[1] Mémoire sur les mesures agraires des anciens Égyptiens, *A. M.*

[2] *Voyez*, à la suite de ce mémoire, la pièce justificative n°. 1.

L'*ardeb* de Syout est à celui du Kaire comme 12 est à 11.

Celui de Rosette, qui est employé à mesurer le riz, est à celui du Kaire comme 3 est à 2.

Il y a à Damiette une autre unité de mesure destinée à mesurer le riz en orge; on l'appelle *dareb* : elle est à l'*ardeb* du Kaire comme 36 est à 13. L'*ardeb* et toutes les autres unités de mesure de capacité dont nous venons de parler, se divisent en 24 parties ou *rob'*.

Au reste, quand il ne s'agit que de petites quantités, la plupart des graines sèches se mesurent au poids, ainsi que toutes les autres provisions, et même le bois à brûler.

La drachme est la seule unité de mesure pondérale qui soit invariable : sa valeur, qui a été déterminée avec la plus grande précision à la monnoie du Kaire, a été trouvée de 3 grammes $\frac{884}{1000}$, ou 58 grains $\frac{3}{16}$, poids de marc.

On compose de la drachme 3 unités de poids usuelles.

La première de ces unités est l'*oke* de 400 drachmes, ou de 1 kilogramme 255 grammes $\frac{36}{100}$.

La seconde est le *rotl* de 144 drachmes ou de 4 hectogrammes 44 grammes $\frac{73}{100}$.

Enfin la troisième est le *rotl* de 168 drachmes, ou de 5 hectogrammes 18 grammes $\frac{85}{100}$.

L'*oke* est particulièrement en usage à Damiette, à Alexandrie, à Rosette et dans la basse Égypte. Le *rotl* est d'un usage plus général dans l'intérieur du pays.

L'unité de poids la plus considérable est le *quantâr* : il est composé de 100, de 110, de 150 et même 275 *rotl*, suivant l'espèce de denrée pour laquelle il est employé. Nous aurons occasion, dans la suite de ce mémoire, de donner plus de détails sur cette matière.

Nous ferons en monnoies du pays les évaluations dont nous aurons besoin.

Ces monnoies sont le *parat* ou *médin*, et la *pataque*.

Le *parat* ou *médin* est une très-petite pièce d'argent allié de cuivre, qui a cours dans tout le Levant, et dont 28 équivalent à 1 franc de notre monnoie.

La *pataque* est une pièce fictive de 90 médins : elle est à notre pièce de 5 francs dans le rapport de 45 à 71 ; ainsi, elle équivaut à 3 francs 21 centimes. Il y a encore d'autres unités monétaires ; mais, dans tous les comptes publics et particuliers, on les réduit à celles que nous venons d'indiquer.

Le prix de la journée des ouvriers employés aux travaux de l'agriculture varie dans les différentes provinces de l'Égypte : dans le Sa'yd, elle est de 5 à 8 médins ; dans la province du Fayoum, aux environs du Kaire et dans le Delta, elle s'élève de 8 à 19.

Ces ouvriers travaillent depuis le lever du soleil jusqu'à son coucher. Ils font deux repas par jour : le premier, vers onze heures du matin ; et le second, le soir. Ils vivent de pain de *dourah*, de riz, d'ognons crus, de concombres, de fromage, de fèves, de lentilles, etc. ; rarement de viande, excepté pendant le temps du *Ramadán* : ils mangent alors du chevreau bouilli, du buffle, etc. La nourriture journalière des *fellâh* du Sa'yd peut être évaluée à 3 médins. Ils ne portent pour vêtement qu'une robe ordinairement brune, appelée *gebbeh;* elle est faite d'une étoffe fabriquée avec la laine des moutons du pays, à laquelle on laisse sa couleur naturelle : il entre dans la fabrication de ce vêtement environ quatre *rotl* de laine filée.

Le prix du *rotl* de cette laine prête à être mise en œuvre est de 65 médins : il en coûte 30 pour la fabrication du tissu, et 15 pour la façon de la robe; ce qui la fait revenir à 300 médins environ, ou à 4 pataques au plus. Ce vêtement dure un an, ou quatorze mois.

Les *fellâh* se couvrent encore les épaules d'une pièce d'étoffe de laine en forme de châle, dont le prix est de 2 pataques. Ce châle leur sert pendant deux ou trois ans, de même que celui dont ils s'enveloppent la tête, et qui coûte ordinairement 100 médins. Enfin, chaque année, ils usent trois paires de chaussure de l'espèce appelée *babouches,* du prix de 30 médins chacune.

Voilà à quoi se réduisent tous les frais auxquels un simple ouvrier est assujetti; son entretien annuel revient, d'après ce compte, à 530 médins ou à 6 pataques environ.

Sa nourriture, étant estimée à 3 médins par jour, coûte chaque année 1095 médins, ou à très-peu près 12 pataques : ainsi la dépense annuelle d'un paysan de l'Égypte pour sa nourriture et son entretien peut être évaluée à 18 pataques, auxquelles il faut en ajouter quatre pour la consommation qu'il fait accidentellement de café et de viande. Sa dépense totale peut donc être calculée sur le pied de 22 pataques par année; ce qui revient à un peu plus de 70 francs de notre monnoie.

Ce que nous venons de dire s'applique particulièrement aux cultivateurs de la haute Égypte; la consommation de ceux du Delta doit être évaluée un peu plus haut.

La quantité de travail que ces hommes exécutent est nécessairement moindre que si leurs alimens étaient plus substantiels, et s'ils réparaient par une nourriture plus succulente les pertes abondantes qu'une transpiration continuelle leur fait éprouver. Voici, au reste, quelques données qui peuvent servir à l'évaluation de cette quantité de travail.

Un homme, conduisant une charrue attelée de deux bœufs, laboure un *feddân* de terre en deux jours, ou en deux jours et demi au plus.

Nous avons dit ailleurs que, dans le travail des arrosemens par le moyen du *deloû*, un homme élevait par minute 49 litres d'eau et $\frac{27}{100}$ à la hauteur de $2^m 88$. Voici une autre expérience qui indique la quantité de déblais qu'il peut exécuter et transporter dans un jour.

Quatre hommes, travaillant pendant un jour et demi, ont creusé, dans la plaine de Syout, un puits vertical de $5^m 522$ de profondeur sur $1^m 5$ de diamètre, et en ont élevé les déblais à $1^m 5$ environ au-dessus du sol; ce puits était presque circulaire.

Le cube du déblai a été, par conséquent, de 9 mètres cubes $\frac{138}{1000}$, lesquels ont été élevés à la hauteur moyenne de $5^m 26$.

Ainsi le travail de chaque homme par journée de travail a consisté dans la fouille et charge de $1^m 552$ cubes de terre, et dans l'élévation verticale de cette masse à $5^m 26$ de hauteur.

3.

La fouille se fait au moyen d'une petite pioche à manche très-court, et dont le fer a la forme d'une pelle; le travail des ouvriers se réduit, pour ainsi dire, à gratter la surface de la terre, qu'ils font entrer, à mesure qu'elle est ameublie et réduite en petites masses au moyen de cet outil, dans une *couffe* ou panier flexible de feuilles de dattier, qu'ils tiennent ouvert entre leurs jambes pendant qu'ils sont courbés pour piocher.

Lorsque ce panier est rempli de terre, et qu'il s'agit de l'élever verticalement du fond d'un puits, ils l'accrochent, par une anse de corde de palmier qui y est adaptée, à un crochet de bois, attaché lui-même à une corde de la même matière, que tiennent et que manœuvrent les ouvriers placés sur le bord de ce puits.

Quand il s'agit de transporter des déblais sur un chemin horizontal ou en rampe, comme cela a lieu fréquemment en Égypte pour la construction ou la réparation des digues, les manœuvres employés à faire ce transport, hommes, femmes ou enfans, posent sur leurs têtes les couffes pleines de déblais; ils les soutiennent d'une main, et ils vont, en marchant au pas, les jeter sur la décharge indiquée.

Les transports éloignés se font à dos de chameau ou à dos d'âne. La charge d'un chameau, quand il doit remplir une course un peu longue, ne va point au-delà de deux *ardeb* de blé, les deux ensemble du poids de 250 kilogrammes environ. Avec cette charge, un chameau, marchant au pas, parcourt 2000 mètres en 25 minutes, ainsi que je m'en suis assuré par plusieurs expériences.

Outre sa charge ordinaire en denrées, un chameau

porte encore quelquefois son conducteur. On estime à 7 médins la nourriture journalière d'un chameau.

La charge d'un âne est d'un *ardeb* seulement.

Ce sont des bœufs qui sont généralement employés aux travaux de l'agriculture : la nourriture d'un bœuf est estimée de 8 à 12 médins par jour. Dans la haute Égypte, on n'entretient des troupeaux de buffles que pour le lait qu'ils fournissent; on n'a point essayé de s'en servir à la manœuvre des machines à arroser, parce que ces machines ne sont point mises à l'abri du soleil, dont ces animaux ne peuvent supporter l'ardeur : mais, dans le Delta, les buffles mâles sont employés à ce travail, parce que le climat y est plus tempéré, et que, d'un autre côté, il n'y a guère de machines à pots qui ne soient abritées par un ou plusieurs sycomores.

SECTION IV.

De l'état des cultivateurs en Égypte. — Quelques notions sur l'administration des villages.

Les détails dans lesquels nous venons d'entrer sur les besoins, la nourriture et la manière de vivre des *fellâh*, suffisent pour montrer que la fertilité de l'Égypte contribue peu au bien-être de ses habitans, et que l'agriculture n'y a pas reçu de grands encouragemens : cela tient à ce que les cultivateurs ne sont pas propriétaires, et que, sous le gouvernement des Mamlouks, la terre était surchargée de toutes les contributions qu'elle pouvait supporter. Aussi peu disposés à profiter de l'expérience du passé qu'à user de prévoyance pour l'avenir, ils n'envisageaient que le moment présent, et, certains de tout obtenir par la violence, ils s'embarrassaient peu d'améliorer une terre sur laquelle ils ne faisaient, en quelque sorte, que passer : d'ailleurs, la forme bizarre de leur gouvernement excluait tout système suivi d'amélioration, et celle du sol en particulier exige des avances trop considérables pour qu'un tel assemblage d'hommes dépourvus de toute instruction, et qui ne connaissaient que les jouissances du luxe, se déterminât à les faire.

Dans cet état de dégradation, la partie de l'Égypte comprise entre Syout et Qené a cependant été améliorée vers le milieu du siècle dernier : il paraît qu'on y entretenait avec assez de soin les digues et les canaux nécessaires aux irrigations; mais c'était précisément parce que les Mamlouks ne la gouvernaient pas.

Les bords de la vallée d'Égypte sont habités à l'orient par des tribus d'Arabes venues directement de l'Yémen, et au couchant par d'autres Arabes qui, après s'être répandus dans tout le nord de l'Afrique et les parties occidentales de l'Europe, se sont rapprochés à différentes époques du pays dont ils étaient originaires. Les uns ont continué de mener une vie errante, et d'habiter avec leurs troupeaux sur les confins du désert; les autres se sont plus avancés vers le Nil, et sont devenus cultivateurs.

Une des tribus venues des environs de Tunis se fixa,

il y a environ deux cent cinquante ans, entre Girgeh et Farchout; elle s'établit d'abord sur des terres qui n'étaient point cultivées, fit l'acquisition de quelques villages, s'empara de vive force de quelques autres, et finit par occuper tout le territoire compris entre Hoû et le village de Cheykh-Selym. La plupart des Arabes de cette tribu, connus sous le nom d'*Haouârah*, devinrent riches propriétaires; ils étaient sous la dépendance d'un grand cheykh, qui résidait ordinairement à Farchout. Le dernier de tous, nommé *Hammâm*, gouvernait le Sa'yd, depuis Syout jusqu'à Syène, et il en percevait les revenus pour son propre compte, moyennant une redevance annuelle de 150000 *ardeb* de blé qu'il payait aux beys et aux pâchâs du Kaire.

La puissance du cheykh Hammâm, qui donnait depuis long-temps des inquiétudes au gouvernement du Kaire, se serait infailliblement accrue par les dissensions des Mamlouks, si A'ly-bey ne s'était pas emparé de l'autorité absolue. A peine la crut-il affermie entre ses mains, qu'il fit marcher contre le cheykh une armée dont il confia le commandement à Mohammed Aboudahab, son favori : Hammâm, à la tête de 35000 cavaliers levés sur ses terres, s'avança pour l'arrêter; mais il fut battu deux fois près de Syout, et, sa nombreuse cavalerie s'étant dispersée, il s'enfuit à Esné, où il mourut en 1769.

Ses enfans furent trop heureux de pouvoir acheter la paix au prix des richesses de leur père; ils furent dépossédés de la majeure partie de leurs biens : on sent que la politique des beys n'a pas depuis permis l'agrandissement d'une famille dont la puissance avait menacé la leur.

S'il faut juger de l'administration du cheykh Hammâm par la réputation qu'il a laissée, l'Égypte supérieure fut heureuse sous son gouvernement : riches ou pauvres, mahométans ou chrétiens, tous les habitans ont sa mémoire en vénération ; il n'en est aucun qui ne parle, avec l'expression du regret, de la police qu'il avait établie, des soins qu'il mettait à l'entretien des canaux et des digues, et de l'état florissant auquel il avait amené l'agriculture. Quand leurs récits seraient exagérés, ces témoignages unanimes prouvent du moins que le cheykh Hammâm fit quelque bien dans le pays qu'il gouverna, et à ce titre le souvenir de son nom y sera long-temps conservé.

Le Sa'yd, après sa mort, devint le refuge des beys qui furent successivement proscrits les uns par les autres : l'objet unique de leur ambition fut toujours, comme on sait, de revenir gouverner le Kaire; mais il fallait, pour en acquérir les moyens, grever les terres d'impositions énormes. Voilà comment l'histoire de ces exilés se lie à celle du dépérissement de l'agriculture dans la haute Égypte.

Mohammed Abou-dahab, chassé par Aly-bey, fut le premier qui s'y réfugia, avec son collègue Isma'yl; ils revinrent quelque temps après, forcèrent A'ly-bey d'abandonner sa capitale, le firent prisonnier près d'el-Arych, et l'envoyèrent en Égypte, où il paraît qu'il fut empoisonné.

Cependant Mohammed s'avança en Syrie, prit Jaffa,

et mourut devant Acre; son armée en désordre se replia sur le Kaire. Mourâd et Ibrâhym, kâchefs de sa maison, furent créés beys. Il paraît qu'alors le gouvernement se partagea en deux factions : l'une, de la maison d'A'ly, avait pour chefs Hasan et Isma'yl; l'autre, de la maison de Mohammed, était conduite par Ibrâhym et Mourâd. Celle-ci ayant succombé, ses deux chefs se retirèrent dans la haute Égypte en 1775. Ils étaient les maîtres du cours du Nil, depuis Beny-Soueyf jusqu'au-delà de Syène, lorsqu'Isma'yl marcha contre eux : mais, tout-à-coup abandonné des siens, et particulièrement de son collègue Hasan, au moment où les deux partis étaient en présence au-dessus de Farchout, il fut contraint de prendre la fuite; il se retira d'abord en Syrie, d'où il passa à Constantinople, et de là à Derne, sur la côte de Barbarie.

Mourâd et Ibrâhym accoururent au Kaire, d'où ils gouvernèrent toute l'Égypte pendant un an, de concert avec Hasan-bey : ils ne vécurent pas plus long-temps en bonne intelligence. Hasan, obligé d'abandonner la place, partit pour Suez, s'y embarqua avec quelques amis, aborda à Qoçeyr, et vint s'établir à Qené. Isma'yl, informé de cette nouvelle révolution, s'empressa de le rejoindre en traversant les déserts de la rive gauche du Nil. Ils renouvelèrent leurs anciennes liaisons, réunirent leurs moyens, et convinrent de garder le pays compris depuis Qené jusqu'à Syène, et d'en partager les revenus.

Les choses étaient dans cet état, lorsque Savary et Volney ont écrit leurs voyages. Depuis cette époque, la fortune des beys n'a pas souffert moins de vicissitudes : le capitan pâchâ, ayant débarqué en Égypte en 1785, chassa du Kaire Mourâd et Ibrâhym, et y rappela les deux beys du Sa'yd, à la disposition desquels il laissa une partie de son armée; ils l'employèrent à poursuivre leurs anciens antagonistes, qui, profitant à leur tour du départ de cette armée pour Constantinople, revinrent sur leurs pas jusqu'à Beny-Soueyf, où ils fixèrent de nouveau la limite de leur gouvernement, sans qu'on pût les forcer à remonter plus haut.

Ibrâhym et Mourâd résidaient depuis cinq ans, l'un à Manfalout, et l'autre à Girgeh, lorsqu'Isma'yl, quelques autres beys et beaucoup de Mamlouks attachés à sa fortune, moururent au Kaire de la peste. Hasan presque seul, trahi par le plus grand nombre de ceux qui restaient, prévint, en fuyant une seconde fois dans le Sa'yd, la vengeance de Mourâd et d'Ibrâhym, qui s'étaient rendus maîtres du Kaire sans combat : ils marchèrent sur-le-champ à la poursuite de leur ennemi, et le poussèrent jusqu'au-delà de la première cataracte. Enfin, fatigués de la guerre et désespérant de le forcer en Nubie, ils conclurent un traité en vertu duquel Hasan-bey, avec O'tmân et Sâleh, qui l'avaient suivi, obtinrent, pour l'entretien de leurs maisons, le revenu du territoire compris depuis Syène jusqu'à Gibleyn, à condition qu'ils ne descendraient jamais au-dessous de ce dernier point ; ils livrèrent, pour la garantie de ce traité, deux beys de leur parti, dont l'un vivait encore au Kaire lorsque les Français se sont emparés de l'Égypte.

C'est ainsi que le Sa'yd, gouverné, depuis la mort

du cheykh Hammâm, par des beys proscrits qui s'occupaient du rétablissement de leur fortune, n'a reçu d'eux aucune amélioration : aussi le peuple des campagnes y est-il dans la plus profonde misère. Les villages sont composés de huttes en briques crues, presque tous environnés de ruines qui annoncent le décroissement de la population. Leurs habitans, employés une partie de l'année aux travaux pénibles des arrosemens, se nourrissent, comme nous l'avons dit, de pain de *dourah* et de quelques légumes, et n'ont pour mobilier qu'un petit nombre de vases de terre et d'autres misérables ustensiles, qu'ils trouvent à peine les moyens de renouveler avec le produit de leur travail, quand il en reste quelque chose après le paiement des impôts.

La puissance qu'exerçait le cheykh Hammâm dans les provinces les plus méridionales de l'Égypte, avait enlevé aux diverses tribus arabes qui occupent l'extrême lisière de la vallée du Nil, l'influence que ces tribus exercent sur les cultivateurs dans d'autres parties de l'Égypte; et c'est par un effet de l'ancienne police qu'il avait établie dans son gouvernement, que les beys exilés du Kaire y ont toujours trouvé des ressources que les autres provinces n'auraient pu leur procurer.

Les deux rives du canal de Joseph sur la gauche du Nil, et la province d'Atfyeh, du côté opposé, sont occupées par des Arabes devenus cultivateurs, et qui sont maîtres de plusieurs villages. Ces Arabes, en embrassant un nouveau genre de vie, n'ont pas, pour cela, renoncé à leurs anciennes habitudes, et notamment à celle de se procurer par la violence ce qu'ils ne veulent point acquérir par leur travail : ils s'emparent de vive force des meilleures terres, dirigent le cours des eaux de l'inondation, et rompent les digues, aux époques qui leur conviennent le mieux, sans s'embarrasser des intérêts de leurs voisins, s'ils les croient hors d'état de leur résister. Ces espèces de cultivateurs qui labourent pour ainsi dire la lance à la main, exercent une sorte de suzeraineté sur les *felláh;* et, comme il n'est pas toujours facile de leur faire payer les impôts que supportent les terres cultivées, attendu la résistance avec laquelle ils sont en état d'appuyer leur refus, le privilége qu'ils s'arrogent tourne au détriment des anciens habitans, qui payent d'autant plus que ces Arabes payent moins.

Les droits qu'ils usurpent sont tels, que, sans aucune formalité, ils s'emparent de la récolte des villages situés à leur portée, quand celle qu'ils ont faite sur leurs propres terres ne suffit point à leur approvisionnement. A la vérité, ils accordent en retour une sorte de protection à ces villages, devenus ainsi leurs tributaires; mais cette protection, toujours chèrement achetée, n'est pas constamment efficace, de sorte que tel village situé entre des tribus ennemies est pillé alternativement par chacune d'elles.

Si le voisinage des Arabes devenus cultivateurs est aussi dangereux pour les *felláh,* on peut juger de ce que ces derniers ont à craindre des Arabes qui vivent encore sous des tentes, et qui viennent se fixer, suivant les saisons, tantôt sur un point, tantôt sur un autre, toujours prêts à s'emparer de ce qu'ils trouvent à leur convenance, et à s'enfuir avec leurs troupeaux, quand on peut les combattre avec des forces plus grandes que celles dont ils disposent.

Au reste, il n'est aucun de ces Bédouins qui ne se croie fort au-dessus d'un *felláh*, au travail duquel ils attribuent une sorte de honte : comme ils ne reconnaissent pas de droit plus légitime que celui de la force, et qu'ils n'attaquent pour l'ordinaire que des gens sans défense, les avantages qu'ils obtiennent les disposent naturellement à se regarder comme les véritables propriétaires du pays.

Ce n'est pas seulement dans l'Égypte moyenne que les *felláh* ont à redouter le voisinage des Arabes : quelques parties de la province du Fayoum sont aussi exposées au pillage que des tribus errantes viennent y exercer de temps en temps.

Ces tribus, toutes originaires de la Barbarie, sont, il est vrai, ennemies les unes des autres; et peut-être se détruiraient-elles mutuellement, si les récoltes et les bestiaux des cultivateurs leur offraient un butin moins sûr : mais elles inspirent une telle épouvante, que tout est abandonné à leur approche. Elles sont d'ailleurs fort attentives à s'éviter réciproquement.

Deux de ces tribus s'étaient établies dans le Fayoum lorsque je parcourais cette province, les *Forgán* au nord, et les *Sammálòu* au midi; elles sont toutes deux composées d'Arabes, dont les uns ont conservé les habitudes de la vie errante, tandis que les autres se sont répandus dans quelques villages et ont pris les mœurs des *felláh*. Ces villages, soutenus par la tribu à laquelle appartiennent les Arabes qui s'y sont retirés, ont au moins l'espérance de n'être pillés que par la ligue opposée : quant à ceux qui n'ont point l'appui de cette espèce de patrons, ils courent la chance presque certaine d'être fréquemment dévastés par les uns ou par les autres de ces dangereux voisins.

Les environs des grandes villes où le Gouvernement entretient quelques forces, sont plus à l'abri des vexations de ces Arabes : mais la plupart des campagnes de la basse Égypte sont exposées, comme celles du Fayoum, à être ravagées par les tribus nombreuses qui fréquentent les déserts de l'isthme de Suez ou les bords de l'ancien lac *Maréotis;* des cavaliers de ces tribus passent le Nil à l'improviste, et viennent enlever dans les villages les bestiaux et les denrées qu'ils y trouvent. Une circonstance particulière sert de prétexte à ces pillages.

La plupart des habitans du Delta, sous les noms de *Sad* et de *Harâm*, forment entre eux deux partis ennemis qui se nuisent par toute sorte de moyens. Interrogés sur l'origine de cette division, ils racontent des fables ridicules, ou conviennent de bonne foi qu'ils l'ignorent. Cette origine est, au surplus, ce qui les intéresse le moins : les hostilités n'ayant jamais été suspendues, chaque parti a toujours des injures récentes à venger.

Quoique l'existence de ces deux partis soit généralement connue, les cheykhs du Kaire, qui passent pour savoir le mieux l'histoire de leur pays, ne sont pas d'accord sur les faits qui leur ont donné naissance. Ce que j'ai entendu de plus raisonnable se réduit à ceci :

Pendant les guerres civiles qui désolèrent l'Arabie sous le khalife Yezyd ben-Hayoueh, vers l'an 65 de l'hégire, les deux armées prirent pour mot de ralliement, dans un combat de nuit, les noms de *Sad* et de *Harâm*, sous lesquels on connaissait les familles de leurs chefs respectifs. Les combattans et leur postérité se les appliquèrent dans la suite; ce qui perpétua leurs discordes et mit un obstacle invincible à leur rapprochement. Les Arabes qui sont venus à différentes époques s'établir en Égypte, y ont apporté, avec le nom de la faction à laquelle leurs ancêtres avaient été attachés, leur haine invétérée contre la faction ennemie, et cette haine s'est perpétuée jusqu'à présent de génération en génération.

C'est à ces divisions intestines qu'il faut attribuer l'influence des Arabes Bédouins et la terreur qu'ils inspirent dans l'intérieur du Delta : un petit nombre de cavaliers enlève ordinairement sans résistance des troupeaux qu'une population considérable pourrait défendre à main armée; mais ces Arabes, toujours sûrs d'être accueillis et secourus par les villages du parti contraire à ceux qu'ils dépouillent, et ne conservant de liaison avec un parti qu'autant que l'exigent des intérêts momentanés, exercent impunément leurs brigandages dans toute la province.

Quant à la police intérieure des villages, elle est maintenue, tant bien que mal, par un ou plusieurs cheykhs, qui font avec les Qobtes percepteurs la répartition des impôts : ces fonctions leur procurent une certaine considération, dont ils abusent quelquefois. Au reste, ces cheykhs, divisés entre eux de village à village, arment sous le moindre prétexte leurs paysans les uns contre les autres; et les Mamlouks, dont l'autorité se trouvait affermie par ces divisions, ne manquaient pas de les entretenir.

SECTION V.

Des diverses cultures de l'Égypte.

Les plantes cultivées en Égypte sont destinées à la nourriture de l'homme, ou propres à servir de fourrage pour les animaux, ou bien enfin elles trouvent leur emploi dans différens arts.

Nous allons décrire séparément ces diverses cultures.

§. I. *Culture du blé.*

Le blé (*triticum*) est cultivé dans toute l'étendue de l'Égypte, depuis le territoire d'Edfoû, à dix-huit lieues au-dessous de Syène environ, jusqu'à l'extrémité septentrionale du Delta. Mais tous les cantons ne sont pas également propres à cette culture, et les procédés en varient suivant que les terres sont inondées naturellement par le Nil et les canaux qui en sont dérivés, ou bien qu'elles sont arrosées artificiellement, soit à bras d'homme, soit à l'aide de roues à pots, que l'on appelle aussi *sâqyeh*.

Les parties de l'Égypte les plus fertiles en blé sont, en descendant du midi au nord, les provinces de Thèbes, de Girgeh, de Syout, de Minyeh, du Kaire, de Menoufyeh et de Mansourah.

Les semailles commencent immédiatement après la retraite des eaux, c'est-à-dire vers le commencement d'octobre, dans la haute Égypte, et quinze jours plus tard dans le Delta. On donne à la terre un premier labour, à l'aide d'une charrue très-légère[1] : elle est attelée de deux bœufs, et conduite par un seul homme. Il faut deux jours de travail pour le labour d'un *feddân*.

Quand les terres ont été long-temps sous les eaux, comme il arrive à celles qui sont situées en amont des digues transversales par lesquelles la vallée de la haute Égypte est barrée, on est dispensé de ce premier labour. L'ensemencement a lieu pendant que la terre est encore en état de boue. On y procède toujours en jetant le grain à la volée, comme en Europe.

La quantité de semence employée dans le Sa'yd est généralement d'un demi-*ardeb* par *feddân*. Un homme peut aisément ensemencer un *feddân* dans un jour.

Lorsque la terre présente un certain degré de consistance après la retraite des eaux, on recouvre le grain par un second labour. Si la terre ensemencée a été long-temps submergée, et si, après l'ensemencement, elle est encore molle et fangeuse, on recouvre le grain en y faisant traîner par deux bœufs un tronc de palmier transversal, qui fait l'office d'une herse.

Dans les différentes provinces de la haute Égypte, la culture du blé qui a été semé sur les terres inondées

---

[1] Elle est représentée dans les *Arts et métiers*, pl. IX, fig. 1, et parmi les meubles et instrumens, pl. MM.

naturellement, n'exige aucun travail depuis l'époque des semailles jusqu'à celle de la moisson, c'est-à-dire pendant l'espace de cinq à six mois.

La récolte se fait à la fin de mars ou au commencement d'avril. L'état de desséchement où se trouve la terre dans cette saison, et les gerçures dont elle est entrecoupée, permettent d'arracher aisément la plante et ses racines. On en fait de petites gerbes du poids de dix à douze livres. Quatre journées d'homme suffisent pour la récolte d'un *feddân*. Les moissonneurs sont payés en grain : ils reçoivent chacun un *rob'* ou $\frac{1}{24}$ d'*ardeb* pour prix de leur journée.

Les gerbes de blé sont transportées à dos de chameau sur une aire préparée à peu de distance du champ; la charge d'un chameau est communément de trente gerbes. Elles sont posées les unes sur les autres, de manière à former une meule de dix pas de diamètre environ au milieu de l'aire. On étend autour de cette aire, dont le diamètre est de vingt à vingt-cinq pas, une couche de gerbes que l'on a déliées, et l'on fait promener dessus l'espèce de chariot ou chaise roulante appelée *noreg*, que nous avons décrite précédemment. Lorsque, par cette opération, le blé est sorti de l'épi, et que la paille est coupée suffisamment, on la ramène avec de grands râteaux de bois sur l'enceinte extérieure de la route du *noreg*, sous lequel on remet de nouvelles gerbes de demi-heure en demi-heure. Les bœufs qui le traînent sont changés d'heure en heure. Le prix de la journée pour chaque bœuf, comme pour chaque ouvrier, est de $\frac{1}{24}$ d'*ardeb* de blé. Il faut deux jours ou deux jours et demi pour battre le produit d'un *feddân*, en employant à cette manœuvre quatre bœufs et deux conducteurs. Soixante-douze gerbes de blé produisent communément un *ardeb* de grain, du poids de 275 *rotl*, ou de 125 kilogrammes environ.

Dans le territoire d'Edfoû, qui est, comme on vient de le dire, la partie la plus méridionale de l'Égypte où le blé soit cultivé, on se contente de faire fouler aux pieds des bœufs les gerbes de blé étendues sur une aire. La paille de ce canton est ordinairement si fine et si sèche, qu'après avoir été exposée quelque temps à cette manœuvre, on la retire brisée en fragmens aussi petits que si elle avait été hachée par le *noreg*.

Le battage du blé achevé, on le vanne en le projetant en l'air avec une espèce de fourche de bois dont les dents sont très-rapprochées. C'est par cette opération que se terminent ordinairement tous les travaux de la récolte. Le prix de ces travaux, le vannage compris, est toujours, dans la haute Égypte, acquitté en nature, c'est-à-dire en blé battu. Après avoir prélevé ces frais, le produit ordinaire des terres se trouve encore de 12 et 14 pour 1. L'impôt mis sur ces terres est presque entièrement acquitté en nature, et elles fournissent la plus grande partie du blé qui est exporté de l'Égypte.

Le Fayoum et les provinces du Delta présentent quelques différences dans la culture et les produits de cette céréale. Ainsi, dans ces provinces, la quantité de semence par *feddân* varie de $\frac{1}{2}$ à $\frac{2}{3}$ d'*ardeb*. Elle est, par conséquent, un peu plus grande que la quantité de semence employée dans le Sa'yd sur la même superficie.

Toutes les terres du Delta sont généralement labourées avant les semailles : on attelle quelquefois à la charrue des buffles au lieu de bœufs. Quelques terres ne sont point arrosées après l'ensemencement; mais c'est la moindre partie de celles que l'on consacre à cette culture. Le reste des champs de blé, quoiqu'ayant été inondé naturellement, est arrosé à deux reprises, soixante et quatre-vingt-dix jours après les semailles.

Les arrosemens s'effectuent au moyen des roues à pots. Il faut deux jours et demi pour arroser un *feddân* par le travail continu d'une de ces machines.

Les blés de la basse Égypte ont leurs tiges plus élevées que ceux du Sa'yd; ce qui permet de les récolter à la faucille.

Huit ou dix hommes peuvent scier en un jour un *feddân* de blé. Comme le grain est moins sec que celui de la haute Égypte, et qu'il est plus adhérent à sa balle, il faut ordinairement trois jours pour battre le produit d'un *feddân* et en hacher la paille. La manœuvre du *noreg* exige, comme dans le Sa'yd, deux hommes et quatre bœufs.

Les moissonneurs du Delta sont aussi payés en nature; mais, au lieu de blé battu, on leur donne à chacun leur charge de gerbes de blé.

Lorsque l'on sème ce grain dans les terres que l'inondation ne peut atteindre et qui sont situées à proximité du Nil ou des canaux, on est obligé de l'arroser, à quatre ou six reprises différentes, au moyen de *deloû* ou de *châdouf*.

Les meilleures terres du Delta sont moins fertiles en

blé que celles de la haute Égypte : leur produit est de 10 pour 1 ; quelques-unes ne rapportent que 6 ou 7. En général, la paille du blé arrosé artificiellement devient plus haute que celle du blé qui ne l'a point été. Le produit de cette culture, désignée sous le nom de *chetaouy* (culture d'hiver), est, à la vérité, supérieur au produit de la culture du blé *bayâdy*; mais les frais d'arrosement la rendent beaucoup plus dispendieuse. La récolte en est faite à la faucille dans la haute et dans la basse Égypte.

Il y a quelques terrains élevés situés entre Saqqârah et Beny-Soueyf, où l'on est obligé de labourer la terre à la houe. Le labour d'un *feddân* exige vingt journées de travail. Comme ce travail est très-pénible, le prix de la journée des ouvriers est ordinairement de 15 médins, c'est-à-dire plus fort d'un tiers que le prix de la journée d'un ouvrier employé aux arrosemens.

La paille de blé hachée est la nourriture habituelle des chevaux et de tous les animaux employés aux travaux de l'agriculture. En général, les terres du Sa'yd produisent autant de charges de chameau de paille hachée qu'elles produisent d'*ardeb* de blé. Le produit de la paille des blés du Delta est un peu plus considérable.

Le marché du Kaire est approvisionné des blés du Sa'yd et de la basse Égypte. La première espèce pèse deux cent soixante-quatre livres l'*ardeb*; la seconde pèse deux cent quatre-vingt-douze livres, poids de marc [1].

---

[1] *Voyez*, à la fin de ce mémoire, les pièces justificatives (n°. 1), et le rapport fait au général en chef sur la fabrication du pain (*Décade égyptienne*, tom. III, pag. 129).

§. II. *Culture du dourah et du maïs.*

Le *dourah* (*holcus sorghum*) est cultivé dans toutes les provinces de l'Égypte, depuis l'île d'Éléphantine jusqu'au Kaire : c'est le grain qui fournit la nourriture ordinaire des *fellâh*. On le sème à deux époques différentes, vers le milieu de mai et à la fin du mois d'août.

Ces semailles sont, comme on le voit, antérieures à la submersion des terres par la crue du Nil : ainsi la culture du *dourah* exige toujours des arrosemens artificiels ; les terres qui y sont le plus propres, sont, par conséquent, celles qui se trouvent le plus à proximité du fleuve ou des canaux qui conservent de l'eau toute l'année.

En descendant de l'île d'Éléphantine à Edfoû, on fait annuellement deux récoltes de *dourah :* au-dessous d'Edfoû et dans le reste de l'Égypte, le *dourah* n'est cultivé que dans l'été, pendant la période de l'année appelée *el-keydy*.

Il croît spontanément, sur la plupart des terres un peu élevées, deux espèces de plantes, dont l'une, appelée *halfeh* (*poa multiflora*), est employée à faire des nattes, et dont l'autre, nommée *a'âqoul* (*hedysarum alhagi*), sert de pâturage aux chameaux. On commence par les brûler sur pied, lorsqu'on veut ensemencer en *dourah* les terrains où elles se trouvent ; on donne ensuite un labour à la terre, après quoi on la divise en carreaux par de petites levées qui se coupent à angles droits, et sur le sommet desquelles on pratique des rigoles destinées à conduire l'eau dans chacun des carrés. Ces petites digues, de deux à trois décimètres de hauteur, sont exécutées d'une manière très-expéditive, au moyen de l'espèce de rabot nommé *massougah*, qui sert tout-à-la-fois à dresser la surface du terrain et à retrousser la terre au pourtour des carreaux. On en fait ordinairement deux cents dans un *feddân* situé près du Nil; mais on en augmente le nombre, suivant que l'on est plus éloigné du réservoir qui doit fournir l'eau nécessaire aux arrosemens.

Cette préparation de la terre exige deux journées de travail; on fait ensuite à la pioche, dans chacun de ces carreaux, soixante ou quatre-vingts petites fosses de quatre doigts de profondeur, où l'on sème quelques grains de *dourah*. Cet ensemencement en exige depuis $\frac{1}{24}$ jusqu'à $\frac{1}{12}$ d'*ardeb* : huit ou dix ouvriers peuvent l'exécuter en un jour; ils sont payés chacun huit ou dix médins.

Aussitôt que le grain est recouvert, on commence les arrosemens; on les continue sans interruption pendant les dix premiers jours, afin d'assurer et d'accélérer la végétation.

Ces arrosemens se font, dans l'île d'Éléphantine, au moyen de roues à pots, dont chacune peut arroser cinq ou six *feddân* : ailleurs, ils se font généralement à bras d'homme, à l'aide de *deloû*.

Pendant la saison appelée *el-keydy*, qui correspond, comme nous l'avons dit, aux plus basses eaux du Nil et aux plus fortes chaleurs de l'été, les arrosemens se répètent toutes les semaines, à huit reprises différentes.

Il faut employer quatre et six hommes pour arroser un *feddân* en deux jours.

Dans quelques villages du Fayoum, on ne laboure point, avant de l'ensemencer, la terre destinée à recevoir le *dourah* : on y fait à la pioche les trous où le grain doit être semé, et, après qu'il a été recouvert, on lui donne deux arrosemens successifs. On trace ensuite à la charrue, entre les lignes de semis, des sillons de 2 ou 3 décimètres de profondeur, dans lesquels on entretient une certaine hauteur d'eau qui humecte convenablement les racines de ces plantes : elles s'accroissent rapidement, et parviennent à leur maturité trois mois après les semailles. Durant cet intervalle, on sarcle avec soin les champs de *dourah*; on arrache aussi les tiges faibles et tardives, qui, venues sur une même souche, pourraient arrêter la végétation des tiges principales : elles servent de fourrage aux bestiaux.

Lorsque le *dourah* approche de sa maturité, on a grand soin d'empêcher les oiseaux de se percher sur ses tiges pour en manger le grain dans sa panicule. Comme ces tiges s'élèvent ordinairement à près de deux mètres de hauteur, on forme de distance en distance, dans les champs de *dourah*, des buttes de terre sur lesquelles montent des hommes qui effarouchent les oiseaux par leurs cris.

Quoique la culture du *dourah el-keydy* soit très-pénible dans la haute Égypte, puisqu'elle exige quelquefois près de cent journées d'arrosage par *feddân*, on est obligé d'y recourir pour la nourriture des habitans, qui ne cultivent le blé ou l'orge que pour acquitter l'impôt, ou pour entretenir les marchés des villes principales d'où il est exporté.

Quand le *dourah* est parvenu à sa maturité, on le coupe, à environ 2 décimètres de terre, avec une espèce de faucille plus petite et moins courbée que celle dont on se sert en France. Il faut dix moissonneurs pour scier un *feddân* en un jour. Les têtes, séparées de leurs pieds, sont exposées quelque temps au soleil, après quoi on les étend sur une aire où elles sont foulées aux pieds par des bœufs. Deux bœufs, travaillant pendant cinq jours, battent le produit d'un *feddân*. On nettoie le grain en le projetant en l'air avec des fourches de bois; enfin on le met en tas que l'on recouvre de nattes, ou bien on le conserve dans des couffes de feuilles de dattier.

Nous avons dit que la première récolte du *dourah el-keydy* se faisait vers le milieu d'août, dans la partie la plus méridionale de l'Égypte; aussitôt après on prépare de nouveau les mêmes terres pour recevoir le *dourah el-nabâry :* les procédés d'ensemencement et de culture sont les mêmes. Mais comme, pendant cette période de l'année, le Nil est à sa plus grande hauteur, les arrosemens exigent beaucoup moins de travail; il y a même, dans les provinces de Girgeh et de Syout, des cantons où l'inondation s'élève quelquefois assez pour couvrir de quelques centimètres le terrain dans lequel le *dourah* est semé. Cette circonstance permet de suspendre, pendant un mois environ, les arrosemens artificiels : on les reprend ensuite, et on les renouvelle tous les dix jours, jusqu'à la récolte.

Le produit de la culture du *dourah el-keydy* est communément de six *ardeb* par *feddân* : le produit de la culture du *dourah el-nabâry* est plus considérable, et s'élève quelquefois jusqu'à dix et douze *ardeb*; le prix moyen de l'*ardeb* est de 130 médins. On ne cultive que le *dourah el-nabâry* dans les parties de l'Égypte au-dessous de Girgeh. A mesure que l'on descend le Nil, le *dourah* est plus long-temps à mûrir et exige beaucoup moins de travaux pour son arrosement.

Dans le Fayoum et dans les provinces de Beny-Soueyf et de Gyzeh, on le sème au commencement de juillet : il reste quatre mois en terre; il n'est arrosé que tous les vingt jours : on le récolte au commencement de novembre.

Ce n'est point en faisant fouler l'épi de *dourah* aux pieds des bœufs, que l'on en retire le grain, comme dans la haute Égypte : mais, après avoir exposé ces épis au soleil pendant quinze ou vingt jours, on les bat avec des bâtons; il faut dix journées d'ouvrier pour battre ainsi le produit d'un *feddân*. Comme ce grain est rarement exporté des lieux où il est cultivé, et que le Gouvernement ne trouverait point à le faire vendre sur les marchés des villes, l'impôt des terres qui ont été ensemencées en *dourah* est acquitté en argent. Les terres cultivées *el-keydy* payent ordinairement 5 pataques par *feddân*; les terres cultivées *el-nabâry* en payent 5 : ce qui indique à peu près le rapport entre les produits de ces deux cultures. Les frais d'ensemencement et d'arrosage du *dourah* sont, en général, payés en argent à raison de 8 ou 10 médins la journée; les travaux de la récolte sont au contraire payés en nature, tantôt en gerbes, tantôt en *dourah* battu.

Un *feddân* produit communément autant de charges de chameau de tiges de *dourah* que d'*ardeb* de grain : la charge de chameau de ces tiges se vend de 8 à 12 parats. Elles servent de combustible après avoir été séchées; c'est presque le seul employé dans la haute Égypte, pour la cuisson des briques et des poteries, pour la fabrication de la chaux, et différens autres usages économiques.

La paille de *dourah* sert aussi à couvrir les cabanes. Enfin, les Arabes et les cultivateurs des environs de Syène, d'Esné et de Thèbes, en forment des paquets ou faisceaux sur lesquels ils appuient leur poitrine pour nager avec moins de fatigue quand ils traversent le Nil.

Les Égyptiens appellent *dourah de Syrie* le maïs, que nous appelons *blé de Turquie :* on le cultive en petite quantité dans les environs de Qené; on prépare la terre comme pour le *dourah* du pays. On le sème dans le mois d'août; on l'arrose pendant trois mois, et la récolte se fait au bout de quatre. Cette plante est sciée; l'épi est détaché de sa tige, et conservé pour en tirer le grain à mesure des besoins. Le produit d'un *feddân* est quelquefois de 10 et 12 *ardeb*. La farine de ce grain est mêlée avec celle du blé : quelquefois on l'emploie seule à la fabrication du pain des *fellâh*.

Cette culture du maïs, qui, dans le Sa'yd, n'est en quelque sorte qu'une culture subsidiaire, remplace dans quelques cantons du Delta celle du *dourah* de la haute Égypte, qui y est tout-à-fait étrangère.

C'est particulièrement aux environs de Tantah et de Semennoud que quelques terres sont consacrées à la culture du maïs. On commence par les couvrir d'une légère couche de cendres et de décombres qui se trouvent autour des villages; il en faut ordinairement de vingt ou vingt-quatre charges d'âne pour la superficie d'un *feddân* : on donne ensuite un labour à la terre. Le grain est semé dans des sillons tracés par la charrue. On unit le champ en faisant passer dessus un tronc de palmier traîné transversalement par des bœufs; enfin on le divise en carreaux pour les arrosemens.

On sème le maïs au solstice d'été; il en faut communément $\frac{6}{24}$ d'*ardeb* par *feddân* : ce grain commence à sortir de terre six jours après les semailles. On l'arrose une fois tous les quinze jours jusqu'à la récolte, qui se fait vers l'équinoxe d'automne. Les arrosemens du maïs se font à bras d'homme : cinq ouvriers peuvent arroser un *feddân* en deux jours; ils sont payés chacun 12 médins.

Cinq ou six moissonneurs suffisent pour faire en un jour la récolte d'un *feddân* de maïs; ils se servent de faucilles : quant à leur salaire, ils le reçoivent en nature; on leur donne ce qu'ils peuvent porter de gerbes.

Un *feddân* de 24 *qirât* donne communément 4 et 5 *ardeb* de grain, dont le prix moyen est de 2 pataques. Ainsi le produit brut de cette culture est d'environ 18 pour 1, sans compter la valeur de la paille, qui n'est employée que comme combustible.

Le maïs récolté est transporté, à dos de chameau, sur une place située à proximité du village : là, des femmes et des enfans séparent l'épi de sa tige; ces épis sont ensuite dépouillés des grandes feuilles qui les enveloppent. Quinze ou seize de ces ouvriers préparent ainsi, dans l'espace d'un jour de travail, le produit d'un *feddân*. Afin de dessécher complétement les panicules, on les expose au soleil pendant douze ou quinze jours, après quoi elles sont emmagasinées; on les bat à mesure des besoins, pour en détacher le grain; enfin, immédiatement avant de réduire celui-ci en farine, on lui fait subir au four une espèce de torréfaction. Les épis du maïs encore verts sont réunis en paquets de cinq ou six, on les fait griller, et ils fournissent, à l'aide de cette préparation, une espèce de comestible dont les enfans sont très-friands. C'est le seul usage que l'on fasse, dans la haute Égypte, du peu de maïs que l'on y cultive.

§. III. *Culture du riz.*

Le riz (*oryza sativa*) n'est cultivé que dans la partie septentrionale de la basse Égypte, comprise entre les lacs qui en bordent la côte et une ligne presque droite qui traverse le Delta, depuis Rahmânyeh sur la branche occidentale du Nil, jusqu'à Mansourah sur la branche orientale de ce fleuve. Ces terres sont propres à cette culture, parce que, dans la saison des plus basses eaux, le niveau du Nil, près de son embouchure, ne descend guère à plus d'un mètre ou d'un mètre et demi au-dessous de la hauteur à laquelle il parvient lors de ses crues; de sorte qu'il y est toujours plus facile que partout ailleurs de donner aux rizières les arrosemens continuels dont elles ont besoin.

Ces arrosemens s'exécutent au moyen de roues à tympan, placées sur un puisard rectangulaire, dans lequel les eaux du Nil, ou d'un canal voisin, sont conduites par un fossé.

Il faut ordinairement, dans les environs de Damiette, trois de ces roues pour arroser une superficie de 10 *feddân*. La province de Rosette étant moins élevée au-dessus des eaux du fleuve, il suffit d'une seule de ces machines pour arroser le même nombre de *feddân*, qui sont d'ailleurs à ceux de Damiette dans le rapport de 60 à 70 environ. Suivant que le diamètre de ces roues à tympan est plus petit ou plus grand, on emploie un ou deux bœufs à les faire tourner : les plus petites exigent quatre bœufs, et les autres, six, pour leur service journalier.

Une épizootie qui eut lieu vers l'année 1784, ayant considérablement réduit le nombre de ces animaux, on commença à cette époque à leur substituer des buffles pour le travail des arrosemens, et depuis l'on a continué de s'en servir.

Deux hommes, qui se relèvent alternativement, surveillent la manœuvre des machines à arroser, et soignent les bœufs ou les buffles qui y sont employés.

Le cultivateur chez lequel les journaliers demeurent, les nourrit, et leur donne, en outre, 5 ou 6 pataques de gages annuels.

On sème le riz au commencement du mois d'avril; avant de le mettre en terre, on en emplit des couffes, que l'on tient plongées pendant cinq ou six jours dans le Nil ou dans quelqu'un des canaux qui en sont dérivés : lorsque ce grain est assez pénétré d'eau, on l'étend sur des nattes, et l'on en forme de petits tas que l'on recouvre de foin. La chaleur qui s'y produit accélère la germination; et c'est après que le germe est suffisamment développé, que le riz est mis dans la terre.

Celle qui est destinée à le recevoir, reste d'abord couverte d'eau pendant plusieurs jours; on la laboure ensuite dans deux directions différentes, perpendiculaires l'une à l'autre : elle reçoit un troisième labour, après lequel elle est de nouveau submergée; on fait passer dessus, pour en unir la surface, un tronc de palmier traîné transversalement; on la nettoie ensuite avec une espèce de râteau : elle se trouve alors à l'état de boue, et c'est pendant qu'elle est encore dans cet état que le riz y est jeté.

L'*ardeb* qui sert à mesurer le riz, n'est point le même que celui du Kaire; ceux de Rosette et de Damiette diffèrent même entre eux de dénomination et de capacité.

L'*ardeb* de Rosette est à celui du Kaire comme 13 à 12; et celui de Damiette et de Menzaleh, qu'on appelle *dareb*, est à celui du Kaire comme 36 à 13.

A Damiette et aux environs; on sème $\frac{3}{8}$ de *dareb* de riz par *feddân* de 6877 mètres superficiels; ce qui revient à près d'un *ardeb* du Kaire par *feddân* de 400 cannes ou de 5929 mètres : par conséquent, on emploie sur une superficie donnée une quantité de semence de riz double de la quantité de semence de blé que l'on y emploierait; mais une partie des tiges de riz qui proviennent de cet ensemencement, doit être transplantée ailleurs, comme nous le dirons bientôt.

Quarante-huit heures après l'ensemencement, la terre est recouverte d'environ 5 centimètres de hauteur d'eau, qu'on y laisse séjourner pendant deux ou trois jours, après lesquels on la fait écouler pour y en substituer de nouvelle, qui y reste le même temps; cette manœuvre se répète jusqu'à la récolte. Environ vingt ou trente jours après les semailles, suivant que la végétation est plus ou moins active, on commence à sarcler les champs de riz, et l'on a soin de les nettoyer ainsi à mesure qu'il y croît des herbes étrangères.

C'est à la fin du mois de juillet que l'on procède à la transplantation de cette céréale : cette opération se fait pour l'ordinaire sur des terres qui avaient été ensemencées précédemment en blé, et sur lesquelles la récolte n'était point encore faite à l'époque des semailles du riz.

La terre où le riz doit être transplanté est labourée à la charrue ou à la pioche; elle est ensuite arrosée et unie avec un tronc de palmier, comme celle destinée à être ensemencée. Environ la moitié des tiges que produit un champ de riz ensemencé, est transplantée sur un champ de même étendue ainsi préparé. Voilà pourquoi la quantité de ce grain que l'on sème par *feddân*, est à peu près double de la quantité de blé qui y serait semée.

Dans la plupart des cantons où le riz est cultivé, les champs où se fait la transplantation sont peu éloignés de ceux qui fournissent le plant; mais le riz que l'on cultive à Menzaleh vient ordinairement de Fareskour, village situé sur le bord du Nil, à une lieue au-dessus de Damiette : on le charge sur des barques qui le transportent par le lac jusqu'à Menzaleh; la charge d'une barque suffit pour couvrir un *feddân*. Arrivé par cette voie à Menzaleh, il revient ordinairement à 20 ou 21 pataques; on transporte ensuite le plant de riz à dos de chameau, depuis le lieu du débarquement jusqu'au champ qui doit le recevoir.

On paye une pataque et demie pour la plantation d'un *feddân*.

L'arrachage et la transplantation du riz, dans les provinces de Mansourah et de Damiette, se font par des ouvriers du pays. Ce sont des ouvriers de la province de Belbeys, qui vont, dans la saison, exécuter le même travail dans le Delta et la province de Rosette : ils ne sont point payés à la journée; mais ils entreprennent l'arrachage et la transplantation d'un *feddân* à forfait pour le prix de 5 pataques.

On récolte le riz vers le milieu de novembre : ainsi cette plante reste sept mois en terre. Pendant les quatre premiers, il est arrosé artificiellement; pendant les trois derniers, il est arrosé par une irrigation que la crue du Nil rend facile. On le scie comme le blé; il est lié en petites gerbes, et porté sur une aire où le grain est séparé de l'épi au moyen du *noreg*. Dix ou douze hommes peuvent récolter en un jour le produit d'un *feddân* : quand ce sont des ouvriers du pays, on les paye en grains, et ils reçoivent $\frac{2}{16}$ de *dareb*.

Les ouvriers de Mansourah et de Belbeys, qui vont à Rosette et dans le Delta faire la récolte du riz, sont payés en argent : on leur donne 4 pataques pour scier le riz, le mettre en gerbes, et transporter sur l'aire le produit d'un *feddân*.

Le produit d'un *feddân* peut être battu sous le *noreg* dans l'espace d'un jour et d'une nuit, par huit hommes et quatre bœufs. Ce battage est toujours payé en nature, tantôt en gerbes de riz, comme à Rosette; tantôt en grain, comme à Damiette. On donne à chaque ouvrier quatre gerbes de riz, ou $\frac{1}{32}$ de *dareb* de grain.

On fait le vannage du riz comme celui du blé, en le projetant en l'air avec une espèce de palette : mais le vent n'enlève que les parties les plus légères, et le riz, pour être nettoyé parfaitement, a encore besoin d'être passé au crible à plusieurs reprises; ce qui se fait dans les moulins où on le dépouille de son écorce.

On paye pour le vannage du riz la centième partie de la quantité du grain vanné.

A Damiette, à Mansourah et à Menzaleh, le produit d'un *feddân* est, année moyenne, de 3 *dareb* $\frac{1}{2}$; il faut $\frac{3}{8}$ de *dareb* pour ensemencer et planter deux *feddân* : ainsi le rapport moyen des semences aux récoltes, dans les rizières de ces provinces, est environ de 1 à 18.

Dans le Delta et la province de Rosette, le produit d'un *feddân* cultivé en riz est de sept ou huit *ardeb*; et comme chaque *feddân* reçoit un demi-*ardeb* de semence, le rapport de la semence à la récolte est de 1 à 16 : ainsi l'on peut regarder toutes les terres de l'Égypte qui sont propres à la culture du riz, comme étant à peu près également fertiles.

Cependant il n'y a point de culture dont les produits soient aussi variables : on m'a assuré que, dans les environs de Damiette, son produit n'était quelquefois que de 5 pour 1, tandis qu'il s'élevait quelquefois jusqu'à 32.

La paille de riz, plus épaisse et beaucoup plus dure que la paille de blé, n'est point hachée comme celle-ci, mais seulement rompue sous le *noreg*; elle ne sert que de combustible. Avant d'être mis dans le commerce et livré à la consommation, le riz en orge, tel que l'achètent du cultivateur les marchands de Damiette et de Rosette, a besoin d'être blanchi, c'est-à-dire dépouillé de son écorce ou pellicule. Voici quelques détails sur cette opération.

Le grain est d'abord exposé au soleil pendant dix ou quinze jours; on le fait ensuite passer sous des pilons cylindriques de fer creux, d'environ trois décimètres de hauteur, et d'un décimètre de diamètre. Chacun d'eux est fixé carrément comme un marteau à un manche qui est mobile dans un plan vertical, sur un essieu de fer placé à un mètre de distance du pilon, et qui est retenu solidement sur des appuis de maçonnerie. Le mouvement de bascule des pilons est produit, comme celui des marteaux de forge, par la pression qu'exercent sur l'extrémité de leur manche, de l'autre côté de l'essieu, quatre mentonnets ou cames qui traversent à angles droits un arbre horizontal servant d'axe à une roue dentée qui s'engrène perpendiculairement dans une autre plus grande. L'axe vertical de celle-ci porte un levier où l'on attache un ou plusieurs bœufs, suivant que la machine doit mettre en mouvement deux ou quatre pilons[1].

Au-dessous de ces pilons sont des trous cylindriques

---

[1] *Voy.* les *Arts et métiers*, pl. IX, et la description des fig 4, 5, 6 et 7 de cette planche, qui a été donnée par M. Jollois.

pratiqués dans le sol en forme de mortiers : chacun de ces mortiers contient un dixième de *dareb* de riz. Ils sont éloignés de près d'un mètre les uns des autres; de sorte que le mur intermédiaire sur lequel repose l'axe de rotation des pilons, sert de dossier à un ouvrier assis, dont l'occupation continuelle est de reporter avec les mains, sous les pilons, le riz qui tend à s'en échapper à chaque percussion.

Le grain y est d'abord exposé pendant deux heures; ce temps suffit pour détacher une partie des pellicules du grain : mais, comme, en continuant l'opération sur le même tas, la percussion aurait lieu en pure perte sur une portion de pellicules déjà détachées, on retire le riz pour le nettoyer une première fois; on le remet ensuite sous les pilons, dont il reçoit encore la percussion pendant deux heures; on le nettoie de nouveau, pour réitérer une troisième fois le même travail; enfin on achève de le blanchir en le remettant une quatrième fois sous les pilons avec une certaine quantité de sel, après quoi il entre dans le commerce en l'état où nous le voyons.

Il faut trente heures au moins pour blanchir complétement un *dareb* de riz en orge. Cette mesure produit, lorsque le riz est de bonne qualité, un *ardeb* $\frac{2}{3}$ de riz blanchi, et un *ardeb* $\frac{1}{2}$ si le grain est d'une qualité inférieure. Ainsi l'on peut supposer que le produit moyen d'un *ardeb* est d'un *ardeb* $\frac{7}{12}$; on évalue ordinairement à 4 *ardeb* de riz blanchi le produit de 5 *ardeb* de riz en orge.

L'exploitation d'un moulin à deux pilons, en activité jour et nuit, exige le travail de neuf bœufs, et de sept ouvriers qui se relèvent alternativement. La dépense à faire pour la nourriture de ces bœufs et le salaire de ces ouvriers, intérêt des premières avances, les frais d'entretien de la machine et des bâtimens, font monter à 5 pataques le prix du blanchîment d'un *dareb*, ou celui de l'*ardeb* à 3 pataques 15 médins. Si l'on ajoute à cette somme le bénéfice du marchand, calculé sur le pied de 20 pour 100, le riz, pris dans les magasins de Damiette, coûtera, année commune, 22 pataques l'*ardeb*. Au reste, comme la plus grande partie du riz récolté en Égypte est destinée à l'exportation, on conçoit que le prix de cette denrée augmente ou diminue suivant que le commerce est plus ou moins actif : pendant l'occupation de ce pays par l'armée française, le prix de l'*ardeb* de riz à Rosette était tombé à 12 pataques.

§. IV. *Culture de l'orge.*

L'orge (*hordeum hexastichum*) est la plante céréale la plus généralement cultivée en Égypte : on la cultive, en effet, depuis les îles de Philæ et d'Éléphantine jusque sur la langue de terre qui sépare le lac Bourlos de la Méditerranée ; mais, dans un aussi grand intervalle, les différences de température en apportent d'assez notables dans la culture de l'orge et de ses produits.

Sur les grandes îles du Nil et les bords de ce fleuve, en descendant de Syène à Edfoû, on sème l'orge à la fin de novembre, après la seconde récolte du *dourah* : on commence par donner à la terre un premier labour ; et, comme elle est trop élevée pour être inondée naturellement par le Nil, on la divise en carreaux, dont on submerge l'intérieur à l'aide de *deloû*, ou de la machine à pots. Après que la terre a été suffisamment imbibée, on procède à l'ensemencement : on y emploie un demi-*ardeb* de grain par *feddân*.

Dans cette partie de l'Égypte, la même terre donnant, à l'aide d'arrosemens continuels, trois récoltes par an, ce sont les mêmes ouvriers qui font tous les travaux de l'agriculture sur un nombre de *feddân* déterminé. Ordinairement huit hommes et autant de jeunes garçons exploitent cinq à six *feddân*.

Lorsque l'orge est parvenue à sa maturité, elle est, ainsi que le blé qui a été arrosé artificiellement, moissonnée à la faucille. La récolte est foulée aux pieds des bœufs, qui font sortir le grain de l'épi, et brisent les tiges de la plante, qui sert de nourriture aux bestiaux.

Le produit d'un *feddân* d'orge dans l'île d'Éléphantine, et, au-dessous, jusqu'à Esné, est de 5 à 6 *ardeb* : il peut s'élever jusqu'à 8 et 9, lorsque l'année est très-favorable. On retire autant de charges de chameau de paille hachée que d'*ardeb* de grain. Le prix de l'*ardeb* d'orge varie de 1 à 2 pataques. Une charge de chameau de paille hachée se vend de 15 à 20 médins.

Ce n'est qu'aux environs d'Esné que l'on commence à cultiver ce grain dans des champs inondés naturellement par des canaux dérivés du Nil ; mais il n'y a qu'une partie des terres de ce canton qui soit susceptible de ce mode de culture, tandis qu'en descendant dans la plaine de Thèbes et dans les provinces de Girgeh, de Syout et de Minyeh, l'orge n'est semée, comme le blé, que dans des terres qui ont été couvertes par l'inondation.

Lorsqu'on ne laboure point la terre avant l'ensemencement, on sème deux tiers d'*ardeb* et quelquefois un *ardeb* entier par *feddân*. Lorsqu'on la prépare par un labour préalable, on n'en sème que la moitié. Le produit de la récolte varie de 6 à 10 *ardeb*, suivant les années.

Cette culture de l'orge *el-bayâdy* est entièrement semblable à celle du blé. Il faut quatre hommes pour arracher en un jour le produit d'un *feddân*. Ces moissonneurs sont payés en nature, et reçoivent chacun $\frac{1}{24}$ d'*ardeb* : le prix de l'orge est communément d'une pataque l'*ardeb* dans les provinces de Girgeh et de Syout. En général, le prix de l'orge en Égypte est la moitié de celui du blé.

Les arrosemens artificiels, qui sont inutiles à la culture de l'orge dans la vallée du Nil, depuis Girgeh jusqu'au Kaire, sont indispensables dans le Fayoum, où les eaux de l'inondation restent trop peu de temps sur les terres.

On y sème deux tiers d'*ardeb* d'orge par *feddân*; on l'arrose trois fois pendant sa végétation : on retire d'un *feddân* 5 ou 6 *ardeb* de grain et autant de charges de chameau de paille hachée.

L'orge, que l'on cultive dans les différentes parties du Delta, est arrosée, comme le blé, deux ou trois fois, depuis les semailles jusqu'à la moisson. La quantité de semence employée sur un *feddân* de 24 *qirât* varie de $\frac{1}{2}$ à $\frac{2}{3}$ d'*ardeb*. Le produit varie également suivant les localités : il n'est que de 5 *ardeb* dans les environs de Menouf; il s'élève jusqu'à 7 près de Tantah; il est quelquefois de 8 et 10 *ardeb* dans les provinces de Rosette et de Mansourah. La paille de l'orge du Delta est plus courte que celle du blé : aussi n'en retire-t-on en charges de chameau qu'un nombre égal à la moitié du nombre d'*ardeb* de grain qu'on a récoltés sur une surface déterminée. C'est d'ailleurs un fourrage moins estimé que la paille de blé, et qui est presque toujours consommé sur les lieux.

Quelques petites portions de la langue de terre étroite qui sépare le lac Bourlos de la mer, produisent un peu d'orge; on la sème dans des sillons tracés à la houe, et qui sont rabattus avec le tronc de palmier qui fait l'office de herse et de rouleau. La perméabilité du sol, sous lequel l'eau douce du lac s'écoule toujours pendant la crue du Nil, à une très-petite profondeur, et les pluies, qui sont assez fréquentes sur cette côte pendant les quatre mois d'hiver, suppléent à l'inondation et aux arrosemens artificiels. Cette culture de l'orge, dans le village de Beltym, exige, comme on voit, très-peu de dépense : mais aussi elle est très-peu productive; elle ne rapporte communément que 3 ou 4 pour 1.

L'orge n'est employée généralement en Égypte que pour la nourriture des chevaux : elle tient lieu de l'avoine qu'on leur donne dans quelques parties de l'Europe.

Une partie de l'impôt en nature auquel les terres de la haute Égypte sont assujetties, est acquittée en orge, que l'on vend sur les marchés du Kaire; c'est aussi l'objet d'une exportation assez considérable par les ports de Qoçeyr, de Damiette et de Rosette.

§. V. *Culture des lentilles, des pois chiches et des lupins.*

Les lentilles (*ervum lens*) sont un produit particulier de la partie de l'Égypte qui s'étend depuis Edfoû jusqu'à la hauteur de Gyzeh, en y comprenant le Fayoum ; on n'en entreprend la culture, ni à l'extrémité méridionale du Sa'yd, ni dans le Delta.

Les terres qui ont été inondées naturellement par les canaux d'irrigation, sont les seules propres à la culture des lentilles ; elle est, par conséquent, au nombre de celles appelées *el-bayâdy*, et n'exige que fort peu de travaux.

La terre reçoit quelquefois un premier labour après la retraite des eaux ; mais, si l'inondation a été abondante, et si la dessiccation du sol n'est point achevée complétement quand le moment des semailles est arrivé, on se contente de jeter le grain sur la terre encore boueuse ; on sème par *feddân* depuis $\frac{1}{3}$ jusqu'à $\frac{2}{3}$ d'*ardeb*. On recouvre la semence en faisant passer dessus une pièce de bois traînée par quatre ou cinq hommes, ou bien en donnant à la terre un second labour. Les lentilles restent environ quatre mois en terre, c'est-à-dire trente ou trente-cinq jours de moins que le blé : on les récolte en arrachant les tiges, lorsqu'elles ont été semées avec d'autres plantes, comme cela a lieu dans le Sa'yd ; ou bien on les scie lorsqu'elles ont été semées seules, comme cela se pratique dans le Fayoum et les environs du Kaire.

Il faut neuf à dix journées d'ouvrier pour arracher en un jour le produit d'un *feddân* de lentilles. On les lie en gerbes, et on les transporte à dos de chameau sur l'aire, où elles sont battues sous le *noreg*, comme le blé. Quatre hommes et quatre bœufs, travaillant pendant un jour, battent le produit d'un *feddân*. Le vannage et le nettoyage des lentilles se font comme ceux des autres grains. Toutes ces opérations exigent neuf ou dix journées, dont chacune est payée à raison de $\frac{1}{24}$ d'*ardeb* de lentilles.

La tige des lentilles, hachée sous le *noreg*, sert de fourrage aux chameaux et aux chèvres. On en retire ordinairement autant de charges de chameau que d'*ardeb* de graine : la charge de ces tiges hachées se vend de 30 à 40 médins.

Le produit d'un *feddân* varie suivant les années; il est de 6 à 7 *ardeb*, et quelquefois de 3 ou 4 seulement.

Le prix de l'*ardeb* de lentilles est communément de 100 médins dans la haute Égypte; il est de 150 au Kaire et dans la province de Gyzeh.

Les provinces de Syout et de Minyeh sont celles où cette culture est le plus avantageuse; elle le devient moins en remontant dans le Sa'yd et en descendant vers le Kaire.

Les champs de la haute Égypte ensemencés en lentilles sont assujettis à payer l'impôt en nature; les lentilles qui en proviennent sont emmagasinées dans les greniers du vieux Kaire, d'où on les tire pour l'approvisionnement des marchés de la basse Égypte, ou bien pour être exportées.

Les lentilles destinées à la consommation sont ordinairement dépouillées de leur écorce; on ne met en vente dans les marchés des villes que les deux lobes de ce légume : ces lobes sont d'une fort belle couleur orangée. Il suffit, pour monder ainsi ces lentilles, de les froisser entre deux petites meules d'argile desséchées au soleil, de 25 ou 30 centimètres de rayon : la meule inférieure est fixe; la meule supérieure est mobile, et mise en mouvement autour de son centre par un seul ouvrier, comme celle des moulins à moutarde. Le poids de cette meule mobile, d'argile durcie, est d'environ 20 ou 25 kilogrammes.

Les pois chiches (*cicer arietinum*) se sèment, comme les lentilles, dans les terrains qui ont été submergés; la terre reçoit aussi les mêmes façons avant et après les semailles, qui ont lieu immédiatement dès que les eaux se sont retirées.

On sème, par *feddân*, de $\frac{14}{24}$ à $\frac{16}{24}$ d'*ardeb* de pois chiches; ce qui exige communément trois journées de travail : ils restent sept mois en terre; la plante est arrachée et battue sous le *noreg*. Quatre hommes et quatre bœufs peuvent battre en un jour le produit d'un *feddân* : ils reçoivent ensemble pour salaire, y compris la location du *noreg*, $\frac{18}{24}$ d'*ardeb*.

Le produit d'un *feddân* ensemencé en pois chiche varie suivant les années : dans les cantons du Sa'yd où on le cultive le plus, ce produit varie de 4 à 8 *ardeb*. Le prix de l'*ardeb* varie aussi de 50 à 130 médins.

Indépendamment des usages journaliers du pois chiche pour la nourriture des *fellâh*, on est dans l'usage, au Kaire, à Rosette, à Damiette, et autres villes du Delta, d'en faire griller les grains sur le feu dans une grande bassine; on les mange quand ils ont été ainsi torréfiés.

Ce que nous venons de dire de la culture du pois chiche et de ses produits, s'applique sans restriction à la culture du lupin (*lupinus termis*). On en sème $\frac{1}{2}$ ou $\frac{2}{3}$ d'*ardeb* par *feddân*, suivant qu'on le sème dans des trous faits à la main, ou qu'on le jette à la volée sur la terre encore humide; on le récolte à la scie au bout de cinq mois. Il faut dix ou douze journées pour récolter un *feddân*. Les tiges, presque ligneuses, ne pouvant servir à la nourriture des bestiaux, sont employées comme combustible, et particulièrement à faire l'espèce de charbon qui entre dans la fabrication de la poudre à canon du pays. On retire les graines en frappant les tiges, suffisamment desséchées, avec de simples bâtons; pratique qui remonte, en Orient, à la plus haute antiquité, et qui remplace en Égypte l'usage du fléau.

Les frais de récolte et de battage des lupins sont payés en nature, à raison de $\frac{1}{24}$ d'*ardeb* par moissonneur.

§. VI. *Culture des féves.*

Les féves (*vicia faba equina*) sont cultivées en abondance dans les provinces de Girgeh, de Syout et de Minyeh, sur les terres qui ont été inondées naturellement.

On les sème au commencement du mois de novembre, sans labour préparatoire ; il faut un *ardeb* ou un *ardeb* $\frac{3}{24}$ par *feddân*, suivant que le sol est plus ou moins humide : après les semailles, cinq hommes recouvrent ce grain, en traînant une pièce de bois sur la terre. Ils sont payés en nature, et reçoivent chacun $\frac{1}{24}$ d'*ardeb* de féves.

Les féves restent trois mois et demi en terre ; on en fait la récolte vers le milieu du mois de février ; on en scie les tiges, et elles sont hachées sous le *noreg*. Il faut quatre bœufs et quatre hommes travaillant pendant deux jours, pour battre le produit d'un *feddân*. Chacun est payé $\frac{1}{24}$ d'*ardeb*.

Les frais de récolte et de battage ainsi acquittés en nature, on retire d'un *feddân*, dans les bonnes années, 7 *ardeb* de féves, et seulement 2 ou 3 dans les mauvaises ; le prix de l'*ardeb* varie de 50 à 100 parats.

Il monte jusqu'à 2 pataques dans les lieux d'où ce produit peut être facilement exporté.

Les tiges de féves, hachées sous le *noreg*, servent de fourrage aux chameaux, aux bœufs et aux chèvres. Un *feddân* produit ordinairement trois ou quatre charges de chameau de ces tiges hachées, dont chacune se vend 40 médins.

Quelquefois, dans le Fayoum et aux environs du Kaire, on donne un premier labour à la terre destinée à être ensemencée en féves ; et lorsque la plante commence à sécher, on l'arrache, au lieu de la couper à la faucille. Le produit de la récolte est ordinairement un peu plus fort que quand les semailles se font sur la terre encore boueuse.

A mesure que l'on descend dans le Delta, la culture des féves devient moins avantageuse, et par conséquent moins générale. On les sème souvent dans des sillons tracés à la charrue : leurs tiges s'élèvent plus haut que celles des féves du Sa'yd. On paye 40 parats pour arracher le produit d'un *feddân*. On les laisse ensuite se dessécher sur place, ou en les exposant au soleil; on les fait enfin passer sous le *noreg*. Le produit d'un *feddân* est aussi de 5 ou 6 *ardeb*.

La culture des féves ne s'étend guère, dans la haute Égypte, au-dessus de Kous, ni, dans le Delta, au-dessous de Semennoud. On en exporte des quantités considérables pour l'Arabie par Qoçeyr, et pour le Levant, par les ports de la Méditerranée. Les marchés du Kaire et de la plupart des villes de la basse Égypte, sont approvisionnés de féves qui proviennent de l'impôt en nature levé dans le Sa'yd.

Les féves mises en vente dans ces marchés sont quelquefois dépouillées de leur peau, comme les lentilles, par l'action de deux petites meules d'argile durcie entre lesquelles on les froisse.

§. VII. *Culture des ognons, — des pastèques, — des melons. — Autres cultures de plantes potagères.*

L'ognon (*allium cepa*) est un objet de grande culture dans presque toute l'Égypte, à l'exception de la partie méridionale de la province de Thèbes et des parties inférieures du Delta.

La terre est d'abord labourée, puis dressée avec le

tronc d'un palmier; elle est ensuite divisée en carreaux avec le *massougah*. Les façons successives de la terre pour préparer un *feddân* reviennent à 200 médins.

On sème l'ognon après le blé, le trèfle, et les autres grains que l'on cultive sur les terres naturellement inondées. Pour cela, on forme, au hoyau, de petits sillons qui reçoivent la graine : dix hommes peuvent faire ce travail en un jour sur un *feddân*. On emploie, pour l'ensemencer, $\frac{1}{24}$ d'*ardeb* de graine, dont le prix est communément de 90 à 120 parats. Suivant que les terres sont plus élevées ou plus basses, on multiplie ou on ralentit les arrosemens pendant la végétation de la plante; dans le premier cas, on les répète toutes les semaines. Les frais d'arrosement d'un *feddân*, à six ou huit reprises, reviennent à environ 300 médins.

Cinquante ou soixante jours après l'ensemencement, l'ognon est transplanté dans un autre champ qui a reçu trois labours : le semis fait sur une superficie déterminée suffit pour couvrir une étendue douze fois plus considérable.

L'ognon est récolté en vert pour servir immédiatement de comestible, ou bien on le laisse sécher sur pied pour être mis en vente dans les marchés : il est ordinairement parvenu à sa maturité quatre-vingts ou quatre-vingt-dix jours après avoir été transplanté. Il faut quinze à vingt journées d'ouvrier pour en faire la récolte. La journée est payée 6 parats dans la province de Syout.

Un *feddân* rapporte de vingt à trente *ardeb* d'ognons, dont l'un se vend communément une pataque dans les provinces de Syout et de Minyeh, et jusqu'à 2 pataques dans les environs de Qené : cette différence de prix provient non-seulement de ce que les frais de culture sont plus considérables à Qené, mais encore de ce que cette bulbe s'y exporte en assez grande quantité pour l'Arabie, par la voie de Qoçeyr.

Quoique les ognons d'Égypte aient perdu de leur célébrité, cependant ils sont plus gros que ceux d'Europe, et assez doux pour être mangés crus sans aucun assaisonnement : ils servent, comme autrefois, à la nourriture des habitans des campagnes, qui les cultiveraient probablement en plus grande quantité, si leur culture exigeait moins d'avances.

L'impôt territorial mis sur les champs cultivés en ognons se paye en argent : il s'élève à 6 ou 7 pataques par *feddân*.

Un autre comestible fort abondant dans toutes les parties de l'Égypte est la pastèque, ou melon d'eau (*cucurbita citrullus*).

On la cultive dans les îles ou sur les berges du Nil, qui restent découvertes pendant la saison des basses eaux, et qui sont submergées lors de l'inondation. Ces berges présentent des talus fort inclinés, dont la surface est formée d'un sable très-fin. On y fait des trous rectangulaires d'un mètre de long sur deux décimètres de large, et assez profonds pour que l'eau venant de l'intérieur des terres ou du fleuve puisse y entretenir l'humidité. Ces trous sont disposés en lignes parallèles au cours du Nil, et distantes d'environ un mètre les unes des autres. Comme le vent peut facilement transporter cette espèce de sol, et que les jeunes plants de pastèques pourraient être recouverts de ces sables mobiles, on les arrête au moyen de petites palissades de jonc sec disposées transversalement aux lignes de semis; le sable qui s'accumule contre ces palissades, forme un abri derrière lequel le pied de la plante est garanti de l'ardeur du soleil.

Chaque plante produit ordinairement trois ou quatre fruits, dont chacun se vend de 4 à 5 médins.

Quelquefois, au lieu de semer les pastèques sur les bords du fleuve, on les sème dans les terres basses qui bordent les canaux intérieurs : on fait dans les terres, vers le commencement de février, des fosses distantes d'un mètre les unes des autres, et d'environ deux décimètres de profondeur; on y met plein les deux mains de fiente de pigeon, qu'on y laisse à découvert pendant huit ou dix jours, au bout desquels on ensemence. Il faut, pour l'ensemencement d'un *feddân*, $\frac{1}{48}$ d'*ardeb* de graine, qui revient à 20 parats. Dix hommes peuvent faire ce travail en un jour. Le produit d'un *feddân* ensemencé en pastèques peut s'élever jusqu'à 30 pataques; il n'est quelquefois que de 12 ou 15.

La culture des pastèques, toujours comprise au nombre de celles qui sont appelées *el-demyry*, est, pour ainsi dire, la seule à laquelle soit propre la langue de terre étroite qui sépare le lac Bourlos de la mer. Les habitans du village de Beltym, bâti sur cette espèce de tertre, y font de petites fosses de 20 à 25 centimètres de profondeur environ; ce qui suffit pour atteindre le niveau de la nappe d'eau douce qui, pendant l'hiver, s'écoule du lac dans la mer, en passant au-dessous de cette terre sablonneuse : ils mettent, comme dans la haute Égypte, de la colombine au fond de ces trous, et ils y sèment la graine de pastèque. Ce fruit, parvenu à sa maturité, est transporté à Alexandrie, à Rosette et à Damiette, par des *germes* qui viennent en prendre des chargemens au boghâz de Bourlos, ou bien il est transporté par des bateaux plus petits à Semennoud, à Mehallet el-Kebyr, à Mansourah, et dans d'autres lieux du Delta. Ces bateaux passent ordinairement de l'intérieur du lac dans la branche orientale du Nil, en remontant l'ancienne branche Sébennytique.

Il nous resterait à parler de quelques autres plantes qui, dans les différentes saisons de l'année, fournissent aux habitans de toutes les parties de l'Égypte une nourriture plus ou moins recherchée, telles que le *bâmyeh* (*hibiscus esculentus*), le concombre (*cucumis sativus*), que l'on sème deux fois par an, au mois de mars et au mois de juillet, et le *meloukhyeh* (*corchorus olitorius*), que l'on sème également à différentes époques, si la récolte de ces diverses plantes ne devait pas être considérée plutôt comme des produits du jardinage que comme des produits de l'agriculture. Il nous suffira de dire ici que, ces petites cultures exigeant le travail continuel des arrosemens, les terres qui y sont destinées sont divisées en carreaux par de petites digues sur le sommet desquelles on pratique les rigoles qui conduisent l'eau dans chacun de ces espaces.

Un *feddân* de *bâmyeh* rapporte en argent, dans les environs de Qené, de 90 à 120 médins par jour, pendant trois mois. Quand le *meloukhyeh* est parvenu à sa maturité, les coupes qu'on en fait dans le même champ se prolongent et se renouvellent pendant un mois et demi. Le produit journalier d'un *feddân*, pendant cet intervalle, peut monter à 90 ou 100 médins.

Les champs cultivés en plantes potagères sont ordinairement bordés par des lisières de chanvre, de carthame, ou par de petites palissades de tiges de *dourah* séchées.

Un *feddân* ainsi aménagé paye 5 ou 6 pataques d'impôt annuel.

§. VIII. *Culture du trèfle, — du fenugrec, — de la gesse, — et du pois des champs.*

Le trèfle (*trifolium alexandrinum*) est le fourrage le plus estimé et généralement le plus cultivé en Égypte, où, comme on sait, il n'y a pas de prairies naturelles. Cette culture, à laquelle une grande partie du territoire du Delta est consacrée, ne remonte guère, dans le Sa'yd, au-delà de Farchout, parce que les terres inondées par le Nil y sont desséchées trop promptement quand les eaux se retirent, et que les arrosemens artificiels, au moyen desquels il faudrait entretenir la végétation de cette plante, y seraient trop dispendieux.

Le trèfle est toujours semé, sans aucun labour préalable, dans les terres inondées naturellement. Cet ensemencement, qui a lieu lorsque les terres sont encore à l'état boueux, exige $\frac{1}{3}$ d'*ardeb* de graine par *feddân*. Cette graine est recouverte à l'ordinaire par un tronc d'arbre que traînent des bœufs ou des hommes.

On fait une première coupe du trèfle quarante ou quarante-cinq jours après les semailles, et un peu plus tôt à Girgeh et à Farchout, parce que la végétation y est plus rapide : cette première coupe de trèfle se vend communément 8 pataques le *feddân* dans les provinces de Syout et de Minyeh.

Trente jours après, on en fait une seconde coupe, qui se vend 4 ou 5 pataques.

Lorsque l'on veut récolter la graine de trèfle, on ne fait qu'une seule coupe de ce fourrage pour être consommée en vert. On laisse sécher la seconde sur pied. Celle-ci est portée sur une aire, où on la fait fouler aux pieds des bœufs. Cette récolte et ce battage reviennent à 75 médins le *feddân*; on en retire ordinairement deux *ardeb* de graine, dont le prix varie de 200 à 360 médins.

Les arrosemens artificiels étant plus faciles dans le Fayoum que dans le reste de l'Égypte, les champs de *dourah*, un mois avant la récolte de ce grain, y sont ensemencés en trèfle. On n'en sème que $\frac{1}{4}$ d'*ardeb* par *feddân*; ce qui n'exige qu'une demi-journée de travail de l'un des ouvriers employés aux arrosemens. La végétation du trèfle est si prompte, qu'on en fait la première coupe immédiatement après que le *dourah* a été scié : s'il est consommé sur pied par le bétail, un *feddân* de trèfle peut nourrir deux bœufs pendant un mois.

Après sa première coupe, et dans un intervalle de vingt à vingt-cinq jours, on arrose le trèfle à deux reprises différentes. Ce temps suffit pour arriver à l'époque d'une seconde coupe, qui est toujours un peu moins productive que la première. Quelquefois on retire la graine de la troisième; alors le produit d'un *feddân* s'élève jusqu'à 2 *ardeb* ½ ou 3 *ardeb* de graine : mais, quand l'inondation a été favorable, on consomme en vert la troisième coupe de trèfle, et la graine est retirée de la quatrième, qui ne fournit plus par *feddân* qu'un *ardeb* ½.

Le cultivateur vend sur pied le trèfle dont sa terre est couverte, quand il ne le fait pas consommer par son propre bétail. Le prix du *qirât*, ou de la 24ᵉ partie d'un *feddân*, varie de 30 à 35 médins.

La culture du trèfle est très-répandue dans la province de Gyzeh, aux environs du Kaire : la préparation de la terre n'y présente aucune particularité remarquable; mais la quantité de graine ensemencée sur une superficie déterminée y est beaucoup plus grande que dans le Sa'yd et le Fayoum, puisqu'on en sème un *ardeb* par *feddân*. Le prix de l'*ardeb* est de 6 pataques.

On fait la première coupe du trèfle soixante jours après les semailles; la seconde coupe, trente jours après la première; enfin la troisième, quarante jours après la seconde : ainsi les produits du trèfle sont récoltés dans l'intervalle d'environ quatre mois et demi. Les deux premières coupes d'un *feddân* vert se vendent 24 pataques.

Quand l'inondation a été faible, on ne coupe le trèfle que deux fois; la seconde coupe est réservée pour la graine. On retire ordinairement 4 *ardeb* de graine d'un *feddân*, soit en faisant passer la plante desséchée sous le *noreg*, soit en la frappant avec de longs bâtons.

Comme il se fait au Kaire une grande consommation de ce fourrage pour la nourriture des chevaux et des ânes, la plus grande partie de celui qui est cultivé dans les environs y est apportée en vert à dos de chameau, et consommée journellement pendant la saison. On fait aussi quelquefois sécher les trois coupes successives d'un champ de trèfle, et on les met en réserve pour être consommées en cet état pendant l'été.

Dans le Delta, où le trèfle est particulièrement destiné à la nourriture des bœufs et des buffles, on le fait manger sur pied. Le bétail est mis pour la première fois dans le champ soixante jours après les semailles. Un *feddân* de ce pâturage est loué à raison de 5 ou 6 pataques; le premier regain peut être mis en pâture trente ou quarante jours après. Dans l'intervalle de la première à la seconde coupe, les champs de trèfle sont arrosés par ceux qui y placent leurs bestiaux. On estime, dans la province de Menoufyeh, que deux bœufs peuvent manger par jour la vingt-quatrième partie d'un *feddân*.

Ici, la quantité de semence est moindre qu'ailleurs; elle n'est que de $\frac{1}{6}$ d'*ardeb* par *feddân*. Quand on veut recueillir la graine de ce fourrage, on ne fait paître le champ qu'une première fois. Au surplus, c'est toujours deux mois après l'ensemencement que le trèfle est mis en pâture.

Nous avons dit que, dans la haute Égypte, on le semait quelquefois avec le *dourah;* dans la basse, on le sème aussi avec le maïs un mois avant que ce grain parvienne à sa maturité. La jeune plante de trèfle croît à l'ombre des grandes tiges de cette céréale, et profite des derniers arrosemens qu'on lui donne. Un *feddân* ainsi ensemencé est loué, pour quatre mois, de 5 à 8 pataques. On estime à Tantah qu'une paire de bœufs peut vivre sur un *feddân* $\frac{1}{2}$ de trèfle pendant cet intervalle de temps; c'est $\frac{1}{4}$ de *feddân* par tête de bœuf : on estime qu'il faut un *feddân* entier de ce fourrage pour nourrir un buffle.

A mesure que l'on descend vers les embouchures du Nil, les arrosemens devenant plus faciles sont aussi plus abondans, et la végétation du trèfle s'accélère dans la même proportion : ainsi l'on peut en faire jusqu'à quatre coupes dans les rizières des provinces de Rosette et de Damiette, où ce fourrage est semé immédiatement après la récolte du riz, sans aucune autre préparation que de tenir la terre couverte de quelques centimètres d'eau pendant deux ou trois jours. La première coupe se fait deux mois après les semailles; la seconde suit à trente jours d'intervalle; la troisième et la quatrième, à vingt jours l'une de l'autre.

Il faut ordinairement six bœufs pour l'arrosement de dix *feddân* de trèfle : on consacre à leur nourriture trois *feddân*, qui sont consommés en vert; on fait sécher le produit des sept autres, et on le réserve pour la nourriture des bœufs et des buffles pendant une partie de l'année.

Les deux tiers du trèfle récolté dans les rizières du Delta sont généralement consommés en vert par le bétail de toute espèce que le cultivateur est obligé d'entretenir; l'autre tiers est consommé en sec.

Le trèfle qui croît dans les rizières, paraît être moins

substantiel que celui des parties supérieures du Delta et des environs du Kaire, à raison de la rapidité de son accroissement, qui est due aux arrosemens artificiels dont il profite.

Le fenugrec (*trigonella fenum græcum*), que les Égyptiens appellent *helbeh*, est un fourrage particulier à l'Égypte moyenne, et qu'on ne cultive ni dans la partie méridionale du Sa'yd ni dans le Delta. On le sème dans le même temps et de la même manière que le trèfle. La récolte en diffère, en ce qu'on l'arrache au lieu de le couper, soixante à soixante-dix jours après les semailles; il est alors consommé par toute espèce de bétail. La graine, que l'on met tremper dans l'eau pour la faire germer, sert de comestible.

On en sème $\frac{14}{24}$ d'*ardeb* par *feddân*, dont le produit en fourrage se vend de 8 à 10 pataques.

Quand on laisse le fenugrec parvenir à sa maturité et sécher sur pied, quinze hommes, que l'on paye six médins l'un, peuvent arracher en un jour le produit d'un *feddân*. On en retire de 2 à 5 *ardeb* de graine, suivant les années. On fait passer la plante séchée sous le *noreg*; les tiges hachées par cette opération servent de nourriture aux chameaux.

On cultive dans toute la haute Égypte et le Fayoum un autre fourrage appelé *gilbân*; c'est une espèce de gesse (*lathyrus sativus*), que l'on sème, comme le trèfle et le fenugrec, sur les terres que l'inondation a couvertes : on les prépare comme pour l'ensemencement des lentilles; il faut employer $\frac{2}{3}$ d'*ardeb* de semence par *feddân*.

On arrache ce fourrage au bout de soixante jours, pour être consommé en vert. Un *feddân* produit ordinairement de dix à quinze charges de chameau, qui se vendent en totalité 6 à 8 pataques. La plante dont on veut retirer la graine, reste cent jours sur pied : elle en donne communément 5 *ardeb* par *feddân*. Ce fourrage sec est battu sous le *noreg;* les tiges hachées servent de nourriture aux chameaux seulement.

On paye en nature à raison de $\frac{1}{24}$ d'*ardeb* chacun des quatre ouvriers et des quatre bœufs employés au battage du produit d'un *feddân;* on paye également $\frac{1}{24}$ d'*ardeb* pour le loyer du *noreg*. La gesse se vend de 90 à 150 médins l'*ardeb*.

A mesure que l'on remonte le Nil, on observe que le prix de ce fourrage augmente; ce qui provient de la difficulté de le cultiver en quantité suffisante : on y supplée dans les provinces de Thèbes et de Qené, à l'extrémité méridionale du Sa'yd, par la culture du pois des champs (*pisum arvense*); on l'appelle en Égypte *besilleh*, dénomination où l'on retrouve notre expression de *bisaille* et celle de *piselli* d'Italie. Cette espèce de fourrage est semée et recueillie aux mêmes époques que la gesse, et donne à très-peu près les mêmes produits. C'est quand il commence à sécher, qu'on le fait consommer par les chameaux, les bœufs, les buffles, les chèvres, les moutons, etc.; il n'est point employé à la nourriture des chevaux. Le dixième environ des champs où l'on cultive le *gilbân* et le *besilleh*, est réservé pour fournir la semence; ce qui suppose que le produit en grain de ces fourrages est à peu près de 10 pour 1.

Dans le Fayoum, où les eaux de l'inondation naturelle restent peu de temps sur les terres, l'*helbeh*, le *gilbán* et le *besilleh* sont semés dans les champs de *dourah*, quarante jours environ avant sa maturité. Ces fourrages profitent ainsi des derniers arrosemens qu'on lui donne : ils ne sont plus arrosés après sa récolte. Les habitans de cette province usent du pois des champs comme de comestible.

§. IX. *Culture du colza, — de la laitue, — et du sésame.*

On cultive dans les provinces de Syout et de Girgeh une espèce de colza (*brassica arvensis*) appelée *selgam*, et dont la graine est employée à faire de l'huile. On la sème dans les terres qui ont été inondées naturellement, immédiatement après la retraite des eaux. Cet ensemencement, pour lequel on emploie $\frac{1}{24}$ d'*ardeb* par *feddán*, est fait à la volée dans un jour et par un seul homme.

Le colza reste trois mois en terre : il est mûr après cet intervalle, et l'on en fait la récolte en arrachant la plante. Cette récolte exige dix journées de travail pour un *feddán* : chaque journée est payée 7 médins ; c'est aussi le prix que l'on donne aux ouvriers qui battent le colza pour en retirer la graine. Ce battage se fait avec de longs bâtons, sur une aire préparée à cet effet. Il faut six hommes pour battre en un jour le produit d'un *feddán*.

Le vannage et le nettoiement de la graine se font comme le vannage et le nettoiement des autres grains :

cette opération se paye à raison de $\frac{2}{24}$ d'*ardeb* par *feddân*.

Le produit d'un *feddân* en graine varie de 4 à 6 *ardeb*, suivant les années. Le prix de l'*ardeb* varie aussi de 90 à 150 médins.

Les tiges de cette planche séchées servent de combustible; mais ordinairement les cultivateurs l'abandonnent sur l'aire, où les *fellâh* les plus pauvres viennent la ramasser pour s'en servir.

La culture du colza est remplacée, au-dessus de Qené et dans la partie méridionale de la province de Thèbes, par celle de la laitue (*lactuca sativa*), appelée *khass* dans le pays. On en sème la graine soit avec les lentilles ou avec l'orge dans les terres inondées naturellement, soit dans les terres qui sont cultivées en *dourah* à l'aide d'arrosemens artificiels. Dans le premier cas, on mêle $\frac{2}{24}$ d'*ardeb* de graine de laitue avec $\frac{8}{24}$ d'*ardeb* de lentilles ou d'orge; dans le second, on en sème $\frac{4}{24}$ d'*ardeb* sur les champs de *dourah*, vingt ou vingt-cinq jours avant la récolte de ce grain, c'est-à-dire quand il n'a plus besoin d'être arrosé.

La laitue, qui ne reçoit aucun arrosement pendant sa végétation, reste six mois en terre. Quand la plante est mûre, on en coupe les têtes chargées de graine; on les porte sur une aire, où elles restent exposées au soleil pendant six jours; après quoi on les bat comme le colza.

Un *feddân* de terre dans lequel la laitue a été semée avec les lentilles, l'orge et le *dourah*, rapporte de 2 à 6 *ardeb* de graine. Le prix de l'*ardeb* à Qené est de 2 pataques.

On cultive beaucoup la laitue dans les environs d'Edfoû. On sème par *feddân* $\frac{1}{24}$ d'*ardeb* de graine, qui, dans les années ordinaires, rend 1 *ardeb* $\frac{1}{2}$ ou 1 *ardeb* $\frac{3}{4}$. Cette récolte est comprise au nombre de celles appelées *el-nabâry*. L'*ardeb* de graine de laitue se vend communément dans ce canton 140 médins.

On fait souvent consommer en vert, comme fourrage, une partie des tiges de cette plante; ce qui diminue d'autant son produit en graine. Les bœufs se nourrissent aussi quelquefois de laitue sèche; mais c'est un fourrage peu estimé.

Le sésame (*sesamum orientale*), dont la graine sert à la fabrication d'une huile comestible, est cultivé aux environs de Qené, dans la haute Égypte, et dans presque tout le Delta. C'est une culture d'été, qui se fait en même temps que celle du *dourah* et du blé de Turquie, après la récolte du froment. La différence du climat et du mode d'arrosement fait varier les procédés de culture de cette plante dans le Sa'yd et dans la basse Égypte.

Près de Qené, où j'ai pris les renseignemens dont je rends compte ici, on commence par donner à la terre plusieurs labours, qui reviennent à 140 parats. La terre est ensuite divisée en carreaux, comme pour la culture du *dourah* : on sème ensuite 2 ou $\frac{3}{48}$ d'*ardeb* de graine par *feddân*; le champ est arrosé, pendant l'espace de trois mois, au moyen de *deloû* : les mêmes hommes employés aux arrosemens font aussi par intervalles le sarclage du champ; enfin ce sont les mêmes ouvriers qui font la récolte de la plante, quand elle est parvenue à sa maturité. Il faut cinq jours pour récolter le produit d'un *feddân*.

Après avoir scié les tiges du sésame, on les met en paquets que l'on expose au soleil pendant vingt jours, en les tenant debout, soutenus par une corde tendue entre plusieurs appuis : après cet intervalle de temps, on secoue les paquets de tiges sur l'aire où ils ont été exposés ; les graines sortent des capsules les plus sèches. On remet de nouveau les paquets au soleil pour achever de les dessécher ; et, deux ou trois jours après, on les secoue de nouveau pour en faire tomber les graines qui y étaient encore.

Le produit moyen d'un *feddân* de sésame est de 6 *ardeb* de graine, dont l'un se vend communément de 5 à 7 pataques. Les tiges du sésame, après que la graine en a été retirée, servent de combustible.

Voici maintenant les renseignemens qui m'ont été donnés sur la culture du sésame dans la basse Égypte, aux environs de Semennoud.

Comme la graine doit être mise en terre dans la saison de la plus grande sécheresse, et qu'il faut, pour cette culture, multiplier les arrosemens artificiels, on choisit les emplacemens le plus à proximité des *sâqyeh* ou roues à pots. On commence par abreuver fortement la terre, pendant plusieurs jours, à l'aide de ces machines : lorsqu'elle est suffisamment humectée, on sème la graine à la volée, et on la recouvre par un labour. La quantité de semence par *feddân* est de $\frac{1}{24}$ d'*ardeb*.

Vingt-cinq jours après les semailles, on arrose une première fois, et on renouvelle l'arrosement de dix jours en dix jours jusqu'à la crue du Nil; alors on enveloppe le champ de sésame d'une petite digue où l'on pratique à volonté des ouvertures par lesquelles on fait entrer l'eau sur le terrain ensemencé.

Le sésame reste en terre pendant cinq mois, c'est-à-dire jusqu'à la fin d'octobre. La récolte d'un *feddân* est faite en un jour par dix ouvriers, que l'on paye chacun 8 ou 10 médins. On transporte ensuite cette récolte sur une aire préparée à cet effet; elle y est étendue et exposée au soleil pendant un mois : trois hommes sont occupés chaque jour à retourner le sésame sur cette aire, afin de le faire sécher dans tous les sens; enfin on en fait sortir la graine en frappant les tiges desséchées avec de longs bâtons. On paye 70 médins pour la garde du sésame pendant tout le temps de son desséchement en plein air. Le battage et le criblage d'un *feddân* de sésame reviennent à 140 médins. Son produit en graine varie de 4 à 5 *ardeb*, dont chacun se vend communément de 7 à 8 pataques.

§. X. *Culture du carthame.*

Le carthame (*carthamus tinctorius*) est l'objet d'une culture assez étendue dans la vallée d'Égypte, depuis Esné jusqu'au Kaire : elle ne remonte point au-dessus d'Esné; on ne s'en occupe ni dans le Fayoum ni dans le Delta. Cette culture a deux objets spéciaux : la récolte de la fleur, qui est employée pour la teinture, et la récolte de la graine, qui sert à la fabrication d'une espèce d'huile.

C'est particulièrement dans la province de Syout que le carthame est cultivé. Quelquefois la terre destinée à cette culture ne reçoit aucune préparation, et alors la graine de carthame est semée à la volée : quelquefois on donne à la terre un premier labour, et alors on sème la graine dans des sillons tracés par la charrue; ce qui augmente un peu le produit de la culture. On sème par *feddân* de 5 à 7 *rob'* ou $\frac{1}{24}$ d'*ardeb* de graine, qu'il faut toujours recouvrir par un labour. Cependant les cultivateurs pauvres sèment le carthame, comme le *dourah*, dans de petites fosses qu'ils font et qu'ils recouvrent à la main; l'ensemencement d'un *feddân* exige alors quinze journées. Ce travail se fait à la même époque que l'ensemencement du blé. La récolte de la fleur commence trois mois après; elle se prolonge du 1er au 25 avril, et, dans quelques villages des environs de Tahtah, jusqu'au commencement de mai. Elle est faite par des femmes et des enfans, qui, pendant toute la durée de la floraison, arrachent, chaque matin, au lever du soleil, les pétales des fleurs qui sont suffisamment épanouies. On emploie ordinairement par *feddân* douze ou quinze de ces ouvriers, à chacun desquels on donne 2 ou 3 médins, parce qu'ils ne travaillent que quelques heures. Les pétales ainsi récoltés sont, pendant un jour entier, étendus à l'ombre sur des nattes : cette préparation peut revenir à 40 parats par *feddân* pour tout le temps que dure la cueillette. C'est vers le milieu de sa durée qu'elle est le plus abondante.

Les pétales de la fleur de carthame sont ensuite pilés avec un long bâton dans un petit mortier de bois, jusqu'à ce qu'ils soient réduits en une espèce de pâte dont on forme de petits pains ronds et aplatis, de 10 à 12 centimètres de diamètre. Cette réduction en pains, qui se fait jour par jour, exige le travail d'un homme pendant une heure ou deux. Ensuite, on met sécher à l'ombre pendant quinze jours les pains de carthame; ce qui leur fait perdre environ la moitié de leur poids. Dix ou quinze de ces pains, après leur dessiccation, pèsent un *rotl;* c'est en cet état qu'on les vend dans le commerce sous le nom de *safranon.* Lorsque le carthame a été semé seul, et que l'année a été favorable, le produit d'un *feddân* est de 3 *qantâr* de ces pains. Le prix du *qantâr* varie de 8 à 15 pataques, suivant que les demandes des marchands sont plus ou moins abondantes.

Pour augmenter le poids des pains de safranon, ou pour leur donner plus de consistance, on pile quelquefois les fleurs de carthame avec une certaine quantité de farine de lupin, ou bien on les mêle dans la proportion d'un *rotl* de cette farine sur dix *rotl* de fleur. Cette falsification, qui diminue le prix du safranon, est usitée habituellement dans la province de Girgeh. Le carthame le plus pur est celui de Tahtah, qui, par cette raison, est aussi le plus estimé; vient ensuite celui de Syout, enfin celui des environs du Kaire. Ce dernier se vend de 18 à 20 pataques le *qantâr.*

La graine de carthame, qui, dans les provinces de Syout et du Kaire, est semée sans mélange d'autres graines, se sème avec les lentilles, dans les provinces de Thèbes et de Girgeh : on n'en emploie alors que $\frac{2}{24}$ d'*ardeb* par *feddân.* Ces deux plantes reçoivent ainsi une culture commune; mais la récolte des lentilles se fait quarante jours avant que celle du carthame soit terminée. Le produit de celle-ci est moindre que le produit de la culture du carthame qui a été ensemencé seul : on ne retire d'un *feddân* qu'un *qantâr* ou un *qantâr* et demi de safranon, et tout au plus deux *qantâr* quand l'année est excellente.

Syout est l'entrepôt général de tout le safranon fabriqué dans la haute Égypte. Les cultivateurs le vendent à des marchands de cette ville, qui en traitent avec des négocians du Kaire. On en exporte aussi pour l'Arabie par Qoçeyr.

La culture du carthame est une des plus avantageuses que l'on fasse en Égypte : cependant, comme la récolte de la fleur exige quelques avances, et que, pour s'en défaire à temps, il faut attendre des demandes qui peuvent être tardives, les paysans pauvres n'en cultivent que fort peu; ils en entourent, comme d'une espèce de haie, leurs champs de pastèques et de légumes.

Après que les fleurs ont été recueillies, on laisse la plante sécher sur pied pendant dix ou douze jours; on en arrache alors les tiges, dont on retire la graine en les frappant avec des bâtons. Dix ou douze ouvriers peuvent arracher en un jour les tiges d'un *feddân :* il faut autant de journées pour les battre et en nettoyer la graine.

Un *feddân* de carthame, dont on a récolté les fleurs, rapporte, année commune, 2 à 3 *ardeb* de semence. Ce produit s'élève quelquefois jusqu'à 6 *ardeb*, lorsque le carthame est cultivé seulement pour la graine, comme cela se pratique dans la partie de la haute Égypte qui s'étend au midi de Farchout jusqu'à Esné. Quand, au contraire, le carthame est semé avec les lentilles, on ne recueille sur la même surface qu'un *ardeb* ou un *ardeb* et demi de graine. L'*ardeb* se vend de 2 à 3 pataques.

Les tiges de carthame séchées servent de combustible. Le prix en varie suivant les localités; ce qui vaut 2 pataques à Syout, se vend 8 et 10 pataques au Kaire.

§. XI. *Culture du lin.*

Comme toutes les terres inondées naturellement ne sont pas situées au même niveau, on réserve les plus basses, sur lesquelles les eaux ont séjourné le plus longtemps, pour la culture du lin (*linum usitatissimum*). C'est une des plus importantes des provinces de Syout, de Minyeh, du Fayoum, et de l'intérieur du Delta; mais elle éprouve, suivant les lieux, des modifications notables.

Dans la première de ces provinces, le lin est semé au solstice d'hiver. La terre, qui a été submergée naturellement, ne reçoit aucune préparation. La meilleure est celle qui a été le plus long-temps inondée : comme alors elle est à l'état de boue, la semence s'y enfonce assez pour n'avoir pas besoin d'être recouverte. On en emploie un *ardeb* par *feddân*.

Les champs ensemencés en lin n'exigent aucun soin jusqu'à la récolte : elle se fait au commencement d'avril, trois mois et demi après les semailles. La plante, ayant atteint sa maturité, est arrachée à la main et mise en gerbe. Le produit d'un *feddân* est ordinairement de 400 gerbes, qui font la charge de cinq chameaux. L'arrachage du lin, produit d'un *feddân*, exige huit ou dix journées de travail, dont chacune est payée 7 médins.

Le lin en gerbe est porté sur le lieu où l'on doit en retirer la graine. Cette opération se fait en frappant l'extrémité supérieure d'un paquet de plantes sur la face convexe d'une cruche de terre cuite appelée *ballas*, laquelle est couchée sur des gerbes de lin, à environ un mètre au-dessus de terre. Ce vase est placé au milieu d'une petite enceinte circulaire, formée de gerbes de lin mises les unes sur les autres pour arrêter les graines qui, en sortant du sommet des tiges, s'échappent de tous les côtés. L'extraction de la graine d'un *feddân* revient, par cette opération, à environ 60 médins. A mesure qu'elle se fait, on remet le lin en gerbe, et on le porte dans des fosses quadrangulaires, qui ont quinze ou vingt pas de côté et un mètre et demi de profondeur, revêtues de maçonnerie de brique, et placées ordinairement près d'une machine à élever l'eau. On y dispose les gerbes verticalement les unes à côté des autres, en les serrant assez pour que l'eau, que l'on fait ensuite entrer dans la fosse, ne les soulève pas; effet que l'on tâche encore de prévenir en les chargeant de quelques pierres. Le lin, après être resté quinze ou vingt jours ainsi submergé, est retiré de l'eau, et exposé au soleil jusqu'à ce qu'il soit suffisamment sec : alors on en brise les tiges en les frappant sur une pierre avec des bâtons; on le fait ensuite passer entre les dents d'un peigne de fer pour séparer la filasse d'avec les fragmens de tige dont elle est mêlée. Après ces préparations, le lin est mis dans le commerce.

Les 400 gerbes de lin récoltées sur un *feddân* se vendent communément de 1000 à 1100 médins : on peut en retirer, après les préparations que nous venons de décrire, environ 600 *rotl* de lin prêt à être filé. Le prix du *rotl* de lin à Syout et aux environs est de 4 parats ; ce qui revient à 26 pataques et 60 médins pour le produit d'un *feddân*.

La culture de cette plante dans le Fayoum présente quelques différences, parce que les terres de ce canton reçoivent beaucoup moins d'eau de l'inondation naturelle que les provinces de la haute Égypte.

On commence par donner à la terre où le lin doit être semé, deux et quelquefois trois labours dans des directions croisées. On aplanit ensuite le sol, en traînant sur sa surface un tronc de palmier. On sème le lin à la volée : il n'est point recouvert ; mais on l'arrose immédiatement après les semailles, qui ont lieu au solstice d'hiver. L'arrosement au moyen de *deloû* ou *châdouf* se répète de quinzaine en quinzaine ; on y emploie communément par *feddân* deux de ces machines, qui travaillent à chaque reprise pendant deux jours. Cependant, lorsque les rosées sont abondantes, on se dispense des arrosemens artificiels : les champs de lin n'ont pas besoin d'être sarclés pendant les cent jours que cette plante reste sur pied.

Le lin est arraché vers la fin du mois de mars ; et, comme à cette époque il est moins sec que celui du Sa'yd, on l'expose pendant douze ou quinze jours au soleil après sa récolte, et l'on a soin de le retourner pour le faire sécher également : on en forme ensuite de petites gerbes, que l'on transporte à dos de chameau sur l'aire où l'on doit retirer la graine. Cela se fait, ainsi que nous l'avons dit plus haut, en frappant de la tête des plantes, que l'on tient des deux mains par le pied, un vase de terre couché horizontalement. Ces percussions, qui détachent des tiges les capsules où la graine est contenue, ne font point sortir la graine de ces capsules : on brise celles-ci en les faisant passer entre deux petites meules d'argile desséchée, semblables à celles dont on se sert pour monder les lentilles et les fèves.

Il faut douze journées d'ouvrier pour récolter un *feddân* de lin, et cette récolte revient à 90 médins; deux ou trois hommes suffisent pour la faire sécher et la mettre en gerbes, dont on donne la cinquantième pour salaire à ces ouvriers. On forme ensuite des paquets de 12 gerbes, appelés *krettah*, pour l'égrenage de chacun desquels on paye un parat : on en retire 40 à 50 d'un *feddân*, qui se vendent ensemble 2000 médins environ. Le prix moyen de l'*ardeb* de graine de lin varie de 2 à 6 pataques; et le produit d'un *feddân* est, en général, de 3 ou 4 *ardeb*.

Lorsque les tiges de lin ont été égrenées et remises en gerbes, on les porte au rouissage dans des mares où elles sont tenues submergées sous une charge de pierres dont on les couvre : elles y restent douze ou quinze jours, suivant que l'on peut ou non y renouveler l'eau. Ce rouissage achevé, on fait sécher le lin au soleil pendant deux fois vingt-quatre heures; enfin on le trans-

porte chez le cultivateur. On en rompt les tiges en les battant sur une pierre avec un maillet : on sépare ensuite de la filasse les fragmens de tige qui s'y trouvent engagés, en la frappant en l'air avec une grande batte en bois; enfin, pour achever de nettoyer le lin, on le fait passer entre les dents d'un peigne de fer. Ce sont ordinairement des femmes qui font cette dernière opération.

Aux environs du Kaire, ceux qui cultivent le lin, le vendent sur pied à ceux qui le préparent pour être filé. Le produit d'un *feddân* est quelquefois ainsi vendu jusqu'à 40 pataques. La seule différence dans les procédés de la récolte du lin consiste dans la manière de l'égrener : on le frappe ici avec de longs bâtons, avant de le porter au rouissage.

La culture du lin dans le Delta participe aux modifications générales que le climat plus tempéré et le plus grand abaissement du sol font éprouver aux autres cultures.

On donne à la terre, avant les semailles, deux ou trois labours croisés. Chaque labour revient à 120 parats. On aplanit ensuite le sol, et on le divise en carreaux pour l'arroser. On sème toujours le lin dans la proportion de $\frac{1}{24}$ d'*ardeb* de graine par *qirât*, c'est-à-dire dans la proportion d'un *ardeb* par *feddân*. Ce travail se fait dans la première quinzaine de décembre, et la récolte quatre mois après. Pendant ces quatre mois, on donne trois arrosemens au moyen du *deloû* : chacun de ces arrosemens dure trois jours; et, comme le temps de la végétation du lin est celui du décroissement du Nil, le premier arrosement n'exige que six ouvriers; le second, huit; et le troisième, dix. Le produit d'un *feddân* est ordinairement de 3 ou 4 *ardeb* de graine de lin, et de 16 ou 18 *rabtah* ou cordées de 24 gerbes chacune.

Le prix de la graine de lin varie de 2 à 7 pataques l'*ardeb*; celui de la cordée de 24 gerbes est communément de 130 médins en temps de paix. Le produit brut de la culture d'un *feddân* est alors de 42 à 45 pataques.

Aux environs de Chybyn et de Menouf, on répand sur la terre destinée à la culture du lin, après qu'elle a reçu ses labours, une couche de *sebakh* : c'est l'engrais formé par les cendres, les fumiers et les décombres accumulés autour des villages. On en emploie par *feddân* six ou sept charges de chameau, qui reviennent à 5 médins chacune. La location journalière d'un chameau varie de 30 à 40 médins.

Une partie du lin récolté en Égypte est employée par les tisserands du pays, qui sont en grand nombre dans les villes et villages de la province de Syout, du Fayoum et du Delta; une autre partie est exportée en filasse pour les îles de l'Archipel. C'est particulièrement celui de la basse Égypte qui a cette destination : voilà pourquoi le produit brut de cette culture, que nous avons porté de 42 à 45 pataques, diminue en temps de guerre. La graine de lin est employée à fabriquer de l'huile à brûler.

Le chanvre n'est point un objet de grande culture en Égypte; on n'y connaît point l'usage de cette plante comme propre au tissage. On en sème une très-petite quantité sur la lisière de quelques champs, pour composer avec ses feuilles une sorte de préparation enivrante qui remplace l'opium.

§. XII. *Culture du coton.*

Quoique l'on trouve dans presque toutes les parties de l'Égypte quelques champs cultivés en coton, on peut dire cependant que cette culture est particulière à la partie la plus méridionale du Sa'yd et à tout le Delta. Les procédés et les produits en sont différens suivant les lieux.

Dans la province de Thèbes, on sème le coton (*gossypium arborescens*) à deux époques de l'année : la première, au commencement d'avril; la seconde, au mois de juillet.

La terre est d'abord préparée par un ou deux labours; on la divise ensuite en carreaux au nombre de 200 par *feddân*. Le coton n'est point semé dans l'intérieur de ces carreaux, qui est ordinairement cultivé en *bâmyeh* et en *meloukhyeh*, mais sur la petite proéminence qui forme le pourtour de ces carreaux; on y fait de petites fosses, distantes d'un mètre environ les unes des autres, de trois à quatre doigts de profondeur, et l'on met dans chacune d'elles 4 à 5 graines de coton.

Lorsqu'on le sème au mois d'avril, les arrosemens nécessaires à sa végétation sont beaucoup plus dispendieux, parce que, les eaux étant plus basses dans cette saison, il faut trois ou quatre étages de *deloû*. On fait ces arrosemens pendant cinq jours sur vingt-sept, et il y a deux hommes employés par *deloû* : le prix de leur journée est de 8 parats. La récolte du coton semé au mois d'avril commence au mois d'août.

Lorsque le coton est semé à l'époque de l'accroissement du Nil, on conçoit qu'il faut moins de travail pour l'arrosement de cette plante; mais sa maturité se trouve retardée par l'hiver, et l'on n'en fait la première récolte qu'au commencement du mois de mars de l'année suivante. En général, dans la province de Thèbes, il y a peu de coton ensemencé à cette époque.

Quelquefois, au lieu de semer la graine seulement sur le pourtour des carreaux, on la sème sur la crête d'un certain nombre de sillons formés à la pioche dans l'intérieur de ces carrés; les semis se font en quinconce, en espaçant les fosses d'un mètre environ.

La plante lève quatre ou cinq jours après que la graine a été mise en terre : elle fleurit au bout de cinq ou six mois; et, quatre-vingt-dix jours après que la floraison a commencé, on fait la première récolte de l'espèce de noix dans laquelle le coton en laine est renfermé. Cette récolte, qui se prolonge pendant trois mois, est faite, chaque jour, par des femmes et des enfans. On met les noix de coton sécher au soleil; on en ôte les écailles à la main; on retire ensuite les graines de la laine ou duvet qui les enveloppe, au moyen d'une petite machine très-simple dont nous parlerons plus bas.

Les plantations de coton exigent des arrosemens continus, qui ne sont suspendus que pendant les quatre mois d'hiver. Ainsi que nous l'avons dit plus haut, il faut trois ou quatre étages de *deloû* pendant l'époque des cultures *el-keydy*, et seulement un seul étage pendant l'époque des cultures *el-demyry*.

Les préparations que l'on donne à la terre pour recevoir le coton, reviennent à 5 ou 6 pataques par *feddân*.

On cultive le coton dans des champs dont l'étendue n'est jamais au-dessus de 3 *feddân*; le plus souvent, ce sont des champs d'un *feddân* ou d'un *feddân* et demi.

Le même plant de coton dure huit ou dix ans. Pendant les deux ou trois premières années, on cultive le *bâmyeh* et d'autres plantes potagères dans les intervalles compris entre les pieds de coton. Pendant les six ou sept dernières années, le coton reste seul. Les cultivateurs ne taillent point cet arbrisseau; ils se contentent de le dégarnir de ses branches sèches, en les cassant à la main, pour rendre les nouvelles pousses plus productives.

Quoique les cotonniers soient vivaces dans la haute Égypte, et qu'un même plant puisse se conserver pendant dix ans, cependant il est en plein rapport au bout de la troisième année, passé laquelle il commence à dépérir.

Un *feddân* de coton en plein rapport donne 300 *rotl* de coton. Le prix du *rotl* est de 10 à 12 parats. Le coton de la haute Égypte est employé aux fabriques de toile du pays : il y est plus estimé que celui de Syrie.

Le coton n'est cultivé dans le Delta que comme une plante annuelle (*gossypium herbaceum*), et on ne l'y sème qu'à une seule époque de l'année, au commencement d'avril, après la récolte du blé.

Le sol étant très-desséché à cette époque, on commence par lui donner un fort arrosage; on laboure ensuite : on fait à la pioche, à 20 ou 30 centimètres environ de distance les unes des autres, de petites fosses dans lesquelles on sème le coton : c'est le travail de dix journées, dont chacune est payée 10 médins. Le prix de la graine que l'on sème par *feddân*, est de 45 parats.

On arrose trois fois le plant de coton pendant les cinq mois qu'il reste en terre. Les deux premiers arrosemens se font avec les roues à pots ou à tympan, appelées indistinctement *sâqyeh* ; le troisième arrosement a lieu en introduisant les eaux de l'inondation sur ce plant.

On commence à récolter le coton dans les premiers jours de septembre. La plante entière, garnie de ses gousses, est arrachée, et on la met sécher sur une aire : il suffit de quatre journées d'homme pour cette opération. Après trente jours de desséchement, on retire le coton des gousses qui le renferment : soixante femmes ou enfans peuvent achever cette extraction dans un jour. Ils sont payés chacun 5 médins; on leur abandonne, en outre, les tiges de la plante desséchées.

Le produit d'un *feddân* de coton près de Semennoud est d'un *qantâr* et demi ou de 2 *qantâr* de 120 *rotl* chacun : le prix du *qantâr* est de 16 pataques lorsque la mer est libre ; il est de 9 pataques seulement en temps de guerre.

Le coton que l'on cultive dans la province de Mansourah, se renouvelle tous les ans : mais, au lieu d'arracher les plantes toutes à-la-fois, et de les dessécher en les laissant exposées au soleil pendant un mois, on fait la récolte des gousses de coton à mesure qu'elles mûrissent ; on y emploie des enfans, depuis le point du jour jusqu'à trois heures après le lever du soleil.

On sépare du coton en laine les graines qui y sont mêlées, au moyen d'une petite machine très-simple; elle est composée de deux cylindres ou rouleaux de bois dur, de 4 décimètres de long, et de 12 à 15 millimètres de grosseur. Ces rouleaux traversent parallèlement entre eux, et à 2 ou 3 millimètres d'intervalle, deux montans verticaux de 2 décimètres et demi de hauteur, lesquels sont érigés solidement à angles droits sur un madrier d'un décimètre d'épaisseur environ. Chacun de ces petits rouleaux porte à l'une de ses extrémités, et du côté opposé, une petite manivelle. On introduit entre eux le coton en laine; et, en les faisant tourner en sens contraire comme les cylindres d'un laminoir, la graine du coton se trouve arrêtée en arrière, tandis que la laine est entraînée en avant. En voyant agir cette machine, on ne peut manquer d'y reconnaître le premier type des rouleaux entre lesquels on fait passer le coton dans les machines à filer.

§. XIII. *Culture de l'indigo.*

La culture de l'indigo (*indigofera tinctoria*) n'est ordinairement entreprise que par des propriétaires aisés, ou par des *fellâh* qui forment entre eux une association pour travailler eux-mêmes à l'exploitation de leur champ et à la fabrication des pains de fécule d'indigo qui sont mis dans le commerce.

Les parties méridionales du Sa'yd paraissent les plus propres à la culture de cette plante; c'est du moins dans ces parties de l'Égypte qu'on la cultive le plus : les provinces les plus fertiles en blé, comme celles de Syout et de Minyeh, où l'inondation naturelle couvre de grandes surfaces, n'en fournissent que très-peu, de même que le Fayoum. Nous en avons vu des champs assez rapprochés les uns des autres sur la rive gauche du Nil, en descendant de Beny-Soueyf à Gyzeh. Cette culture cesse tout-à-fait au-dessous du Kaire et dans la basse Égypte.

Le commencement du mois de juin est l'époque à laquelle on sème l'indigo dans les provinces de Girgeh et de Thèbes. La terre est préparée par deux labours dont les directions se croisent. On brise, en les frappant avec de longs bâtons, les mottes qui se trouvent à la surface du champ, après qu'il a été ainsi labouré. Cette préparation faite, on le divise en carreaux de trois ou quatre mètres de côté, qui sont séparés les uns des autres par de petites digues de 2 ou 3 décimètres de hauteur.

On fait dans l'intérieur de ces carreaux, à 15 ou 16 centimètres d'intervalle, de petites fosses de 4 doigts de profondeur, et l'on y met trois ou quatre grains d'indigo que l'on recouvre de terre. La surface de chaque carreau est ensuite dressée le plus horizontalement possible avec le *massougah* pour pouvoir être arrosée également.

La graine d'indigo vient ordinairement de Syrie; celle que l'on récolte en Égypte est beaucoup moins estimée.

Les deux labours que l'on donne à la terre avant l'ensemencement, reviennent à 240 médins.

La culture d'un *feddân* d'indigo exige le travail continuel de neuf hommes, qui sont employés aux arrosemens et au sarclage du champ. Quand ces deux opérations ont été faites avec les soins convenables, on peut déjà faire la première coupe de l'indigo trois mois après son ensemencement, c'est-à-dire au commencement de septembre.

On scie la plante à deux doigts de terre, et l'on procède à l'extraction de la fécule à mesure de la récolte. Quoique cette extraction puisse, à la rigueur, être regardée comme un genre particulier d'industrie, et que par conséquent la description en soit comprise dans celle des arts industriels, cependant nous croyons devoir en parler dans ce paragraphe, tant à cause de sa simplicité, que parce qu'elle est faite par les mêmes hommes qui cultivent la plante et qui la récoltent.

Cette plante, après avoir été sciée, comme on vient de le dire, est portée sous un petit hangar couvert, de 5 mètres de long sur 4 de large : on la hache avec un grand couteau, et on la met, ainsi hachée, dans de grand vases de terre cuite de 8 décimètres de hauteur sur 6 de diamètre ; ils sont enfoncés dans la terre jusqu'au collet : on verse sur la plante hachée de l'eau tiède jusqu'aux deux tiers de la hauteur de ces espèces de baquets. On les recouvre d'un couvercle formé d'un tissu de feuilles de palmier, où sont pratiqués deux trous servant à y introduire deux bâtons que deux ouvriers remuent pendant deux ou trois heures pour agiter les plantes hachées et en extraire la matière colorante.

Un atelier contient ordinairement quatre jarres semblables, deux desquelles servent simultanément au travail que nous venons d'indiquer.

Lorsqu'il est terminé, on transvase l'eau chargée de fécule, de ces premières jarres dans d'autres plus petites, qui sont posées sur le sol et dont la capacité est environ trois fois moindre; on égoutte les feuilles macérées dans des baquets au-dessus desquels on les soutient dans des espèces de clayons de feuilles de dattier.

On laisse reposer l'eau colorée dans ces baquets, et la fécule se dépose au fond. Pour décanter l'eau à mesure qu'elle s'éclaircit et que le dépôt de fécule acquiert plus de consistance, la paroi verticale de ces vases est percée, à partir de leur bord supérieur, de trois orifices distans de 16 ou 17 centimètres : six heures après avoir fait le transvasement dont nous venons de parler, on ouvre le plus élevé de ces orifices, et il s'écoule une certaine quantité d'eau; on ouvre successivement les deux autres, après quoi il ne reste au fond du vase que la fécule qui s'est plus ou moins affermie.

Quelquefois la paroi du vase n'est percée que d'un seul trou, à 50 centimètres au-dessous de son bord supérieur; on y laisse le dépôt de la fécule s'effectuer pendant la nuit, et on le débouche le lendemain pour faire écouler l'eau dont cette fécule est couverte.

Le service d'un atelier exige douze de ces baquets ou jarres de terre cuite.

On réunit dans un seul la fécule retirée de huit ou neuf autres, et on l'y abandonne vingt-quatre heures; pendant cet intervalle de temps, la fécule se comprime encore : on fait enfin écouler une dernière fois l'eau qui la surnage. Alors on creuse une petite fosse dans la terre, et, après en avoir saupoudré de sable les fonds et les parois, on y verse la fécule qui a été recueillie; elle s'y égoutte pendant deux heures; enfin, lorsqu'elle est encore en consistance de pâte, on la met dans des moules où elle sèche tout-à-fait : c'est en forme de pains, qui pèsent chacun un *rotl* $\frac{1}{2}$ ou deux *rotl*, qu'elle est mise dans le commerce pour l'usage des teinturiers.

Trente-cinq jours après la première coupe de l'indigo, on en fait une seconde; après celle-ci, une troisième, qui est elle-même quelquefois suivie d'une quatrième : ces coupes successives se font à la même distance les unes des autres; de sorte que depuis l'ensemencement de l'indigo jusqu'à sa dernière coupe il s'écoule environ huit mois.

Ces tailles de la plante ne sont point également productives : la première rapporte ordinairement 50 pataques par *feddân*; la seconde, 38; la troisième, 25; et la quatrième, quand elle a lieu, 10 ou 12 pataques seulement : on voit que ces produits diminuent comme les nombres 4, 3, 2, 1.

Le prix moyen de l'indigo, tel qu'il est fabriqué par les cultivateurs, est de 16 et 18 médins le *rotl*.

On retire ordinairement de la première coupe d'un *feddân* environ 250 *rotl* d'indigo; cette coupe se prolonge pendant quinze ou vingt jours, ainsi que la fabrication des pains de fécule qui en proviennent : il en est à peu près de même des coupes suivantes.

Un champ d'indigo dans la haute Égypte dure trois et quatre ans; mais le produit le plus abondant est celui de la première année.

L'impôt dont est chargé un *feddân* d'indigo, s'élève communément de 6 à 8 pataques.

Dans les provinces de Beny-Soueyf et de Gyzeh, où cette culture est assez répandue, l'indigo est semé au commencement de mars; à cet effet, on ouvre des sillons parallèles, à la distance de 35 à 40 centimètres les uns des autres. Les procédés d'extraction de la fécule sont les mêmes que dans le Sa'yd; mais on ne fait chaque année que trois coupes du même plant, et il ne dure que deux ans : ici c'est la seconde coupe qui est la plus productive; elle fournit par *feddân* 160 *rotl* d'indigo, dont le prix varie de 12 à 18 pataques, suivant les besoins de la consommation.

Si les terres dans lesquelles l'indigo est semé sont assez basses pour être inondées par le Nil, et qu'il les submerge lors de sa crue, le plant d'indigo est détruit : il faut que l'arrosement en soit fait avec beaucoup de soin et de régularité.

Quoique les terres deviennent moins propres à la culture de l'indigo, à mesure que l'on remonte vers le nord et que le climat devient plus tempéré, j'en ai cependant remarqué quelques champs dans le Delta, sur la rive droite de la branche occidentale du Nil.

§. XIV. *Culture du sucre.*

Le sol de toute l'Égypte est propre à la culture de la canne à sucre (*saccharum officinarum*); mais, les avances que cette culture exige ne permettant qu'à un petit nombre d'habitans de s'y livrer, elle est, pour ainsi dire, concentrée dans la province de Girgeh, sur les territoires de Farchout et d'Akhmym : ce que l'on cultive de cannes dans le reste du pays, n'est point employé à la fabrication du sucre en pain; ces cannes sont coupées par tronçons et mises en vente dans les marchés des villes pour être mangées, ou plutôt sucées, comme une espèce de fruit, sans aucune préparation.

Les terres destinées à leur culture sont préparées vers la fin de mars par quatre ou cinq labours dans des directions croisées. Le sol se trouvant suffisamment ameubli par ces labours, on y trace des sillons parallèles, dans lesquels on couche horizontalement des cannes à sucre fraîches, que l'on recouvre de deux ou trois doigts de hauteur de terre : aussitôt après, on commence l'arrosement du plant au moyen de machines à pots. Une de ces machines peut arroser six *feddân* de cannes, étant montée de douze bœufs, car il faut compter par *feddân* une paire de bœufs; et le travail des arrosemens doit se continuer sans interruption jusqu'au moment de la récolte, qui a lieu onze mois après la plantation. Cette récolte se réduit à couper, près de terre, les cannes qui sont parvenues à leur maturité : deux ouvriers employés à ce travail peuvent le terminer sur un *feddân* dans l'espace d'une quinzaine environ; ils coupent en un jour six ou sept charges de chameau de cannes.

Une plantation ne reste en rapport que pendant une seule année; les souches de cannes à sucre laissées sur pied produisent de nouveaux jets que l'on emploie à renouveler les plantations de l'année suivante.

Comme la fabrication du sucre est en Égypte un art

industriel, nous nous réservons d'en parler ailleurs; il nous suffira de dire ici qu'un *feddân* de terre consacré à cette culture produit ordinairement 20 *qantâr* de sucre en pain et 12 *qantâr* de mélasse : le prix du *qantâr* de 105 *rotl* varie de 10 à 12 pataques; celui du *qantâr* de mélasse est de 3 pataques seulement.

§. XV. *Culture du tabac.*

Le tabac (*nicotiana tabacum*) est spécialement cultivé dans les provinces de la haute Égypte.

On en sème la graine immédiatement après la retraite des eaux, et alors la terre ne reçoit aucune préparation : quelquefois on la sème au printemps en même temps que le *dourah nabâry*, et alors il faut donner à la terre un ou deux labours.

On emploie sur la douzième partie d'un *feddân*, c'est-à-dire sur deux *qirât*, $\frac{1}{24}$ d'*ardeb* de graine de tabac; quarante ou cinquante jours après, la plante est assez forte pour être transplantée.

On choisit les terres réputées les meilleures pour y faire cette transplantation : on leur donne deux labours croisés; on fait passer ensuite le tronc de palmier sur ces terres pour en unir la surface : ces premières façons reviennent à 250 médins. Les trous destinés à recevoir les racines de la plante sont espacés à huit doigts environ les uns des autres, et on leur en donne autant de profondeur. Il faut vingt-cinq à trente journées de travail pour couvrir ainsi la surface d'un *feddân* de tabac transplanté. Quand une fois cette transplantation est faite, le tabac n'a plus besoin d'être arrosé; mais il est nécessaire de le sarcler tous les jours.

On en commence la récolte deux mois et demi après, en sciant la plante avec une faucille à quelques doigts de terre : après cette première coupe, le même pied de tabac pousse des rejetons que l'on scie également au bout de trente jours.

Quand la plante et ses rejetons ont été ainsi coupés, on enlève les pédicules et les côtes des feuilles de tabac, qu'on expose ensuite pendant huit jours au soleil : ces feuilles, après avoir été ainsi séchées, sont conservées entre des nattes; enfin on en forme des ballots cylindriques, qui sont mis dans le commerce. Ce tabac du pays, d'une couleur verdâtre, est le seul dont on fasse usage dans les campagnes de l'Égypte supérieure.

La première coupe d'un *feddân* de tabac exige dix à douze journées de travail; le prix de ces journées est acquitté en nature, c'est-à-dire en feuilles qui peuvent valoir en argent 8 ou 10 médins.

La première taille d'un *feddân* produit vingt ballots de feuilles sèches, dont chacun pèse 40 *rotl*; la seconde taille n'en produit que dix du même poids : ce qui donne en tout trois charges de chameau environ.

Dans le commerce, on fait une différence entre les produits de ces deux coupes : le prix de la seconde est communément inférieur d'un tiers à celui de la première, qui se vend de 250 à 300 médins le *qantâr*.

§. XVI. *Culture des rosiers.*

Toute l'eau de rose que l'on fabrique en Égypte, vient de la province du Fayoum : c'est la seule où les rosiers soient l'objet d'une grande culture.

La terre est d'abord nettoyée et ameublie par quatre ou cinq labours successifs ; on y trace ensuite des rigoles qui la divisent en petits carrés, dans l'intérieur desquels on plante de jeunes rosiers à soixante centimètres environ de distance les uns des autres ; la quantité de rejetons nécessaire pour la plantation d'un *feddân* ne coûte que 100 ou 150 médins. Cette plantation, qui se fait ordinairement au solstice d'hiver, exige quarante journées de travail : aussitôt qu'elle est terminée, on en commence les arrosemens, et on les renouvelle tous les quinze jours pendant l'année entière, à moins que la terre ne soit submergée lors de l'inondation.

La culture d'un *feddân* de rosiers exige l'emploi continuel de quatre hommes, qui, suivant le besoin, travaillent aux arrosemens, au sarclage du champ, ou à la récolte des fleurs.

Cette récolte se fait pendant tout le mois d'avril et le commencement de mai : chaque matin, on arrache les pétales des fleurs épanouies ; ils sont employés sur-le-champ dans des fabriques d'eau de rose : comme ces établissemens ne se trouvent qu'à Médine, on ne cultive les rosiers que dans les environs de cette ville, la seule du Fayoum.

Un plant de rosiers ne produit ordinairement que la

seconde année; il est en plein rapport l'année suivante jusqu'à la cinquième, passé laquelle on est dans l'usage de le renouveler.

Les pétales de roses se vendent de 6 à 7 pataques, et quelquefois jusqu'à 1000 médins, le *qantâr* de 100 *rotl*: le produit moyen d'un *feddân* est de 8 *qantâr* de fleurs.

§. XVII. *Culture du dattier, de la vigne, — de quelques autres arbres.*

Le dattier (*phœnix dactylifera*) est l'arbre le plus universellement répandu dans toute l'Égypte : il y a des plaines entières qui en sont couvertes dans les différentes provinces, depuis Syène jusqu'à la Méditerranée; les environs de l'ancienne ville de Memphis sont aujourd'hui transformés en une forêt de dattiers; la partie orientale de la province de Belbeys, où est situé le grand village de Sâlehyeh, ne récolte que des dattes : ce produit est aussi presque le seul de la langue de terre qui sépare la Méditerranée du lac Bourlos. Enfin tous les villages de l'Égypte sont environnés de palmiers qui cachent les monticules de décombres sur lesquels ils sont bâtis; et, comme cet arbre conserve ses feuilles toute l'année, chaque village, et surtout ceux du Delta, paraissent au loin comme de grands bosquets.

Pendant notre séjour au Kaire, il a été publié dans la *Décade égyptienne* un mémoire fort étendu sur la culture du dattier [1]. Notre objet n'étant ici que d'indi-

---

[1] Observations sur le palmier-dattier, par M^r. Louis Reynier (*Décade égyptienne*, tom. III, pag. 179).

quer les procédés généraux des différentes cultures et de présenter un aperçu de leurs produits, nous renvoyons à ce mémoire pour tous les détails qui ne sont point de nature à entrer dans celui-ci.

Les palmiers-dattiers proviennent de semence ou de drageon. Pour les obtenir par le premier moyen, on met ordinairement des noyaux de datte dans de petites fosses de quinze à seize centimètres de profondeur, que l'on fait au milieu des carrés d'irrigation où nous avons dit que l'on cultive le *meloukhyeh* et d'autres plantes potagères : les semis de dattiers profitent ainsi des arrosemens que l'on donne à ces plantes; et, lorsqu'au bout de quarante ou cinquante jours le jeune palmier commence à sortir de terre, il croît à l'abri de l'ombrage et de la fraîcheur qu'elles lui procurent.

Cinq ans environ après que le noyau de datte a été mis en terre, on coupe les feuilles inférieures qui entourent le pied de l'arbrisseau, et l'on commence ainsi à en dessiner le tronc, qui continue de s'accroître en hauteur, ou par la chute spontanée des anciennes feuilles, ou par la coupe annuelle que l'on en fait vers le solstice d'hiver : au bout de dix ans il rapporte les premiers fruits.

Quand le dattier provient du drageon, il commence à donner des fruits au bout de six à huit ans : sa culture est, au reste, la même que celle du dattier venu de graine; il demande également des arrosemens fréquens, surtout pendant les premières années.

On sait que les organes sexuels de cet arbre sont placés sur des individus différens. On opère presque toujours la fécondation des fleurs femelles en plaçant un paquet de fleurs mâles au milieu d'un régime de fleurs femelles : cette opération est le seul artifice que les Égyptiens sachent employer pour augmenter le produit de la culture de leurs arbres à fruit.

Les habitans du village de Beltym, situé sur le territoire de Bourlos, s'occupent beaucoup de la culture du dattier; ils le multiplient par drageons, qu'ils plantent dans les petits ravins formés par les dunes de sable dont cette langue de terre est couverte. On étend préalablement, au fond de la fosse destinée à recevoir un drageon, un demi-*ardeb* environ de fiente de pigeon, espèce d'engrais dont on a soin de garnir de temps en temps le pied de ces dattiers; quoiqu'ils soient plantés dans des sables arides en apparence, la végétation de ces arbres est abondamment entretenue et se montre très-vigoureuse, parce que leurs racines pénètrent jusqu'à l'eau douce, qui s'écoule constamment du lac Bourlos à la mer en passant sous le sol.

Les variétés de dattes sont ici très-multipliées. Celles de la haute Égypte sont généralement plus petites que celles de la basse; elles sont aussi plus précoces, et leur pulpe est beaucoup plus sèche. Les dattes du Sa'yd sont consommées en partie dans le pays; une autre partie est expédiée pour les marchés des villes, et notamment pour le Kaire, centre de consommation le plus considérable de l'Égypte. Soit par suite d'un long usage, soit parce que le Gouvernement de ce pays a été frappé des ressources que la culture des dattiers procure à ses habitans, cette culture est la seule qu'il ait encouragée, puisque la récolte des dattes n'est assujettie à aucun tribut. Les dattiers que l'on voit autour des villages et des villes, sont des propriétés particulières : ceux qui sont plantés par les *fellâh* sur des terres dont ils ne sont qu'usufruitiers, leur appartiennent également, et ils ont la faculté d'en disposer à volonté.

Le produit annuel d'un dattier en plein rapport, dans la haute Égypte, est estimé de 120 à 180 médins.

D'après les renseignemens qui m'ont été donnés, la durée de cet arbre est de quatre-vingts ans, ou même d'un siècle. Mais comment compter sur l'exactitude de ces renseignemens, quand ceux qui les donnent ignorent souvent l'époque de leur propre naissance ?

Les dattes sont mangées fraîches quelque temps après avoir été cueillies, ou bien à l'état de dattes sèches, ou bien enfin après un commencement de fermentation sucrée que l'on détermine par des préparations spéciales.

Ce sont particulièrement les dattes de l'espèce dite *de Bourlos* que l'on soumet à ces préparations : on en cultive à Beltym trois variétés différentes.

Les dattes rouges, qui forment la première, sont cueillies un peu avant d'avoir acquis leur maturité ; elles achèvent de mûrir exposées au soleil sur des nattes ; on les écrase ensuite entre les doigts, et on les laisse encore au soleil pendant trois jours ; enfin, on les pétrit dans des couffes de feuilles de palmier : cette pâte de dattes se vend 5 pataques le *qantâr* de 108 okes.

La seconde espèce, appelée *rahouaked*, et la troisième, appelée *enmiri*, sont des dattes jaunes, que l'on cueille aussi avant qu'elles soient tout-à-fait mûres : on les écrase en les cueillant, et on les pétrit dans des couffes, après les avoir laissées exposées au soleil, les *rahouaked* pendant douze jours, et les *enmiri* pendant ving-cinq : le *qantâr* de dattes ainsi préparées se vend 7 pataques. On estime qu'un palmier peut en donner vingt-sept okes par année.

Ces dattes, confites, sont presque en totalité expédiées pour Alexandrie et Rosette.

On voit que le produit annuel d'un dattier est à très-peu près, à Bourlos comme dans la haute Égypte, de 150 médins environ. Son fruit sert aussi à faire une espèce de vinaigre et une espèce d'eau-de-vie dont nous parlerons ailleurs. (*Voyez* les *Arts et métiers*, pl. XI.)

De tous les arbres qui croissent en Égypte, le dattier est celui dont on tire le plus grand parti pour les constructions et dans l'économie domestique : le tronc de cet arbre fournit les poutres et les solives employées dans les planchers de toute sorte de maisons, et l'on fabrique avec les différentes parties de ses feuilles les cages, les paniers, les couffes, en un mot la plupart des meubles et ustensiles à l'usage des habitans des campagnes. Enfin l'espèce de réseau de fibres brunes qui est appliqué contre la base du pétiole des feuilles, est employé à faire des cordes.

La vigne est, après le dattier, l'arbre fruitier à la culture duquel on donne le plus de soin : quoiqu'on en trouve quelques pieds dans tous les jardins de l'Égypte, c'est particulièrement dans la province du Fayoum, et sur la langue de terre de Bourlos, que la vigne est spécialement cultivée; on la plante par marcotte, et on la soutient, comme en Italie, sur des pièces de bois horizontales que portent des montans verticaux.

A Bourlos, on creuse jusqu'à l'eau les fosses destinées à recevoir les boutures de vigne; on met au fond de ces fosses une certaine quantité de fiente de pigeon. Quelquefois on plante la vigne dans l'espèce de tuyau cylindrique que forme la souche d'un vieux palmier mort sur pied et coupé à quelques décimètres au-dessus de terre : cette pratique a pour objet de garantir la jeune vigne d'un soleil trop ardent et d'entretenir la fraîcheur de ses racines. On la fume, tous les ans, avec de la fiente de pigeon que l'on fait venir du Delta et des provinces de la Charqyeh : cet engrais se vend de 90 à 110 parats l'*ardeb*.

Les raisins de Bourlos sont transportés par mer à Damiette, à Rosette et à Alexandrie.

Ceux dont les marchés du Kaire sont approvisionnés dans la saison, viennent de la province du Fayoum. Il y a plus de vergers dans cette province que dans les autres parties de l'Égypte : on y voit quelques pêchers et quelques abricotiers dans des vergers fermés; l'olivier et le figuier y croissent en plein champ. Il faut ajouter à ces différens arbres le *cactus opuntia*, dont on forme des haies impénétrables, et qui, par son organisation particulière, est très-propre à arrêter le cours des sables et à retenir sur le penchant des collines les terres légères que les eaux pourraient entraîner.

Les grenadiers, les orangers et les citronniers, sont également cultivés en Égypte, dans des jardins qui appartiennent aux particuliers les plus aisés : ces jardins sont situés ordinairement en dehors et à très-peu de distance des villes; ceux d'Alexandrie, de Rosette, du Kaire, de Gyzeh, sont les plus remarquables et ceux où les cultures sont le plus variées. On conçoit, au reste, qu'il y a peu de chose à dire sur la culture des arbres fruitiers dans un pays où l'usage de la greffe et celui de la taille sont inconnus.

L'ancienne île de Pharos, qui couvre les deux ports d'Alexandrie, s'appelle aujourd'hui *l'île des Figuiers*, parce que ces arbres y sont cultivés avec le plus grand succès : chacun d'eux est enveloppé d'une enceinte circulaire, faite de joncs, de roseaux, et de branches de palmier : on élève cette enceinte à 2 ou 3 mètres de hauteur en l'écartant à 5 ou 6 mètres de distance du pied de l'arbre; par ce moyen, il se trouve garanti des vents de mer et des ardeurs du soleil, sans être privé des pluies de l'hiver ni des rosées abondantes de l'été.

On voit que les arbres fruitiers de l'Égypte se réduisent à un très-petit nombre. Il n'y a pas d'arbres forestiers proprement dits. Sous ce rapport, l'Égypte est de nos jours ce qu'elle était du temps de Columelle; à peine en compte-t-on dans les campagnes quatre ou cinq espèces différentes : ils sont ordinairement plantés autour des villages, qui, vus de loin, conservent, lors même des plus grandes sécheresses, un aspect agréable et frais, parce que les arbres qui forment leur enceinte sont toujours revêtus de leurs feuilles.

L'espèce d'arbre la plus commune est le figuier sycomore (*ficus sycomorus*), à l'ombre duquel sont presque toujours établies les machines qui servent à élever l'eau pour l'arrosage des terres : le bois de cet arbre est employé à la construction des barques du Nil; on en fait aussi des planches et des madriers.

Les roues dentées des machines à élever l'eau sont fabriquées ordinairement avec le bois du *rhamnus napeca* et celui du *mimosa nilotica* : la graine de ce dernier remplace en Égypte l'écorce du chêne pour le tannage des cuirs.

Un *mimosa nilotica* en plein rapport produit un demi-*ardeb* de graines, qui se vend 240 médins environ.

SECTION VI.

Des animaux élevés par les cultivateurs.

Les labours, les autres façons des terres, l'élévation des eaux d'irrigation, le battage des grains, et généralement tous les travaux de l'agriculture, sont exécutés par des bœufs dans la partie supérieure de l'Égypte, où la chaleur est trop forte pour l'éducation des buffles.

Dans l'île d'Éléphantine, les bœufs sont nourris de tiges de *dourah* vert, et de paille hachée : en descendant de cette ville à Esné, on commence à cultiver la gesse et le pois des champs, qui leur servent de fourrage, ainsi que les tiges de lentille, de lupin, etc. L'achat d'une paire de bœufs ne coûte, dans cette partie de l'Égypte, que 50 à 60 pataques, et quelquefois ce prix s'abaisse au-dessous de 45 pataques.

Ce prix augmente à mesure que l'on descend le Nil, soit que le numéraire devienne plus abondant, soit que les bœufs deviennent plus forts : il est ordinairement de 100 pataques pour une paire de bœufs ou de vaches.

Dans les environs de Qené et dans la plaine de Thèbes, où la gesse et le pois des champs servent de fourrage aux bœufs pendant environ quatre mois, la ration journalière d'un de ces animaux est évaluée à 12 ou 15 médins : le reste du temps, les bœufs vivent de paille hachée et de féves; leur nourriture journalière revient alors à 10 médins seulement : ils consomment par mois cinq charges de chameau de paille et un *ardeb* de féves.

Nous avons dit qu'à partir de Farchout on commençait à cultiver le trèfle : les bœufs s'en nourrissent pendant le tiers de l'année; deux de ces animaux consomment durant cet intervalle les deux coupes successives d'un *feddân* de trèfle.

Les vaches sont aussi employées aux travaux de l'agriculture; elles donnent du lait pendant les quatre premiers mois de leur gestation, et n'en donnent point pendant les huit derniers. Un veau de trois mois se vend de 5 à 10 pataques.

Le prix d'une paire de bœufs dans le Delta s'élève communément à 120 pataques : pendant quatre mois, on les nourrit de paille hachée et de féves; pendant cinq mois, de trèfle vert; et pendant les trois autres mois de l'année, de trèfle sec. La nourriture d'un bœuf ainsi distribuée revient à 10 parats par jour.

Lorsqu'une épizootie se manifeste, ce qui a lieu de temps en temps dans le Delta, on est obligé de remplacer les bœufs qu'elle enlève par d'autres bœufs que l'on tire de la Syrie ou des îles de l'Archipel.

Les troupeaux de buffles que l'on rencontre dans l'Égypte supérieure, ne sont entretenus, comme nous l'avons déjà dit, que pour le lait qu'ils fournissent ; leur nourriture est la même que celle des bœufs : on les laisse de plus manger sur pied l'herbe appelée *halfeh*, dont sont couverts ordinairement les terrains qui n'ont point été cultivés faute d'eau, et qu'on désigne sous le nom de *charâqy*. Le prix d'un buffle dans les environs de Qené est de 20 ou 30 pataques.

Les buffles semblent devenir moins farouches à mesure que l'on descend vers le nord : on en voit quelques-uns dans le Fayoum employés à manœuvrer les machines à arroser ; ils se vendent dans cette province jusqu'à 50 et 60 pataques. On ne les nourrit qu'avec de la paille : ils en consomment une charge de chameau en cinq ou six jours; mais on ne leur donne point de fèves. Dans le Delta, comme dans le Fayoum, ce sont les seuls buffles mâles que l'on fait travailler; encore fatiguent-ils beaucoup leurs conducteurs à cause de leur peu de docilité.

Il y a sur les bords du canal de Ta'bânyeh, au-dessus du village de Byaleh, dans le Delta, un vaste marais qui s'étend jusqu'au lac de Bourlos; les herbes qu'il produit servent de pâture à des troupeaux de buffles à demi sauvages qui y restent toute l'année : quelques habitans des villages situés sur la limite des terrains cultivables et des marais viennent s'y établir sous des huttes, pour y fabriquer du beurre et du fromage avec le lait de ceux de ces buffles qui sont le plus apprivoisés.

La chair de ces animaux est celle dont les boucheries des villes sont le mieux approvisionnées; le prix moyen d'une peau de buffle est de 2 ou 3 pataques.

Les chameaux, qui servent à effectuer le transport de toutes les denrées quand elles ne sont pas transportées par eau sur le Nil ou sur les canaux dont le pays est entrecoupé, sont moins grands et moins forts dans le Sa'yd que dans la basse Égypte. L'éducation de ces animaux est une des principales occupations des tribus d'Arabes qui habitent les bords de la vallée d'Égypte: ce sont elles qui en approvisionnent les marchés des différentes provinces. Le prix des chameaux varie de 30 à 60 pataques, suivant leur âge et leur force; ils vivent de féves, de paille hachée, de tiges de gesse, de pois des champs, de toute espèce de fourrages verts ou secs: leur nourriture journalière revient à 7 parats. On les loue à raison de 25 à 30 médins par jour; ils peuvent travailler pendant dix ans.

Les chameaux employés au transport des récoltes n'appartiennent pas toujours au cultivateur; il les loue suivant le besoin qu'il en a : les transports de denrées qu'il a occasion de faire pendant le reste de l'année, sont effectués à dos d'âne. Il n'y a point de cultivateur qui ne possède quelques ânes; ce sont ces animaux qui servent de monture habituelle à lui et à sa famille : leur patience et leur sobriété les rendent, comme partout ailleurs, extrêmement utiles; mais ceux d'Égypte ont l'avantage d'être doués d'une force extraordinaire. Leur nourriture journalière ne s'élève guère au-dessus de 4 ou 5 médins, et leur prix d'achat, au-dessus de 10 à 12 pataques.

Outre les bœufs et les vaches nécessaires à l'exploitation des terres, les cultivateurs de la haute Égypte ont ordinairement un petit troupeau de chèvres et de moutons : les chèvres fournissent une partie du lait qui se consomme dans les villages; il faut y compter ordinairement la moitié autant de chèvres qu'il y a de *feddân* en exploitation. Le prix d'une bonne chèvre est de 150 médins.

Pendant l'inondation, et lorsque les récoltes sont encore sur pied, c'est-à-dire pendant huit mois de l'année, on nourrit les chèvres de trèfle vert ou sec, de tiges de *dourah* fraîches, de paille hachée et de féves; on évalue leur nourriture, suivant les saisons et les localités, à un médin ou tout au plus à un médin et demi par jour. Pendant les quatre autres mois, le troupeau est conduit dans les champs, où il broute ce qui peut rester d'herbe sur pied; un troupeau de dix ou douze chèvres est ordinairement gardé par un enfant auquel on donne 3 médins de salaire par jour. Trois boucs suffisent pour un troupeau de cent chèvres; les bonnes chèvres portent deux fois par an, et mettent bas communément deux chevreaux qui tettent pendant quarante jours. Un chevreau d'un an se vend de 90 à 100 parats. C'est avec des peaux de chèvre et de bouc que se font, dans toute l'Égypte, les outres dont on se sert pour transporter l'eau à dos d'homme ou sur des ânes.

Les moutons du Sa'yd sont presque tous d'une couleur brune. On les tond une seule fois par année, à la fin de mai ou au commencement de juin : la toison d'un mouton pèse de 2 à 4 *rotl*; elle se vend, aux environs de Syout, de 60 à 90 médins. La laine est ensuite lavée, battue, et lavée une seconde fois. Ainsi préparée pour la filature, on la paye de 40 à 50 parats le *rotl*.

Le Fayoum est la partie de l'Égypte où l'on élève le plus de moutons; la laine de cette province est aussi la plus estimée : les moutons y sont fort beaux; et il y en a beaucoup de blancs, tandis que ceux du Sa'yd sont bruns, comme nous venons de le dire.

La tonte des moutons se fait dans le Fayoum à deux époques différentes de l'année : une première fois, au milieu de juin; une seconde fois, en hiver. La laine de ces animaux est longue et assez fine. Après la tonte, on les couvre d'une espèce de chaperon tissu de feuilles de palmier, pour les préserver de l'ardeur du soleil. La toison d'un mouton choisi parmi les plus forts pèse communément de 4 à 5 *rotl*.

Ici, au lieu de laver la laine après qu'elle est détachée du corps de l'animal, on lave les moutons avant de les tondre : on étend ensuite la laine à la main, et on l'épluche soigneusement; ce qui remplace l'opération du cardage. C'est après ces préparations grossières qu'elle est filée dans les villages de cette province.

Le prix ordinaire d'un mouton est de 2 ou 3 pataques. On élève environ huit cents moutons dans un village où l'on cultive deux mille *feddân*.

L'état de pauvreté des *fellâh* de l'Égypte ne leur permet pas de nourrir d'autres animaux domestiques que ceux qui sont absolument indispensables à la culture des terres, ou qui peuvent fournir une partie de la nourriture et du vêtement de leurs familles : aussi ne trouve-t-on dans tous les villages qu'un certain nombre de bœufs, de chameaux, de chèvres, de moutons. Quant au cheval, les Égyptiens paraissent l'estimer trop pour l'employer aux travaux de l'agriculture : cet animal n'est pour eux qu'un objet de dépense et de luxe. Comme, dans les guerres que se font les villages entre eux, le succès dépend presque toujours du plus grand nombre de cavaliers qu'un parti peut armer, on s'est accoutumé à mesurer la puissance d'un homme et la considération qu'on lui accorde, sur la quantité de chevaux qu'il entretient : le prix d'un cheval ordinaire est de 40 à 60 pataques.

Au reste, c'est aux Arabes devenus cultivateurs, ou à ceux qui habitent encore sous des tentes à l'entrée du désert, que l'éducation des chevaux est réservée; la vente de ceux de ces animaux qu'ils élèvent fait une partie de leur richesse. Ce sont eux aussi qui approvisionnent de bétail les différens marchés des villes et des villages de l'Égypte, soit que les animaux qu'ils y exposent en vente proviennent de leurs propres troupeaux, soit qu'ils les aient enlevés à main armée dans les villages qu'ils ont pillés sous quelque prétexte.

Les *felláh* et leurs familles élèvent aussi une grande quantité de pigeons et de poules, de la vente desquels ils retirent quelques légers profits : on a donné ailleurs une description détaillée des espèces d'étuves appelées *ma'mal*, où l'on fait éclore les poulets : nous ne reviendrons point ici sur cet objet[1].

Il nous reste à parler des abeilles, et de la manière de recueillir le miel. Quoiqu'on se livre à l'éducation des abeilles dans les diverses provinces de l'Égypte, ce que nous allons dire est le récit de ce que nous avons vu aux environs de Syout, et se rapporte spécialement à ce canton. Il y a des ruches en plus ou moins grande quantité dans presque tous les villages : elles sont placées tantôt dans les jardins, tantôt sur les terrasses des maisons. Ce sont des cylindres creux, de terre séchée au soleil comme des briques crues : ces cylindres ont environ 12 décimètres de longueur sur 2 de diamètre ; on les dispose horizontalement les uns sur les autres, de sorte qu'un rucher présente l'aspect de pièces de bois mises en pile. Chacune de ces ruches, qui ressemble parfaitement à un bout de tuyau de conduite, se vend 3 médins.

On achète les essaims après les semailles du trèfle, au prix moyen de 60 parats. Année commune, dix ruches produisent cinquante *rotl* de miel et deux *rotl* de cire : le *qantâr* de miel, du poids de cent *rotl*, se vend de 5 à 8 pataques ; et la cire, 40 parats le *rotl*. Le miel de Syout est très-beau ; la chaleur naturelle du climat le tient toujours à l'état liquide. On en transporte dans des cruches une certaine quantité pour être vendue sur les marchés du Kaire. Les ruches du Sa'yd ne voyagent point sur le Nil comme celles de la basse Égypte.

---

[1] *Voy.* le Mém. de MM. Rozière et Rouyer sur l'art de faire éclore les poulets, *É. M.*, tom. XI, pag. 401, et la pl. II des *Arts et métiers*.

Les alvéoles des abeilles sont disposés dans le cylindre creux qui forme la ruche, en petits pains de trois ou quatre centimètres d'épaisseur, arrangés dans des plans verticaux les uns derrière les autres; cette disposition permet d'enlever les pains de cire et de miel sans détruire l'essaim. Pour cela, on fait du feu à l'entrée de la ruche avec de la fiente sèche de buffle ou de chameau; la fumée fait reculer les mouches qui occupaient la partie de la ruche la plus voisine de son entrée; on la débouche en enlevant le plateau de terre qui sert à la fermer; ensuite, avec une petite spatule de fer que l'on promène circulairement entre la paroi intérieure du cylindre et les gâteaux de cire, on détache ceux-ci du cylindre et on les en fait sortir; on continue d'enfumer la ruche et d'enlever successivement les gâteaux d'alvéole jusqu'à ce que les abeilles, retirées au fond de la ruche, n'en occupent plus que le tiers environ, dont on leur abandonne le miel. Cette opération ne se fait qu'une fois par an. Quand on veut peupler une nouvelle ruche, on y introduit des pains d'alvéole avec les mouches.

SECTION VII.

De l'aménagement des terres dans les différentes provinces de l'Égypte.

L'île d'Éléphantine est la première terre cultivée que l'on trouve au-dessous de la dernière cataracte du Nil;

et, comme si elle devait servir à donner une idée de la fertilité de l'Égypte, c'est le lieu de cette contrée qui est le mieux cultivé et où la terre se repose le moins.

Nous avons dit que l'année rurale des Égyptiens se divisait en trois périodes, dont chacune présente les mêmes circonstances que l'année rurale de douze mois présente dans les autres climats. Labour des terres, semailles, culture et récolte, chacun de ces divers travaux se répète trois fois par an dans l'île d'Éléphantine.

Un mois avant le solstice d'été, commencent les cultures désignées sous la dénomination d'*el-keydy*; pendant leur durée, on cultive une première fois le *dourah* : la chaleur de la saison, et les arrosemens abondans qu'il reçoit, en accélèrent la maturité; la récolte en est faite trois mois après l'ensemencement.

Alors commence la seconde époque, celle des cultures *el-nabâry*, temps pendant lequel on cultive une seconde fois le *dourah*. Ce *dourah* d'automne reste en terre pendant environ cent jours.

Enfin, aux approches du solstice d'hiver, s'ouvre l'époque des cultures *el-chetaouy* : l'orge est le seul grain cultivé pendant cette période; on en fait la récolte quatre mois après.

Indépendamment de ces trois récoltes consécutives, les habitans d'Éléphantine retirent de quelques petites portions de leur île le produit de quelques plantes potagères qu'ils y cultivent pour leurs besoins domestiques; il y a en outre quatre cent quarante palmiers environ. La population de cette île peut s'élever à deux cents hommes, dont cinquante seulement sont employés à demeure aux travaux de l'agriculture : les autres sont occupés comme mariniers sur les barques du Nil; ils ne reviennent dans l'île que pendant les trois mois d'hiver.

L'étendue du terrain cultivable de l'île d'Éléphantine n'est que de 40 *feddân*; ils sont arrosés au moyen de six machines à pots, tenues constamment en activité, parce que le sol, continuellement exhaussé depuis une longue suite de siècles par le dépôt des eaux limoneuses qui y sont versées, se trouve aujourd'hui beaucoup au-dessus des plus hautes inondations du Nil.

Chaque machine exige l'emploi de douze à quatorze bœufs; ce qui fait, pour les six, quatre-vingts bœufs environ. Il y a de plus dans l'île cent ou cent cinquante chèvres et moutons.

Les produits de chacune des trois cultures auxquelles le territoire d'Éléphantine est consacré, varient peu d'une année à l'autre : le *dourah el-keydy*, ou d'été, donne deux *ardeb* par *feddân*; le *dourah el-nabâry*, ou d'automne, en donne quatre; enfin l'orge *el-chetaouy*, ou d'hiver, en donne cinq ou six.

De Syène à Edfoû, on cultive la terre aux trois époques de l'année rurale que nous venons de rappeler; mais il y a cette différence entre l'aménagement de ces terres et celui des terres d'Éléphantine, que ce ne sont point les mêmes terrains qui sont successivement cultivés.

Ainsi, dans le territoire d'Edfoû, sur 10000 *feddân* cultivables, on en exploite 80 à 100 seulement pendant l'époque *el-keydy*; et c'est toujours à la culture du *dou-*

rah qu'ils sont consacrés : les terres ainsi cultivées sont celles qui forment les deux rives du fleuve.

Lorsque les eaux sont assez élevées pour être introduites dans les canaux, les rives de ces canaux sont également cultivées en *dourah* pendant la période *el-nabáry*; cette culture s'étend sur environ 600 *feddân*.

Enfin le reste du territoire est cultivé pendant la troisième époque, soit *el-bayâdy*, quand il a été inondé naturellement, soit *el-chetaouy*, quand les eaux ne sont pas montées sur les terres, et que celles-ci sont arrosées au moyen de *deloû*. Il faut remarquer, au reste, que ce ne sont pas les mêmes grains qui sont ensemencés pendant l'hiver sur les terres naturellement inondées et sur celles qui ont besoin d'arrosemens artificiels.

Le blé, l'orge, les lentilles, les pois chiches, les lupins, la laitue, la gesse et les pois des champs sont ensemencés sur les terres qui ont été submergées; il n'y a guère que le blé, l'orge et le coton que l'on arrose pendant l'hiver.

De toutes les cultures que nous venons d'indiquer, la plus avantageuse est celle du blé; viennent ensuite celles de l'orge, des lentilles, du *dourah*, etc.

Quand les terres sont inondées naturellement plusieurs années de suite, on peut y semer du blé : cependant, si l'inondation est moins favorable, on alterne les cultures, réservant celles de l'orge, des lentilles et des fourrages, pour les années où l'inondation est plus faible.

Généralement sur 30 *feddân* cultivés *el-bayâdy*, 10 sont ensemencés en blé, autant en orge, et 10 autres en lentilles, gesse et autres menus grains.

La plaine dans laquelle se voient aujourd'hui les ruines de Thèbes, n'est cultivée que sur la moitié de son étendue : non pas que l'on y manque de moyens d'irrigation naturelle, mais parce que les *felláh* sont hors d'état de faire les avances nécessaires pour la cultiver en entier. La rive gauche de cette plaine m'a paru moins bien cultivée que la rive droite. Voici la distribution la plus ordinaire des cultures aux trois époques de l'année rurale.

Sur 4000 *feddân*, 2000 sont cultivés *el-bayâdy*, 1000 sont cultivés *el-keydy*, 700 *el-nabâry*, enfin 500 *el-chetaouy* : le territoire des villages de Karnak et de Louqsor, qui comprend environ 12000 *feddân*, pourrait être ainsi aménagé. Dans l'état actuel d'abandon où sont laissés les canaux publics, destinés à faciliter les irrigations, les grains récoltés dans la plaine de Thèbes servent encore à l'approvisionnement des marchés de Qous et de Qené, d'où on les exporte pour l'Arabie par Qoçeyr; c'est toujours dans ce canton la culture du blé qui est la plus avantageuse. Comme la situation des terres détermine l'époque à laquelle elles doivent être mises en culture, ce sont toujours les champs voisins du Nil qui sont consacrés aux cultures *el-nabâry*; et, comme ils ne rapportent qu'une fois par an, ils restent pendant huit mois sans être cultivés : les deux plantes appelées *halfeh* et *a'âqoul*[1], qui servent de pâturage aux chameaux et aux buffles, y croissent spontanément pendant cet intervalle. On commence par nettoyer de ces deux plantes les champs où le *dourah* doit être semé. La

[1] Halfeh, *Poa multiflora*; a'âqoul, *Hedysarum Alhagi*.

première est fortement enracinée; mais, pour s'épargner le travail de l'arracher, on la brûle sur pied. Après avoir arraché la seconde à coups de pioche, on en fait des tas que l'on brûle également : les cendres en sont laissées sur la terre, à laquelle on donne ensuite un second labour.

Les environs de Qené sont cultivés aux trois époques de l'année rurale. C'est là que l'on commence à cultiver les féves *el-bayâdy*; cette culture est la plus répandue après celle du froment, qui seule occupe un tiers environ des terrains exploités. C'est aussi à partir de Qené, en descendant le Nil, que commence la culture du colza.

Les terres de cette partie de l'Égypte qui sont ensemencées *el-chetaouy*, ne sont point arrosées avec les machines à pots ou *sâqyeh*, comme cela se pratique à Éléphantine, mais seulement avec le *deloû*.

Le séjour du cheykh Hammâm à Farchout, et la sagesse de son administration, ayant rendu les habitans de ce canton plus aisés que ceux du reste de la contrée, ils peuvent entreprendre les cultures les plus dispendieuses et tirer le meilleur parti des terrains susceptibles d'être arrosés.

Les cultures *el-bayâdy* de 100 *feddân* sont distribuées à peu près dans cette proportion :

Froment.	47 *feddân*.
Féves.	20.
Lentilles.	15.
Orge.	6.
Gesse.	9.
Trèfle.	3.
	100.

On voit qu'ici la culture du blé, qui est généralement la plus avantageuse, occupe la moitié environ des terrains arrosés naturellement.

Quant aux exploitations *el-nabâry* et *el-keydy*, qui forment à peu près la dixième partie de celles *el-bayâdy*, on peut compter que sur dix *feddân* six sont cultivés en cannes à sucre, et quatre en *dourah* : ces dernières cultures exigent l'emploi de trois *sâqyeh* et de huit bœufs, indication qui suffit ici pour donner une idée générale de l'aménagement des terres de ce canton.

Mieux les irrigations sont entendues, moins on s'occupe des travaux pénibles de la culture d'été; toutes les opérations de l'agriculture se concentrent alors dans les deux autres époques de l'année : c'est du moins ce qui se pratique au-dessous de Farchout, à Girgeh et à Tahtah.

Dans cette partie de la province de Girgeh, on cultive *el-nabâry*, pendant l'automne, le *dourah*, les pastèques et quelques légumes.

On cultive *el-chetaouy*, pendant l'hiver, à l'aide d'arrosemens artificiels, quelques champs d'orge et de blé.

Enfin les cultures *el-bayâdy* comprennent celles du blé, de l'orge, des féves, des lentilles, des pois chiches, du trèfle, de la gesse, du fenugrec et du carthame. Voici la proportion de ces cultures sur 73 *feddân* :

Blé	30 *feddân*.
Féves	15.
Lentilles	10.
Trèfle	10.

65.

Report	65 *feddân*.
Orge	5.
Gesse	2 ½.
Fenugrec	½.
	73.

A Girgeh, l'aménagement est à peu près le même, si ce n'est que la culture du trèfle couvre une plus grande superficie de terrain : cela vient de ce qu'on élève dans ce canton plus de chevaux que dans les autres parties de la haute Égypte, la plupart des villages appartenant à des cheykhs Arabes ; il y a tel de ces villages, de 1000 à 1200 *feddân* d'étendue, dans lequel on peut lever quarante ou cinquante cavaliers. D'un autre côté, les cultures *el-nabâry*, se faisant à l'aide de roues à pots, exigent aussi une plus grande quantité de bœufs pour leur manœuvre.

On est assez dans l'usage de faire alterner les cultures et d'ensemencer en blé les mêmes terres, de deux années l'une : les terres où ce grain a été récolté la première année, sont ensemencées l'année suivante en trèfle, en fèves et en lentilles, etc.

Le sucre et le *dourah* que l'on cultive *el-nabâry* dans les environs d'Akhmym, occupent environ la septième partie du territoire.

Au surplus, la culture en grand de la canne à sucre cesse sur la rive gauche du Nil, à peu près à la hauteur de Girgeh, et n'est reprise sur la rive opposée que dans la province d'Atfyeh. Elle est remplacée, aux environs de Tahtah, par celles du carthame et du lin.

Cette dernière culture est regardée comme une des

plus avantageuses aux environs de Syout; les terres qui lui conviennent le mieux, sont celles qui restent le plus long-temps sous les eaux pendant le débordement.

Les mêmes terres situées sur les rives des canaux d'irrigation sont toujours propres aux mêmes cultures *el-bayâdy*; il paraît seulement que, dans les environs de Syout, où un séjour prolongé m'a permis de prendre des renseignemens plus détaillés, on alterne les cultures dans l'ordre suivant:

La première année, la terre est ensemencée en trèfle, dont la seconde coupe est mangée sur pied par les bestiaux; l'engrais qu'ils y laissent rend la terre plus propre à recevoir le froment qui doit y être semé l'année suivante.

La seconde et la troisième année, cette terre est cultivée en blé.

La quatrième année, elles est ensemencée en féves et en lentilles.

La cinquième et la sixième, elle est ensemencée en blé.

La septième, on reprend la culture du trèfle, et ainsi de suite.

C'est aussi sur des terres où le trèfle vient d'être récolté que l'on sème la graine de lin; on fait suivre la culture de cette dernière plante par celle des féves ou des lentilles, puis par celle du blé : reviennent ensuite la culture du trèfle, celle du lin, etc., en continuant ainsi par une espèce de rotation régulière. Les *fellâh*, accoutumés à cet aménagement des terres, n'en rendent pas d'autre raison que son usage immémorial. Voici deux exemples d'aménagement pris dans la province de Syout : le premier porte sur une exploitation de 114 *feddân*.

Froment............................	50 *feddân*.
Féves,.............................	24.
Lentilles...........................	22.
Trèfle.............................	10.
Pois chiches......................	6.
Orge..............................	2.
	114.

On voit que, dans cet aménagement des terres, le froment occupe environ la moitié de leur superficie ; le cultivateur nourrissait vingt bœufs ou vaches et une douzaine de moutons.

Le second exemple s'applique à 582 *feddân*, qui étaient ainsi aménagés :

Féves..............................	400 *feddân*.
Froment............................	120.
Lentilles...........................	20.
Orge..............................	12.
Gesse.............................	10.
Lin...............................	10.
Pois chiches......................	10.
	582.

Des circonstances particulières avaient ici déterminé à étendre la culture des féves, dont le produit était destiné à l'exportation. En Égypte, comme partout ailleurs, on recherche les produits dont la vente est le plus assurée ; et, suivant l'élévation du prix auquel telle ou telle denrée est montée, on la cultive plus ou moins abondamment, jusqu'à ce que telle autre, étant plus demandée, rappelle la préférence des cultivateurs.

Au reste, nous n'avons pas besoin de dire que, toutes les terres qui sont arrosées naturellement étant également propres à recevoir tantôt une semence, tantôt une autre, sans le secours des engrais, les aménagemens que nous venons de rapporter ne peuvent être indiqués ici que comme des exemples très-particuliers.

Les terres du Fayoum sont mises en culture tous les ans par la facilité qu'on a de pourvoir aux irrigations de cette province; mais elles ne sont ensemencées qu'une fois, à l'exception de celles où l'on cultive le *dourah* d'automne.

Les cultures les plus ordinaires sont celles du blé, des féves, de l'orge, du trèfle, du fenugrec et du lin; elles ont lieu sur les terres que l'inondation naturelle a recouvertes.

Voici, pour 62 *feddân*, l'aménagement le plus généralement adopté :

Blé....................................	20 *feddân.*
Féves.................................	20.
Orge..................................	5.
Trèfle.................................	10.
Fenugrec.............................	4.
Lin....................................	3.
	62.

On est aussi dans l'usage de semer le froment de deux années l'une dans la même terre.

Quant aux cultures *el-nabáry*, ou qui exigent des arrosemens artificiels, ce sont celles du *dourah*, de l'indigo, du sucre, des rosiers. La première de ces cultures est la plus généralement répandue, parce que la facilité d'arroser les champs favorise le prompt accroissement du *dourah* et en augmente les produits.

On ne cultive les lentilles qu'en très-petite quantité dans le Fayoum; et le peu qu'on en récolte, quand les années sont le plus favorables, ne suffit pas pour la consommation du pays.

La culture du fenugrec, de la gesse et du pois des champs, n'y est, en quelque sorte, qu'accidentelle : on y a recours dans les années de sécheresse, ou sur les terres qui ne sont pas assez bien arrosées pour produire du trèfle. Il y a dans cette partie de l'Égypte plus d'enclos et de vergers que dans les autres provinces; les clôtures sont, comme nous l'avons dit ailleurs, formées de *cactus opuntia* : ces vergers sont plantés de dattiers, de figuiers, de vignes et d'oliviers, dont on exporte les fruits.

La province de Beny-Soueyf et celle de Gyzeh, que l'on trouve en descendant le Nil, donnent les mêmes productions que le Fayoum; on y cultive de plus le carthame, l'ognon, l'indigo et le tabac. Cette partie de l'Égypte est une des moins bien arrosées. La culture du sucre se fait en assez grande quantité sur la rive gauche du Nil, dans la province d'Atfyeh.

La consommation du Kaire et l'approvisionnement de ses marchés modifient un peu la culture des terres dans les environs de cette capitale : il y a à proportion une plus grande étendue de terrain consacrée à la culture des légumes; on les tire des jardins du vieux Kaire, de Gyzeh, de l'île de Roudah, et de Boulâq, qui sont tous arrosés au moyen de roues à pots. Le beurre et le fromage frais dont les marchés du Kaire sont approvisionnés, viennent des villages voisins, et notamment de celui d'Embâbeh, en face de Boulâq : on y entretient à cet effet de nombreux troupeaux de vaches et de buffles; ce qui oblige de cultiver en fourrage la plus grande partie du territoire de ces villages.

L'aménagement des terres de l'intérieur du Delta présente très-peu de variations : on y distingue, comme dans le Sa'yd, les cultures d'hiver et celles d'été.

On comprend au nombre des premières celles du blé, de l'orge, des fèves, du trèfle et du lin.

Les terres qui ont été ensemencées en blé et en orge, sont, en général, ensemencées l'année suivante en trèfle et en fèves, et réciproquement.

Le seul fourrage ensemencé dans la basse Égypte est le trèfle; on n'y cultive ni la gesse, ni le pois des champs, ni les autres plantes dont les bestiaux se nourrissent dans la haute Égypte.

Sur cent *feddân*, cinquante sont cultivés en blé ou en orge; les cinquante autres sont ensemencés en fèves, en trèfle et en lin.

On sait que les cultures du Sa'yd se distinguent en culture *el-bayâdy*, qui a lieu dans l'hiver sur les terres arrosées naturellement, et en culture *el-chetaouy*, qui a lieu à la même époque, à l'aide d'arrosemens artificiels. Il n'y a point dans le Delta de culture *el-bayâdy* proprement dite : les grains ensemencés après l'inondation reçoivent toujours quelques arrosemens artificiels, jusqu'au moment de leur récolte.

En temps de paix, lorsque l'on peut exporter le lin

ou les toiles qui en sont fabriquées, la culture de cette plante est la plus avantageuse. Quand les circonstances ne permettent point cette exportation, on remplace cette culture par celle du trèfle, afin de pouvoir nourrir une plus grande quantité de bétail.

Sur 100 *feddân*, on en cultive ordinairement

En trèfle	25 *feddân*.
En blé	30.
En orge	10.
En froment et orge mêlés ensemble	35.
	100.

L'orge seule sert à la nourriture des chevaux; l'orge et le blé mêlés ensemble sont moulus et réduits en farine pour faire le pain des *fellâh*.

De ces 100 *feddân*, 25 seulement sont cultivés en été,

En blé de Turquie	13 *feddân*.
En sésame	6.
En coton	6.
	25.

On répand sur toutes les terres destinées aux cultures d'été, avant de les ensemencer, l'espèce d'engrais appelé *sebakh*, qui est, comme on sait, composé de cendre et de fumier provenant des villages. On l'emploie aussi sur les terres destinées à la culture du lin, et généralement sur toutes celles qui ne reçoivent point de dépôts du Nil, et que, par cette raison, on appelle *terres maigres*.

L'exploitation de 100 *feddân* aménagés dans le Delta,

ainsi que nous venons de l'indiquer, exige l'emploi de vingt bœufs ou vaches pour les labours, les arrosemens, et le battage des grains; de six buffles, dont le lait sert, sous diverses préparations, à former une partie de la nourriture des cultivateurs; de quatre chameaux, qui servent au transport des denrées. On nourrit peu de moutons dans les campagnes; on en entretient une cinquantaine sur une superficie de cent *feddân*.

Vingt-cinq de ces mesures de terre que l'on cultive pendant l'été, exigent l'emploi de deux *sâqyeh*.

Quant au nombre de journaliers et de valets que cette exploitation nécessite, il se compose d'un chamelier, d'un bouvier pour soigner les buffles, de deux autres pour les bœufs et les vaches, de deux hommes pour l'entretien et la surveillance des machines à arroser, enfin de quatre laboureurs.

Dans la province de Mansourah, les cultures sont encore moins variées. Voici l'aménagement de 100 *feddân* :

Froment..	33 *feddân*.
Trèfle..	33.
Orge..	23.
Lin..	11.
	100.

La culture du coton est la seule qui se fasse pendant l'été dans la même province.

Il nous reste à parler des rizières des provinces de Damiette et de Rosette. Ces terres, les plus septentrionales et les plus basses de l'Égypte, produisent deux fois par an. Les semailles du riz se faisant au commencement du mois d'avril, la culture de cette céréale peut être mise au rang des cultures d'été : immédiatement après sa récolte, qui a lieu après le débordement, on ensemence la même terre en trèfle ou en blé; les terres les plus élevées sont réservées pour la culture de l'orge. On y cultive aussi pendant l'été une petite quantité de maïs.

SECTION VIII.

Des bénéfices de l'agriculture et du meilleur emploi de la terre en Égypte.

En décrivant les différentes cultures propres à l'Égypte, nous avons indiqué les frais qu'elles occasionent et les produits qu'on en retire : on retrouverait donc dans chacun des paragraphes de notre v^e section les données nécessaires pour apprécier les avantages de chacune de ces cultures. Mais nous faciliterons les recherches que l'on voudrait entreprendre sur cet objet, en présentant sous la forme de tableaux les dépenses et les revenus des exploitations agricoles qui occupent ordinairement le plus grand nombre de bras; et, comme il convient d'apprécier la richesse du sol de l'Égypte dans toutes les saisons de l'année, nous prendrons successivement les exemples que nous allons donner parmi les cultures *el-bayâdy, el-nabâry* et *el-chetaouy*.

Ainsi, nous choisirons entre les premières, celles du

blé, des féves, du trèfle et du carthame, dans la province de Syout;

Entre les secondes, celles du *dourah* et de l'indigo;

Entre les troisièmes, celle du blé dans la province de Thèbes, et celle du lin dans le Fayoum et le Delta.

Enfin nous détaillerons les frais d'exploitation et les produits des rizières qui bordent la partie septentrionale de la basse Égypte.

Les résultats qui vont être exposés s'appliquent à une superficie de 10 *feddân*, chacun de 5929 mètres superficiels; par conséquent, les 10 *feddân* équivalent à 5 hectares $\frac{929}{1000}$, c'est-à-dire à 6 hectares à très-peu près.

§. I. *Culture du blé* el-bayâdy.

FRAIS DE CULTURE.

Les terres de la province de Syout, qui sont inondées naturellement, ne sont point labourées avant l'ensemencement.

1°. *Semences.* On sème un demi-ardeb de froment par *feddân*. Le prix moyen de l'*ardeb* de froment, dans la province de Syout, est de 2 pataques et 30 médins : 5 *ardeb* pour ensemencer 10 *feddân* valent, à ce prix. . . . 11 pataq. 60 méd.

2°. *Ensemencement.* Un homme peut ensemencer un *feddân* par jour :

A reporter. . . . . 11. 60.

	Report.	11 ᵖᵃᵗᵃᵍ·	60 ᵐᵉᵈ·

il est payé 10 médins; ce qui, pour les 10 *feddân*, coûte. . . . .   1.   10.

3°. *Labour pour recouvrir le grain quand il est semé.* Vingt journées d'une paire de bœufs et de leur conducteur, à 45 médins. . . . .   10.

4°. *Frais de récolte.* Les hommes employés à faire la moisson sont payés en grain; ils reçoivent chacun $\frac{1}{24}$ d'*ardeb* de froment par jour. Quarante journées, pour la récolte de 10 *feddân*, valent, à ce prix, 1 ardeb $\frac{16}{24}$, et en argent. . . . .   3.   80.

5°. *Battage.* Pour battre le produit d'un *feddân*, il faut deux jours, pendant chacun desquels on emploie quatre hommes et quatre bœufs; les uns et les autres sont payés en nature, à raison de $\frac{1}{24}$ d'*ardeb*. Cent soixante journées à ce prix valent 6 ardeb et $\frac{16}{24}$, et en argent. . . . .   15.   50.

Le *noreg*, ou chariot employé à battre le blé, se paye de location $\frac{1}{24}$ d'*ardeb* par jour; pour vingt journées, 1 ardeb $\frac{4}{24}$, et en argent. . . . .   1.   80.

6°. *Transport de la récolte chez le cultivateur ou dans les magasins.* Un

A reporter. . . . .   44.   10.

Report.	44 pataq.	10 méd.

chameau porte trente gerbes de froment; il faut ordinairement deux charges et deux cinquièmes, ou soixante-douze gerbes, pour produire un *ardeb* de grain.

Un chameau marchant au pas parcourt 2000 mètres en vingt-cinq minutes : supposant que la distance réduite depuis l'aire où se fait le battage, jusqu'au lieu où la paille et le grain sont déposés, soit de 12 à 1500 mètres, et qu'un chameau, employé pendant huit heures par jour, fasse deux voyages à l'heure, il transportera en neuf jours soixante-dix *ardeb* environ et soixante-dix charges de paille hachée. La journée d'un chameau et de son conducteur étant de 30 médins, ce transport coûtera. . . . . 3.   00.

7°. *Divers autres transports, entretien des ustensiles, menus frais,* estimés le dixième des frais ci-dessus. . . 4.   64.

Total des frais. . . . . 51.   74.

PRODUITS.

Les produits de la terre ensemencée en blé *el-bayâdy* dans la province de Syout, sont,

1°. *Le nombre de mesures de grain servant à acquitter*

en nature *les frais de récolte et de battage.* Suivant l'article précédent, cette quantité de blé s'élève pour 10 *feddân* à 9 *ardeb* $\frac{12}{24}$, lesquels, à 2 pataques et 3 médins l'un, valent............ 21 pataq. 30 méd.

2°. *Le nombre de mesures de grain restant à la disposition du cultivateur.* Les frais de récolte et de battage acquittés, chaque *feddân* de terre produit, année commune, 7 *ardeb* de blé, et, pour 10 *feddân*, 70 *ardeb*, lesquels valent en argent........... 163. 30.

3°. *La paille du grain hachée sous le noreg.* Soixante-dix charges de chameau de paille hachée, à 20 médins la charge................ 15. 50.

TOTAL des produits..... 200. 20.

La différence entre les produits et les frais d'exploitation est de..... 148 pataq. 36 méd.

§. II. *Culture des fèves* el-bayâdy.

FRAIS DE CULTURE.

On ne laboure point la terre avant les semailles.

1°. *Semences.* On sème un *ardeb* par *feddân.* Le prix moyen d'un *ardeb* est d'une pataque et demie; la semence pour 10 *feddân* coûte par conséquent................ 15 pataq. 00 méd.

ET COMMERCE DE L'ÉGYPTE. 153

Report.	15 pataq.	00 méd.

2°. *Ensemencement.* Un homme peut ensemencer 2 *feddân* par jour. Le prix de la journée est de 8 médins; et celui de l'ensemencement de 10 *feddân*, de. . . . . 0. 40.

3°. *Recouvrement des semences après l'ensemencement.* On ne recouvre point par un labour les féves qui ont été semées, mais on traîne horizontalement une pièce de bois sur le champ ensemencé. Cinq hommes, travaillant à cette manœuvre, peuvent recouvrir ainsi la surface d'un *feddân* dans l'espace d'un jour; ils sont payés en nature et reçoivent chacun $\frac{1}{24}$ d'*ardeb*, et, pour les 10 *feddân*, 2 *ardeb* et $\frac{2}{24}$, lesquels, à une pataque $\frac{1}{2}$ l'*ardeb*, coûtent. . . . . 3. 12.

4°. *Frais de récolte.* Les féves sont coupées à la faucille. Il faut dix hommes pour scier en un jour la récolte d'un *feddân* : ces ouvriers, payés en nature, reçoivent $\frac{1}{24}$ d'*ardeb*; il faut ainsi, pour 10 *feddân*, 4 *ardeb* et $\frac{4}{24}$, lesquels valent en argent. . . . . . . 6. 27.

5°. *Battage sous le noreg et nettoyage des féves.* Quatre hommes et quatre

A reporter.	24.	79.

Report.	24 pataq.	79 méd.
bœufs, travaillant pendant un jour, battent et nettoient le produit d'un *feddân*.		
Quatre-vingt-dix journées, à raison de $\frac{1}{24}$ d'*ardeb*, y compris la location du *noreg*, coûtent à ce prix 3 *ardeb* $\frac{1}{3}$, ou en argent.	4.	45.
6°. *Transports du grain et de la paille hachée.* Il faut, pour effectuer les transports chez le cultivateur ou dans les magasins, neuf journées de chameau et de son conducteur, à 30 parats l'une.	3.	00.
7°. *Transports divers, réparation et entretien des ustensiles, etc.*, évalués au dixième des frais ci-dessus.	3.	21.
TOTAL des frais.	35.	55.

PRODUITS.

Les produits de la terre ensemencée en féves *el-bayâdy* sont,

1°. *Le nombre de mesures de féves servant à acquitter une partie des frais d'ensemencement, ceux de récolte et de battage.* On donne pour ces travaux, sur 10 *feddân*, 9 *ardeb* et $\frac{14}{24}$ de féves, lesquels, à une pataque $\frac{1}{2}$, valent. . . . .   14 pataq. 56 méd.

2°. *Le nombre de mesures de féves*

A reporter.	14.	56.

Report.	14 pataq.	56 méd.

qui restent à la disposition du cultivateur. Un *feddân* de terre donne, après le prélèvement des dépenses que l'on acquitte en nature, 9 ardeb de féves, et 10 *feddân*, 90 ardeb, lesquels, à une pataque ½ l'*ardeb*, valent. . . . . 135. 00.

3°. *Les tiges de féves hachées sous le noreg.* On retire de 10 *feddân* 45 charges de chameau de tiges de féves hachées pour la nourriture du bétail, à 25 médins la charge. . . . . 12. 45.

Total des produits. . . . . . 162. 11.

La différence entre les frais de culture et les produits est par conséquent de. . . . . 126. 46.

§. III. *Culture du trèfle* el-bayâdy.

FRAIS DE CULTURE.

On ne laboure point la terre avant l'ensemencement du trèfle.

1°. *Semences.* On sème un tiers d'*ardeb* par *feddân*; et pour 10 *feddân*, 3 ardeb ⅓, à 3 pataques l'un, ci. . . . . 10 pataq. 00 méd.

A reporter. . . . . 10. 00.

Report. . . . . 10 pataq. 00 méd.

2°. *Ensemencement*. Un homme ensemence 2 *feddân* par jour; il est payé 8 médins : cinq journées à ce prix, pour ensemencer 10 *feddân*, coûtent . . . . 0. 40.

3°. *Recouvrement de la semence.* Cinquante journées d'ouvrier, à 6 médins l'une. . . . . 3. 30.

4°. *Récolte de 2 feddân pour graine.* Cette récolte se fait à la faucille. Huit hommes, travaillant pendant un jour, coupent le produit d'un *feddân*; ils sont payés 8 médins : les 16 journées pour 2 *feddân* valent. . . . . 1. 58.

5°. *Battage.* On ne hache point le trèfle séché sous le *noreg*, mais on le fait fouler aux pieds des bœufs. Cette manœuvre revient à 75 médins par *feddân*; pour les 2 *feddân*, ci. . . . . 1. 60.

6°. *Transport du trèfle sec chez le cultivateur.* Ce transport exige une journée de chameau et de son conducteur. 0. 30.

7°. *Entretien des ustensiles, et autres menus frais.* . . . . 1. 64.

Total des frais. . . . . . 18. 82.

PRODUITS.

Les produits de la terre ensemencée en trèfle *el-bayâdy* sont,

1°. *La première coupe consommée en vert.* Cette première coupe, qui se fait trente jours après les semailles, est vendue sur pied à raison de 8 pataques par *feddân* ; ce qui produit pour 10 *feddân*. . . . 80$^{\text{pataq.}}$ 00$^{\text{méd.}}$

2°. *La seconde coupe consommée en vert.* Cette seconde coupe, que l'on fait vingt ou vingt-cinq jours après la première, se vend sur pied à raison de 5 pataques par *feddân*; ce qui produit pour 8 *feddân* seulement, les deux autres étant réservés pour la graine, 40. 00.

3°. *La graine de trèfle retirée de 2 feddân.* Chaque *feddân* de trèfle qu'on laisse sécher sur pied, produit 2 *ardeb* de graine; les 4 *ardeb* des deux *feddân*, au prix de 3 pataques l'un, valent. . . . . 12. 00.

4°. *Trèfle sec après le battage.* Le trèfle sec dont on a retiré la graine, sert à la nourriture des chameaux et des chèvres. Les 2 *feddân* réservés à cet effet produisent ensemble 12 charges de chameau, au prix de 35 parats l'une, ci. . . . . 4. 60.

TOTAL des produits. . . . . . 136. 60.

La différence entre les frais de culture et les produits est de. . . . . 117 pataq. 88 méd.

§. IV. *Culture du carthame* el-bayâdy.

FRAIS DE CULTURE.

On ne laboure point la terre avant l'ensemencement.

1°. *Semences.* On sème par *feddân* ¼ d'*ardeb* de graine de carthame, à 135 médins l'*ardeb*. 2 *ardeb* ½, pour l'ensemencement de 10 *feddân*, valent, à ce prix. . . . . 3 pataq. 67 méd.

2°. *Ensemencement.* Il faut dix journées d'ouvrier pour ensemencer 10 *feddân*, à 8 parats l'une. . . . . 0. 80.

3°. *Labour pour recouvrir la graine de carthame après l'ensemencement.* Vingt journées d'une paire de bœufs et de leur conducteur, à 45 médins. . 10. 00.

4°. *Récolte des fleurs.* On emploie par jour douze ou quinze femmes et enfans, qui sont payés à raison de 3 médins par double *rotl* de fleurs fraîches. Le *feddân* en produit ordinairement 590 *rotl;* ce qui fait revenir la récolte d'un *feddân* à 585 médins, et celle de 10 *feddân*, à. . . . . 65. 00.

A reporter. . . . . 79. 57.

	Report.	79$^{\text{pataq.}}$	57$^{\text{méd.}}$

5°. *Réduction des fleurs de carthame en safranon.* Il faut quarante-cinq journées d'ouvrier pour réduire en safranon le produit d'un *feddân*. Le prix de chaque journée est de 10 médins : quatre cent cinquante journées à ce prix valent. . . . .   50.   00.

6°. *Récolte de la graine.* On emploie quinze journées d'ouvrier pour arracher les tiges d'un *feddân* : les cent cinquante journées pour 10 *feddân*, à 8 parats l'une, coûtent. . . . .   13.   30.

7°. *Battage des tiges et nettoyage de la graine.* Il faut, pour 10 *feddân*, cent journées de travail, à 8 parats l'une, ci. . . . .   8.   80.

8°. *Transport des tiges sèches et de la graine de carthame.* Quatre journées d'un chameau et de son conducteur, à 30 médins l'une. . . . .   1.   30.

9°. *Menues dépenses et faux frais*, estimés 45 médins par *feddân*. . . .   5.   00.

Total des frais. . . . . .   158.   17.

PRODUITS.

Les produits de la terre ensemencée en carthame *el-bayâdy* sont,

1°. *Les pains de safranon pour teinture.* Un *feddân*

produit, année commune, 2 *qantâr* ½ de safranon; et 10 *feddân*, 25 *qantâr*, qui, à 12 pataques l'un, valent............ 300 pataq. 00 méd.

2°. *La graine de carthame.* On retire 2 *ardeb* ½ de graine par *feddân*, et de 10 *feddân*, 25 *ardeb*, lesquels, à 135 médins l'un, valent....... 37. 45.

3°. *Les tiges de la plante séchées.* On retire de 10 *feddân* trente charges de chameau de tiges de carthame, qui servent de combustible après avoir été séchées. A 30 médins la charge, les trente charges valent.......... 10. 00.

TOTAL des produits...... 347. 45.

La différence entre les frais et les produits de la culture du carthame est de.................. 189. 28.

§. V. *Culture du* dourah el-nabâry.

FRAIS DE CULTURE.

1°. *Labour et préparation de la terre.* La terre destinée à la culture du *dourah* est labourée avant l'ensemencement. Le premier labour exige, pour un *feddân*, trois journées de travail d'une paire de bœufs et de leur conducteur, et pour 10 *feddân*, trente journées, à 32 parats l'une................ 10 pataq. 60 méd.

ET COMMERCE DE L'ÉGYPTE.

$\qquad$ *Report.* . . . . $\quad$ 10 $^{\text{pataq.}}$ 60 $^{\text{méd.}}$

2°. *Semences.* On sème communément $\frac{1}{12}$ d'*ardeb* par *feddân;* ce qui exige, pour 10 *feddân*, 4 *ardeb* $\frac{1}{6}$, lesquels, à 120 médins l'*ardeb*, valent. . $\quad$ 5. $\quad$ 50.

3°. *Ensemencement.* Pour 10 *feddân*, cent journées d'ouvrier, à 8 médins. . . . . $\quad$ 8. $\quad$ 80.

4°. *Premier arrosement après les semailles.* On arrose le *dourah* immédiatement après les semailles, travail qui, pour 10 *feddân*, exige cent vingt journées de manœuvre, à 7 médins l'une. $\quad$ 9. $\quad$ 30.

5°. *Arrosemens pendant la végétation.* Lorsque l'année est bonne, on peut introduire sur les champs de *dourah* les eaux de l'inondation, que l'on dirige, à cet effet, par des rigoles. On peut profiter de cet avantage pendant deux mois; on est alors dispensé des arrosemens à bras, qui deviennent nécessaires lorsque l'année est mauvaise. Nous supposerons, pour avoir un résultat moyen, que, par le fait de l'inondation, le travail des arrosemens reste suspendu pendant un mois. Il suffit alors de le continuer pendant quarante-cinq ou soixante jours. Il

$\qquad$ *A reporter.* . . . . $\quad$ 34. $\quad$ 40.

É. M. XVII.

Report.	34 pataq.	40 méd.

faut employer pendant ce temps, pour l'arrosement et le sarclage de 10 *feddân*, cinq cents journées de manœuvre, lesquelles, à 7 médins l'une, coûtent. .... 38. 80.

6°. *Frais de récolte.* Dix hommes coupent un *feddân* de *dourah* en un jour; ils sont payés en nature, et reçoivent chacun $\frac{1}{24}$ d'*ardeb* de grain, quantité qui est toujours comptée en dehors du produit de la récolte.

Cent journées à ce prix coûtent 4 *ardeb* $\frac{1}{6}$, à 120 médins l'un, et en argent. .... 5. 50.

7°. *Battage des têtes du* dourah; *nettoiement de ce grain.* Les têtes du *dourah*, après avoir été exposées au soleil, sont foulées aux pieds des bœufs. Ce travail revient à une pataque par *feddân*, et pour les 10 *feddân*, à. . . 10. 00.

8°. *Transport du grain et de la paille chez le cultivateur.* Douze journées de chameau et de son conducteur, à 30 médins. .... 4. 00.

9°. *Réparation et entretien des instrumens, et dépenses diverses*, estimés un dixième des autres dépenses. . . . 9. 18.

Total des frais. ...... 102. 08.

PRODUITS.

Les produits de la terre ensemencée en *dourah el-nabáry* sont,

1°. *La quantité de grain servant à acquitter en nature les frais de récolte.* On donne aux moissonneurs, pour la récolte de 10 *feddán*, 4 *ardeb* $\frac{1}{6}$; lesquels, à 120 médins l'un, valent. . . . . 5 pataq. 50 méd.

2°. *La quantité de* dourah *qui reste au cultivateur, les frais de récolte acquittés.* Cette partie du produit est ordinairement de 10 *ardeb* par *feddán*, et pour 10 *feddán*, de 100 *ardeb*, lesquels, à 120 médins l'un, valent. . .   133.   30.

3°. *Les tiges de* dourah *séchées servant de combustible.* Un *feddán* produit communément 10 charges de chameau de tiges séchées, et 10 *feddán*, 100 charges, lesquelles, à 15 parats l'une, valent. . . . .   13.   30.

TOTAL des produits. . . . . . 152.   20.

La différence des frais de culture aux frais d'exploitation est de 50 pataques 12 médins.

§. VI. *Culture de l'indigo.*

FRAIS DE CULTURE.

Un même champ d'indigo est cultivé dans la haute Égypte pendant trois et même pendant quatre années consécutives; les frais et les produits de l'exploitation varient à peu près pour chacune d'elles comme les nombres 4, 3, 2 et 1.

Première année : 1°. *Labours à trois reprises différentes, et préparation du sol en carreaux pour les arrosemens.* Ces travaux préparatoires reviennent à 240 médins par *feddân;* et, pour 10 *feddân,* à.................. 26$^{pataq.}$ 60$^{méd.}$

2°. *Semences.* On sème par *feddân* $\frac{1}{24}$ d'*ardeb* de graine d'indigo de Syrie, à 48 pataques l'*ardeb :* pour 10 *feddân,* il faut employer 2 *ardeb* $\frac{2}{24}$, lesquels, à ce prix, valent......... 100. 00.

3°. *Ensemencement.* Il faut dix journées d'ouvrier pour ensemencer un *feddân,* et cent journées pour 10 *feddân,* à 8 parats l'une.......... 8. 80.

4°. *Arrosement, sarclage au plant, et fabrication de la fécule.* Neuf hommes sont employés, pendant huit mois

A reporter.......... 135. 50.

Report. . . . . 135 pataq. 50 méd.

de l'année, à l'arrosement, au sarclage du plant d'indigo, et à la fabrication de la fécule; le prix moyen de la journée est de 7 médins : en supposant vingt-cinq journées de travail par mois, la dépense pour l'exploitation d'un *feddân* est de 140 pataques, et pour 10 *feddân*. . . . . 1400. 00.

5°. *Achat des vases nécessaires pour la fabrication de l'indigo*. Cent soixante vases de terre cuite, à 15 parats l'un. . 26. 60.

6°. *Entretien et réparation des ustensiles, et autres menus frais*, estimés un vingtième. . . . . 78. 11.

Total des frais pendant la première année. . . . . . 1640. 31.

Pendant la deuxième, *arrosemens, sarclage, fabrication, etc.* . . . . 1102. 00.
Pendant la troisième, *arrosemens, sarclage, etc.* . . . . 735. 00.
Pendant la quatrième et dernière année, *arrosemens, etc.* . . . . 367. 00.

Total des frais de culture pour quatre années. . . 3844. 31.

Frais de culture, année moyenne. . 961 pataq. 8 méd.

AGRICULTURE, INDUSTRIE

PRODUITS.

Il se fait, pendant la première année de la culture de l'indigo, quatre coupes successives de la plante. Le prix du *rotl* d'indigo varie suivant sa qualité et le plus ou moins de demandes qui en sont faites; mais les produits des quatre coupes de la même année vont en décroissant.

La première coupe d'un *feddân* d'indigo produit communément..................	420 $^{rotl.}$
La deuxième coupe en produit...	370.
La troisième.............	280.
La quatrième............	225.
Total pour un *feddân*, pendant la première année........	1295.
Et pour 10 *feddân*.........	12950.

Le prix moyen du *rotl* d'indigo est de 20 médins : les 12950 *rotl*, à ce prix, rapportent... 2446 $^{pataq.}$

Le produit de la deuxième année est de..................	1855.
Le produit de la troisième.....	1223.
Le produit de la quatrième.....	612.
Produit total des quatre années...	6116.
Produit de l'année moyenne....	1504.
Différence entre les frais de culture et les produits de l'année moyenne..	542 $^{pataq.}$ 82 $^{méd.}$

ET COMMERCE DE L'ÉGYPTE. 167

§. VII. *Culture du blé* el-chetaouy *dans le Fayoum.*

FRAIS DE CULTURE.

1°. *Labour avant l'ensemencement.* Il faut deux journées de deux bœufs et de leur conducteur pour labourer un *feddân* : le prix de leur journée est de 36 médins, et pour le premier labour de 10 *fed.* . . 8 $^{pataq.}$ 00 $^{méd.}$

2°. *Semences.* On sème par *feddân* $\frac{2}{3}$ d'*ardeb*, et sur 10 *feddân*, 6 *ardeb* $\frac{1}{3}$, lesquels, à 2 pataques 45 médins l'un, valent. 15. 75.

3°. *Ensemencement.* Dix journées d'ouvrier, à 10 parats l'une. . . . . . 1. 10.

4°. *Deuxième labour pour recouvrir le grain après les semailles*, comme ci-dessus. . . . . 8. 00.

5°. *Arrosemens à bras d'homme.* Ces arrosemens se font au moyen de *cha-douf*; ils se répètent quatre fois depuis les semailles jusqu'à la récolte. Quatre hommes, travaillant pendant quatre jours, arrosent un *feddân*, qui exige ainsi soixante-quatre journées d'arrosement; et 10 *feddân*, six cent quarante journées, lesquelles, à 8 médins l'une, coûtent. . . . . 56. 80.

A reporter. . . . . 89. 75.

Report. . . . . 89$^{pataq.}$ 75$^{méd.}$

6°. *Récolte.* Le blé *el-chetaouy* n'est point arraché comme le blé *el-bayâdy*; il est coupé à la faucille. Il faut dix hommes pour scier un *feddân*. Le prix de la journée est de $\frac{1}{24}$ d'*ardeb*; les 10 *feddân* coûtent ainsi à récolter, 4 ardeb $\frac{4}{24}$, à 2 pataques 45 médins, ci. . 10. 33.

7°. *Battage sous le noreg.* Quatre-vingts journées d'homme, quatre-vingts journées de bœufs, et vingt journées de *noreg*, à $\frac{1}{24}$ d'*ardeb* l'une, valent 7 *ardeb* $\frac{1}{2}$, et en argent, ci. . . 18. 68.

8°. *Transport chez le cultivateur.* Neuf jours de chameau, à 25 parâts l'un. . . . . 2. 45.

9°. *Entretien et réparation des machines,* estimés le dixième des frais ci-dessus. . . . . 12. 13.

Total des frais. . . . . . 133. 54.

PRODUITS.

Les produits de la terre ensemencée en blé *el-chetaouy*, dans la province de Fayoum, sont,

1°. *La quantité de grain donnée en paiement des frais de récolte, de battage, etc.* Ces frais, acquittés en nature, montent, d'après le détail de l'article précédent, à 11 *ardeb* $\frac{16}{24}$, lesquels, à 2 pataques 45 médins l'un, valent. . . . . 28$^{pataq.}$ 45$^{méd.}$

Report. . . . . 28 pataq. 45 méd.

2°. *La quantité de grain restant à la disposition du cultivateur après la récolte.* Le blé *el-chetaouy*, étant généralement l'objet d'une culture plus soignée, produit une plus grande quantité de grain et de paille que le blé *el-bayâdy* : on peut évaluer à 8 *ardeb* le produit moyen d'un *feddân*; et pour 10 *feddân*, 80 *ardeb*, lesquels, à 2 pataques 45 médins, valent. . . . . . . 200. 00.

3°. *La paille hachée sous le noreg.* Quatre-vingts charges de chameau, à 15 parats l'une. . . . . 15. 30.

Total des produits. . . . . . 241. 75.

Différence entre les produits et les frais de culture. . . . . 108. 21.

§. VIII. *Culture du lin dans le Delta.*

FRAIS DE CULTURE.

1°. *Labours.* La terre où le lin doit être semé, reçoit deux labours successifs, qui se croisent transversalement : chacun de ces labours, fait avec le soin convenable, revient, par *feddân*, à 60 parats; ce qui, pour 10 *feddân*, occasione une dépense de 13 pataq. 30 méd.

Report.	13 pataq.	30 méd.

2°. *Dressement du sol et division en carreaux.* Cette façon de la terre revient à 45 médins par *feddân*, et pour 10 *feddân*, à. . . . . 5. 00.

3°. *Semences.* On sème par *feddân* un *ardeb* de graine de lin, à 4 pataques l'un; ce qui coûte pour 10 *fed.* . 40. 00.

4°. *Ensemencement.* Deux journées de travail par *feddân*, à 8 parats l'une, et pour 10 *feddân*. . . . . 1. 70.

5°. *Arrosemens.* Pendant les quatre mois que le lin reste en terre, il est arrosé à trois reprises différentes; et chacun de ces arrosemens, qui se prolonge pendant trois jours consécutifs, exige d'autant plus de travail que les eaux du Nil sont plus basses. Il faut employer six ouvriers par *feddân* pour le premier arrosement, huit pour le second, et dix pour le troisième; ce qui fait pour un *feddân* soixante-douze journées; et pour 10 *feddân*, sept cent vingt journées, à 8 parats l'une, ci. . 64. 00.

6°. *Récolte du lin.* L'arrachage d'un *feddân* de lin exige neuf journées de travail, à 7 parats l'une; ci, pour 10 *feddân*. . . . . 7. 00.

A reporter. . . . . 131. 10.

ET COMMERCE DE L'ÉGYPTE. 171

Report.	131 pataq.	10 méd.
7°. *Exposition au soleil et mise en gerbes.* Trente journées pour la récolte de 10 *feddân*, à 7 médins l'une. . . .	2.	30.
8°. *Battage du lin pour en retirer la graine.* Cette opération revient à une pataque par *feddân*, ci.	10.	00.
9°. *Remise du lin en gerbes pour le transporter dans les rotoirs.*	1.	15.
10°. *Transport du lin dans ces fosses.* Il faut cinq journées de chameau pour transporter le produit de 10 *feddân*, à 30 parats la journée.	1.	60.
11°. *Arrangement du lin dans les rotoirs, extraction de ces fosses, exposition au soleil, et remises en paquets pour la vente.* Ces diverses opérations reviennent à une demi-pataque par *feddân*; ci, pour 10 *feddân*, à. . . .	5.	00.
12°. *Entretien et réparation des ustensiles, et autres menus frais*, estimés	15.	11.
Total des frais de culture. . .	166.	36.

PRODUITS.

1°. *Tiges de lin préparées pour la vente.* Un *feddân* produit communément dix-huit *cordées*, composées de vingt-quatre gerbes chacune : le prix de la cordée est d'une pataque 40 médins ; ce qui donne par *feddân* 26 pataques, et pour 10 *feddân*. . . . . . 260 pataq. 00 méd.

Report.	260 pataq.	00 méd.
2°. *Graine de lin.* Un *feddân* produit 3 *ardeb* ½ de graine, à 4 pataques l'un; ce qui, pour un *feddân*, donne 14 pataques, et pour 10 *feddân*. . . .	140.	00.
Total des produits.	400.	00.
Différence des frais et des produits de l'exploitation.	233.	54.

§. IX. *Culture du riz.*

FRAIS DE CULTURE.

Les terres consacrées à la culture du riz sont aussi, dans la même année, cultivées en blé ou en trèfle : ainsi, pour en évaluer les produits, il faut comparer la somme des dépenses que l'on fait successivement pour chaque culture, au produit successif de l'une et de l'autre.

Les arrosemens continuels qu'exigent les rizières, obligent les cultivateurs d'entretenir un plus grand nombre de bœufs que n'en exigent les arrosemens pour les autres cultures. Il faut multiplier dans le même rapport les machines d'arrosage, l'achat du bétail, et les chances de mortalité qu'il court. L'établissement de ces machines et leur entretien journalier entraînent à de plus fortes dépenses, dont l'intérêt annuel doit faire partie des frais qui sont à leur charge. Ce qui caractérise surtout l'exploitation des rizières, c'est que le cultivateur, au lieu d'employer, suivant ses besoins, des ouvriers à la journée, donne un salaire annuel aux hommes qu'il occupe. Par ces diverses circonstances, l'exploitation des rizières se rapproche plus ou moins de celle de nos fermes d'Europe.

Les dépenses nécessaires à la culture du riz se composent de l'intérêt des sommes avancées pour l'acquisition des bestiaux, des machines à arroser et des instrumens aratoires; à quoi il faut ajouter les chances de mortalité du bétail que l'on court annuellement, et le renouvellement des machines et instrumens après un certain temps de service; l'achat et la nourriture des bestiaux; les gages et salaires des ouvriers qu'on emploie; l'achat des semences; les frais de culture et de récolte proprement dits.

Le taux ordinaire de l'intérêt de l'argent, en Égypte, est de 10 pour cent. Les prétentions et le gain des usuriers n'ont de limites, comme partout ailleurs, que les besoins plus ou moins pressans de ceux qui sont obligés d'emprunter; mais, en général, l'intérêt de l'argent y est regardé comme usuraire dès qu'il est porté annuellement au-dessus de ce taux.

1°. *Intérêt des avances pour achat de bœufs.* On emploie communément, pour la culture de 10 *feddân*, douze bœufs, dont le prix moyen est de 720 pataques.

L'intérêt annuel de cette somme est de. . . . . 72 pataq. 00 méd.

A reporter. . . . . 72. 00.

Report.	72$^{pataq.}$	00$^{méd.}$

En supposant que les chances de maladie et de mortalité du bétail ne soient point compensées par les bénéfices des élèves que l'on peut faire, nous évaluerons au douzième du nombre de bœufs les pertes présumées auxquelles le cultivateur est exposé, ci. . . . . 60. 00.

2°. *Machines à arroser, et instrumens aratoires.* Il faut trois roues pour l'arrosement de 10 *feddân*. Chacune de ces machines coûte, prix moyen, 30 pataques; et les trois, 90.

L'intérêt annuel de cette somme est de. . . . . 9. 00.

A cause de leur construction peu soignée, on est obligé de les renouveler tous les cinq ans. Répartissant sur chacune de ces années la valeur de ces machines, on a de dépense annuelle. . . . . 18. 00.

Les principaux instrumens aratoires consistent en deux charrues et en une machine à battre le riz : la valeur du tout est de 30 pataques, dont l'intérêt est de. . . . . 3. 00.

Renouvellement, réparation et entretien de ces machines. . . . . 3. 00.

A reporter. . . . . 165. 00.

Report.	165 pataq.	00 méd.

3°. *Nourriture des bœufs.* Les bœufs vivent, pendant quatre mois, de féves et de paille hachée.

La valeur de la paille est, année commune, de.	75.	00.
Celle des féves est de.	100.	00.
Pendant cinq autres mois, les bœufs se nourrissent de trèfle vert, estimé. .	200.	00.
Enfin, pendant les trois derniers mois, on les nourrit de trèfle séché provenant de la coupe de 9 *feddân* de terre; ce qui, à raison de 12 pataques le *feddân*, produit une dépense de. .	108.	00.

4°. *Salaires des ouvriers employés à l'année.* Deux hommes chargés de soigner le bétail, payés chacun à raison de 300 médins par mois, coûtent par an. 80. 00.

Cinq autres hommes, employés également pendant toute l'année, sont chargés de surveiller le mouvement des machines à élever l'eau, et les autres travaux journaliers : ils sont payés 9 médins par jour ; ce qui fait par an. . 108. 00.

Les cultivateurs ont de plus un maître ouvrier ou surveillant, auquel ils donnent communément par an. . . . 72. 00.

A reporter.	908.	00.

Report.	908 pataq.	00 méd.

5°. *Labours.* Les labours sont exécutés par les ouvriers qui viennent d'être indiqués et qui sont aux gages des cultivateurs.

6°. *Semences.* On sème dans un *feddân* ⅜ de *dareb* de riz; mais on n'ensemence que la moitié du terrain en exploitation, l'autre moitié étant réservée pour y transplanter les tiges surabondantes que l'on arrache de la terre où il a été primitivement semé : ainsi il faut, pour les 10 *feddân*, 15/8 de *dareb*, qui, à raison de 24 pataques le *dareb*, valent. . . . . 45. 00.

7°. *Journées de travail pour la transplantation, le sarclage du riz, etc.* Outre les ouvriers attachés pendant l'année aux travaux de l'exploitation, le cultivateur est encore obligé d'employer des journaliers étrangers, tant pour transplanter le riz, le sarcler, que pour nettoyer les canaux et les rigoles d'irrigation : le nombre de leurs journées peut être porté par *feddân* à 45, et pour 10 *feddân*, à 450, lesquelles, à 10 médins, font une dépense de. . . . . 50. 00.

8°. *Frais de récolte et de battage du*

A reporter.	1003.	00.

ET COMMERCE DE L'ÉGYPTE.

Report.	1003$^{\text{pataq.}}$	00$^{\text{méd.}}$
riz. Les moissonneurs scient le riz, le mettent en gerbes et le transportent sur l'aire où il doit être battu; ils sont payés en nature, et reçoivent, pour 10 *feddân*, un *dareb* de riz.	24.	00.
Ceux qui conduisent les bœufs attelés au *noreg*, reçoivent, pour le battage du produit de 10 *feddân*, $\frac{1}{16}$ de *dareb*.	7.	45.

Immédiatement après que le riz a été récolté, la terre est couverte d'eau pendant quelques jours, et ensemencée de nouveau, sans aucun travail préliminaire, en trèfle, le seul fourrage connu dans les provinces de Damiette et de Rosette.

9°. *Semences du trèfle.* On sème par *feddân* trois mesures de graine de trèfle, dont chacune se vend 30 médins; ce qui fait une pataque par *feddân*, et pour 10 *feddân*.	10.	00.
10°. *Coupes successives du trèfle.* Ce fourrage, dont on fait trois coupes depuis le mois de novembre jusqu'au printemps, ne coûte que 10 pataques de récolte, une partie du travail étant faite par les ouvriers employés à l'année et dont le salaire a été compté ci-dessus.	10.	00.
TOTAL des frais de culture. . .	1054.	45.

PRODUITS.

Les produits de la terre ensemencée en riz et en trèfle successivement sont,

1°. *La quantité de riz donnée en paiement des frais de récolte et de battage.* Suivant l'article précédent, cette quantité est, pour 10 *feddân*, d'un *dareb* $\frac{1}{16}$, et en argent, à raison de 24 pataques le *dareb*. . . . . 31 pataq. 45 méd.

2°. *La quantité de riz restant au cultivateur, les frais de récolte payés.* Dans les meilleures années, les terres des environs de Damiette et de Rosette rapportent jusqu'à 6 *dareb* de riz par *feddân*; elles n'en rapportent que 2 dans les mauvaises. Le terme moyen est de 4 *dareb*; ce qui, pour 10 *feddân* et au prix de 24 pataques le *dareb*, produit 960. 00.

3°. *Paille de riz hachée sous le noreg.* Cette paille n'est employée qu'à brûler. La valeur de la paille récoltée sur 10 *feddân* est de. . . . . 12. 00.

4°. *Trèfle vert.* La coupe d'un *feddân* de trèfle vert se vend 15 pataques, et les trois coupes successives, 45 pataques; ce qui, pour 6 *feddân*, produit 270. 00.

5°. *Trèfle sec.* La coupe d'un *feddân* de trèfle destiné à être séché pour

A reporter. . . . . 1275. 45.

ET COMMERCE DE L'ÉGYPTE. 179

Report. . . . . 1273 pataq. 45 méd.

l'hiver se vend 12 pataques; les trois
coupes, sur 4 *feddân*, valent ainsi. . 144. 00.

TOTAL des produits en riz
et en trèfle. . . . . 1417. 45.

Différence des frais de culture aux
produits. . . . . 363 pataq. 00 méd.

Il nous reste à montrer quel aurait été le bénéfice, si, au lieu de trèfle, on eût semé du blé après la récolte du riz dans les 10 *feddân* auxquels nos recherches s'appliquent.

FRAIS DE CULTURE.

Les frais de la culture du riz ont été
trouvés ci-dessus de. . . . . 1054 pataq. 45 méd.

Les labours et autres préparations de la terre dans laquelle le froment doit être semé, sont faits par les gens du cultivateur. Leurs gages ayant été compris dans les frais généraux de l'exploitation, ainsi que la nourriture des bœufs employés à ces travaux, il n'y a à ajouter ici que la valeur de la semence et des frais de récolte.

1°. *Semence.* On sème ordinairement dans un *feddân* de terre un demi-

A reporter. . . . . 1054. 45.

Report.	1054 pataq.	45 méd.
ardeb de froment; ce qui produit, pour les 10 *feddân*, à raison de 4 pataques l'*ardeb*, ci.	20.	00.
2°. *Frais de récolte et battage du blé*, estimés, sur le même pied que la récolte du riz, à 2 pataq. par *feddân*.	20.	00.
Ainsi l'on aura, pour la dépense annuelle qu'exige la culture de 10 *feddân* ensemencés successivement en riz et en froment.	1094.	45.

PRODUITS.

Les produits de la culture du riz ont été trouvés ci-dessus de.	1003 pataq.	45 méd.
Ceux de la culture du froment dans la même terre sont,		
1°. *La quantité de grain servant à l'acquittement des frais de récolte.* Cette quantité revient à un demi-*ardeb* par *feddân*, et pour 10 *feddân*, à 5 *ardeb*, lesquels, à 6 pataques l'un, produisent.	30.	00.
2°. *La quantité de grain qui reste disponible, les frais de récolte prélevés.* Les terres à froment rapportent, année commune, 7 *ardeb* ½ par *feddân*;		
A reporter.	1033.	45.

Report. . . . . 1033 pataq. 45 méd.

ce qui, pour les 10 *feddân*, à 4 pataques l'*ardeb*, produit. . . . . 500. 00.

3°. *La paille hachée sous le noreg.* Le produit d'un *feddân* de terre en paille hachée se vend communément 6 pataques, et pour 10 *feddân*. . . . . 60. 00.

TOTAL des produits en riz et en froment. . . . . . . 1393. 45.

La différence entre les frais de culture et les produits de l'exploitation est de . . . . 299 pataq. 00 méd.

Nous remarquerons, avant d'aller plus loin, que les 10 *feddân* auxquels s'appliquent les frais et les produits de la culture du riz, tels que nous venons de les détailler, sont des *feddân* de Damiette, lesquels sont plus grands que ceux du reste de l'Égypte, dans le rapport de 6877 à 5927; il faut donc diminuer dans le même rapport l'expression des frais et des produits de la culture du riz, afin de les rendre comparables aux frais et aux produits des autres cultures de l'Égypte.

En ayant égard à cette remarque, on a, pour les frais de culture du riz sur 10 *feddân* ordinaires,

1°. Quand la même terre est ensemencée en trèfle la même année. . . . . 908 pataq.

2°. Quand la même terre est ensemencée en froment. . . . . 942.

On a de même pour les produits de la culture,
1°. Riz et trèfle. . . . . 1222$^{pataq.}$
2°. Riz et froment. . . . . 1202.

Nous pouvons maintenant résumer, dans le tableau suivant, les frais et les produits des différentes cultures que nous avons prises pour exemples.

INDICATION DES CULTURES.	FRAIS.	PRODUITS.	BÉNÉFICES.
	pataq. méd.	pataq. méd.	pataq. méd.
Blé *el-bayády*........	51. 74.	200. 20.	148. 36.
Fèves *el-bayády*......	35. 55.	162. 11.	126. 46.
Trèfle *el-bayády*......	18. 72.	136. 60.	117. 78.
Carthame *el-bayády*...	157. 80.	347. 45.	189. 55.
Dourah *el-nabáry*.....	102. 03.	152. 20.	50. 17.
Indigo..............	961. 12.	1504. 00.	542. 78.
Blé *el-chetaouy*.......	133. 54.	241. 75.	108. 21.
Lin.................	166. 36.	417. 00.	250. 54.
Riz et trèfle..........	908. 00.	1222. 00.	314. 00.
Riz et blé............	941. 00.	1202. 00.	260. 00.

Il serait superflu d'ajouter aux détails que nous avons donnés sur les frais et les produits des principales cultures de l'Égypte, des détails analogues sur les frais et les produits des autres cultures que nous avons décrites dans les paragraphes précédens; nous nous bornerons à présenter, dans le tableau suivant, le résumé des recherches dont ces autres cultures ont également été l'objet [1].

INDICATION DES CULTURES.	FRAIS.	PRODUITS.	BÉNÉFICES.
	pataq. méd.	pataq. méd	pataq. méd.
Culture de l'orge *el-bayâdy*............	28. 14.	85. 49.	57. 35.
Culture de l'orge *el-chetaouy*............	94. 51.	139. 42.	44. 81.
Lentilles *el-bayâdy*...	18. 25.	80. 75.	62. 50.
Pois chiches.........	27. 63.	75. 38.	47. 55.
Lupins.............	27. 80.	81. 30.	53. 60.
Ognons............	68. 02.	235. 30.	167. 28.
Fenugrec...........	23. 23.	93. 74.	69. 51.
Gesse..............	30. 87.	90. 87.	60. 00.
Pois des champs.....	42. 04.	111. 60.	69. 56.
Colza..............	16. 65.	101. 60.	84. 85.
Laitue.............	39. 04.	119. 75.	80. 71.
Coton..............	374. 10.	534. 00.	159. 80.
Sucre..............	839. 04.	2010. 00.	1170. 86.
Tabac.............	69. 30.	288. 80.	219. 50.

On voit, en jetant les yeux sur ces deux tableaux des diverses cultures de l'Égypte, que leurs produits en argent éprouvent des variations singulières; mais les bénéfices qu'on en retire doivent être envisagés sous deux points de vue différens.

[1] *Voyez*, à la suite de ce mémoire, la pièce justificative n°. 2.

En effet, dans l'estimation des bénéfices que donne l'agriculture, il faut bien distinguer celui qui provient du meilleur emploi de l'argent, et celui qui provient du meilleur emploi de la terre; car c'est l'un ou l'autre de ces bénéfices qu'on s'attache naturellement à obtenir, suivant que l'argent ou la terre sont plus rares, c'est-à-dire ont plus de valeur relative.

Pour rendre ceci sensible, je suppose que l'on consacre à une certaine culture une portion de terre déterminée; que les dépenses de l'exploitation soient, par exemple, de 10 pataques, et le produit, de 30 : le bénéfice, dans ce cas, est de 20 pataques, c'est-à-dire double des avances qui ont été faites.

Je suppose maintenant que, pour établir une autre culture sur la même étendue de territoire, on fasse une avance de 1000 pataques, et que le produit soit de 1500 : le bénéfice sera alors de 500 pataques, ou sous-double des frais d'exploitation.

Dans le premier cas, on doit considérer l'argent comme placé à un intérêt de 200 pour 100, tandis que, par la culture d'une quantité donnée de terre, le capital du cultivateur se trouve augmenté de 20 pataques. Dans le second cas, l'argent n'est placé qu'à raison de 50 pour cent, tandis que l'exploitation de la même superficie augmente de 500 pataques le capital du cultivateur.

On voit que, dans la première hypothèse, l'argent est mieux employé que dans la seconde, puisqu'il est placé à un plus gros intérêt, et qu'au contraire la terre est mieux employée dans le second cas que dans le premier, puisque l'exploitation de la même superficie augmente le capital du cultivateur de 500 pataques, au lieu de l'augmenter de 20 seulement.

Le bénéfice provenant du meilleur emploi de l'argent dépend, comme on voit, du rapport entre les produits de la culture et les dépenses qu'elle nécessite; tandis que le bénéfice qui provient du meilleur emploi de la terre n'est autre que la différence entre le produit d'une superficie déterminée et les frais de son exploitation.

Pour distinguer ces deux espèces de bénéfices, j'appellerai le premier, *bénéfice relatif,* et le second, *bénéfice absolu.*

Faisant à l'Égypte une application directe de cette distinction de bénéfices, je suppose d'abord que l'on représente par le nombre 100 la dépense constante de l'exploitation d'une étendue de terre plus ou moins considérable, consacrée à chacune des cultures dont nous venons de parler; les bénéfices relatifs de chaque culture seront respectivement représentés par les nombres portés dans la troisième colonne du tableau suivant :

NUMÉROS d'ordre.	INDICATION DES CULTURES.	EXPRESSION DU BÉNÉFICE RELATIF.
1.	Trèfle *el-bayâdy*	621.
2.	Colza	500.
3.	Fèves *el-bayâdy*	353.
4.	Lentilles *el-bayâdy*	350.
5.	Tabac	318.
6.	Fenugrec	304.

NUMÉROS d'ordre.	INDICATION DES CULTURES.	EXPRESSION DU BÉNÉFICE RELATIF.
7.	Blé *el-bayády*..............	285.
8.	Ognons...................	247.
9.	Laitue...................	208.
10.	Orge *el-bayády*............	203.
11.	Lupins...................	193.
12.	Gesse....................	193.
13.	Pois chiches..............	175.
14.	Pois des champs...........	166.
15.	Lin......................	150.
16.	Sucre....................	139.
17.	Carthame *el-bayády*.......	120.
18.	Blé *el-chetaouy*...........	81.
19.	Indigo...................	57.
20.	*Dourah el-nabáry*.........	50.
21.	Orge *el-chetaouy*..........	48.
22.	Coton....................	43.
23.	Riz et trèfle..............	35.
24.	Riz et blé................	28.

Je suppose, en second lieu, qu'une mesure fixe de terre soit successivement consacrée à ces différentes cultures, et, pour rendre sensible la comparaison de leurs produits, je représente par le nombre 100 le *bénéfice absolu* provenant de la culture du blé. Je trouve alors :

NUMÉROS d'ordre.	INDICATION DES CULTURES.	EXPRESSION DU BÉNÉFICE ABSOLU.
1.	Sucre....................	796.
2.	Indigo....................	369.
3.	Riz et trèfle..............	213.
4.	Riz et blé................	177.
5.	Lin......................	170.
6.	Tabac....................	150.
7.	Carthame *el-bayâdy*......	129.
8.	Ognons..................	114.
9.	Coton....................	109.
10.	Blé *el-bayâdy*............	100.
11.	Fèves *el-bayâdy*..........	86.
12.	Trèfle *el-bayâdy*..........	80.
13.	Blé *el-chetaouy*..........	74.
14.	Colza....................	58.
15.	Laitue....................	55.
16.	Pois des champs..........	48.
17.	Fenugrec.................	48.
18.	Lentilles *el-bayâdy*........	43.
19.	Gesse....................	41.
20.	Orge *el-bayâdy*..........	39.
21.	Lupins...................	37.
22.	*Dourah el-nabâry*........	35.
23.	Pois chiches..............	33.
24.	Orge *el-chetaouy*........	31.

On voit, en comparant ces deux tableaux, que les

mêmes cultures n'y occupent pas le même rang : cette correspondance ne peut avoir lieu en effet qu'autant qu'il existe entre le produit des terres et celui de l'argent une sorte d'équilibre dont on est encore loin en Égypte.

Il est aisé de concevoir, en effet, d'après les définitions que nous venons de donner du *bénéfice relatif* et du *bénéfice absolu*, qu'on doit rechercher l'un ou l'autre de ces bénéfices, suivant que l'argent a plus de valeur que la terre, ou la terre plus de valeur que l'argent.

Ainsi, là où les terres sont peu précieuses et où l'argent est rare, on s'occupe particulièrement des cultures qui, exigeant peu d'avances, donnent un *bénéfice relatif* plus considérable, tandis que, dans un pays où le numéraire est abondant et le terrain précieux, on entreprend de préférence des exploitations dispendieuses, parce qu'elles donnent ordinairement un plus grand *bénéfice absolu*.

C'est par l'état de pénurie où se trouvent la plupart des cultivateurs égyptiens, que l'on peut expliquer pourquoi le sucre y est cultivé en petite quantité, quoiqu'il produise le plus grand bénéfice absolu. Par des raisons contraires, cette culture et celles de l'indigo et du coton occuperaient des colons capitalistes.

SECTION IX.

Du droit de propriété et de la perception de l'impôt.

Il était nécessaire, pour compléter le travail dont je me suis occupé, d'assigner le rapport entre le produit des terres et la rente que le propriétaire reçoit du cultivateur. J'ai recherché dans cette vue, avec beaucoup de soin, la nature et l'origine des propriétés territoriales; j'ai interrogé, en différens endroits, des individus de toutes les classes; et quoique, par la réputation de quelques-uns et le rang qu'ils occupaient, je fusse en droit d'espérer d'eux des éclaircissemens précis, je n'en ai obtenu que des renseignemens vagues. En attendant qu'on ait recueilli sur cet objet des notions plus satisfaisantes, qu'on me permette de hasarder ici une simple conjecture.

Depuis la première invasion de l'Égypte, le droit de conquête a été l'unique base de son gouvernement. Les Perses, les Grecs et les Romains, les Sarrasins et les Mamlouks, l'ont exercé successivement, sans qu'aucune loi en ait jamais circonscrit l'exercice. Si la jouissance de quelques portions du territoire fut quelquefois abandonnée au peuple vaincu, il ne fallut, pour faire cesser cette jouissance précaire, qu'un acte de la volonté du dernier conquérant. Tel est encore l'état de ce qu'on appelle ici *propriétés particulières :* elles restent dans la même famille, moins par un droit de succession que comme un témoignage de la faveur du Gouvernement, qui conserve toujours la faculté d'en disposer à son gré. Ces propriétés ne sont, comme on voit, que des espèces de fiefs amovibles, et, par cela même, inaliénables.

Aussi ne faut-il pas attacher ici à l'expression *vente d'un fonds de terre* l'idée d'une cession perpétuelle et absolue, mais seulement l'idée d'un engagement temporaire pour une somme d'argent reçue à titre de prêt.

La terre est possédée au même titre par le prêteur, jusqu'au remboursement, époque à laquelle l'usufruitier rentre en jouissance de la terre qu'il avait engagée.

Suivant qu'elle est de meilleure qualité ou plus avantageusement située, le *feddân* de terre est engagé sur le pied de 50, 40 et 30 pataques. Le taux le plus ordinaire de l'intérêt de l'argent, en Égypte, étant de 10 pour cent, il s'ensuit que la rente annuelle d'un *feddân* est de 5, 4 et 3 pataques, puisque la terre, entre les mains de celui qui en jouit momentanément, doit rapporter au moins l'intérêt de l'argent prêté; ce qui s'accorde d'ailleurs avec le prix des simples locations. Les impôts sont acquittés par le fermier.

Lorsque les terres sont affermées en nature, on commence par prélever les impositions sur le produit total de la récolte. Le reste est partagé également entre le propriétaire et le cultivateur, si les avances ont été faites par moitié; mais celui-ci en conserve les deux tiers, si lui seul a été chargé des frais de culture.

Quelques Mamlouks faisaient exploiter à leur compte

plusieurs sucreries dans la province de Girgeh. Ils fournissaient les terres, se chargeaient de la construction et de l'entretien des bâtimens, achetaient les bestiaux, payaient leur nourriture, et partageaient ensuite également le produit de l'exploitation avec le fabricant, dont toutes les dépenses consistaient en main-d'œuvre.

Quoique les terres du Sa'yd appartiennent au Gouvernement, elles sont cependant divisées entre les différens villages, dont les habitans ont le droit de cultiver un territoire déterminé. Les cheykhs distribuent ce territoire entre les *fellâh*, veillent à ce qu'il soit ensemencé à temps, et sont responsables de la rentrée des impositions; responsabilité pour laquelle il leur est accordé des remises plus ou moins considérables.

Les impositions se prélèvent, dans les différens cantons, en argent ou en nature, ou tout-à-la-fois en nature et en argent. Elles sont, en général, proportionnées à la qualité des terrains; mais, comme elles ne sont établies sur aucune base fixe, elles variaient d'une province à l'autre, suivant la volonté de celui qui la gouvernait. Ainsi, l'extrémité supérieure de la province de Thèbes, abandonnée à Hasan-bey, était beaucoup plus surchargée d'impôts que le reste du Sa'yd, quoique sa fertilité fût beaucoup moindre.

L'assiette et la perception des impôts sont, comme on sait, entre les mains des chrétiens qobtes. Les Arabes, après avoir fait la conquête de l'Égypte, leur en laissèrent le cadastre, et se mirent ainsi dans la nécessité de les employer toutes les fois qu'il serait question d'opérations relatives à la levée des tributs.

Les Qobtes, de leur côté, exclus par leur religion de toute autre place administrative, et qui ne pouvaient prétendre à aucune considération chez un peuple où l'on méprise tout ce qui n'est pas mahométan, ont senti de quel intérêt il était pour eux de se rendre exclusivement utiles aux dépositaires du pouvoir absolu : ils ont en conséquence tenu caché tout ce qui pouvait faire passer en d'autres mains les fonctions qu'ils remplissaient. A l'aide des premières notions du calcul, de l'écriture vulgaire et des caractères de leur ancienne langue, dont ils se servent pour écrire l'arabe, ils sont parvenus à faire d'un arpentage inexact et d'une répartition plus ou moins arbitraire un art mystérieux dans lequel ils sont eux seuls initiés. On juge bien que de tels hommes doivent être peu disposés à donner des renseignemens sur des procédés qu'ils sont intéressés à couvrir d'obscurité. Ils se sont bientôt aperçus que le séjour des Français en Égypte mettrait fin à l'espèce de privilége exclusif dont ils ont joui jusqu'à présent, et les réduirait à l'inutilité : ceci explique assez leurs inquiétudes sur les questions qu'on leur adresse, et leur mauvaise foi quand ils sont pressés de répondre.

Je dois avouer cependant que j'en ai trouvé quelques-uns de la sincérité desquels j'ai eu lieu d'être satisfait. Les renseignemens qu'ils m'ont donnés, s'accordant avec ceux que j'ai puisés dans d'autres sources, je crois pouvoir en garantir l'exactitude.

Il existe parmi les membres de cette nombreuse corporation une sorte d'hiérarchie, qu'il convient, avant tout, de faire connaître.

Chaque bey avait un intendant qobte attaché à sa personne, et qui résidait une partie de l'année avec lui dans la ville capitale de la province qu'il était chargé de gouverner.

Cette province était ordinairement divisée en un certain nombre d'arrondissemens, dont chacun, composé de quatorze ou quinze villages, était régi par un des *kâchef* ou lieutenans du bey.

Il y avait auprès des *kâchef* un Qobte faisant fonctions de sous-intendant, et un ou plusieurs écrivains subalternes dans chacun des villages dont le *kâcheflik* était formé.

Ces derniers étaient chargés de recueillir le myry à mesure que les paysans étaient en état de l'acquitter; ce qu'ils ne faisaient ordinairement que peu à peu. Ils remettaient le produit de leur perception aux écrivains ou receveurs des *kâchef*, et ceux-ci à l'intendant principal, qui le comptait lui-même au trésorier du bey, dont il recevait une décharge.

Aucun de ces agens qobtes n'avait de traitement fixe. Il était accordé seulement aux premiers écrivains une somme de 6 parats par jour, pour leur tenir lieu de ce que nous appelons frais de bureau.

Leurs salaires consistaient en remises sur les produits de l'impôt. Elles étaient de 5 parats par pataque, tant pour l'intendant principal que pour ceux qui résidaient dans les *kâcheflik* ou chefs-lieux d'arrondissement. Celle des écrivains subalternes n'était que de 2 parats; mais ils étaient nourris par les habitans du village où ils faisaient la perception.

Il faut remarquer que cette remise totale de 7 parats par pataque était prélevée sur le cultivateur en excédant de l'imposition.

Lorsqu'elle se payait en nature, elle était de 5 ou 6 *ardeb* par cent, et également prélevée en dehors de l'impôt.

Cette remise, la seule avouée du Gouvernement, n'était que la moindre partie du bénéfice des Qobtes. Ils ont trouvé les moyens, en profitant de l'ignorance des *fellâh*, en associant à leurs gains illicites la plupart des cheykhs des villages, et souvent en achetant l'impunité par des sacrifices, de faire monter les frais de perception au quart de leurs recettes, et cela de l'aveu même du plus grand nombre d'entre eux. On va voir que, par l'ordre de choses qui était établi, ils pouvaient lever à leur profit plus d'un tiers des contributions de l'Égypte.

Comme les produits des terres varient suivant les différentes crues du Nil, et qu'il se fait plusieurs récoltes dans la même année, il faut constater aux différentes époques l'étendue des terres ensemencées. C'était un Qobte choisi par l'intendant principal ou les écrivains des *kâchef*, qui, sous la dénomination de *messâh*, en faisait l'arpentage; il était accompagné d'un homme du pays, chargé de lui indiquer les noms des cultivateurs : ils étaient inscrits sur un registre avec la quantité de terre qu'ils exploitaient. Le *messâh* recevait d'eux pour cette opération une rétribution de 18 à 50 parats, qui variait suivant les localités.

L'état des terres mesurées était remis dans chaque

arrondissement aux premiers écrivains; ils le faisaient passer à l'intendant du bey, et celui-ci, sur le vu de cet état, réglait le montant de l'imposition par *feddán* : car la quotité de l'impôt n'était point fixe, elle augmentait ou diminuait suivant que l'inondation avait été plus ou moins abondante; usage fondé sur la hausse du prix des denrées lorsqu'elles sont en petite quantité, et qui conservait au Gouvernement un revenu à peu près constant, indépendant de la crue du Nil.

L'impôt était ensuite perçu dans les villages, soit après l'ensemencement des terres, soit immédiatement avant les récoltes; mais il ne produisait jamais ce qu'il aurait dû produire, parce que l'état fourni par l'arpenteur était toujours inexact. C'est en effet sur cette opération que les fraudes des Qobtes sont les plus lucratives, les plus aisées à commettre, et les plus difficiles à découvrir.

Lorsqu'une portion de terre est mesurée, l'arpenteur en calcule sur le lieu même la superficie, et la proclame à haute voix en présence des habitans du village, qui assistent ordinairement à cette opération. Cette publicité, chez un peuple moins ignorant, serait la sauvegarde des intérêts de chacun; mais c'est ici une forme illusoire, qui ne sert qu'à assurer d'une manière plus authentique les marchés scandaleux dont l'arpentage est l'objet, quand on en altère les résultats, soit en augmentant, soit en diminuant la quantité de *feddán* réellement en exploitation.

Dans le premier cas, le particulier qui se voit chargé d'un nombre de *feddán* supérieur à celui qu'il croyait avoir ensemencé, marchande avec l'arpenteur pour obtenir de lui, moyennant une certaine somme, la remise de quelques *feddân* : si ses propositions sont acceptées, il n'est inscrit sur le registre que pour une quantité de terre à peu près égale à celle qu'il exploite; si, au contraire, il ne fait aucune réclamation, et ne prend point d'arrangemens particuliers, il paye en temps et lieu un impôt qui excède plus ou moins celui dont il est véritablement redevable, et dont le montant reste disponible entre les mains des percepteurs.

Dans le second cas, un particulier qui a ensemencé une certaine étendue de terre, et qui ne veut payer l'impôt que d'une partie, s'accommode avec les Qobtes, qui lui vendent cette réduction.

L'impôt perçu en nature fournit la matière d'une fraude encore plus productive, et qui se commet publiquement. Lorsque les grains sont reçus par les Qobtes, ils se servent d'une mesure beaucoup plus grande que celle qu'ils emploient quand ils en font le versement dans les magasins publics; et la différence entre ces mesures, tout entière à leur bénéfice, monte quelquefois jusqu'à 25 et 30 *ardeb* pour cent.

Ces gains illicites, et quelques autres de moindre importance, étaient répartis entre tous les individus de cette corporation, depuis le dernier scribe jusqu'aux écrivains des *kâchef*. Quant à l'intendant du bey, qui était ordinairement un personnage en crédit, et qui nommait aux premiers emplois, il n'entrait point dans les détails du partage; mais il exigeait une rétribution annuelle de deux ou trois mille pataques de chacun des écrivains principaux, qui trafiquaient à leur tour des places d'arpenteur et d'écrivain subalterne.

Nous avons dit qu'il y avait au moins un de ces écrivains dans chaque village; ils étaient au nombre de trois ou quatre dans quelques endroits, et tous avaient une famille à entretenir et des domestiques à leurs gages. Je ne crois donc pas m'écarter de la vérité en portant à trente mille le nombre des individus qui vivent en Égypte de la perception des droits du fisc, et en avançant que le découragement absolu de l'agriculture et le dépeuplement des campagnes sont moins le résultat du despotisme des beys que des manœuvres frauduleuses de cette espèce de financiers.

SECONDE PARTIE.

DE L'ÉTAT ACTUEL DE L'INDUSTRIE EN ÉGYPTE.

Les notions qui ont été données, dans différens mémoires de cette collection, sur le gouvernement de l'Égypte moderne et sur les mœurs de ses habitans, indiquent suffisamment que leur industrie doit se renfermer entre des limites très-resserrées. En effet, cette industrie se borne, dans les campagnes, aux arts de première nécessité, et à la manipulation de quelques produits du sol servant à la consommation journalière, ou qui sont l'objet d'une exportation peu étendue. Dans les villes, quelques fabriques d'étoffes, de tapis, et d'équipages de guerre, occupent un petit nombre d'ouvriers; le luxe des familles riches et puissantes est entretenu par le commerce étranger.

Nous suivrons, dans cette seconde partie de notre mémoire, le même ordre que nous avons suivi dans la première : nous indiquerons l'état de l'industrie chez les Égyptiens modernes, en descendant le Nil depuis Syène jusqu'à la Méditerranée.

SECTION Ire.

Fabriques de vases de terre et de diverses poteries, des briques crues et des briques cuites.

Les vases de terre propres à contenir et à transporter les alimens sont les premiers objets dont l'industrie ait dû s'occuper. La matière de ces vases, qui, par sa nature, approchait le plus du degré de solidité et d'imperméabilité que l'on recherchait, dut être celle que l'on employa de préférence, parce qu'il n'était pas besoin de lui faire acquérir par la cuisson les propriétés dont elle devait jouir : voilà pourquoi, là où la nature a placé des carrières de stéatite ou de pierre ollaire, cette substance a été employée depuis un temps immémorial aux mêmes usages auxquels les poteries d'argile les plus recherchées ont été consacrées depuis.

On fabrique à l'extrémité méridionale de l'Égypte, dans les déserts voisins de la cataracte d'Éléphantine, des vases de terre ollaire connus dans le pays sous le nom de *pierre de Baram*, du nom du lieu où sont situées les carrières qui la fournissent. Les vases de pierre de Baram se réduisent à de simples blocs de cette substance, creusés circulairement en dedans, et arrondis en dehors de manière à laisser à leurs parois une épaisseur de trois ou quatre centimètres. Ces vases sont d'ailleurs exécutés à la main avec la plus grande grossièreté; ils servent à la cuisson des alimens, comme des espèces de marmites. Ce sont les Arabes des environs de Syène qui les vendent dans cette ville, et qui en apportent au marché d'Esné. Ces Arabes sont de la tribu des *A'bâb-deh*, qui habitent Redesyeh; on n'en trouve plus guère au-dessus de cette dernière place.

Afin sans doute de diminuer l'épaisseur des parois de ces vases de pierre ollaire, on en fabrique, à l'aide de la cuisson, des vases plus minces et plus légers; pour cela, on réduit en poudre la pierre de Baram, et on la mêle avec quantité égale d'une espèce d'argile que l'on exploite au pied de la montagne de Syène. On corroie ce mélange pendant trois ou quatre heures, et l'on en fait des vases que des femmes arrondissent à la main; chacune d'elles n'en fait guère que cinq ou six par jour. On les fait sécher au soleil pendant quarante-huit heures, après quoi l'on achève de les durcir par une légère cuisson. Ce n'est point dans un fourneau approprié, mais sur une aire dressée à cet effet sur le sol; on y place dix ou douze de ces pièces que l'on environne de combustible; le feu y reste en activité pendant environ dix heures. Ce combustible se compose de tourteaux de fiente de bœuf et de chameau desséchée; et ce qu'il en faut pour la cuisson d'une douzaine de ces marmites, ne s'élève pas en valeur au-dessus de 6 ou 7 parats.

Ce n'est qu'aux confins de l'Égypte que l'art de fabriquer la poterie est resté dans sa première enfance, et qu'on l'y retrouve tel qu'il était probablement avant qu'on fît usage du tour à potier, dont l'invention remonte cependant à une antiquité très-reculée.

Toute les villes de l'Égypte supérieure que l'on rencontre en descendant le Nil, possèdent des fabriques de poterie plus ou moins grossière : c'est le limon du fleuve qui en est la base. Les vases qu'on en forme ne sont enduits d'aucune couverte, et, à raison du peu de cuisson qu'ils reçoivent, ils laissent filtrer l'eau avec plus ou moins de facilité; leur grandeur varie depuis celle des pots et cruches de ménage, jusqu'à celle des grandes jarres et cuves destinées à la fabrication de l'indigo, du sucre, etc. : cette poterie grossière est rouge comme de la brique. Nous en avons visité la fabrique la plus considérable à Edfoû; on y exécute ces grands vases de terre cylindriques qui tiennent lieu de baquets et de cuviers dans diverses fabriques, et qui remplacent généralement ici les grands vaisseaux de métal ou de tonnellerie. Ils ne peuvent supporter l'action du feu, mais ils retiennent très-bien les liquides dont on les remplit; ce qu'il faut attribuer moins à leur degré de cuisson qu'à l'épaisseur de leurs parois.

On retire du fond d'un canal creusé au nord-est de Qené, sur la limite du désert et des terres cultivables, au débouché d'une gorge qui conduit de la vallée du Nil à la mer Rouge, une espèce d'argile blanchâtre dont on fabrique les vases appelés *bardaques* : ils doivent à leur porosité la propriété de laisser transsuder l'eau qu'ils contiennent; elle s'évapore à mesure qu'elle vient mouiller extérieurement leurs parois, et cette évaporation, abaissant la température du vase, refroidit l'eau qu'il contient. Cette propriété réfrigérante fait rechercher dans toute l'Égypte les *bardaques de Qené*. Leur fabrication paraît concentrée dans cette ville depuis un temps immémorial, et cette branche d'industrie est assez importante pour que nous nous arrêtions quelques instans à en décrire les procédés.

On mêle l'argile blanchâtre dont nous venons de parler, avec environ un tiers de son volume de cendres provenant des fourneaux où l'on opère la cuisson de ces vases ; on corroie ce mélange pendant plusieurs heures, et l'on en forme des pains plus ou moins volumineux que l'on remanie encore un à un pendant une heure.

On détache ensuite de ces masses des mottes plus petites, que l'on porte sur le tour pour leur donner la forme et la capacité convenables.

Les procédés de l'art du potier étant restés en Égypte dans leur première simplicité, et n'éprouvant que de légères modifications d'un lieu à un autre, nous renverrons à la description qui a été donnée par M. Boudet de la planche XXII, *É. M.*, tom. XII, pag. 470, laquelle représente l'intérieur de l'atelier du fabricant de poteries, et à celle de la *planche* II du même volume, où sont représentés le tour et le four du potier ; et, sans nous arrêter à répéter ce que ces descriptions contiennent, nous passerons aux détails qui s'appliquent spécialement à la confection des *bardaques*.

L'ouvrier qui prépare le mélange de terre et de cendres, peut en un jour en préparer suffisamment pour la fabrication de deux cents de ces vases ; le prix de sa journée est de 8 parats. Les pains d'argile passent en sortant de ses mains dans celles d'un mouleur, qui la travaille sur le tour : celui-ci est, en quelque sorte, le chef de l'atelier; les autres ouvriers travaillent pour son compte : il peut mouler de cinquante à soixante-quinze *bardaques* par jour. (*Voyez*, pour les formes variées de ces vases, la *planche* FF, vol. II, *É. M.*)

Aussitôt qu'un de ces vases a été façonné, il est porté sur une aire où il sèche au soleil pendant deux jours : il n'y a point à craindre qu'il s'y gerce, quand la terre a été convenablement préparée.

Chaque mouleur est servi par un enfant ou un jeune garçon auquel il donne 3 médins par jour.

Lorsque les *bardaques* ont acquis sur l'aire le degré de sécheresse nécessaire, le mouleur lui-même les relève et les dispose dans le four où elles doivent recevoir leur cuisson. C'est un autre ouvrier qui entreprend cette dernière opération : il fournit les tiges de *dourah* qui servent de combustible, et veille à l'entretien du feu, moyennant 90 parats par mille de *bardaques*; c'est le nombre dont se compose ordinairement une fournée.

Ces vases, après avoir été retirés du four par les mouleurs, sont vendus, à raison de 500 parats le millier, à des marchands de Qené qui en tiennent des dépôts, ou à des patrons de barque du Nil qui viennent en acheter des chargemens complets ou des portions de chargement pour les transporter à Syout, à Minyeh, à Beny-Soueyf, au Kaire, et dans la basse Égypte. Le prix du millier de *bardaques* prises dans les magasins de Qené est de 550 à 560 parats.

Il n'y a ordinairement qu'un seul fourneau et deux tours dans chaque fabrique : ainsi elle n'exige pour son exploitation que deux mouleurs et leurs aides.

On met le feu au fourneau tous les dix jours; mais la fabrication des *bardaques* n'a lieu tous les ans que pendant huit mois, durant lesquels il sort des ateliers de Qené, de deux cent cinquante à trois cent mille *bardaques*. Ces vases s'y vendent en détail un parat chacun; ils coûtent 2 et 3 parats dans les autres villes de l'Égypte, suivant que la longueur et les chances du transport en ont augmenté le prix.

On retrouve à Meylaouy et à Manfalout, villes de l'Égypte moyenne, des fabriques de grandes jarres et de terrines semblables à celles que l'on tire d'Edfoû, pour servir à la préparation de l'indigo et du sucre, et pour être employées par les teinturiers, les tanneurs, etc. Quoique ces vases aient une grande épaisseur, cependant ce n'est qu'après avoir déjà servi pendant quelque temps qu'ils deviennent imperméables à l'eau.

Les cruches appelées *ballas* (fig. 21, planche EE, vol. II, *É. M.*), destinées à contenir de l'huile et du beurre fondu, ont une forme particulière et reçoivent un degré de cuisson plus considérable; on les fabrique principalement dans un village dont elles ont pris le nom.

Les vases dont il se fait la plus grande consommation chaque année dans toutes les parties de l'Égypte, sont les pots de terre qui garnissent les chapelets ou cordes sans fin que l'on met en mouvement à l'aide de manéges pour élever des puits et des canaux l'eau employée aux arrosemens (fig. 3, 9, 20, pl. EE, vol. II, *É. M.*). Il y a partout des fabriques de ces vases, et leurs tessons accumulés forment en grande partie les monticules de décombres que l'on remarque autour des villes et des lieux les plus habités.

Ce n'est qu'au Kaire que l'on exécute une sorte de faïence grossière dont on fait des pots à confitures, ou des tasses à café. Au surplus, cette branche d'industrie ne mérite guère d'être citée, tant à cause de son imperfection que par la petite quantité de ses produits.

Quelques-unes des poteries qu'on fabrique à Menouf ou dans les environs, se font remarquer par une couverte bleue. Cette couverte est composée de natron, de muriate de soude et d'oxide de cuivre. Cet oxide, appelé *toubân*, se retire des marmites que l'on étame; ce sont les petites écailles qui s'en détachent quand on les plonge dans l'eau après les avoir fait chauffer fortement.

Presque tous les édifices particuliers de l'Égypte sont bâtis en briques cuites ou en briques crues : l'usage des premières ne s'étend guère au-dehors des villes; les briques séchées au soleil sont les seuls matériaux dont les habitations des cultivateurs soient bâties, quand elles ne se réduisent pas à de simples cabanes en terre, couvertes de roseaux ou de tiges de *dourah*.

Le limon du Nil, après avoir reçu les mêmes préparations que les terres argileuses reçoivent en Europe pour la fabrication des briques, est employé au même usage en Égypte. Les briques qu'on en fait ont environ 2 décimètres de long sur un décimètre de large, et 5 centimètres d'épaisseur. Celles qui doivent être employées crues restent à sécher au soleil pendant quatre ou cinq jours avant d'être mises en œuvre; elles se vendent dans cet état 15 à 25 parats le millier.

Le fourneau destiné à la cuisson des briques en contient ordinairement quatre à cinq mille; on y entretient le feu pendant vingt-quatre heures avec des tiges sèches de *dourah*, de féves, de colza, etc. Dans la basse Égypte, on substitue la paille de riz à ces divers combustibles. Les fours ne sont complètement refroidis que deux jours après qu'on a cessé le feu. Les briques qu'on en retire se vendent de 60 à 100 parats le mille. Il ne faut au surplus, pour cuire une fournée de briques, que deux charges de chameau de tiges de *dourah*, et quatre charges de tiges de féves, de colza, ou de toute autre plante qui ne sert point de fourrage aux animaux.

On regarde les tiges de *dourah* comme le meilleur de tous ces combustibles : aussi se vendent-elles de 20 à 25 parats la charge, tandis que la même quantité de combustible d'une autre espèce ne coûte que 14 ou 15 parats.

Les fours à briques sont disposés de manière à pouvoir contenir, outre les quatre milliers de briques qui en composent la charge ordinaire, douze à quinze grandes jarres, dont le prix est de 4 ou 5 parats.

La fabrication de la chaux pour les constructions de maçonnerie et le blanchissage du fil de lin est une branche d'industrie qui s'exerce sur presque tous les points de la haute Égypte. Les montagnes calcaires qui bordent la vallée en fournissent la matière. Les fours des environs du Kaire ont été décrits par M. Jomard, et sont représentés fig. 4, 5 et 6 de la pl. II, vol. II, *É. M.* On en construit de beaucoup plus petits dans la province d'Atfych, puisqu'on n'en retire que quinze à dix-huit couffes de chaux, dont le prix total ne s'élève guère au-dessus de deux à trois cents parats. On se sert encore de tiges sèches de *dourah* pour la cuisson de la chaux. Une des raisons pour lesquelles les monumens de la basse Égypte, qui avaient été bâtis en pierre calcaire, ont été détruits plus promptement que ceux qui avaient été bâtis en grès ou granit, c'est que les habitans ont trouvé plus de facilité à exploiter ces ruines qu'à tirer des montagnes les plus voisines les matériaux qu'ils auraient pu employer à faire la chaux. Notre objet n'étant ici d'entrer dans aucun détail sur les divers procédés de construction usités en Égypte, nous passons au tissage des étoffes.

SECTION II.

Fabriques des toiles de coton, de lin, et de diverses autres étoffes.

Les différentes matières sur lesquelles s'exerce l'art du tisserand en Égypte, ne s'y rencontrent pas avec la même abondance sur tous les points; on met en œuvre, suivant les localités, le coton, le lin et la soie : ainsi, les toiles de coton sont les seules de la fabrication desquelles s'occupent les tisserands du Sa'yd, entre Syène et Girgeh. Depuis Girgeh jusqu'à la côte septentrionale de l'Égypte, et notamment dans le Fayoum et le Delta, celle des toiles de lin est, en quelque sorte, exclusive; le voisinage de la Syrie, dont on fait venir toute la soie qui est employée à Damiette, à Mehallet el-Kebyr, au Kaire, etc., a concentré dans ces villes l'emploi de cette matière. Cet emploi est borné, d'ailleurs, à la fabrication de quelques étoffes de luxe destinées à l'ameublement des maisons. Nous allons parler succinctement de ces différens tissus. Quant aux étoffes de laine dont se couvrent les *fellâh*, on en fabrique dans tous les villages avec le produit de la tonte des moutons qu'on y élève.

Nous avons dit, dans la section précédente, que le coton cultivé aux environs d'Esné était le plus estimé de l'Égypte, et nous avons expliqué comment on débarrassait le coton en bourre des graines auxquelles il sert d'enveloppe.

Après qu'il a été nettoyé par cette première opération, on le soumet à l'arçonnage, que l'on voit représenté sur la pl. xv, vol. ii, *É. M.* : ainsi préparé, il est filé au fuseau par des femmes, pour être livré aux tisserands. M. Coutelle a donné la description du métier dont ils se servent, et on le voit représenté pl. iii, vol. ii, *É. M.*

Les tisserands établis à Esné et aux environs fournissent toute la toile nécessaire non-seulement aux habitans de cette ville et des villages voisins, mais encore aux tribus d'Arabes qui en fréquentent les marchés.

On exerce la même industrie, mais avec plus d'extension, dans les villes de Qous et de Qené. Il y a plus de deux cent cinquante métiers dans ces deux villes, où l'on fait venir du coton du Delta et de la Syrie, les recoltes de coton du pays ne suffisant pas pour l'emploi de ces métiers.

Ce sont des marchands du Kaire qui apportent le coton de Syrie dans la haute Égypte; ils le vendent ordinairement 75 parats le *rotl*, poids de Qené, équivalent à trois *rotl* et demi du Kaire.

L'arçonnage de ce *rotl* de coton coûte 6 parats. Le tisserand en remet un *rotl* et demi aux fileuses, qui ordinairement, un mois après, rendent un *rotl* de fil de coton. Ainsi la filature occasione un déchet de plus de trente pour cent. Il convient de remarquer que les femmes ne s'occupent à filer que pendant le temps où elles n'ont pas besoin de vaquer aux soins de leur ménage. Le fil de coton est livré au tisserand, plus ou moins gros; il a soin de l'assortir pour former des tissus du même grain. La pièce de toile de coton blanche qu'on en fabrique, a six *deráa'* ou *pyk beledy* de longueur, sur un *deráa'* et demi de large; il faut deux jours pour la fabriquer. Le prix de la journée du tisserand est de 8 à 10 parats.

Le *deráa'* de cette toile se vend en détail de 7 à 8 parats; ce qui fait revenir la pièce à 45 parats, prix moyen.

Outre la toile de coton blanche qui est employée aux usages communs et domestiques, on fabrique à Qené des châles de toile de coton rayée de bleu, dont les cultivateurs et la plupart des habitans du pays se couvrent les épaules.

Ces châles se font par pièces, qui en contiennent ordinairement deux. Une de ces pièces coûte 45 parats de façon; elle a douze *deráa'* de long sur un *deráa'* et demi de large. Il faut quatre jours pour la fabriquer : son poids est généralement d'un *rotl* de Qené, que nous avons dit plus haut équivalent à trois *rotl* et demi du Kaire.

Le prix d'une paire de ces châles est, en gros, de 3 pataques, ou de 270 parats; il est, en détail, de 300 parats, ou de 2 piastres d'Espagne. Ces châles sont vendus en partie dans le pays, et en partie aux caravanes de Sennâr, de Dârfour et des autres parties de l'intérieur de l'Afrique.

Les mêmes fabricans de toile de coton unie et de châles rayés fabriquent aussi les étoffes grossières de laine brune dont l'usage est général dans les campagnes. Le métier à tisser la laine est représenté sur la pl. xiv, vol. ii, *É. M.*

La laine est filée par les hommes et par les femmes pendant qu'ils gardent les troupeaux, ou dans les momens de loisir qu'ils trouvent entre leurs occupations habituelles. On voit un fileur de laine accroupi, pl. xv, vol. ii, *É. M.* Ils travaillent aussi en marchant.

La filature d'un *rotl* de laine se paye de 8 à 10 parats.

Il entre de quatre à cinq *rotl* de ce fil de laine dans une pièce d'étoffe, qui a seize *pyk beledy* de long, sur un *pyk* de largeur; il faut quatre journées de tisserand pour sa fabrication, qui revient ainsi à 25 ou 30 médins. Cette espèce d'étoffe est, comme nous l'avons dit, spécialement employée pour le vêtement des *fellâh*. Les châles de laine dont ils forment leurs turbans, sont d'un brun moins foncé : chaque pièce, qui en contient deux, pèse environ cinq *rotl* du Kaire; elle coûte de façon 55 médins, et se vend 180.

Outre ces étoffes de laine brune, on fait encore à Qené des châles à turban, d'une laine blanchâtre, qui, pour la filature, ne reçoit d'autre préparation qu'un simple arçonnage, après avoir été lavée.

Le *rotl* de cette laine filée se vend 50 parats; il en faut un *rotl* et demi pour faire un châle de 6 *pyk* de longueur : le tissage de ce châle revient à 30 parats, et son prix le plus ordinaire est de 120.

On fabrique aussi à Qené, comme à Girgeh et à Farchyout, des toiles de coton et des châles d'un tissu beaucoup plus serré. Ceux-ci sont communément rayés de rouge et de bleu. Les femmes s'en enveloppent de la tête aux pieds; c'est leur seul vêtement apparent. C'est aussi une espèce de parure pour les cheykhs de village un peu aisés; ils s'en couvrent les épaules et la poitrine.

Le coton que l'on met en œuvre dans ces trois villes, vient de la Syrie et du Delta. Celui que l'on recueille dans le pays n'est guère employé qu'à Esné, où l'on fait cependant, comme nous l'avons déjà dit, les plus belles toiles de coton de la haute Égypte.

La toile de lin commence à devenir d'un usage plus général à Syout et aux environs; presque tous les habitans de ce canton en sont vêtus pendant l'été : cette toile est préalablement teinte en bleu avec l'indigo, couleur presque exclusivement employée pour la teinture du lin et du coton.

Nous avons pu recueillir à Beny-Soueyf, pendant le séjour que nous y avons fait à diverses reprises, des notions plus étendues sur la fabrication des toiles; nous nous y sommes assurés que le tissage du lin y était presque entièrement remplacé par celui du coton que l'on tire de la Syrie ou de la basse Égypte : année commune, il en est importé dans cette ville et dans la province du Fayoum, de six cents à mille *qantâr* du Kaire, chacun de cent vingt *rotl*.

Le prix de ce *rotl* de quatorze onces est de 28 à 30 parats; on paye 3 parats seulement pour son arçonnage, et 10 pour sa filature.

Dans une pièce de toile de coton, il entre environ deux *rotl* de fil. La longueur de chaque pièce est de dix-neuf *pyk beledy*; sa largeur, de vingt-deux doigts; c'est-à-dire de $\frac{11}{12}$ de *pyk*.

Un ouvrier fabrique cinq de ces pièces en huit jours; la façon de chacune est payée 15 parats. On compte à Beny-Soueyf cinq à six cents ouvriers tisserands et trente arçonneurs.

Les toiles de coton de Beny-Soueyf ne sont point envoyées au Kaire ni dans la basse Égypte; elles restent dans le pays pour l'usage des habitans et des tribus d'Arabes de l'Égypte moyenne : on est d'ailleurs obligé de faire venir du dehors les étoffes de laine et les toiles de lin qui peuvent être nécessaires, le nombre de métiers consacrés à la confection de ces derniers tissus se trouvant réduit dans cette ville à huit ou dix au plus.

Si la province de Beny-Soueyf borne son industrie à l'emploi du coton dans la fabrique des toiles, la province limitrophe du Fayoum étend la sienne sur toutes les substances propres au tissage : ainsi l'on trouve dans la ville de Médine, sa capitale, un grand nombre d'ouvriers qui font des toiles de coton et de lin et des étoffes de laine.

Le coton qu'ils emploient vient du Kaire, par le Nil, jusqu'au village de Bouch, ou jusqu'à la ville de Beny-Soueyf, d'où on le transporte par terre dans le Fayoum.

On compte à Médine quatre-vingts ou cent métiers pour la toile de coton. L'arçonnage, qui rend le coton propre à être filé, revient par *rotl* à 2 parats $\frac{1}{2}$. Après cette préparation, il est acheté par les fileuses, qui sont ordinairement des femmes de *fellâh*.

Le fil de coton, suivant son degré de finesse et ses autres qualités, sert à la confection de deux sortes de toiles que l'on distingue aussi par l'étendue des pièces qu'on en fabrique. Elles ont toutes vingt *pyk beledy* de longueur; mais les pièces de la qualité la plus estimée ont un *pyk beledy* de large : leur façon, qui exige trois jours environ de travail, revient à 35 parats; leur prix dans le commerce en détail est de 160. Les pièces de qualité inférieure n'ont de largeur que trois quarts de *pyk* : on les fait en deux jours; elles coûtent 15 parats de façon, et se vendent 100 parats seulement.

Le lin, que l'on cultive en assez grande quantité dans le Fayoum, est mis en œuvre par un grand nombre de tisserands répandus dans les différens villages de la province; on en compte de cent à cent trente dans la seule ville de Médine.

On sépare le lin de l'étoupe, en le faisant passer, comme en Europe, entre les dents d'un peigne de fer. Le lin peigné est mis en paquets, du prix chacun de 7 ou 8 parats. Lorsqu'il est ainsi préparé, les fileuses viennent s'en approvisionner dans les marchés de la ville ou des principaux villages.

On blanchit le fil qu'elles fournissent en le faisant bouillir dans une lessive de natron et de chaux vive; on le lave ensuite dans l'eau froide, on le fait sécher et on le livre aux tisserands.

Les toiles qu'ils en fabriquent sont de trois qualités, qui se vendent 90, 120, 160 et 200 médins la pièce, suivant leur degré de finesse et leur largeur : cette largeur varie de trois quarts de *pyk* à un *pyk* et demi; quant à leur longueur, elle est pour toutes de trente *pyk*.

On n'exporte qu'une très-petite partie de la toile qui est fabriquée dans le Fayoum; mais c'est de cette province que l'on tire exclusivement pour le Kaire et les villes de la basse Égypte les toiles d'emballage, faites de fil d'étoupe plus ou moins grossier. Ces toiles d'emballage, appelées *kheych*, ne sont point fabriquées en pièces, mais en morceaux de deux *pyk* de large et de quatre de long, qui se vendent par paire. En temps de paix, lorsque la mer est libre, on tire du Fayoum jusqu'à vingt mille paires de morceaux de *kheych* pour différentes contrées de l'Europe et pour la Syrie.

Les tisserands de Médine, comme les autres corps de métiers, ont un cheykh spécial, chargé de recueillir l'impôt mis sur la corporation et de concilier les différens qui peuvent s'élever entre ses membres. Les fonctions de ce cheykh sont héréditaires dans la même famille tant que les héritiers exercent la même profession : s'ils la quittent, ou si le cheykh meurt sans enfans, les fabricans en élisent un autre.

L'impôt mis sur la corporation des tisserands est de 20000 parats; il est réparti sur chacun d'eux proportionnellement à la quantité de travail dont on suppose qu'il retire les produits.

Un impôt de la même somme est également mis sur la chaux qui est employée au blanchissage du fil de lin.

Nous avons déjà dit, en parlant de l'éducation des moutons dans le Fayoum, que leur laine était d'une qualité supérieure à celle des moutons que l'on élève dans les autres parties de l'Égypte; on y trouve aussi plus de laines blanches que partout ailleurs. Ces circonstances donnent lieu d'y entretenir un assez grand nombre de métiers qui servent à fabriquer les châles blancs, dont l'usage est répandu dans cette province et la plupart des autres.

Après que la laine a été lavée, nettoyée et étendue à la main, elle est filée dans les villages : c'est à l'état de fil que les *felláh* la vendent aux fabricans. Le fil de laine le plus fin et le plus blanc est aussi le plus estimé; il se vend 60 parats le *rotl* de douze onces.

Le fil de laine blanc de seconde qualité se vend 45 parats, et celui de troisième, 30 parats seulement.

La fabrication des châles blancs du Fayoum est presque entièrement concentrée dans la ville de Médine. L'extension que cette fabrique avait acquise est telle, qu'avant l'expédition française les caravanes qui partaient toutes les semaines de cette ville pour le Kaire, y transportaient quelquefois jusqu'à deux milliers de ces châles.

Ces caravanes se rendaient par terre à leur destination, en traversant le désert jusqu'à Gyzeh, ou bien elles se rendaient au village de Bouch, où les marchandises qu'elles avaient transportées étaient embarquées sur le Nil.

L'impôt mis sur la fabrication des châles de laine se percevait à raison de 2 médins par semaine sur chaque métier.

La fabrication des étoffes de laine grises ou brunes est répandue dans tous les villages de la province. Quant aux étoffes, encore plus grossières, de poil de chèvre et de chameau, dont les Arabes font leurs tentes, ce sont leurs femmes qui les tissent elles-mêmes dans leurs camps.

C'est particulièrement dans le Delta que l'on fabrique les toiles de lin, parce que cette plante y est cultivée en plus grande quantité que dans les autres cantons de l'Égypte.

Les femmes des *felláh* de presque tous les villages de la province de Menouf, et généralement de tout le Delta, s'occupent de la filature du lin qu'elles achètent dans les marchés où il est exposé en vente après avoir reçu toutes ses préparations. Elles vendent leur fil à raison de 4 parats l'écheveau; une fileuse emploie ordinairement vingt jours pour filer vingt-sept écheveaux.

Avant d'être livré au tisserand, le fil de lin est blanchi dans une lessive d'eau bouillante où l'on a fait dissoudre parties égales de natron et de chaux vive. On tire le natron de Terrâneh; il se vend 4 parats le *rotl*. La chaux se tire de Torrah, près du Kaire. Ce procédé de blanchîment est en usage dans toute la basse Égypte.

On paye ordinairement 25 parats pour la façon d'une pièce de toile de vingt-huit *pyk beledy* de longueur.

On fait à Menouf des toiles de lin de diverses qualités :

1°. Des toiles blanches d'un tissu serré, mais d'un fil plus ou moins gros : la plus chère est de 180 parats la pièce ; il y en a de 160 parats, de 140 et de 90.

2°. Des toiles blanches claires, encadrées, sur leurs lisières, d'une bande d'un tissu plus serré ; elles servent à faire des chemises pour les femmes de campagne, et se vendent de 96 à 110 parats la pièce, qui a vingt-six *pyk* de longueur : cette espèce de toile est appelée *maqta' bé-haouâchy*.

3°. Enfin, des toiles plus grossières dont on se sert pour couvrir les matelas et pour faire des tentes : on les appelle *sousyeh* ; il y en a de blanches et de bleues. Les blanches se vendent 75 parats la pièce de 10 *pyk* de long ; les bleues sont teintes en fil. On en fait de deux qualités : l'une, du prix de 110 parats la pièce ; l'autre, du prix de 80 : la longueur de celles-ci est de vingt-trois *pyk*.

Les fabricans de toile de lin sont beaucoup plus nombreux à Chybyn qu'à Menouf : on y compte trois à quatre cents métiers. On fait aussi dans ces deux villes, mais en petite quantité, des étoffes de laine appelées *souf*.

La ville de Tantah, où le nombre des tisserands est encore plus considérable qu'à Chybyn, ne fabrique que des toiles de lin.

Il sort des ateliers de Tantah des toiles unies d'un tissu serré, dont la pièce, de trente *pyk* de longueur, est du prix de 105 à 150 médins.

Il en sort aussi des toiles blanches plus claires, de l'espèce appelée *bé-haouâchy*, dont on fait des chemises d'homme; cette toile est du prix de 120 à 150 médins la pièce.

Il y a, outre cela, quelques métiers employés à fabriquer une espèce de toile à carreaux bleus, qui sert à quelques parties du vêtement des hommes et des femmes. Les pièces de cette toile ont seize *pyk* de long et se vendent de 45 à 60 parats. On y fabrique encore une espèce de toile bleue très-étroite, appelée *kirka*, laquelle n'est point en usage dans le pays, mais que l'on expédie en Syrie par la voie de Damiette; la longueur des pièces de cette toile est de dix-huit *pyk*. Enfin on y fabrique une toile d'emballage, dont la pièce, de vingt *pyk* de long, se vend 45 parats.

La fabrique de ces diverses sortes de toiles s'étend dans tous les villages des environs de Tantah, et particulièrement à Mehallet-Marhoum, à Bermeh, à Abyâr, à Bassyoum, etc. Les tisserands de ces endroits viennent vendre le produit de leur travail au marché qui se tient à Tantah le dimanche de chaque semaine.

Quelques villages du Delta, et notamment celui de Kalyn, fournissent à la consommation du pays, outre les toiles dont on vient de parler et les étoffes de laine désignées généralement sous le nom de *souf*, une espèce particulière de châles, d'une étoffe appelée *chadd*, qui est tissue de laine et de lin.

Les toiles claires *bé-haouâchy*, qui portent sur leurs bords trois ou quatre raies d'un tissu plus serré, et qui sont employées à faire des chemises blanches ou bleues, sont les seules toiles de lin que l'on fabrique en quantité notable à Semennoud. Près de trois cents métiers y sont employés; mais on en compte un bien plus grand nombre dans les environs de cette ville. Les pièces de ces toiles ont vingt-six *pyk beledy* de long, et vingt doigts de ce même *pyk* de largeur. Il s'agit ici de la mesure du Kaire, et non pas de celle de Menouf, de Tantah, d'Abyâr, etc., qui est de quatre doigts plus longue, c'est-à-dire dans le rapport de 28 à 24 avec le *pyk beledy* du Kaire.

La façon d'une de ces pièces de toile exige trois journées de tisserand, et se paye 24 parats. Le prix d'une pièce varie de 105 à 160 médins, suivant son degré de finesse.

Il se tient à Semennoud, tous les mercredis, un marché qui est abondamment fourni des différentes toiles de lin fabriquées dans le Delta, et notamment à Mehallet el-Kebyr, etc. Des marchands de la ville en achètent une partie, qui est expédiée en Syrie par Damiette: on en envoie aussi à Constantinople par les ports de Rosette et d'Alexandrie.

Les moutons que l'on élève dans les provinces de Gharbyeh et de Charqyeh, fournissent la laine dont on fabrique dans le Delta les *souf*, qui servent, comme nous l'avons déjà dit, à faire la robe ou le vêtement extérieur des *fellâh*, soit qu'on lui conserve la couleur brune de la laine, soit qu'on la teigne en bleu foncé. Les pièces de *souf* ont la même largeur que les pièces de toile de lin, mais dix-huit *pyk* de longueur seulement. Il faut huit jours de tisserand pour fabriquer une de ces pièces; ce qui en fait revenir la façon à 90 ou 100 parats : elles se vendent, suivant leur qualité, de 3 à 5 pataques. Cette fabrication d'étoffe de laine occupe à Semennoud une cinquantaine de métiers environ. Un plus grand nombre de métiers étaient employés, dans les villages d'alentour, à fabriquer ces étoffes de laine noire, de mêmes dimensions, qui, beaucoup plus recherchées par les gens aisés, se vendent jusqu'à 1000 médins la pièce, et sont l'objet d'une exportation assez importante pour la Syrie.

La ville de Mehallet el-Kebyr est exclusivement en possession, dans le Delta, de la fabrique des étoffes de soie : neuf cents ouvriers au moins y sont constamment employés.

Ces étoffes de Mehallet el-Kebyr servent à faire des rideaux de fenêtre, des couvertures de dyouân, et des coussins, des tapis de table brochés en or et en argent, des ceintures, de grands voiles noirs pour les femmes, des mouchoirs de la même couleur dont elles se couvrent la tête, et une espèce de vêtement de femme appelée *chalast*.

Ces différens objets fabriqués à Mehallet el-Kebyr se vendent et se consomment dans les différentes villes de l'Égypte, ou sont expédiés dans les différentes possessions de l'empire ottoman.

Il y a aussi dans cette ville des ateliers de teinture pour la soie : on la teint en jaune, en rouge, en noir, en vert, en orangé, en bleu céleste, en bleu foncé. C'était au Kaire seulement qu'elle était teinte en rose; on faisait aussi venir de cette ville les fils d'or et d'argent qui entraient dans la fabrication des étoffes brochées de Mehallet el-Kebyr.

Le commerce entre Mehallet el-Kebyr et la Syrie se faisait par l'entremise des marchands de Damiette; ils faisaient venir la soie de ce pays, et y renvoyaient une partie des ouvrages qui en étaient fabriqués en Égypte.

Le tissage des étoffes de coton occupait autrefois à Mehallet el-Kebyr jusqu'à deux mille ouvriers, nombre qui se trouvait réduit à cinq cents pendant notre séjour dans cette contrée. Le coton qu'ils employaient provenait de la province de Mansourah, ou de la Syrie, dont on tirait le plus estimé. Les pièces de toile de coton de cette fabrique ont généralement seize *pyk* de long; elles ne diffèrent que par leur largeur ou par leur qualité : aussi leurs prix varient-ils de 45 à 150 médins.

On faisait aussi à Mehallet el-Kebyr une petite quantité de toile de lin, mais d'une qualité inférieure à celle que l'on tirait des villages voisins.

La ville de Rosette possède plusieurs fabriques de toiles de lin et de coton, ainsi que de tissus particuliers, mélangés de ces deux matières; enfin d'une espèce de toile de lin rayée de soie blanche, employée spécialement à faire des chemises de femme.

Les fabricans de Rosette tiraient le lin des environs de cette ville, ou des provinces de Gharbyeh et de Menoufyeh; ils tiraient le coton des provinces de Damanhour ou de Mansourah. Ils faisaient venir de Syrie la soie qu'ils mettaient en œuvre.

On exerce à Damiette la même industrie sur le lin, le coton et la soie, et ces matières proviennent des mêmes lieux; mais on fabrique spécialement dans cette ville des toiles de lin qui portent pour ornement des lisières de soie de couleur.

Il y existe, à cet effet, deux ateliers de teinture, qui sont constamment entretenus. Les couleurs les plus ordinaires de la soie destinée à cet usage sont le jaune, le vert, le bleu, le rouge, l'orangé, le cramoisi et le violet.

Cette espèce de toile de lin avec des bordures de soie de couleur est exportée pour la Syrie; on en fait des châles et des turbans. Il y en a de huit ou dix qualités différentes, suivant la finesse de la toile, les dimensions de la pièce et la largeur des bordures en soie.

La longueur de ces pièces est généralement de trois *pyk beledy*, et leur largeur, d'un *pyk* et trois quarts. La première qualité se vendait 180 médins; et la dernière, de 35 à 45 la pièce : les autres qualités variaient de prix entre ces deux limites.

Il ne faut ordinairement qu'une journée de travail de tisserand pour fabriquer une de ces pièces de toile, dont chacune n'est en effet qu'une grande serviette; on leur donne une espèce de lustre en les frottant avec de la cire et une pierre polie.

On compte à Damiette et dans le village de Minyeh, qui en est voisin, environ trois cents métiers employés à la fabrication de ces châles de toile.

On y compte aussi à peu près cinquante métiers pour l'espèce de toile claire appelée *bé-haouâchy*. On paye 18 ou 20 médins de façon chaque pièce de vingt-huit *pyk* de longueur, qui exige deux ou trois journées de travail.

Outre ces divers tissus, on fabrique encore à Damiette, et presque exclusivement dans cette ville, une espèce d'étoffe de soie que l'on appelle *kheych;* on en fait des voiles noirs à l'usage des femmes. La fabrication de cette étoffe occupe cinquante ou soixante métiers.

La soie que l'on tire de Berout et de Chypre, vient à Damiette, de sa couleur naturelle, jaune ou blanche; la jaune est la plus estimée. Les voiles de femme ou *borgos* que l'on en fait, sont teints en noir et en cramoisi.

Les pièces de *kheych*, dont la façon exige quatre à cinq jours de travail et revient à 50 ou 55 médins, ont un demi-*pyk* de large, et quarante-trois *pyk* de longueur, qui se réduisent à quarante après la teinture.

Ces voiles de Damiette se débitent dans toute l'Égypte, et notamment dans les provinces de Gharbyeh et de Mansourah.

La capitale de cette dernière province, située sur la branche orientale du Nil, au-dessus de Damiette, possède aussi quelques fabriques de toiles de lin, mais notamment de toile à voile, rayée de bleu et de blanc, à l'usage des barques du Nil.

Il y a de la toile à voile de deux espèces : l'une, entièrement de lin, a seize *pyk* de longueur par pièce, et se vend 90 médins; l'autre, de lin et de coton, n'a que douze *pyk* de long, et ne coûte que 60 médins.

Ces toiles à voile ne se fabriquent pas seulement à Mansourah; on en fait encore à Menzaleh, à Damiette, à Bourlos, à Rosette, à Alexandrie, au village d'Embâbeh près du Kaire : les plus estimées sont celles de Rosette.

Une pièce de toile à voile, faite entièrement de lin, n'exige que deux jours de travail; celle qui est faite de lin et de coton n'en demande qu'un seul. La façon de l'une et de l'autre se paye à raison d'un médin le *pyk*. Ces pièces de toile à voile ne sont que des bandes très-étroites.

La fabrique de la toile de lin unie n'emploie à Mansourah que vingt métiers, tandis que la fabrique des *bé-haouâchy* en emploie ordinairement cent, et même jusqu'à trois cents en temps de paix.

Le lin dont ces diverses fabriques sont alimentées, est récolté dans la province de Mansourah. Une partie des toiles qui y sont manufacturées, est exportée pour la Syrie, les îles de l'Archipel, etc.

L'art du tisserand est un de ceux qui ont été le plus anciennement exercés en Égypte; et tout porte à croire que ses procédés sont restés à peu près les mêmes depuis la plus haute antiquité, quelque simples qu'ils soient. Leur emploi n'en exige pas moins un apprentissage; la durée n'en est point fixée. Quand un ouvrier veut exercer pour son compte la profession de tisserand, il fabrique une pièce de toile, comme chef-d'œuvre, et il la soumet à l'examen des maîtres de la corporation assemblés à cet effet. S'ils jugent cet ouvrier assez habile, ils le reçoivent parmi eux, et, après un repas qu'il leur donne, il est admis à partager les priviléges et les charges de la corporation.

La corporation des tisserands, de même que la plupart des autres, est régie et surveillée dans toutes les villes par un des principaux maîtres. Ce cheykh électif conserve ordinairement ses fonctions pendant sa vie, à moins que, dans l'exercice qu'il en fait, il ne donne lieu à quelque grand mécontentement. Ses fonctions consistent surtout à répartir sur les différens membres de la corporation l'impôt ou myry auquel l'industrie est assujettie, à faire la répartition de cet impôt, à concilier et à juger les différens qui peuvent s'élever entre les maîtres et leurs ouvriers.

SECTION III.

De la fabrication des nattes.

La fabrication des nattes avec diverses substances végétales rentre, en quelque sorte, dans l'art du tisserand. (*Voyez* la fig. 1 de la pl. xx, *É. M.*, vol. II, et la description que M. Jomard en a donnée.) Les nattes sont, en Égypte, des meubles de première nécessité; elles remplacent dans les villages non-seulement les lits européens, mais encore le dyouân et les coussins sur lesquels se reposent les habitans des villes de l'Orient, ainsi que les nappes de toile dont ils couvrent leurs tables. C'est, en effet, sur une natte étendue devant leur porte ou dans la cour de leurs maisons, que les Égyptiens de Syout, d'Esné, de Qené, passent les nuits d'été : des nattes étendues à terre reçoivent les plats chargés de viande, de riz ou de légumes dont ils se nourrissent; enfin, lorsqu'ils se réunissent pour prendre part à un repas commun, c'est encore sur des nattes que les convives s'accroupissent. Ces usages sont communs aux cultivateurs de la haute Égypte et aux Arabes dispersés dans les deux déserts qui la bordent : aussi n'existe-t-il aucun village où il n'y ait plusieurs fabricans de nattes. Les plus grossières et les plus communes dans le Sa'yd sont fabriquées avec la feuille de *halfeh* (*poa multiflora*), plante qui croît sur les terrains incultes. On en fabrique partout avec la feuille du dattier, de cet arbre dont toutes les parties sont si utilement employées. On trouve de ces nattes dans tous les lieux habités depuis Syène jusqu'à Alexandrie; on peut s'en procurer à des prix qui les mettent à portée du particulier le plus pauvre : on en fait aussi des espèces de cabanes où les habitans s'abritent du soleil. Les prostituées, qui, dans certains lieux, mènent entre elles une sorte de vie commune, habitent ordinairement, au bord du Nil, sous des tentes formées de nattes de feuilles de dattier.

Les plus recherchées et dont l'usage est le plus général dans les grandes villes, sont fabriquées avec des joncs que produisent, dans le Fayoum, les bords du lac Qeroun, et, dans la province de Terrâneh, les bords des lacs de Natron.

Un gros village du Fayoum, appelé *Tamyeh*, est le siége de cette branche d'industrie; il est situé près du lac Qeroun, à l'embouchure d'une gorge qui conduit de ce lac aux pyramides de Gyzeh, à travers le désert qui borne à l'ouest la vallée du Nil. Quelques villages voisins de Tamyeh, et notamment ceux de Ma'sarah et de Sennouris, occupent à cette fabrication un certain nombre d'ouvriers. Il y a à Tamyeh une centaine de fabricans, dont chacun emploie de deux à cinq ouvriers; le prix de leur journée varie de 5 à 10 parats, c'est-à-dire qu'il est un peu moindre que le prix de la journée de travail employée à la culture des terres, laquelle est généralement de 10 parats dans ce canton.

C'est du village de Roudah, sur les bords du lac, que l'on tire la plus grande partie des joncs dont on se sert à Tamyeh pour la fabrication des nattes. La population presque entière de ce dernier village en est occupée, et vit de ses produits.

On peut y regarder comme nuls ceux de l'agriculture. Le territoire de Tâmyeh, au débouché de la gorge qui conduit aux pyramides, est couvert d'une marne blanchâtre, précisément de la même nature que celle dont on fait les *bardaques,* et qui se trouve près de Qené, au débouché de la gorge qui conduit sur la mer Rouge à Qoçeyr.

La ville de Menouf se distingue, entre celles du Delta, par la beauté des nattes qui y sont fabriquées; elles sont les plus recherchées de toute l'Égypte.

Ce n'est pas seulement dans la ville qu'on exerce cette branche d'industrie; on s'y livre encore dans un certain nombre de villages aux environs.

Le jonc que l'on y met en œuvre vient, comme nous l'avons déjà dit, de la province de Terrâneh, et des déserts voisins des lacs de Natron : il est exclusivement récolté par la tribu arabe des *Geouâbyt,* qui sont en possession de ces déserts; ils le transportent dans un village appelé *Qasr Dâoud,* situé sur la rive droite de la branche occidentale du Nil; il y est conservé dans des magasins où les fabricans de Menouf vont s'en approvisionner.

Ces fabricans et leurs ouvriers ne travaillent à la confection des nattes que pendant quelques mois de l'année; ils cultivent pendant le reste du temps un peu de terre.

La fabrique des nattes de Menouf occupe des ouvriers de tout âge : les enfans sont payés de 5 à 6 médins par jour; la journée des hommes faits s'élève de 10 à 12; enfin les ouvriers les plus habiles reçoivent 80 parats par semaine.

Quatre hommes travaillant pendant une journée peuvent fabriquer une natte carrée de quatre mètres de côté.

La plus grande partie des nattes de la province de Menouf est envoyée au Kaire et à Boulâq, tant pour la consommation de ces deux villes, que pour y être mise en dépôt jusqu'au moment d'être exportée.

Ces nattes étaient achetées ordinairement ou par des marchands turks, qui les vendaient à Constantinople, à Smyrne et dans les îles de l'Archipel, ou par des marchands syriens, qui les transportaient à Saint-Jean d'Acre, à Jérusalem, à Damas, etc.

En temps de paix, on compte dans la province de Menouf jusqu'à six ou sept cents ouvriers nattiers. Le prix du jonc dont ils se servent était, avant l'expédition française, de 4 ou 5 pataques d'Espagne la charge d'un chameau. Ce prix était monté jusqu'à 6 ou 7 piastres pendant notre séjour en Égypte, quoiqu'alors il n'y eût point de commerce extérieur. Cette augmentation de prix provenait de ce que les Arabes qui étaient dans l'usage de récolter les joncs dans le désert de Terrâneh et de les transporter à Qasr Dâoud, avaient été poursuivis et dispersés par les Français.

SECTION IV.

Des différentes espèces d'huiles et de leur fabrication.

Les différentes espèces d'huiles que l'on fabrique en Égypte, servent à l'assaisonnement de certains comestibles, ou pour l'éclairage des rues et de l'intérieur des maisons.

On emploie, pour faire de l'huile, les graines de laitue, de carthame, de colza, de lin et de sésame; et la consommation des huiles qui en proviennent est plus ou moins abondante dans les différentes provinces, suivant que leur territoire est plus ou moins propre à la production des plantes oléagineuses que nous venons d'indiquer.

Ainsi, dans la partie la plus méridionale de l'Égypte, on ne fait usage que d'huile de laitue et de carthame; dans l'Égypte moyenne, on consomme spécialement de l'huile de colza, de lin et de sésame; enfin, dans la basse Égypte, de l'huile de lin et de sésame.

L'huile de laitue est la seule huile comestible à Esné et dans la province de Thèbes. Nous avons décrit la culture de cette plante et indiqué ses produits en graine, qui s'élèvent communément à trente-six pour un. Un *ardeb* de graine, du prix moyen de 150 médins, rend deux mesures d'huile appelées *ballas* : chacune de ces mesures pèse environ trente-cinq *rotl* du Kaire; le prix du *rotl* de cette huile est de 7 à 8 parats.

Le carthame n'est cultivé dans le même canton que pour la graine qu'il fournit : on y néglige le produit des fleurs de cette plante, dont, comme nous l'avons vu, on tire un parti très-avantageux dans la province de Syout.

Quand la graine de carthame est le seul produit qu'on veut retirer de sa culture, on la sème toujours, de même que la laitue, mais en plus grande proportion, avec les lentilles, les pois chiches, le *dourah* et le pois des champs. Ainsi, la quantité de graine de laitue semée par *feddân* étant de deux quarante-huitièmes d'*ardeb*, celle de carthame est de trois quarante-huitièmes, qui produisent communément deux *ardeb*, ou trente-deux pour un. Le prix de l'*ardeb* est de 150 parats; il augmente à mesure que l'on descend le Nil, parce que, la population devenant plus nombreuse proportionnellement à l'étendue du territoire cultivé, la consommation de toutes les denrées devient aussi plus considérable. A Qené, par exemple, les graines de laitue et de carthame se vendent 200 parats, c'est-à-dire 25 pour cent de plus qu'à Esné. Une autre cause de cette augmentation de prix, c'est qu'une partie de l'huile qui provient de ces graines s'exporte pour l'Arabie par la voie de Qoçeyr, et que la ville de Qené sert d'entrepôt à ce commerce.

On retire d'un *ardeb* de graine de carthame une *ballas* et demie d'huile, ou cinquante-deux *rotl*, lesquels, à 6 parats l'un, donnent par *ardeb* 312 parats; cette huile ne sert que pour l'éclairage.

Le prix de la graine de colza, qui devient, en descendant du Nil, à partir de Qené, un objet de grande culture, s'élève jusqu'à 180 parats l'*ardeb*. On retire de cette mesure de la graine deux *ballas* d'huile du poids de trente-cinq *rotl* chacune. Le prix du *rotl* est de 5 parats; ce qui donne en argent un produit de 350 parats par *ardeb* de graine.

Il en est de même de l'huile que l'on extrait de la graine de lin : l'*ardeb* de cette graine, qui se vend 180 parats quand elle est destinée à cet usage, produit une *ballas* et trois quarts environ, ou soixante *rotl* d'huile, du prix de 7 parats l'un; ce qui donne, pour le produit en argent d'un *ardeb* de graine de lin converti en huile, de 400 à 420 médins.

Les différentes espèces d'huiles dont nous venons de parler ont, selon les lieux, le double usage de comestible et de combustible; elles sont fabriquées par les mêmes procédés. (*Voy.* les *Arts et métiers*, pl. 1, fig. 1, 2, 3, *É. M.*, vol. 11, et la description de cette planche faite par M. Devilliers. — *Voyez* aussi l'intérieur d'un moulin à l'huile, représenté pl. xii, *É. M.*, vol. 11.)

Les graines des plantes oléagineuses sont d'abord réduites en une espèce de gruau sous des meules semblables à celles des moulins ordinaires; ce gruau est ensuite porté sous des meules de granit en forme de cône tronqué, lesquelles tournent autour d'un arbre vertical. La pâte obtenue par cette seconde opération est étendue entre des paillassons de feuilles de palmier de cinquante centimètres de diamètre environ, appelés *brash*. On dispose ces paillassons les uns sur les autres, au nombre de quatre-vingts ou quatre-vingt-cinq; ce qui forme une colonne cylindrique d'un peu plus de deux mètres de hauteur, au-dessus de laquelle il ne s'agit plus que d'opérer une pression verticale assez forte pour exprimer l'huile des gâteaux de pâte de graine compris entre les paillassons. On produit cette pression à l'aide d'un levier du second genre (*Arts et métiers*, pl. 1, fig. 1, *É. M.*, vol. II), mobile autour d'un point d'appui solide, incrusté dans l'un des murs de la fabrique : ce levier porte à son autre extrémité un écrou fixe, que traverse une vis verticale, à laquelle est suspendu un bloc de pierre qui sert de contre-poids, et que l'on élève à volonté au moyen de la vis, à mesure que le levier s'abaisse; l'huile exprimée par ce procédé coule au pourtour de la colonne, et se rend dans une fosse pratiquée au-dessous : elle y est ensuite puisée pour être conservée dans les vases de terre appelés *ballas*.

Les figures 1 à 10 qui représentent cette espèce de pressoir à l'huile (*Arts et métiers*, pl. 1, *É. M.*, vol. II), et la description de cette planche, nous dispensent d'entrer dans de plus grands détails de fabrication.

Nous dirons seulement que le *résidu* ou le *tourteau* des diverses graines oléagineuses dont l'huile a été extraite, sert à la nourriture des bœufs que l'on emploie à tourner les meules sous lesquelles ces graines sont réduites en pâte. Cette opération est ordinairement conduite par deux hommes : ils sont chargés d'atteler et de dételer les bœufs qui travaillent par relais de deux heures, et de ramener sans cesse sous les meules la pâte de graine qui en est continuellement repoussée; ils se servent, pour cela, d'une petite pelle ou d'un râteau de bois.

La presse à huile, telle que nous venons de la décrire, est la plus dispendieuse de toutes les machines que nous avons eu occasion de remarquer en Égypte; son prix s'élève quelquefois jusqu'à 400 pataques.

On fabrique généralement, au moyen de cet appareil, deux *ballas* d'huile par jour, de quelque graine qu'on la tire. Il n'y a donc que de très-légères différences dans le prix de la fabrication des diverses espèces d'huiles. Comme ce produit est d'un usage pour ainsi dire indispensable, on en trouve des fabriques en plus ou moins grand nombre dans toutes les villes de l'Égypte. On en compte jusqu'à dix dans la seule ville de Syout; il y en a quatorze ou quinze à Menouf : ces dernières sont toutes employées à la fabrication de l'huile de lin.

La fabrication de l'huile de sésame a des procédés particuliers.

On commence par laver la graine de sésame; ensuite, après l'avoir laissé pendant quelque temps tremper dans l'eau, on la fait légèrement griller dans une espèce de four particulier, représenté par les fig. 7, 8, 9 et 10 de la pl. 1 des *Arts et métiers*, É. M., vol. II. La graine de sésame qui a subi cette torréfaction, est portée sous des meules de pierre qui viennent de Syrie; elle y est réduite en une espèce de pâte. Cette pâte est mise ensuite dans une cuve de maçonnerie ayant la forme d'une portion de sphéroïde, d'un mètre et demi de diamètre par le haut. Un homme debout dans cette cuve, se soutenant par les mains à une corde attachée au-dessus de sa tête, foule cette pâte aux pieds, et en exprime l'huile, qui sort au pourtour de la masse de pâte de sésame qu'il pétrit ainsi; l'huile est reçue dans un vase de cuivre que l'ouvrier tient, avec l'un de ses pieds, convenablement incliné vers l'endroit d'où l'huile est exprimée. Lorsqu'il en est rempli, il verse l'huile qu'il contient dans une *ballas*.

Un *ardeb* de graine de sésame fournit ordinairement un *qantâr* d'huile, du prix moyen de 11 pataques.

On fait un peu d'huile de sésame dans la haute Égypte, et notamment à Qené; mais c'est particulièrement au Kaire et dans le Delta que cette fabrique est le plus répandue.

SECTION V.

De la fabrication du vin, des différens vinaigres, et de l'eau-de-vie.

Le Fayoum est la seule province de l'Égypte où l'on fasse du vin, et encore l'y fabrique-t-on d'une manière très-imparfaite.

Après avoir foulé le raisin pendant une heure dans une jarre de terre cylindrique de la forme d'un petit cuvier, on le met dans un grand sac fait d'une étoffe de laine fort épaisse, que l'on tord avec force; le jus du raisin exprimé par cette opération est reçu dans une jarre semblable à la première; la fermentation s'y établit et se prolonge de huit à quinze jours; on transvase ensuite la liqueur dans une de ces grandes amphores qui servent à transporter en Égypte les huiles de Barbarie; on enfouit ce vase en terre presque jusqu'au col, et l'on en ferme l'orifice avec un bouchon de bois scellé en plâtre : malgré cette précaution, le vin ne se garde pas au-delà de quelques mois, passé lesquels il n'existe plus pour l'ordinaire qu'à l'état de vinaigre.

Il serait peut-être difficile de retrouver dans les procédés de la fabrication du vin du Fayoum, dont les seuls chrétiens font usage, ceux que l'on pratiquait autrefois pour fabriquer les vins fameux du nome Maréotique. Quoi qu'il en soit, les raisins d'Égypte sont d'une excellente qualité : le sol y est très-propre à la culture de la vigne; et il n'y a pas de doute que ce pays ne produisît encore des vins aussi recherchés que ceux de l'Archipel, s'il était habité par d'autres peuples que par des mahométans, dont la religion proscrit, comme on sait, l'usage de cette liqueur.

Outre le vinaigre de vin, on en fabrique encore en Égypte de deux autres sortes, l'une avec des raisins secs, l'autre avec des dattes.

Les raisins viennent de Chypre et des îles de la Grèce. Le vinaigre qu'on en tire est le plus recherché; il se vend 12 parats la mesure, qui équivaut à peu près à un litre.

Les dattes fournissent un vinaigre moins estimé; la même mesure ne se vend que 6 à 8 médins.

Les détails dans lesquels M. Rozière est entré sur les procédés de l'art du vinaigrier, dans la description qu'il en a donnée (*Arts et métiers*, pl. XI, *É. M.*, vol. II), nous dispensent de nous étendre sur cette branche d'industrie; nous renvoyons également, et par la même raison, à la figure 2 de la même planche, et à la description de l'art du distillateur, que l'on doit à M. Jomard : on y trouvera tout ce qui est relatif à la fabrication de l'eau-de-vie de dattes, dont la plus estimée se vend 90 à 100 médins la *botse*, mesure de capacité équivalente à peu près à une pinte. Comme cette liqueur n'est consommée que par les chrétiens, on ne compte au Kaire que dix à douze distilleries.

SECTION VI.

De la fabrication de l'eau de rose.

Nous avons dit, dans la première partie de ce mémoire, que le Fayoum était la seule province où l'on fabriquait l'eau de rose : quand l'année est abondante, on établit dans la ville de Médine, qui est le siége de cette industrie, jusqu'à trente appareils de distillation.

Cet appareil très-simple est composé d'une chaudière de cuivre de 70 à 90 centimètres de diamètre, emboîtée de toute sa hauteur dans un petit fourneau de maçonnerie de brique, et recouverte d'un chapiteau à peu près demi-sphérique. Ce chapiteau porte intérieurement une gorge circulaire en gouttière, qui reçoit l'eau distillée, et qui la porte par un tuyau incliné dans un récipient destiné à la recevoir.

Les vapeurs sont condensées sur la paroi interne de ce chapiteau, lequel, à cet effet, est constamment recouvert à l'extérieur d'une certaine quantité d'eau froide, retenue par une double enveloppe de même métal que le chapiteau auquel elle est fixée.

Il n'est pas besoin de dire que la chaudière et le chapiteau dont elle est couverte, sont joints ensemble par un lut; mais il est peut-être utile de remarquer que l'on se sert, pour ce lut, du résidu ou de l'espèce de pâte que forment les pétales de rose après leur distillation.

Cinquante *rotl* de ces pétales et quarante *rotl* d'eau produisent ordinairement vingt-cinq *rotl* d'eau de rose ordinaire.

Les beys et autres personnages puissans du Kaire faisaient fabriquer à Médine, pour l'usage particulier de leurs maisons, une eau de rose d'une qualité bien supérieure à celle que l'on trouve dans le commerce : on en tirait d'abord d'un *qantâr* de pétales une certaine quantité; on versait cette eau sur un autre *qantâr* de fleurs, et on distillait de nouveau : on obtenait ainsi une eau double, que l'on versait sur un troisième *qantâr* de pétales, pour obtenir un troisième produit encore plus concentré.

Le *qantâr* de pétales de rose se vend de 5 à 6 pataques, et quelquefois jusqu'à 1000 parats. On ne cultive les rosiers qu'autour de la ville de Médine et dans quelques villages des environs, parce que, comme nous l'avons dit, c'est dans cette ville seule qu'on distille l'eau de rose, et que les pétales de cette fleur doivent être employés frais.

Les distillateurs qui y sont établis ont au Kaire des correspondans, dont ils reçoivent des fonds en avance, et qui se chargent de la vente de l'eau de rose dans le reste de l'Égypte, ainsi qu'en Syrie, le seul pays étranger où l'on en fasse des envois.

SECTION VII.

De la fabrication du sucre.

C'est particulièrement dans les territoires de Farchyout et d'Akhmym que sont établies les fabriques de sucre. (*Voy.* les *Arts et métiers,* pl. vii, *É. M.*, vol. ii, et la description de cette planche par M. Cécile, t. xii, pag. 419, *É. M.*)

Les cannes sont apportées à dos de chameau, du champ dans l'atelier, qui est ordinairement une enceinte rectangulaire de 40 mètres de long sur 20 mètres de large, formée de murs de brique, contre lesquels sont adossées les différentes parties de la fabrique.

A l'une des extrémités de cette enceinte, se trouve la porte extérieure par laquelle on entre dans une petite cour; en face de cette porte et au fond de la cour, se trouve ordinairement un hangar où l'on dépose les cannes à mesure qu'elles arrivent des champs. C'est là qu'elles sont dégarnies de leurs feuilles par des femmes et des enfans.

Les cannes, après avoir été effeuillées, sont portées dans un autre bâtiment, divisé en deux parties égales par un mur de refend. Chacune de ces parties contient un appareil ou moulin, servant à exprimer le jus de la canne.

Il consiste en deux cylindres de bois horizontaux, disposés comme les cylindres d'un laminoir, et mus en sens contraire au moyen d'un engrenage, qui lui-même est mis en mouvement par un manége auquel un bœuf est attelé. On fait entrer les cannes entre les deux cylindres de bois ; et suivant qu'ils sont plus ou moins rapprochés, la canne est soumise à une pression plus ou moins forte : le jus qui en est exprimé par cette opération, est reçu dans une grande jarre de terre enterrée au-dessous de cette espèce de laminoir.

Le jus ainsi recueilli est transporté dans une autre partie de l'atelier adossée à son mur longitudinal, du côté de la porte d'entrée. Là, il est reçu d'abord dans de grandes jarres de terre, d'où il passe dans une chaudière en cuivre de plus ou moins de capacité, soutenue sur un fourneau ordinaire de maçonnerie de brique. La porte du foyer de ce fourneau est placée extérieurement à l'édifice : on y brûle de la paille de *dourah*, ou des nœuds de paille de froment hachée. C'est avec ce combustible que le feu est entretenu sous la chaudière ; le jus de la canne y est soumis à une première ébullition, que l'on prolonge pendant une heure environ. Ce jus, après avoir été écumé, est transvasé dans des jarres plus petites, où on le laisse reposer pendant dix ou douze jours, après lesquels on le soumet à une seconde ébullition; enfin on met ce sirop dans les moules coniques où il doit se cristalliser en pain.

Ces moules ainsi remplis sont placés sur des appuis, la pointe en bas, dans une galerie couverte, où on les laisse égoutter quelque temps; ils passent de là dans une étuve, où ils acquièrent le degré de consistance nécessaire pour être transportés et vendus. On met sur la base de ces moules coniques de la terre argileuse, ou du limon du Nil humecté; l'eau qu'il contient passe à travers le sucre et le nettoie : d'où il arrive que la base des pains de sucre mis dans le commerce est toujours plus blanche que leur pointe, où s'accumulent toutes les matières étrangères qui en altèrent la pureté.

Voici maintenant le nombre et la distribution des ouvriers employés dans les sucreries de Farchyout et d'Akhmym.

Deux chameliers sont constamment occupés, pendant le temps de la fabrication, à conduire et à soigner les chameaux qui transportent dans l'atelier les cannes récoltées sur chaque *feddân* de terre; deux autres hommes les effeuillent à mesure qu'elles arrivent, et les préparent pour être écrasées; deux ouvriers au fait du travail du moulin suivent alternativement ce travail et recueillent le jus exprimé de la canne; les bœufs attelés au manége sont relevés de deux heures en deux heures; ils sont soignés et conduits par deux ouvriers; deux chauffeurs entretiennent le feu sous les chaudières; enfin deux ouvriers veillent dans l'intérieur de l'atelier aux opérations de la cuisson et de la réduction du sucre en pain. Ces divers travaux sont dirigés par un chef d'atelier; les douze ouvriers qu'il conduit reçoivent 6 parats par jour, quand ils sont payés en argent, ou deux *rotl* de mélasse, quand ils sont payés en nature.

Le prix moyen de la journée d'un bœuf est de 20 à 22 parats.

Il faut vingt ou vingt-cinq jours de travail pour réduire en sucre cristallisé le produit de la récolte d'un *feddân* de cannes.

Le nombre des ouvriers employés dans une sucrerie augmente en proportion de l'étendue des terres dont elle est destinée à manufacturer les produits.

Dans les années les plus favorables, un *feddân* de cannes à sucre produit de quinze à vingt-cinq *qantâr* de sucre en pain, et de dix à douze *qantâr* de mélasse, le *qantâr* étant de cent cinquante *rotl*, et le *rotl* de douze onces.

Le prix du *qantâr* de sucre est, année commune, de 10 pataques.

Ainsi le produit brut du *feddân* de terre cultivé en cannes à sucre est de 200 pataques.

La province d'Atfyeh, qui est la plus rapprochée du Kaire, est aussi celle où la culture du sucre soit l'objet d'exploitations considérables. Quelques villages peuplés d'Arabes devenus cultivateurs s'y livrent exclusivement.

La canne à sucre est aussi cultivée dans le Delta, mais seulement, ainsi que nous l'avons dit ailleurs, pour être vendue en vert dans les marchés des villes, comme une espèce de fruit.

SECTION VIII.

De la fabrication du sel ammoniac.

Quoique le sel ammoniac ait été pendant long-temps un produit spécial de l'industrie égyptienne, et que l'on puisse recueillir les matières propres à sa fabrication dans toutes les parties de l'Égypte, ce n'est cependant qu'au Kaire et dans le Delta que sont établis les ateliers où ces matières sont mises en œuvre.

L'important Mémoire de M. Collet-Descostils sur la fabrication du sel ammoniac, publié dans cette collection, contient une multitude de détails qui ont été traités par cet habile chimiste beaucoup mieux que nous n'aurions pu le faire; nous renvoyons à ce mémoire, tom. XIII, pag. 1re, *É. M.*, ainsi qu'aux *Arts et métiers*, pl. II, fig. 17, 18, 22 et 23, *É. M.*, vol. II, pour les renseignemens que ne comprendra pas la simple notice à laquelle nous devons nous borner ici, afin de ne point tomber dans des répétitions inutiles.

On retire le sel ammoniac de la suie produite par la combustion de gâteaux ou de mottes desséchées de fiente de bétail, qui servent généralement de combustible. Cette suie est ramassée dans les villages par des hommes qui achètent, au prix de 10 ou 12 pataques par an, du *cheykh el-beled* de ces villages, la permission exclusive de faire cette espèce de cueillette.

C'est ordinairement après l'hiver qu'on en forme des approvisionnemens; on les met en œuvre pendant l'été, parce que, dans cette saison, l'espèce d'enduit d'argile dont il faut recouvrir les ballons de verre où l'on opère la sublimation, se dessèche bien plus promptement au soleil.

Les fabriques du sel ammoniac se composent de deux ateliers bien distincts : l'un est destiné à la confection des ballons dont nous venons de parler ; l'autre est destiné à la fabrication du sel.

Le fourneau de verrerie représenté dans les *Arts et métiers*, pl. II, fig. 17, 18 et 19, *É. M.*, vol. II, est à deux étages; l'inférieur contient dans un creuset ou cuvette la matière en fusion. Le souffleur en prend au bout de la canne une quantité suffisante pour faire le ballon. Quand il est à demi soufflé, il l'introduit dans l'étage supérieur du fourneau, qui sert de four à recuire, par une ouverture pratiquée dans sa paroi. C'est dans le four à recuire que le ballon est achevé. La grosseur de 45 à 50 centimètres qu'il a acquise, ne lui permettant pas de sortir par la même ouverture qui sert de communication entre le fourneau de fusion et le fourneau à recuire, on le fait sortir de ce dernier par une espèce de canal plus large, qui est pratiqué sur un autre côté du fourneau. On emploie, pour faire ces ballons, des fragmens de verre de bouteille, que l'on achète au Kaire et dans les autres villes de l'Égypte, à raison de 4 pataques le *qantâr* de cent *rotl* : ces morceaux de verre sont mêlés avec les débris de ballons qui ont déjà servi.

Le feu est entretenu dans les fourneaux avec des

balles de riz, de la paille de *dourah* ou des chenevottes de lin. Le combustible varie, au surplus, suivant les localités; mais ce sont toujours quelques tiges de plantes séchées qui forment une flamme vive et claire.

Ces ballons, avant d'être remplis de la suie dont on retire le sel ammoniac par la sublimation, sont couverts d'un enduit de terre mêlée de laine hachée, de 3 à 4 centimètres d'épaisseur. Cet enduit est formé de quatre couches successives, dont chacune est desséchée au soleil en y restant exposée pendant deux jours. Le ballon ainsi enduit revient à 22 médins.

Chaque ballon peut contenir à peu près cinquante *rotl* de suie : on l'emplit, à deux doigts près, jusqu'au-dessous de l'origine du col. Ces cinquante *rotl* de suie coûtent 45 parats environ. On ne bouche point le goulot du ballon en le plaçant sur le fourneau à sublimer, représenté dans les *Arts et métiers,* pl. II, fig. 20, 21 et 22, *É. M.*, vol. II. On commence par donner un coup de feu violent pour déterminer l'évaporation de l'eau qui peut se trouver dans la suie, et pour déterminer en même temps la sublimation des premières parties du sel qui bouchent le col du ballon, sous lequel le feu est entretenu pendant trois jours et trois nuits.

La sublimation étant achevée, on casse le ballon refroidi, et l'on retire de sa partie supérieure un pain de quatre à six *rotl* de sel ammoniac.

Le prix de ce sel en temps de paix, lorsque l'exportation en est assurée, s'élève de 50 à 60 parats le *rotl;* il était tombé à 40 pendant notre séjour en Égypte.

La fabrique de sel ammoniac de Mansourah, où nous

avons recueilli ces renseignemens, peut fournir annuellement cent *qantâr* de ce sel. Le *qantâr* est de deux cent huit *rotl*; ce qui donne en totalité un produit de vingt mille huit cents *rotl*, lesquels, au prix moyen de 50 parats l'un, valent environ 12000 pataques : il est probable que l'on comprend dans ce produit celui de quelques autres fourneaux de la même province.

La confection du sel ammoniac de Mansourah occupe continuellement trente ouvriers. Ils sont payés à raison de 2 pataques $\frac{1}{2}$ par mois, et sont nourris par le fabricant. Le feu est entretenu dans le fourneau de sublimation avec des mottes de fiente d'animaux, qui, pour les trois jours et les trois nuits que dure l'opération, coûtent 3 pataques $\frac{1}{2}$: chaque fourneau contient vingt ou vingt-deux ballons.

Il n'y a qu'une seule fabrique de sel ammoniac à Mansourah : on en compte jusqu'à six dans un village de la province de Gharbyeh appelé *Demyreh;* une dans le village de Fâreskour près de Damiette; une autre dans chacun des villages de Sefteh et de Kafr-Kelleh, tous deux de la même province : d'autres sont établies à Damanhour et à Berenbâl, près de Rosette, sur la branche occidentale du Nil; il y en a aussi une dans la province de Menouf; enfin on en compte deux au Kaire ou à Boulâq : ce qui porte à seize le nombre des manufactures de sel ammoniac en Égypte, et pendant un temps elles en ont approvisionné toute l'Europe.

SECTION IX.

De l'art de faire éclore les poulets.

Un art encore plus ancien chez les Égyptiens que celui de fabriquer le sel ammoniac, est celui de faire éclore les poulets dans des espèces d'étuves appropriées, appelées *ma'mal el-farroug*. MM. Rozière et Rouyer, nos collègues, l'ont décrit fort en détail. Ce que nous allons dire se réduira à quelques observations générales.

Il y a dans toutes les parties de l'Égypte des étuves ou couvoirs artificiels; mais ces établissemens sont beaucoup plus communs dans le Delta que dans le Sa'yd. Les premiers renseignemens que nous présenterons ici, ont cependant été pris à Louqsor, un des villages qui existent aujourd'hui sur l'emplacement de Thèbes. (*Voyez* les *Arts et métiers*, pl. 1, fig. 11, 12 et 13, et pl. 11, fig. 1, 2 et 3, *É. M.*, vol. 11.)

Ce *ma'mal el-farroug* est un bâtiment rectangulaire, construit en briques crues : il a la forme d'une galerie oblongue, de chaque côté de laquelle s'élève un corps d'étuves à deux étages, divisées en douze ou seize chambres par des murs transversaux. Ces chambres sont couvertes de voûtes demi-sphériques, au centre desquelles sont pratiquées deux ouvertures, l'une pour communiquer du rez-de-chaussée à l'étage supérieur, l'autre pour laisser échapper la fumée et pour introduire, au besoin, de l'air extérieur dans la galerie.

Les murs transversaux formant la séparation des chambres sont eux-mêmes percés, mais au premier étage seulement, d'une espèce de guichet, par lequel un ouvrier peut entrer de l'une dans l'autre, et circuler dans toute la longueur du bâtiment. C'est dans l'étage inférieur que les œufs qui doivent éclore sont placés; on les dispose en deux couches : c'est dans l'étage supérieur que le feu est entretenu.

Chacune des chambres du rez-de-chaussée de l'étuve contient environ cinq mille œufs; on échauffe l'étage supérieur en y brûlant des tourteaux de fiente de bétail, de la poussière de paille et de terre, etc. L'entretien du feu est soigné jour et nuit par trois ouvriers, qui sont aussi chargés de visiter les œufs, de les changer de place, et de faire passer dans une pièce extérieure les poulets à mesure qu'ils éclosent; ce qui a lieu ordinairement du vingt au vingt-deuxième jour de cette incubation artificielle. Il serait superflu de répéter ici ce qui a été dit par MM. Rozière et Rouyer, sur la durée de cette incubation, sur la température des couvoirs, et généralement sur toutes les circonstances de cette opération.

L'hiver est la saison pendant laquelle on s'en occupe, et on la renouvelle ordinairement deux ou trois fois de suite; ce qui porte à deux cent mille environ le nombre d'œufs qui sont mis à éclore chaque année dans un *ma'-mal*. Sur douze œufs, neuf sont ordinairement productifs : on les apporte des villages des environs. Le fermier du four reçoit seize œufs, et rend quatre poulets.

En général, les étuves à poulets appartiennent aux gouverneurs des provinces, et sont affermées par leur intendant. Le *ma'mal el-farroug* de Louqsor est loué 30 pataques à l'écrivain du village. Il reçoit lui-même les œufs qui lui sont apportés, et garde pour lui les deux tiers des poulets qui éclosent après que les vendeurs d'œufs ont reçu en poulets le quart des œufs qu'ils ont fournis; il donne l'autre tiers à ses ouvriers : de sorte que, si tous les œufs venaient à bien, il y aurait un quart des poulets éclos remis à ceux qui fournissent les œufs; une moitié appartiendrait au fermier du *ma'-mal*, et l'autre quart aux ouvriers. Mais, comme ordinairement le quart des œufs est stérile, le partage entre le fermier et les ouvriers, dans la proportion qui vient d'être indiquée, ne se fait que sur la moitié des œufs fournis.

Le prix d'un cent d'œufs est communément de 8 ou 10 parats; celui d'un cent de poulets sortant de l'œuf est de 100, c'est-à-dire décuple.

SECTION X.

De la chasse et de la pêche.

La chasse des oiseaux de mer, sur le bord de la Méditerranée et des lacs qui couvrent la côte septentrionale de l'Égypte, occupe une partie de la population des villages qui en sont voisins. Les marchés de Damiette, de Rosette et d'Alexandrie, comme ceux des principales villes du Delta, sont abondamment fournis, pendant l'hiver, de canards, de pluviers, etc., que des oiseleurs prennent au filet. Les cailles, qui abondent sur les plages sablonneuses de l'Égypte dans les mois de septembre et d'octobre, sont aussi, chaque année, l'objet d'une espèce de moisson plus ou moins abondante : elles arrivent sur la côte tellement fatiguées, et rasent de si près la surface de la terre, qu'elles restent embarrassées dans les filets qu'on tend à cet effet sur le rivage. Ces filets, qui n'ont pas plus d'un mètre ou d'un mètre et demi de haut, sont tendus verticalement sur des bouts de roseau fichés dans le sable. Les cailles que l'on prend ainsi au filet, sont en si grande quantité à une certaine époque dans les environs d'Alexandrie, que les habitans de cette ville, pendant cette saison, en font presque leur unique nourriture.

Quoique le Nil soit très-poissonneux, et qu'il y ait dans toutes les villes et tous les villages situés sur ses rives, des hommes qui font de la pêche leur unique profession, ce n'est que sur les bords du lac Bourlos et du lac Menzaleh qu'il y a des établissemens de pêche proprement dits.

Le village de Beltym est le chef-lieu des pêcheries du lac Bourlos. Sur les quatorze autres villages ou hameaux qui sont bâtis le long de la plage sablonneuse par laquelle ce lac est séparé de la mer, quatre sont exclusivement peuplés de pêcheurs : le quart seulement de la population des dix autres est occupé, pendant une partie de l'année, de la pêche de l'espèce de poisson dont les œufs, séchés au soleil, forment cette sorte de gâteaux qu'on appelle *boutargue* sur toutes les côtes de la

Méditerranée. La pêche de ce poisson commence ordinairement au milieu du printemps, environ deux mois avant l'accroissement du Nil.

Le droit de pêche dans ce lac était affermé au profit de l'un des principaux beys. Je tiens du fermier de ce droit, qu'il payait annuellement 3300 pataques de redevance. Il me dit aussi que le nombre des pêcheurs qui étaient employés pour son compte, s'élevait à quatre cents.

Les deux villages de Mataryeh sont les établissemens principaux de pêcherie que l'on trouve sur les bords du lac Menzaleh. De trois cents barques qui couvrent quelquefois le lac dans la saison de la pêche du mulet, la moitié au moins appartient à ces deux villages. Le poisson que l'on apporte à Mataryeh est envoyé frais dans la province de Mansourah et aux environs : on transporte à Damiette celui qui est destiné à être salé. C'est de cette ville que ce poisson salé est expédié pour le Kaire, la Syrie et les différentes échelles du Levant; il est consommé par les chrétiens orientaux, pendant les divers carêmes et jeûnes multipliés auxquels ils sont assujettis.

SECTION XI.

De la fabrication du sel marin et du salpêtre.

Le sel que l'on emploie en Égypte à la salaison du poisson ou aux divers usages de la vie domestique, est le produit de l'évaporation naturelle de l'eau salée que l'on reçoit dans de petites mares sur le bord de la mer. Il y a de ces salines dans l'île du Phare, devant Alexandrie. On ramasse encore le sel, tout formé, le long de la côte, dans les flaques dont est entrecoupée la plage sablonneuse qui couvre le lac Menzaleh, au nord et à l'est; on le ramasse aussi dans l'intérieur de l'isthme de Suez; mais cette espèce de sel naturel, qu'on se procure sans d'autre peine que celle de le ramasser, ne peut être rangée parmi les produits industriels.

Il n'en est pas ainsi du sel qui provient des salines du Fayoum : elles sont entretenues par des sources d'eau salée situées dans la vallée et sur le bord occidental du lac Qeroun; elles surgissent dans des puits à 1^{m}30 au-dessous de la surface du sol : le niveau de ces puits s'exhausse encore dans le temps de l'inondation; mais alors l'eau qu'on en retire est moins saumâtre.

On verse cette eau dans des fosses qui ont 20 ou 25 centimètres de profondeur; et comme elle n'est point suffisamment saturée, on y lessive une certaine quantité de terre prise aux environs, à la surface du sol : le sel commun que l'on retire de ces salines est employé dans tout le Fayoum, à Bouch, à Beny-Soueyf, et dans la province d'Atfyeh.

Vingt fosses pareilles sont ordinairement exploitées par un seul fabricant, et produisent chaque jour un sac de sel, dont trois forment deux *ardeb* du Kaire : le sac se vend 40 parats. Le propriétaire de ces fosses à sel emploie par jour deux ou trois enfans auxquels il donne 4 parats; chaque salinier paye de plus une redevance annuelle de 50 parats au cheykh du village de Terseh, près duquel se trouvent les fosses dont il est question ici, et où l'on compte environ trente fabricans de sel. On en compte à peu près autant dans le village de Sennouris, au-dessous duquel il y a aussi des salines semblables.

On exploite encore dans la même province une couche de sel marin de quelques doigts d'épaisseur, qui se forme et se renouvelle à quelques centimètres au-dessous du sol sablonneux et pulvérulent que l'on trouve le long du désert, en allant de la ville de Médine au village d'Haouârah.

En général, le sel consommé dans la haute Égypte provient du désert Libyque, où il existe presque partout immédiatement sous la surface du sol, en une couche de peu d'épaisseur, que l'on entend en marchant se briser sous les pieds. Nous aurons occasion d'expliquer plus bas la formation de cette couche saline.

Tous les puits que l'on creuse dans la vallée d'Égypte, sur la lisière du désert, donnent des eaux plus ou moins saumâtres, dont l'évaporation pourrait fournir le sel nécessaire à la consommation du pays, si on ne le trouvait pas tout formé, comme nous venons de le dire, presque à la surface de ces déserts.

La fabrication du salpêtre est d'une grande importance en Égypte, par l'usage qu'on en fait pour la confection de la poudre à canon; on peut le retirer en lessivant les matières qui forment les monticules de décombres dont les villes et villages sont environnés : mais il n'y a des fabriques de salpêtre constamment en activité que dans quelques endroits. Les principales sont celle de Dehechneh, près de Qené dans la haute Égypte, et celle du vieux Kaire, dont le général Andréossy a parlé dans son rapport sur la poudre à canon[1]. Les procédés pour la fabrication du salpêtre sont d'ailleurs en Égypte les mêmes qu'en Europe.

SECTION XII.

Des arts et métiers, et généralement de l'industrie des villes.

Les diverses branches d'industrie dont nous avons parlé jusqu'ici, s'exercent également dans les villes et les villages de l'Égypte sur les produits du sol de cette contrée; mais, comme en tout autre pays, les villes sont toujours le siége d'une industrie plus recherchée, qui s'occupe à transformer des matières importées du dehors en objets d'un usage plus ou moins étendu.

Les planches des arts et métiers de cette collection, qui représentent le meunier, le boulanger, le pâtissier, le confiseur, et les descriptions dont ces planches sont accompagnées, expliquent suffisamment les divers procédés de ces professions, et nous dispensent d'en parler ici.

Après les ateliers où l'on fabrique les étoffes de lin, de coton, de laine et de soie, ateliers qui sont répandus

---

[1] *Décade égyptienne*, tom. 1er, pag. 15.

dans toute l'Égypte, les principales villes, et particulièrement celle du Kaire, en possèdent un nombre plus ou moins considérable, où l'on exécute divers ouvrages de passementerie, des cordonnets de soie mélangés de fils d'or et d'argent, des glands, des franges, et, en général, tout ce qui peut servir à la commodité ou à l'ornement des vêtemens orientaux. L'art du sellier y est poussé assez loin, et généralement on y confectionne avec une sorte de perfection tout ce qui est relatif à l'équipement des chevaux. Les broderies sur les cuirs et les maroquins dont on orne ces divers objets, sont assez remarquables. La planche XVII (*É. M.*, vol. II) représente l'intérieur d'un atelier de broderie ; et la pl. XIV (*É. M.*, vol. II), l'ouvrier qui fait les ceintures, dont l'usage est général.

Les charpentiers, les menuisiers, les serruriers, travaillent assis dans leurs ateliers ; ils ne se tiennent debout que pour la mise en place des ouvrages qu'ils ont fabriqués. La planche XVIII (*É. M.*, vol. II) fait voir ces ouvriers en activité. La plupart des matières qu'ils mettent en œuvre, sont importées en Égypte. Dans un pays où la douceur du climat permet de passer presque constamment le jour et la nuit en plein air, on conçoit que le luxe des constructions et de l'ameublement doit être peu répandu parmi la classe moyenne des habitans.

Les chaudronniers et les forgerons sont, en quelque sorte, les seuls ouvriers qui travaillent le cuivre et le fer. L'art des premiers est assez avancé, tous les ustensiles de cuisine étant en cuivre étamé. On doit à M. Coutelle la description de cet art, et l'explication de la pl. XXI

(*É. M.*, vol. II), où le chaudronnier est représenté. Les procédés de l'étamage sont les mêmes qu'en Europe; et comme le sel ammoniac, qui est un ingrédient essentiel de l'étamage, est, pour ainsi dire, une production de l'Égypte, il est extrêmement probable que cette opération métallurgique est une des plus anciennes que l'on y ait pratiquées.

Le forgeron fabrique la plupart des outils dont les autres ouvriers font usage.

Les soufflets de forge et de fourneau ont été décrits par M. Coutelle, et sont représentés sur la planche XXI (*É. M.*, vol. II) : leur forme est probablement très-ancienne. Il résulte en effet de quelques renseignemens que m'ont donnés des marchands venus avec les caravanes de Dârfour, que des soufflets de la même forme sont employés par les peuples de l'intérieur de l'Afrique. Ce que nous venons de dire du forgeron, s'applique sans restriction au taillandier, qui fabrique spécialement les instrumens d'agriculture et de jardinage, ceux du maçon, du charpentier, du menuisier, etc.

La préparation des cuirs a fait l'objet d'une description spéciale que l'on doit à M. Boudet, et à laquelle nous renvoyons. La figure 4 de la planche XXVI (*É. M.*, vol. II) représente une partie des procédés de l'art du maroquinier.

Au Kaire et dans les principales villes de l'Égypte, chaque espèce d'industrie est concentrée dans un quartier particulier, comme cela avait lieu autrefois dans nos villes d'Europe : ainsi il y a des rues entières où l'on ne trouve que des chaudronniers, d'autres où l'on ne trouve que des confiseurs et autres marchands de sucreries, d'autres qui sont exclusivement occupées par des selliers et des fabricans d'équipages de chevaux; enfin les orfévres, les bijoutiers, les lapidaires, etc., ont leurs ateliers dans un quartier spécial, qui est gardé et fermé avec plus de précautions que les autres.

Ces derniers ouvriers, dont l'art, s'appliquant à des matières plus précieuses, exige dans sa pratique plus de connaissances et d'adresse, sont presque tous des chrétiens de Syrie, ou des Arméniens. Il est même à remarquer que la plupart des tisserands de la haute Égypte, les forgerons et les menuisiers, sont des chrétiens qobtes. Là, comme ailleurs, l'industrie manuelle est le partage de ceux dont le Gouvernement proscrit la religion. Le seul moyen qu'ils aient en effet d'acquérir une sorte d'indépendance, consiste à s'approprier cette espèce d'industrie qu'ils peuvent transporter partout avec eux.

Ce que nous avons dit jusqu'ici des différens arts exercés par les Égyptiens modernes, montre assez dans quel état d'enfance ils sont retombés. Produire les objets de première nécessité pour la nourriture, le vêtement et l'habitation de l'homme, voilà à quoi ils se réduisent. On concevra sans peine, au surplus, que, dans une contrée où l'on est obligé d'apporter du dehors les bois et les métaux, et dont le gouvernement absolu laisse incertaine la jouissance des fortunes particulières, il soit impossible d'exercer avec avantage aucune de ces professions industrielles que le luxe seul peut entretenir là où l'on peut dépenser son superflu avec sécurité.

Le travail de l'homme et celui des animaux est beaucoup moins dispendieux en Égypte, que n'y serait l'emploi de la plupart de nos machines. Il y en a, à la vérité, un très-grand nombre d'employées; mais elles n'ont qu'un seul objet, celui d'élever les eaux pour l'arrosement des terres ou pour l'approvisionnement des citernes. Nous en avons donné les descriptions sous les noms de *roues à tympan* et de *roues à pots*. Malgré la grossièreté de leur construction, elles présentent l'idée primitive d'un engrenage qui transforme en un mouvement de rotation dans un plan vertical le mouvement horizontal qu'impriment dans le plan de leur manége les animaux qui servent de moteurs.

On retrouve encore les transformations de mouvement dans les moulins à farine et dans les systèmes de cylindres qui servent à écraser la canne à sucre. Il est aisé de reconnaître dans ces cylindres, et dans ceux beaucoup plus petits à l'aide desquels on sépare la graine du coton du duvet qui l'enveloppe, l'idée du cylindre à laminer les métaux : cependant les Égyptiens n'en ont pas fait l'application à ce dernier usage; et les lames de métal dont on fabrique les monnoies, sont réduites sous le marteau à l'épaisseur qu'elles doivent avoir. Cela ne fonderait-il pas à croire que l'art de fabriquer le sucre, importé en Égypte avec la culture de la canne, n'y est connu que depuis peu de siècles, tandis que les procédés du monnoyage, beaucoup plus anciens dans ce pays, y ont été conservés sans recevoir aucun des perfectionnemens qu'ils ont reçus ailleurs par suite des progrès de la civilisation.

Les meules sous lesquelles on écrase les graines oléagineuses, sont aussi, comme nous l'avons dit, mises en mouvement par des animaux attelés à un manége : il en est de même des meules sous lesquelles le plâtre est broyé.

Nous remarquerons, à l'occasion de ce dernier procédé, qu'il semble avoir un degré de perfection que n'ont point ceux qu'on emploie en France pour pulvériser cette substance : car ici ce sont des hommes qui la battent sur une aire à force de bras; ce qui est certainement beaucoup moins expéditif que d'exposer le plâtre calciné sous la pression d'un cylindre de pierre vertical, mis en mouvement par un manége.

Dans un pays où la nourriture de l'homme et celle des animaux sont très-abondantes, et où par conséquent le prix de leur travail ne peut jamais s'élever très-haut, il est tout simple qu'on fasse usage de leurs forces préférablement à celles de tout autre agent. Il faut considérer, d'un autre côté, que ce pays n'offre aucun courant d'eau naturel qu'on puisse employer comme force motrice, et que les dérivations que l'on pourrait faire du Nil, pour établir sur elles des roues hydrauliques, ne rempliraient qu'imparfaitement cet objet, puisque ces dérivations seraient nécessairement à sec une partie de l'année.

Mais, si l'industrie ne peut trouver en Égypte des moteurs utiles dans le courant des eaux, elle en trouverait dans la régularité et la force du vent. On sait, en effet, que les vents d'ouest, de nord-ouest et de nord, y soufflent presque toute l'année; les monticules factices sur lesquels les villages sont bâtis, offrent d'ailleurs des emplacemens commodes pour l'érection de moulins à vent : aussi ces moulins seront-ils les premières machines qu'on établira dans ce pays, lorsque, la prospérité du commerce et de l'agriculture s'y étant accrue, le prix du travail de l'homme et des animaux s'y élevera à un tel degré, qu'il deviendra avantageux de les remplacer par des moteurs inanimés. Nous disons, les premières machines qu'on y établira; car il ne faut pas compter les sept ou huit moulins à vent que l'on trouve à Alexandrie, dans l'île du Phare. Leur établissement est déjà ancien; cependant l'usage ne s'en est pas étendu dans l'intérieur du pays : on n'en trouve que sur cette plage, où les Européens, selon toute apparence, les ont apportés; ce qui prouve, pour le dire en passant, que les anciens Égyptiens n'ont point eu connaissance de cette ingénieuse machine.

TROISIÈME PARTIE.

DU COMMERCE ACTUEL DES ÉGYPTIENS.

Les productions des différentes parties de l'Égypte sont échangées de ville à ville et de village à village, sur des marchés qui se tiennent à jour fixe, et où les vendeurs et les acheteurs se rendent chacun de son côté.

Le superflu de ces productions, et quelques produits de l'industrie des Égyptiens modernes, tout imparfaite qu'elle est, sont exportés dans l'intérieur de l'Afrique et dans certaines contrées de l'Asie et de l'Europe, d'où l'on reçoit en échange de l'argent ou des marchandises: la position de l'Égypte y a maintenu ce commerce extérieur, qui y trouvera toujours l'emplacement le plus commode d'un entrepôt pour les productions de l'ancien continent.

SECTION Ire.

Du commerce intérieur de l'Égypte.

Le peu de largeur de la vallée, depuis l'île d'Éléphantine jusqu'à Esné, ne permet pas que les produits des récoltes qu'on y fait puissent être consommés ailleurs; ils suffisent à peine au paiement de l'impôt, ainsi qu'à la nourriture du petit nombre d'habitans qui restent

AGRICULTURE, INDUSTRIE, etc.

toute l'année attachés aux travaux de la campagne : la majeure partie d'entre eux exerce sur les barques du Nil l'état de batelier.

La ville d'Esné, où, depuis quelques années avant l'arrivée des Français, résidaient plusieurs beys proscrits, était devenue par cela même un lieu de consommation assez considérable, et le centre du commerce de l'Égypte avec les tribus d'Arabes *A'bâbdeh* et *Bicharyeh*, qui possèdent les déserts limitrophes. Ces Arabes viennent chercher des grains, et particulièrement du riz, du fer, et les autres métaux dont ils ont besoin, au marché d'Esné, qui se tient toutes les semaines; des toiles de coton et de lin, des ustensiles grossiers, quelques robes de drap, etc. Ils y vendent en échange des chameaux et des esclaves noirs qu'ils ont enlevés aux caravanes qui traversaient leurs déserts, ou qu'ils ont été chercher eux-mêmes dans l'intérieur de l'Afrique; ils y apportent aussi la gomme qu'ils recueillent sur les acacias de ces déserts : ils réduisent en charbon le bois de ces arbres, et transportent ce charbon dans le village de Redesyeh, où il est acheté par des marchands d'Esné, qui l'expédient sur le Nil pour le Kaire et pour d'autres villes de l'Égypte.

Les *fellâh* des environs apportent à ce marché du beurre, du fromage, des grains, des poules, des pigeons, des légumes, de la laine, du coton en bourre et du coton filé; ils y exposent en vente des bœufs, des buffles, des chameaux, des ânes, des moutons et des chèvres. En général, tous les habitans de la partie la plus méridionale de l'Égypte viennent s'approvisionner à Esné de toutes les marchandises qu'on y envoie du Kaire, et ces marchandises consistent principalement en fer, plomb, cuivre, savon et riz, etc., en draps d'Europe de diverses qualités et en étoffes de Syrie. Cette ville sert aussi d'entrepôt à quelques objets importés par la caravane de Sennâr, tels que des plumes d'autruche, de l'ivoire, de l'ébène, de jeunes esclaves des deux sexes : mais ces esclaves n'y demeurent que le temps nécessaire pour se reposer et se rafraîchir ; on se hâte de les expédier au Kaire par le Nil.

On envoie également au Kaire, et par la même voie, de l'huile de laitue en assez grande quantité, un peu d'huile de carthame, une petite quantité de blé et d'autres grains, des dattes, du charbon, du séné et de l'alun.

Le *qantâr* d'huile est de cent vingt-deux *rotl* : pour le fret du *qantâr*, on paye 40 parats depuis Esné jusqu'au Kaire, villes qui sont éloignées l'une de l'autre de soixante-six myriamètres environ.

On appelle *medd* une unité de mesure particulière usitée dans le commerce des dattes sèches que l'on tire de Syène et de la Nubie ; cette mesure de dattes, du poids de vingt *rotl*, se vend à Syène de 40 à 50 parats. Le poids du *qantâr* est de deux cent cinquante *rotl*; il coûte 80 parats de transport jusqu'au Kaire. Le commerce de dattes est très-considérable à Syène ; il y a des marchands qui en expédient, pour leur propre compte, jusqu'à quatre ou cinq mille *qantâr* par année.

Après les dattes sèches, le séné est l'objet le plus important du commerce de Syène. Cette plante croît spontanément dans le désert compris entre le Nil et la mer

Rouge, en descendant vers le sud à partir d'Esné. Les Arabes de la tribu des *A'bâbdeh*, qui récoltent cette plante, la scient à quelques décimètres au-dessus de terre, lorsqu'elle est en graine; ils la font sécher au soleil pendant deux jours; ils l'enferment ensuite dans des sacs ou grandes couffes de feuilles de palmier, et la transportent à dos de chameau jusqu'à Syène, où elle est achetée par cinq ou six marchands avec lesquels ces Arabes correspondent.

Le prix d'une charge de chameau de séné est à Syène, dans les ventes qu'en font les Arabes, de 5 à 6 sequins *zer-mahboub* de 180 médins chacun.

Le commerce du séné, en Égypte, n'était point un commerce libre; les beys s'en étaient rendus maîtres, et avaient affermé le privilége exclusif de le faire : le prix annuel de cette ferme ou de cette *palte* était de soixante bourses. Le fermier, qui résidait au Kaire, était, au moment de l'expédition française, M. Carlo Rosetti, consul de Venise et d'Autriche.

Ce fermier avait transmis son droit à un sous-traitant résidant à Syène. Celui-ci achetait le séné des marchands turks qui en avaient traité avec les Arabes, en assurant à ces marchands un cinquième ou un sixième au moins de bénéfice; et il le cédait au fermier sur le pied de 15 pataques environ la charge de chameau.

Le séné brut, tel que les Arabes l'ont récolté, est expédié de Syène dans la saison de l'inondation, sur de grandes barques du Nil; on paye 30 parats de fret pour le transport d'une charge de séné jusqu'au Kaire. On en expédie annuellement, par cette voie, de huit cents à mille *qantâr*. C'est au Kaire, dans les magasins et sous la surveillance du fermier, que se fait le triage de cette marchandise suivant ses qualités. Après avoir subi cette préparation, le prix moyen du séné qu'on appelle *séné de la ferme* ou de la *palte*, est de 30 pataques le *qantâr* de cent *rotl*.

Nous avons déjà dit qu'une grande partie du charbon de bois consommé dans l'Égypte moyenne et au Kaire était fabriquée par des Arabes qui habitent le désert, sur la rive droite du Nil, à trois ou quatre journées de ce fleuve. Les facteurs de quelques marchands d'Esné, qui font exclusivement ce commerce, l'achètent de ces Arabes, qui l'apportent à Redesyeh.

Le charbon se vend, sur ce point, de 90 à 120 parats la charge de chameau; on paye de fret 30 parats du *qantâr*, pour le transport de cette denrée jusqu'au Kaire, où il en est expédié chaque année trois à quatre mille *qantâr*, dont chacun se vend communément, sur le marché de cette ville, deux *zer-mahboub* ou 360 parats.

L'alun est un objet de commerce pour le village de Goubânyeh, situé sur la rive gauche du Nil, à quatre heures de chemin au-dessous de Syène. Les habitans de ce village et ceux de quelques villages voisins, réunis à quelques Arabes *A'bâbdeh*, forment une caravane qui va une fois tous les ans chercher de l'alun dans le désert, à dix journées de chemin de Goubânyeh. Cette caravane est composée de trente ou quarante hommes, et d'une cinquantaine de chameaux; elle se dirige vers le sud-ouest, et marche pendant dix jours dans des montagnes de grès; elle trouve au-delà une grande plaine sablonneuse, à travers laquelle la route se prolonge en descendant par une pente douce vers l'endroit où se trouve l'alun. Ce sel est disposé en une seule couche, dont l'épaisseur varie de 2 à 15 pouces; elle est recouverte du lit de sable qui forme lui-même la surface du sol, et qui peut avoir 6 ou 8 pouces de hauteur : ce sable est sec et pulvérulent. L'alun repose sur un autre lit de sable humide, qui a la même saveur que l'alun, et dont l'épaisseur est incertaine.

Cet alun est humide à l'instant de son extraction; on le casse en morceaux, et on le fait sécher au soleil pendant dix ou douze heures; ensuite on le met dans de grandes couffes de feuilles de palmier, que l'on transporte à dos de chameau jusqu'à Goubânyeh, où l'on vient le chercher de Qené, de Syout, du Kaire, de Mehállet el-Kebyr, et des autres endroits de l'Égypte.

L'extraction de l'alun dure deux jours, après lesquels la caravane se remet en route pour revenir à Goubânyeh. Ce voyage exige, comme on le voit, pour l'aller et le retour, de vingt-deux à vingt-cinq jours [1].

[1]. Voici quelques détails sur l'itinéraire de cette caravane. A deux lieues de marche de Goubânyeh, on trouve un puits au pied d'une montagne, en un lieu appelé *Gourgour*; trois jours après, on trouve encore quelques fontaines dans une vallée appelée *Dongoul*. A trois jours de marche de ces fontaines, on en trouve d'autres nommées *Élefy*. Enfin, vingt-quatre heures après, on trouve un puits creusé dans de la terre, désigné sous le nom de *Psafa*. L'eau de ce puits est très-douce : celle des autres n'est pas si bonne; mais cependant elle est plus douce que celle de la Gytah, station que l'on trouve sur la route de Qoçeyr.

Ces détails sur l'extraction de l'alun et le lieu où il se trouve m'ont été donnés à Syène, par un habitant de Goubânyeh, qui va tous les ans, avec la caravane, chercher ce sel dans le désert. Un fait que j'ai eu occasion d'observer, fournit, je crois, le moyen d'expliquer par analogie la formation de cette couche de sul-

Les provisions de la caravane de Goubânyeh consistent en biscuit, en lentilles, en beurre et en farine. On trouve en chemin des buissons dont le bois sert de combustible : on emporte du *dourah* et de l'orge pour la nourriture des chameaux.

L'alun rendu à Goubânyeh se vend aux marchands qui viennent l'y chercher, de 50 à 60 parats le *medd*, mesure qui, pour cette marchandise, est équivalente à un dixième d'*ardeb* du Kaire.

fate d'alumine au milieu des sables.

La partie des ruines de Thèbes sur laquelle se trouve aujourd'hui le village de Karnak, offre une suite de monticules de terre extrêmement friable, provenant de la destruction des briques crues, dont il paraît que les édifices particuliers de cette ville étaient construits, et des décombres de toute espèce qui y ont été accumulés à différentes époques. On trouve, au pourtour de ces monticules, une petite couche de natron et de muriate de soude, de 3 ou 4 centimètres d'épaisseur, à 15 ou 20 centimètres au-dessous de la surface du sol, dont elle suit les inflexions en tout sens jusqu'à une certaine hauteur, passé laquelle on ne trouve plus ces deux sels en couche continue, quoique la masse entière de ces décombres en contienne partout plus ou moins, que l'on pourrait obtenir en lessivant.

Pour concevoir la formation de cette couche saline, il faut observer que les monticules des ruines dont il s'agit s'élèvent au-dessus d'une plaine ordinairement submergée pendant le débordement du Nil : alors l'eau qui en baigne le pied, les pénètre à leur partie inférieure, et, s'élevant au-dessus de son niveau, comme dans les tuyaux capillaires, dissout les sels contenus dans les décombres, et s'en charge à mesure qu'elle monte : mais son ascension a un terme ; et il arrive que, la surface de ces ruines étant considérablement échauffée par le soleil, les sels commencent à se cristalliser, lorsque l'eau qui en est chargée est parvenue assez près de cette surface pour que la chaleur extérieure produise son évaporation à travers le sol. Il se forme aussi une couche de sel, qui devient annuellement d'autant plus épaisse que la plaine reste plus long-temps inondée.

Il me semble qu'on peut expliquer de la même manière la formation de la couche d'alun que les habitans de Goubânyeh exploitent dans le désert. Des eaux tenant ce sel en dissolution filtrent à travers le sable de bas en haut ; et elles viendraient s'écouler à la surface du sol, si, à 8 ou 10 pouces de cette surface, le sable n'était pas déjà assez échauffé par la chaleur extérieure du soleil pour opérer l'évaporation de ces eaux à mesure qu'elles arrivent.

Une partie des productions de la contrée la plus méridionale de l'Égypte, que nous venons d'indiquer, est payée en marchandises expédiées du Kaire en retour. Celles-ci consistent principalement en toiles de lin, en draps, en étoffes de Syrie, en savon, riz, fer, cuivre, plomb et sel.

Il n'y avait point de droits d'entrée établis sur ces différens objets à Esné, qui en était l'entrepôt. Le gain le plus ordinaire des marchands de cette ville est de 10 à 20 pour cent : c'est aussi le taux de l'argent prêté à Syène; cet intérêt est communément de 10 à 11 pour cent.

Le Nil offre une voie si commode pour communiquer du midi au nord de l'Égypte, qu'il n'est point étonnant que le commerce intérieur de cette contrée ait suivi cette voie depuis un temps immémorial : aussi ce fleuve est-il couvert de barques grandes et petites qui le parcourent sans cesse. Celles de la haute Égypte sont, pour la plupart, comme nous l'avons déjà dit, montées par des bateliers des environs de Syène et de Philæ, ou même par des *Barâbras*, qui, ne trouvant pas à vivre chez eux, naviguent sur le Nil une partie de l'année, et rapportent pour l'entretien de leurs familles le produit de leurs gages, soit en argent, soit en objets de première nécessité.

Il faut ajouter, indépendamment de l'extrême économie qu'on trouve à transporter par eau tous les objets du commerce intérieur de l'Égypte, que cette voie est beaucoup plus sûre que la voie de terre. Le défaut presque absolu de police, le peu de largeur de la vallée, et les habitudes des Arabes qui la bordent, exposeraient à leurs rapines les denrées que l'on transporterait par terre, tandis que les grosses barques qui en sont chargées, et qui, outre les bateliers de leurs équipages, portent ordinairement un certain nombre de voyageurs, sont un peu plus à l'abri du pillage.

Toutes les villes situées sur le Nil, et même certains villages, sont des lieux de stationnement pour les barques, qui y prennent ou qui y déposent leurs chargemens pendant la saison de l'inondation. Lorsque les canaux dérivés du fleuve sont navigables, ils servent à transporter par eau sur ces ports, au moyen de barques plus petites, les productions de l'intérieur des terres. Pendant le reste de l'année, ces transports s'effectuent à dos de chameau ou à dos d'âne.

En descendant d'Esné par le Nil, la ville de Qoùs, l'ancienne *Coptos*, est le lieu le plus considérable que l'on rencontre : c'est l'entrepôt des blés et autres grains destinés à être embarqués pour l'Arabie, au port de Qoçeyr sur la mer Rouge. On expédie aussi de Qoùs, pour le Kaire, une grande quantité de châles de laine blancs, de la qualité de ceux que l'on fabrique à Qené.

C'est au marché de cette dernière ville, qui se tient une fois par semaine, et dans les magasins qui y sont établis, que l'on s'approvisionne des denrées du pays et des marchandises d'Europe, que les caravanes transportent à Qoçeyr.

On expédie de Qené au Kaire des toiles de coton, de l'huile de laitue, des blés et autres grains; enfin une grande quantité de ces vases de terre réfrigérans connus sous le nom de *bardaques* : ce sont les plus estimés de tous ceux de la même nature qui se fabriquent en Égypte.

En général, il se tient tous les huit jours, dans chaque ville de la haute Égypte, un marché où les habitans des villages voisins viennent vendre leurs denrées et les étoffes qu'ils fabriquent ; ce qui n'en est point consommé sur les lieux, est exporté par des marchands qui en font le commerce. Ainsi les sucres de Farchyout, d'Akhmym et de Girgeh, les safranons de Tantah, les toiles de lin de Syout, sont expédiés pour le Kaire, de même que les blés, les féves, les lentilles, et les huiles de lin, de carthame et de colza. Toutes les productions du sol, et les divers objets de fabrication dont nous avons parlé en traitant de l'agriculture et de l'industrie de la haute Égypte, sont échangés contre des marchandises qui viennent du Kaire ; et, à moins que des circonstances particulières ne les provoquent, cet échange n'éprouve que de légères variations dans les matières qui en sont l'objet.

Il se tient dans la ville de Médine, capitale du Fayoum, un marché considérable, où les Arabes qui sont établis aux confins de cette province, viennent s'approvisionner de ce dont ils ont besoin pour le genre de vie qu'ils mènent : ils y vendent des chameaux qu'ils élèvent, et des dattes qu'ils vont recueillir dans les oasis. Ces Arabes se distinguent du reste de la population qui fréquente les marchés, par l'espèce de vêtement qu'ils portent, et par la lance dont ils sont toujours armés, même quand ils marchent à pied. Les *felláh* viennent y vendre non-seulement leurs fruits et leurs légumes, mais encore les châles de laine qu'ils fabriquent.

Ceux qui approvisionnent les marchés des villes de l'Égypte, payent la permission d'y exposer leurs denrées en vente. Le droit de bazar était perçu au profit des beys, ou des *kâchef* gouverneurs, qui l'affermaient à des traitans. Le prix de la ferme des droits de bazar, à Médine, était de 140000 médins, et le fermier en percevait au moins 170000, d'après un tarif qui réglait la quotité du droit suivant la nature de la marchandise : ainsi il était de dix médins par *ardeb* de blé, et nul sur les cotons filés, les toiles de coton et les toiles de lin. Le paiement de l'impôt qui était acquitté par la corporation des tisserands, affranchissait apparemment de toute autre charge imposée par le fisc l'ouvrage qui sortait de leurs mains pour être mis en vente. L'intérêt de l'argent, dans le Fayoum, était ordinairement de 10 pour cent.

La ville du Kaire, que l'on peut regarder comme le centre le plus important des consommations de l'Égypte, reçoit des denrées de toutes les provinces, et les paye, comme nous l'avons déjà dit, en argent ou en marchandises d'Europe. La vente de ces denrées se fait sur des marchés qui se tiennent régulièrement certains jours de la semaine, ou dans des bazars affectés au débit de chacune d'elles. L'indication de ces bazars, qui sont assez nombreux, fera partie de la description topographique du Kaire. Nous nous bornerons à dire ici que les légumes et généralement tous les comestibles, le charbon et même le bois à brûler, se vendent au poids, comme le pain et la viande. Ce mode, adopté sans doute pour prévenir la fraude dont les acheteurs pourraient être dupes si les vendeurs employaient un autre moyen de constater leurs livraisons, ne remplit pas toujours son but; la vente à faux poids est un acte assez ordinaire des marchands de comestibles et d'autres menues denrées : aussi la répression de ce délit est-elle une des attributions les plus importantes de l'un des *aghâ* chargés de la police de la ville; il fait à l'improviste des tournées dans les différens marchés. Cet aghâ, à cheval, est précédé d'un de ses employés, qui porte une grande balance avec des poids étalonnés; il est suivi d'une nombreuse escorte de serviteurs armés de bâtons. Si quelque acheteur le rencontre et manifeste quelque doute sur l'exactitude des pesées de la marchandise dont il a fait emplette, l'aghâ se fait conduire à la boutique du vendeur; le porteur de la balance procède sur-le-champ et en public à la vérification du poids des objets vendus; et, s'il demeure constant par cette vérification qu'ils n'ont pas le poids qui en a été payé, le marchand reçoit la bastonnade devant sa propre boutique, où, après avoir subi cette peine, il est reconduit par ses voisins, qui lui témoignent ordinairement, à cette occasion, beaucoup d'intérêt, soit qu'ils aient déjà reçu de lui le même service, soit qu'ils prévoient se trouver d'un instant à l'autre dans le cas de le recevoir.

Cette police des marchés s'exerce probablement de la même manière dans les grandes villes de l'Égypte, mais avec moins d'appareil qu'au Kaire.

C'est au marché de Menouf, qui se tient une fois par semaine, que les tisserands des campagnes portent leurs toiles : elles y sont achetées par des marchands de cette ville, qui les expédient pour le Kaire, Rosette et Alexandrie. Cette exportation de toiles de Menouf s'élevait, chaque année, à plus de cent cinquante mille pièces. Des marchands d'Achmoun et du Kaire parcouraient encore les villages de la province de Menoufyeh, et y achetaient une assez forte partie des toiles qu'on y fabriquait.

Indépendamment des toiles qu'on apporte au marché de Menouf, ce marché est abondamment fourni de laine, de lin en étoupe, de fil de lin, de poteries de toute espèce, de graines, de légumes secs et verts, et notamment de racine de colocase, que l'on cultive spécialement à Chybyn et dans les environs.

La ville de Tantah, que les voyageurs européens avaient peu visitée avant l'expédition française, est la plus commerçante de l'intérieur du Delta. Outre qu'elle est située dans un territoire extrêmement fertile, et dont les habitans exercent leur industrie sur le lin, qui y croît en abondance, elle est encore le siége de foires annuelles très-renommées. Ces foires, comme la plupart de celles qui se tiennent en Orient, doivent leur origine à la dévotion superstitieuse des musulmans.

Le tombeau d'un santon célèbre, appelé *Seyd Ahmed el-Bedaouy*, est, dans la principale mosquée de Tantah, l'objet d'une grande vénération; on y allait en pélerinage à deux époques différentes de l'année, à l'équinoxe du printemps, et au solstice d'été.

Voici ce qu'on rapporte de particulier sur Ahmed el-Bedaouy : il naquit à Fez en Barbarie, l'an 596 de l'hégire; il vint en Égypte avec sa famille, en se rendant à la Mekke : il était alors âgé de onze ans.

A son retour de la Mekke, il s'arrêta à Tantah, où il vécut jusqu'à l'âge de soixante-dix-neuf ans; sa conduite lui fit acquérir la réputation d'un saint, et après sa mort on construisit un petit monument sur son tombeau, que les musulmans vinrent visiter par dévotion.

Vers l'année 660 de l'hégire, le sultan Seyd Bybars fit bâtir la mosquée que l'on voit aujourd'hui à Tantah : elle fut embellie depuis par Isma'yl-bey Ebn-Ayouâz, il y a près d'un siècle; et enfin par A'ly-bey, il y a cinquante ans environ.

Cette mosquée a de grands revenus; elle possède un village de cinq cents *feddân*, appelé *Qahâfeh* : elle possédait en outre, dans la ville de Tantah, un *okel*, un bain, et l'endroit où l'on réduit le café en poudre; elle recevait de plus beaucoup d'*ex-voto* des habitans des diverses parties de l'Égypte.

Les foires qui se tenaient à Tantah pendant la fête du santon, étaient franches de tout droit perçu au profit du Gouvernement; la police en était faite par deux *kâchef*, l'un de la province de Menoufyeh, l'autre de la province de Gharbyeh.

Le jour de la fête était annoncé à toute l'Égypte par des courriers qui portaient un firman du pâchâ dans les sept provinces de l'Égypte; savoir, le Sa'yd, les provinces de Gyzeh, de Bahyreh, de Menoufyeh, de Gharbyeh et des deux *Charqyeh*.

On compte à Tantah dix ou douze *okels* destinés à différentes villes de l'Égypte et à différentes nations mahométanes. Outre ces *okels*, il y a encore, dans diverses rues, des loges qui étaient louées aux marchands forains : toute la campagne autour de la ville était couverte de tentes.

Les objets de commerce que l'on débitait à Tantah, consistaient en bétail de toute espèce, en toiles de lin et de coton. Des marchands du Kaire et d'Alexandrie y apportaient des marchandises d'Europe et de l'Inde.

Il se tient aussi dans une autre ville assez considérable de l'intérieur du Delta, appelée *Mehallet-Marhoum*, un marché très-fréquenté à cause des toiles qu'on fabrique dans cette ville et aux environs.

Il faut être prévenu, au surplus, que ces marchés tenus dans les villes et les villages du Delta ne sont pas toujours très-sûrs, parce que les habitans qui les fréquentent, et les Arabes des provinces voisines, sont, comme nous l'avons dit ailleurs, partagés en deux factions ennemies, qui se font mutuellement le plus de mal qu'elles peuvent, et qui en viennent aux mains partout où elles se rencontrent.

Après les divers endroits que nous venons de citer comme les principaux marchés du Delta, il faut compter la ville de Semennoud, que sa position sur la branche orientale du Nil rend l'entrepôt naturel des marchandises étrangères qui sont importées en Égypte par Damiette, telles que le fer, le goudron, le charbon ; c'est aussi le point de communication entre les provinces de la rive droite du Nil et celles de sa rive gauche.

Les villes de Rosette et de Damiette n'ont point, à proprement parler, de marchés pour le commerce intérieur; mais ce sont des entrepôts pour le commerce des nations d'Europe et des peuples de la Syrie : nous aurons occasion d'y revenir.

Sur la branche orientale du Nil et à peu de distance au-dessous de Semennoud, la ville de Mansourah est un entrepôt d'où partent pour le Kaire, Damiette et Rosette, une partie du coton récolté dans la province, du beurre, du fromage, de l'huile de sésame, et du lin. Toutes ces denrées sont des produits du pays, qui étaient autrefois emmagasinés dans une trentaine d'*okels* destinés aussi à recevoir les marchandises du dehors.

Il se fait sur la frontière de l'Égypte, du côté de la Syrie, par la voie des tribus d'Arabes qui y sont établies, un commerce de contrebande de la plupart des objets dont l'entrée et la sortie sont prohibées, ou qui payent des droits trop considérables aux douanes du Kaire ou de Damiette.

L'activité du commerce intérieur de l'Égypte ne pourrait manquer de s'accroître, si l'on rendait praticables et sûres les diverses communications d'un lieu à un autre : mais la police ne s'étend pas au-delà des marchés des villes; et les mœurs des Arabes et l'ignorance des *felláh* n'offrent aucune garantie pour la sûreté des denrées qui traversent leur territoire. Il faut, pour obtenir cette garantie, quand les marchands voyagent par terre, qu'ils se réunissent en petites caravanes; et, lorsque la saison des hautes eaux leur permet de naviguer, ils courent encore les risques d'être dépouillés par les habitans de certains villages des bords du Nil, lesquels ne vivent que des vols et des brigandages qu'ils exercent sur les bateaux chargés de marchandises qui passent à leur portée. L'établissement d'un meilleur ordre de choses pour la sûreté des chemins ne contribuerait pas seulement à la prospérité du commerce intérieur, mais, en facilitant l'approvisionnement des ports de l'Égypte en productions du pays, il contribuerait encore à l'extension de son commerce extérieur, dont il nous reste à parler.

Nous indiquerons dans autant de sections séparées les relations commerciales de l'Égypte avec l'intérieur de l'Afrique, avec l'Asie et avec l'Europe.

Mais, avant d'entrer en matière, il convient de remarquer que, dans ces relations diverses, la pataque de 90 médins ne sert pas exclusivement d'unité monétaire, comme dans les marchés que contractent entre eux les Égyptiens. L'évaluation de leurs transactions avec les marchands étrangers s'exprime quelquefois en unités monétaires différentes, suivant la nature des objets dont ils traitent et le pays d'où ils viennent ou dans lequel on les envoie.

Les principales unités monétaires employées dans le commerce extérieur de l'Égypte moderne, sont,

Le sequin *zer-mahboub* du Kaire, de 120 médins (valeur nominale), ou de 180, suivant le tarif qui régla la valeur des diverses monnoies pendant l'expédition;

Le sequin de Constantinople, de 200 médins;

Le fondoukli, de 146 médins;

La pataque *dahaby* ou demi *zer-mahboub*, de 60 médins (valeur nominale);

La piastre de Turquie, de 40 médins;

La piastre d'Espagne, de 150 médins;

Le thaler ou thalari, également de 150 médins;

Enfin le sequin de Venise, de 340 médins.

SECTION II.

Des relations commerciales de l'Égypte avec l'intérieur de l'Afrique.

Les Arabes qui habitent les bords du désert Libyque, depuis Syout jusqu'au Fayoum, vont faire tous les ans, dans les oasis, une récolte de dattes qu'ils viennent échanger sur différens marchés contre des denrées ou des vêtemens à leur usage. Une tribu particulière de la province de Bahyreh va chercher le natron aux lacs de ce désert. Enfin nous avons dit plus haut qu'une tribu d'Arabes faisait la récolte du séné au-dessus de Syène, et l'apportait dans cette ville; mais, quoique ces divers objets proviennent de différens endroits plus ou moins éloignés de la vallée du Nil, comme les Arabes qui se livrent à ce commerce d'échange sont en quelque sorte fixés sur la limite qui sépare l'Égypte du désert, nous avons regardé ce commerce comme une branche de celui qui se fait de ville à ville, ou de village à village.

Il n'en est pas de même du commerce que font les

caravanes qui, partant de divers endroits de l'intérieur de l'Afrique à des époques fixes de chaque année, restent plusieurs semaines et quelquefois plusieurs mois en chemin, pour se rendre en Égypte.

Les principales de ces caravanes sont celles de Dârfour, de Sennâr, de Fezen. Nous allons entrer successivement dans quelques détails relatifs à chacune d'elles.

§. I. *Caravane de Dârfour.*

IMPORTATIONS.

Pendant le séjour que je fis à Syout, en 1799, la caravane de Dârfour passa par cette ville, et je reçus de l'un des principaux marchands qui en faisaient partie, les renseignemens qui suivent.

Cette caravane apporte en Égypte de l'ivoire, du tamarin, des outres de cuir de chameau, quelques peaux de tigre, de la gomme, etc.; mais son principal commerce consiste en esclaves noirs. Ce sont des enfans des deux sexes, dont les uns sont dérobés dans les villages du royaume de Dârfour par des gens qui font métier de ces sortes d'enlèvemens, et dont les autres appartiennent aux prisonniers de guerre que l'on a réduits en esclavage. Ces enfans se vendent au Kaire de 40 à 60 piastres d'Espagne.

Les marchands de cette caravane que j'ai interrogés, disent que la ville de Dârfour est éloignée de Syout de quarante journées de marche, à travers un désert où l'on trouve de l'eau de distance en distance.

Ils assurent que l'on cultive le blé dans leur territoire, et qu'il y a des pluies fréquentes dont les produits sont conservés dans des citernes.

A ces renseignemens je vais en ajouter d'autres beaucoup plus étendus, que j'ai reçus au Kaire de celui qui est chargé de la vente des esclaves de Dârfour, en qualité de facteur général des *gellâby,* dénomination sous laquelle on désigne les marchands de cette caravane.

Outre les jeunes esclaves des deux sexes qu'elle amène en Égypte, elle y apporte des dents d'éléphant; du *tamar Hendy,* ou pains formés de fruits de tamarin écrasés et séchés; de la gomme arabique; du *tchichm*[1], petite semence noirâtre qui, réduite en farine, est employée extérieurement dans l'ophthalmie; des *kourbâg,* ou lanières de cuir d'hippopotame, servant de cravaches aux cavaliers; des plumes d'autruche, des outres faites de cuir de bœuf ou de chameau, du natron et de l'alun.

La ville de Dârfour n'est guère connue jusqu'à présent que par les relations de ces marchands. Ils disent, et probablement avec l'exagération qui leur est naturelle, que cette ville est aussi grande et aussi peuplée que le Kaire. Ils ajoutent que les habitans d'une grande partie de l'intérieur de l'Afrique viennent y vendre ou échanger les différentes denrées dont nous venons de faire mention; mais ce sont des habitans de cette ville seulement qui en effectuent le transport en Égypte.

Les esclaves, objet le plus important de ce commerce, sont pour la plupart, comme on l'a déjà dit, des pri-

---

[1] *Cassia absus*, Lin. *Voyez* la Notice sur les médicamens usuels des Égyptiens, par M. Rouyer, *É. M.*, tom. xi, pag. 429.

sonniers faits dans les guerres continuelles qui divisent entre elles les nations de l'intérieur de l'Afrique voisines de Dârfour : ce sont quelquefois des familles enlevées en pleine paix des villages qu'elles habitent. Ces prisonniers, des deux sexes et de tout âge, sont conduits au marché de Dârfour : le souverain de ce royaume commence par en prélever le cinquième; un autre cinquième appartient au chef de sa milice : il ne reste à la disposition des capteurs que les trois derniers cinquièmes.

Les hommes faits sont vendus, à Dârfour, à des particuliers qui les emploient aux travaux domestiques.

Ceux qui sont échus dans le partage du roi, sont envoyés en un lieu de l'intérieur de l'Afrique, appelé *Karaktyn Dâr el-Sa'yd*, situé à vingt journées de chemin de Dârfour. C'est une espèce de colonie : on les y marie à des femmes esclaves. Le dixième de leurs enfans, et le dixième du produit de leurs récoltes, qui consistent en millet et en *dourah*, appartiennent au souverain, qui envoie tous les ans un de ses capitaines pour lever ce tribut [1].

Suivant les rapports des *gelláby*, on ne se sert pas de monnoie métallique à Dârfour : la valeur des objets importans dont on traite, est stipulée en esclaves; et la valeur ordinaire d'un esclave est représentée par quatre ou cinq pièces de toile de lin de Syout, ou de toile de coton de Mehallet el-Kebyr.

Comme le chemin de Dârfour en Égypte se fait à tra-

[1] Un fils du roi de Dârfour vint au Kaire, il y a environ vingt-cinq ans (ceci était écrit en 1800); il avait, disent les marchands de la caravane, amené avec lui 12000 hommes et 24000 chameaux, dont une grande partie resta dans le Sa'yd.

vers un désert où l'eau est excessivement rare, la caravane qui vient au Kaire chaque année, se partage en deux corps, qui se mettent en route à quelques jours d'intervalle l'un de l'autre : ainsi les puits qui se trouvent épuisés immédiatement après le passage du premier corps, peuvent se remplir de nouveau pendant le temps qui s'écoule jusqu'au passage du second.

Chacune de ces caravanes est composée d'environ cinq mille chameaux. Elles mettent ordinairement de quarante à cinquante jours pour arriver à Syout : elles s'arrêtent dans le désert partout où elles trouvent de l'eau; mais ces points sont ordinairement éloignés entre eux de quatre ou cinq jours de marche, quelquefois même de dix. Quand ces caravanes sont obligées de s'arrêter dans des endroits où il n'y a pas de puits, elles s'abreuvent avec la provision d'eau dont les chameaux sont chargés.

Ce transport d'eau pour l'approvisionnement journalier d'une caravane emploie le tiers du nombre total des chameaux dont elle est composée; un quart de ce nombre total transporte les autres provisions de bouche; un huitième seulement sert au transport des marchandises proprement dites; le reste est réservé pour porter les malades, la charge des chameaux blessés, et celle des chameaux qui meurent en route.

La caravane de Dârfour s'arrêtait dans le désert en un lieu appelé *Beyrys*; c'est un village considérable, situé à douze journées de marche de la ville de Syout : elle était obligée d'y attendre le kâchef envoyé par les beys pour la reconnaître. Le cheykh de Beyrys était responsable de la caravane, jusqu'à ce qu'elle eût reçu la permission de poursuivre sa route vers l'Égypte.

A six journées de Syout, elle s'arrêtait encore dans un autre village appelé *Khargeh*. Le kâchef y faisait dresser le compte des droits qu'elle devait acquitter, tandis que le conducteur de cette caravane faisait entre les divers marchands la répartition de ces droits; mais ils n'étaient acquittés qu'à une demi-lieue de Syout, dans un endroit où la caravane s'arrêtait pour la dernière fois, et où elle vendait assez de marchandises pour se procurer les fonds nécessaires à l'acquittement de ces droits. Ce n'était qu'après les avoir payés en entier qu'il lui était permis de descendre au-dessous de Syout.

Suivant l'usage général de l'Orient, où l'on entre en négociation d'affaires par des présens mutuels, il était offert, de la part du roi de Dârfour, au kâchef qui venait reconnaître la caravane à Beyrys, deux esclaves et deux chameaux, et à Khargeh, au moment même du réglement des droits de douane, un présent double, c'est-à-dire quatre esclaves et quatre chameaux. Le chef de la caravane recevait en retour, du kâchef, de la part du bey gouverneur de la province de Syout, un habillement complet.

Les droits qu'on levait sur la caravane de Dârfour, à son entrée en Égypte, étaient, par tête d'esclave, de 4 sequins *zer-mahboub*, et de 2 sequins par tête de chameau; le kâchef percevait aussi un droit de 9 médins par esclave et de 4 médins par chameau.

Il vient annuellement de Dârfour en Égypte cinq ou six mille esclaves, dont les quatre cinquièmes sont des femmes. Elles ont depuis six à sept ans jusqu'à trente et quarante; le plus grand nombre est de dix à quinze ans.

Chaque caravane est sous la conduite d'un homme qui appartient au roi de Dârfour, et qui est attaché à sa maison. Ce conducteur reçoit pour salaire, de chacun des marchands qui la composent, 23 parats par tête de chameau et 45 par tête de nègre.

Les marchands et les gens à leurs gages, comme les chameliers et autres valets, sont ordinairement au nombre de quatre ou cinq cents.

Les caravanes de Dârfour, avant de venir au Kaire, restent quelque temps à Syout, à Beny-A'dyn, à Manfalout, et dans les environs, où elles vendent une partie de leurs marchandises.

Le prix réduit des esclaves est, année commune, de 35 *zer-mahboub*.

La valeur de ceux que l'on fait eunuques est ordinairement double ou triple : voilà pourquoi les conducteurs de la caravane de Dârfour s'arrêtent à Aboutyg, petite ville de la haute Égypte, où il se trouve des barbiers habitués à châtrer les enfans. Au surplus, on ne fait subir cette opération qu'à des enfans qui n'ont pas plus de huit ou dix ans. On peut lire sur ce sujet ce qu'en a écrit le docteur Frank, dans le mémoire où il traite du commerce des nègres en Égypte [1].

La caravane de Dârfour apportait ordinairement au Kaire cent cinquante charges de chameau de dents d'éléphant; la charge est de 3 *qantâr*, de 110 *rotl* l'un. Le

---

[1] *Collection de mémoires sur l'Égypte*, tom. IV, édition de P. Didot, an XI.

qantâr se vend de 30 à 60 fondouklis, suivant la grandeur et la beauté de l'ivoire.

Elle apportait en outre 600 *qantâr* environ de *tamar Hendy* (*tamarindus Indica*), dont le *qantâr* de 110 *rotl* se vend de 15 à 30 pataques;

De 1000 à 2000 *qantâr* de gomme arabique, du poids de 150 *rotl* et du prix de 20 fondouklis;

Environ 600 *qantâr* de *tchichm;* le prix du *qantâr* de 110 *rotl* est de 20 pataques.

Elle apportait encore deux ou trois cents *kourbâg*, qui se vendent ordinairement de 45 à 60 médins la pièce.

Les plumes d'autruche importées en Égypte par la caravane de Dârfour se vendent au poids, et la quantité peut s'en élever de 20 à 30 *qantâr* : les blanches sont les plus estimées, et les plus belles de celles-ci montent quelquefois jusqu'à 1500 pataques le *qantâr;* celles de moindre qualité, qui sont les noires, ne se vendent guère que 200 pataques. Cette espèce de marchandise est transportée de Dârfour en Égypte dans des sacs de cuir : elle n'est achetée au Kaire que par des Juifs ou des chrétiens, qui la font passer presque en totalité en Europe.

On se sert en Égypte de la corne de rhinocéros pour faire des poignées de sabre ou de poignard. Les Turks, et particulièrement les Mamlouks, ont le préjugé qu'elle donne du courage à celui qui tient à la main l'arme où elle est ainsi employée; c'est ce qui en élève plus ou moins la valeur, selon qu'elle est plus ou moins rare. Il en venait annuellement deux mille, dont chacune se vendait de 5 à 7 pataques : elles sont montées jusqu'à 15 pendant l'expédition française.

La caravane de Dârfour introduit en Égypte environ quatre mille paires d'outres faites de cuir de bœuf ou de chameau; chaque paire d'outres se vend de 10 à 12 pataques.

Il faut ajouter à ces diverses importations celle de 1000 *qantâr* de natron; le *qantâr* de 120 *rotl* se vend de 14 à 15 pataques[1].

La caravane de Dârfour recueille, chemin faisant, dans le désert qu'elle traverse pour se rendre au Kaire, une certaine quantité d'alun qu'elle y apporte. Il paraît, d'après les renseignemens qui m'ont été donnés à ce sujet par Hâggy-sultân, cheykh des *gellâby*, qu'on l'extrait, comme le natron, du fond de quelques lacs où il se cristallise; on en retrouve l'année suivante dans les mêmes endroits. Le poids de l'alun importé en Égypte par cette voie montait ordinairement à 200 *qantâr* de 150 *rotl* l'un, et du prix de 3 à 4 pataques.

Immédiatement après son arrivée en Égypte, où la plupart des marchandises que nous venons d'énumérer pouvaient être embarquées sur le Nil, la caravane de Dârfour tâchait de se débarrasser des chameaux qui lui devenaient inutiles; elle vendait ordinairement les seize ou dix-sept vingtièmes du nombre de ceux qu'elle avait amenés : le prix de ces chameaux, suivant leur âge et leur force, variait de 8 à 20 *zer-mahboub*.

---

[1] *Voyez* l'état général des marchandises importées en Égypte par la caravane de Dârfour pendant l'expédition française, dressé par M. Mercure-Joseph Lapanouse (*Mémoires sur l'Égypte*, t. IV, pag. 88, édition de Pierre Didot, an XI).

On conçoit que, les esclaves étant le principal objet des importations de cette caravane, il faut, pour le transport de l'eau et des autres provisions de bouche nécessaires à leur nourriture pendant le voyage, un nombre de chameaux beaucoup plus considérable que celui dont elle a besoin pour son retour.

Lors de son arrivée à Syout, elle payait au bey ou sangaq qui y résidait un droit de 4 *zer-mahboub* par tête d'esclave, et de 2 *zer-mahboub* $\frac{1}{2}$ par tête de chameau chargé ou non chargé. On percevait au vieux Kaire le droit d'une pataque et demie par chameau.

Enfin, à son entrée au Kaire, elle payait encore à la douane un *zer-mahboub* par tête d'esclave, et $\frac{1}{2}$ *zer-mahboub* pour l'usage ou location de l'*okel* ou marché où ils étaient exposés en vente.

EXPORTATIONS.

Les affaires de commerce que les caravanes de Dârfour traitent en Égypte, les obligent ordinairement d'y prolonger leur séjour pendant six ou huit mois; de sorte qu'il n'est pas rare d'en voir arriver une au Kaire avant le départ de celle qui l'a précédée.

Ces caravanes achètent, en retour des différens objets de leurs importations en Égypte, soit des productions de ce pays, soit des marchandises d'Europe, etc.

Parmi les productions de l'Orient, elles achètent des étoffes de soie et de coton d'Égypte et de Syrie, des toiles de lin et de coton du Delta et de Syout, d'autres étoffes appelées *alâgâ*, des mousselines et des châles blancs de l'Inde, des équipages de chevaux, des cottes d'armes, du café, du sucre, un peu de riz, et quelquefois un petit nombre de chevaux.

Parmi les marchandises d'Europe que la caravane de Dârfour se procure en Égypte, il faut placer au premier rang les verroteries de Venise, et spécialement celles dont les grains sont rouges, blancs et noirs; des anneaux de verre de diverses couleurs, destinés à servir de bracelets; des grains d'ambre et de corail, une certaine espèce de grelots destinés aussi à servir de parure aux femmes, du drap, du velours, des rasoirs, des limes, de l'étain, du plomb, du cuivre, des fusils et pistolets, des sabres et de la poudre à canon; enfin une espèce de coquillage appelée *cauris* (*cuprea moneta*), qui sert de petite monnoie dans l'intérieur de l'Afrique.

On conçoit que les quantités et les valeurs des marchandises qu'emportent les caravanes de Dârfour en s'en retournant, varient suivant les circonstances : il faut donc considérer les détails dans lesquels nous allons entrer comme les résultats moyens de plusieurs années.

Les pièces d'étoffe de soie et de coton appelées *qotny*, qui sont le premier objet des exportations faites par la caravane de Dârfour, s'élevaient au nombre de mille environ. Chacune de ces pièces, de 12 *pyk* de longueur, coûte de 10 à 15 pataques.

Le second objet de ces exportations consiste en vingt ou vingt-cinq mille pièces de toiles de Mehallet el-Kebyr: chacune, de 18 *pyk* de longueur, coûte 135 parats.

Le troisième objet, provenant des manufactures du pays, consiste en cent ou deux cents pièces de l'étoffe appelée *alâgâ*; le prix de chaque pièce est de 5 pataques:

on doit ajouter à cet article cinq à six mille pièces de toile de lin de Syout, de 27 *pyk* de longueur chacune, et du prix d'une pataque et demie.

Un quatrième article se compose de 2000 *qantâr* de *chybeh*, ou de tiges de feuilles d'absinthe (*artemisia judaïca*, Lin.), que l'on emploie comme médicament, ou comme parfum en les brûlant avec du bois d'aloès; le prix du *qantâr* de *chybeh* est de 2 pataques.

On sait que les Égyptiens et les Arabes posent la selle de leurs chevaux sur une pièce de feutre de laine plus ou moins épaisse, et pliée en plusieurs doubles; la caravane de Dârfour emporte environ trois cents de ces feutres, dont chacun se vend 90 médins.

Elle emporte aussi cent à cent cinquante cottes d'armes du prix de 50 *zer-mahboub*. Il paraît que les gens de guerre de cette partie de l'Afrique font usage aujourd'hui de cette arme défensive.

Quant aux marchandises de l'Inde et de l'Asie, celles qu'on exporte de l'Égypte par la caravane de Dârfour, sont,

Mille à deux mille pièces d'étoffe de soie, chacune de 6 à 8 pataques;

Environ huit cents pièces de mousseline, de 7 à 10 pataques la pièce;

Deux mille châles, de 5 à 6 pataques l'un;

Cinquante *qantâr* de café d'Yémen, chacun de 100 *rotl* et du prix de 20 à 25 piastres;

Enfin cent *qantâr* de sucre d'Égypte.

La caravane n'emporte de riz que pour ses besoins pendant la route.

Année commune, elle emmène cent chameaux chargés de verroteries de Venise; la charge de chameau de ces verroteries pèse 5 *qantár* de 105 *rotl* : le prix du *qantár* est de 12 *zer-mahboub*.

Elle emmène cinquante chameaux chargés de sembal ou *spica celtica* (*valeriana celtica,* Lin.); cette plante séchée vient de Trieste, et sert, entre autres usages, à composer avec de l'huile un onguent cosmétique : la charge est du poids de 2 *qantár* $\frac{1}{2}$ de 150 *rotl* l'un, et le prix du *qantár*, de 30 ou 32 pataques.

Elle exporte aussi d'Égypte, en marchandises d'Europe, 1°. 10 *qantár* de grains d'ambre (le poids du *qantár* de cette marchandise est de 100 *rotl*, et le prix du *rotl*, de 7 à 8 pataques); 2°. 4 *qantár* de grains de corail, dont le *rotl* se vend de 15 à 20 *zer-mahboub*; 3°. de cinq cents à mille mesures d'une espèce de petits grelots qui, de même que les deux articles précédens, sont consacrés à la parure des femmes de l'intérieur de l'Afrique; on les achète communément une pataque la mesure.

La caravane de Dârfour n'emporte point de draps en pièce, mais environ mille béniches toutes faites; il entre dans ce vêtement 4 à 5 *pyk* de drap, de 5 à 6 pataques le *pyk* : une de ces béniches revient communément à 30 pataques. Les couleurs les plus recherchées sont le rose, le vert, le rouge, le jaune, et toute autre couleur brillante; en général, les couleurs ternes et sombres ne conviennent point aux Africains.

Il faut ajouter aux draps mis en œuvre qui composent cet article, cinq cents *pyk* de velours, à 5 ou 7 *zer-mah-*

boub le *pyk*. Ce velours sert à vêtir les grands du pays, et à recouvrir la selle de quelques chevaux.

Les quincailleries dont la caravane de Dârfour se fournit en Égypte, consistent, 1°. en vingt caisses de rasoirs formant quatre mille paquets, d'un *zer-mahboub* chacun; 2°. en un millier environ de paquets de limes, dont l'un, composé de quatre limes, se vend 90 médins.

Elle emporte 200 à 500 *qantâr* d'alquifoux, ou mine de plomb sulfuré; le *qantâr* de cette matière est du poids de 140 *rotl*, et se vend de 6 à 10 pataques.

Les seuls métaux dont elle s'approvisionne au Kaire, sont l'étain, le plomb et le vieux cuivre : cet approvisionnement annuel consiste en 500 *qantâr* d'étain, au prix de 50 pataques; en 500 *qantâr* de plomb, au prix de 20 à 22 pataques; enfin en 1000 *qantâr* de vieux cuivre, au prix de 20 à 25 pataques. Ce dernier métal est remis en œuvre dans le pays de Dârfour pour faire des parures de femme.

Quant aux armes, la caravane achète seulement vingt ou trente fusils européens de 5 à 6 *zer-mahboub* la pièce, une vingtaine de pistolets, et environ cent lames de sabre de cavalier fabriquées en Allemagne; chaque lame se vend ordinairement 2 pataques : on les monte dans le pays.

Enfin elle emporte 50 *qantâr* de poudre à canon de la fabrique du Kaire, en cartouches toutes faites, à 1000 parats le *qantâr*.

Un chameau chargé de marchandises paye, en partant de Boulâq pour retourner à Dârfour, 38 parats de droit.

En général, les divers objets importés de Dârfour en Égypte y sont échangés contre d'autres marchandises :

sur une valeur de 1000 piastres en objets importés, 900 sont employées à cet échange; les 100 piastres restantes sont exportées en nature pour être transformées en bracelets et autres ornemens d'argent.

§. II. *Caravane de Sennâr.*

IMPORTATIONS.

Les marchands qui doivent composer cette caravane, se rendent par différentes voies, en suivant le bord du Nil, en une ville de Nubie appelée *Ibrym*. A partir de ce rendez-vous général, elle suit dans le désert la rive droite du fleuve, sur le territoire des Arabes *Bicharyeh*, qui habitent entre le Nil et la mer Rouge; et, comme il pourrait arriver que cette tribu pillât la caravane, celle-ci se fait escorter par une troupes d'Arabes *A'bâbdeh*, qui vient au-devant d'elle jusqu'à Ibrym, et qui la conduit jusqu'au village de Darâou, où elle débouche du désert dans la vallée d'Égypte.

Cette protection que les *A'bâbdeh* accordent aux caravanes de Sennâr, est payée à raison de 3 sequins *zermahboub* par tête d'esclave, et d'un sequin et demi par chameau chargé ou non chargé.

On voit, par un itinéraire de la caravane de Sennâr, que M. Lapanouse a publié dans le tome IV des *Mémoires sur l'Égypte*[1], qu'il faut dix-huit jours pour se rendre de Sennâr à Ibrym, et quinze jours pour aller d'Ibrym à Darâou.

---

[1] Imprimés en l'an XI, chez P. Didot.

La caravane de Sennâr, en passant sur le territoire qu'occupe la tribu arabe des *Bicharyeh*, donne cependant, à titre de présent, à chacun de ces Arabes qu'elle rencontre, une petite mesure de dattes, ou de farine de *dourah*.

Arrivée à Esné, elle paye à la douane, dont le gouverneur de la ville perçoit les revenus, 4 *zer-mahboub* par tête d'esclave, et 2 *zer-mahboub* par chameau, à l'exception de ceux qui sont chargés de plumes d'autruche et de dents d'éléphant, pour chacun desquels elle paye un droit extraordinaire de 5 *zer-mahboub* $\frac{1}{2}$.

Après avoir acquitté ces différens droits à Esné, et s'être rafraîchie dans cette ville pendant le temps nécessaire pour y vendre une partie de ses chameaux, la caravane de Sennâr s'embarque sur le Nil avec ses marchandises. Quand une fois ces marchandises sont embarquées, elles restent sous la garde d'un chef et d'une vingtaine des principaux marchands qui viennent jusqu'au Kaire; les autres marchands et les chameliers s'arrêtent à Daraôu ou à Esné, où ils attendent le retour de leurs compagnons.

Ces marchands, en passant à Manfalout, acquittent, par tête d'esclave des deux sexes, un droit de péage de 22 médins; à Minyeh, un droit de 12 médins seulement; enfin, à leur arrivée à Boulâq, un droit semblable de 10 médins.

La caravane de Sennâr est moins considérable que celle de Dârfour; mais il en arrive quelquefois plusieurs dans l'espace d'une année.

Les objets qu'elles importent en Égypte sont à peu

près les mêmes que ceux qu'y apporte la caravane de Dârfour : des esclaves mâles et femelles, de la gomme arabique, des plumes d'autruche, des dents d'éléphant, de la poudre d'or, des *kourbâg*, des outres de cuir de bœuf et de cuir de chameau, et de l'alun.

Le nombre des esclaves n'excède guère cent cinquante, dont les deux tiers sont des femmes : on compte ordinairement parmi ces esclaves huit ou dix Abyssins.

Ces esclaves sont vendus dans le pays de Sennâr par des soldats qui les ont faits prisonniers à la guerre; et les guerres entreprises par le souverain de ce pays n'ont ordinairement d'autre motif que celui de se procurer cette espèce de butin : une moitié des esclaves appartient au roi; l'autre moitié, aux soldats qui ont fait l'expédition. Les premiers sont envoyés en Arabie; les autres sont achetés par les marchands de la caravane qui vient en Égypte.

Les Abyssins sont dérobés en chemin; ceux-ci, quoique noirs, ont les cheveux longs et les traits européens.

Les esclaves importés par la caravane de Sennâr sont plus estimés que ceux qui viennent de Dârfour; leur prix moyen est de 60 *zer-mahboub*.

La gomme arabique forme l'article le plus important du chargement de cette caravane.

On en évalue la quantité à mille charges de chameau, dont chacune est de 3 *qantâr* de 150 *rotl*. Le *qantâr* de gomme se vend de 8 à 10 fondouklis. Elle est récoltée dans toute l'étendue du pays, et entreposée dans les villes jusqu'au moment du départ de la caravane.

Elle apporte en Égypte 8 ou 10 *qantâr* de plumes

d'autruche (ce sont, comme nous l'avons déjà dit, les plumes blanches qui sont les plus estimées : elles se vendent au Kaire le même prix que celles de Dârfour);

Quinze ou vingt charges de chameau de dents d'éléphant, de 3 *qantâr* la charge, et le *qantâr* de 110 *rotl* (le prix du *qantâr* est de 60 fondouklis);

Deux ou trois charges de *kourbâg* (la charge est de 500 *kourbâg*, qui se vendent chacune de 60 à 100 médins).

La petite quantité de poudre d'or qui est introduite en Égypte par la caravane de Sennâr, est ramassée, après les grandes pluies, dans le lit des torrens : on la vend dans son état naturel de paillettes et de grenaille, ou bien après l'avoir fait fondre en petits lingots annulaires qui ont cours dans le commerce comme de la monnoie. Le prix de cet or est, au Kaire, de 9 sequins de Venise l'*ouqyah* ou once égyptienne.

Comme la caravane de Dârfour, celle de Sennâr laisse toujours en Égypte une partie des chameaux qu'elle y amène : le prix d'un chameau de cette caravane est de 15 à 36 sequins *zer-mahboub*. Elle y laisse également environ deux cents paires d'outres faites de cuir de bœuf ou de chameau, et du prix de 7 pataques la paire.

Enfin, quelques marchands apportent aussi, pour les vendre, des civettes et des perruches, mais en si petite quantité, qu'on ne peut compter ces objets de simple curiosité parmi les importations dont il est question ici.

EXPORTATIONS.

La caravane de Sennâr emporte, en retour des marchandises que nous venons d'indiquer, du sembal ou *spica celtica*, du savon, du *mahleb*[1], des clous de girofle, de la toile de coton teinte en rouge, une autre espèce de toile de coton fabriquée au Kaire, de l'alquifoux, de la verroterie de Venise, de petits miroirs, du bois de santal (*santalum album*, Lin.), du musc, des vêtemens de drap, etc.

Voici le détail approximatif de ces exportations :

Environ quatre-vingts charges de chameau de *spica celtica*, valant ensemble 6000 pataques.

Elle emporte la même quantité, et pour le même prix environ, de *mahleb*;

Cent charges de chameau de savon, de 5 *qantâr* l'une (le *qantâr* de 115 *rotl* coûte 20 pataques);

Dix ou douze *qantâr* de girofle, de 110 *rotl* l'un (le prix du *rotl* est de 300 parats);

Trente ballots de toile de coton teinte en rouge (chaque ballot, qui contient vingt pièces de toile, est du prix de 12 *zer-mahboub*);

Deux mille pièces de toile de coton fabriquées au Kaire, et du prix de 120 pataques chacune;

Cinquante ou soixante *qantâr* d'alquifoux (le *qantâr*, de 110 *rotl*, du prix de 6 à 7 pataques);

Environ cent *qantâr* de verroterie de Venise (le *qantâr* de 105 *rotl* s'achète au Kaire de 10 à 12 *zer-mahboub* : cet article est composé de grains de verre blanc, jaune, bleu, rouge et vert; ces couleurs sont spécialement recherchées);

Dix charges de chameau de petits miroirs à manche,

---

[1] Petite amande ou noyau d'une cerise sauvage (*prunus mahaleb*, Lin.). *Voyez* la Notice des médicamens, *É. M.*, tom. XI, pag. 442.

formant en tout trois mille paquets de six miroirs chacun (le prix du paquet est de 80 parats);

Deux *qantâr* de bois de santal et 50 *rotl* de musc;

Enfin deux cents béniches de drap de diverses couleurs, du prix de 4 ou 5 pataques le *pyk*; ce qui fait revenir la béniche à 30 ou 40 pataques de 90 médins.

A ces draps de laine il faut ajouter cent ou deux cents pièces d'étoffe légère de soie venant de Constantinople : le prix de chacune de ces pièces est de 10 ou 12 pataques.

On voit qu'à l'exception de quelques toiles de coton tous les objets qui sont exportés d'Égypte par la caravane de Sennâr, sont des productions de l'Inde ou des marchandises d'Europe : elles sont embarquées à Boulâq, et remontent le Nil jusqu'à Darâou; là elles sont chargées sur les chameaux que les marchands de la caravane ont laissés en dépôt chez les *A'bâbdeh* lors de leur arrivée en Égypte, pour les y reprendre quand ils s'en retournent. Le nombre des chameaux qu'ils ramènent ainsi avec eux, n'est guère, au surplus, que le cinquième du nombre total de ceux qu'ils ont amenés.

La caravane de Sennâr paye, en passant sur le territoire des Arabes *Bicharyeh*, qu'elle est obligée de traverser en s'en retournant, deux pièces de toile par tête de chameau. Elle acquitte le même droit en passant à Ibrym.

A son arrivée à Sennâr, elle fait hommage au roi de ce pays d'un habillement complet.

§. III. *Caravane du pays de Fezen.*

Le pays de Fezen est situé dans l'intérieur de la Barbarie, à vingt journées de Tripoli et à quarante du Kaire.

Il dépend de la régence de la première de ces villes, qui y envoie un gouverneur pour en percevoir les impôts : ils se payent en nature, et consistent en blé et en orge, formant environ le vingtième du produit des terres. Ce gouverneur perçoit en outre sur les dattiers un impôt qui est du dixième de leurs fruits. La population du pays de Fezen habite une douzaine de villages, distans les uns des autres d'une demi-journée au moins et de trois jours au plus de chemin : ces villages sont séparés par des espaces déserts. Il y pleut rarement; ce qui oblige d'y cultiver la terre à l'aide d'arrosemens artificiels, et en élevant l'eau des puits au moyen de *deloû*.

Les Arabes de cette contrée ont des mœurs paisibles : ils nourrissent des chèvres, des chameaux et des ânes; ils n'ont ni moutons ni chevaux.

Le cheykh de la caravane de Fezen, qui est venu au Kaire au mois de juillet de l'année 1800, et de qui je tiens ces détails, y avait conduit vingt-cinq chameaux. Il était accompagné de sept à huit marchands comme lui et d'autant de chameliers. Ces Arabes voyagent sans armes, et n'ont à craindre d'être pillés qu'en approchant de l'Égypte et lorsqu'ils n'en sont plus éloignés que de quatre ou cinq journées : le reste de leur route est absolument sans danger. Ils y trouvent de l'eau tous les jours, ou au moins de deux jours l'un; et partout où il y a de l'eau, ils trouvent aussi des dattiers. Comme les Arabes de ces déserts viennent recueillir les fruits de ces arbres dans leur saison, c'est le temps de l'année pendant lequel la route est le moins sûre. Cette route passe entre Derne et Syouah, à trois journées environ de cette oasis.

La caravane de Fezen apporte en Égypte des dattes confites, des bonnets ou calottes de laine rouge appelés *tarbouch*, des manteaux ou vêtemens de laine blanche appelés *barnous*, et des couvertures de même étoffe. Ces divers objets, à l'exception des dattes, sont tirés de Tripoli. Sur vingt-cinq chameaux qui appartenaient aux marchands dont j'ai vu le cheykh, six étaient chargés de ces marchandises; dix ou douze étaient chargés de dattes; le reste était employé à porter les provisions, qui consistent en farine et en eau. On trouve partout sur le chemin le bois nécessaire à la cuisson des alimens.

Les deux caravanes qui avaient précédé celle-ci, avaient été pillées par la tribu des *Oualâd-A'ly*, qui habite les confins de la province de Bahyreh[1].

Les Arabes de Fezen emportent de l'Égypte dans leur pays des toiles de lin et un peu de riz : ils tirent de Tripoli le fer et les autres marchandises d'Europe dont ils ont besoin.

On voit, par ce que nous venons de rapporter du peu d'étendue du pays de Fezen et de sa stérilité, qu'il doit

---

[1] On connait dans le pays de Fezen la ville de Tombouctou, dans l'intérieur de l'Afrique. Des habitans de cette ville, qui professent l'islamisme, passent même quelquefois par l'Égypte pour se rendre à la Mekke.

y avoir peu de relations commerciales entre cette contrée et l'Égypte. Les petites caravanes qui y viennent ne sont guère composées que de pélerins qui vont à la Mekke, et qui veulent par quelques légers bénéfices de commerce se dédommager de leurs dépenses.

§. IV. *Du commerce de l'Égypte avec les États Barbaresques.*

IMPORTATIONS.

Le commerce de l'Égypte avec la côte septentrionale de l'Afrique se fait, ou par les caravanes qui vont à la Mekke, ou par les navires qui viennent directement de divers points de cette côte ou de quelques ports de l'Europe dans la Méditerranée.

On apporte de Barbarie, et particulièrement de Tunis, de l'huile d'olive, des *tarbouch*, des châles blancs de laine, des pantoufles de maroquin jaune, des manteaux à capuchon nommés *barnous*, des couvertures de laine, du miel, de la cire et du beurre.

Alexandrie reçoit de Fez et de Suz, par les navires européens qui font le cabotage d'une échelle à l'autre dans le Levant, de l'huile et des *tarbouch*. Les bâtimens qui apportent ces cargaisons, sont, année commune, au nombre de sept à huit. L'huile de Barbarie est transportée dans de grandes jarres de terre cuite, blanchâtres à l'extérieur et vernissées en dedans par une couverte d'oxide de plomb. Le nombre de ces jarres, dont chacune, étant pleine, pèse de 4 à 500 *rotl*, s'élève de cinq cents à mille. Le prix du *qantâr* d'huile, du poids de 150 *rotl*, est ordinairement de 15 à 20 pataques.

Il arrive annuellement par la même voie,

Trois cents caisses de *tarbouch* (chaque caisse en contient de cinquante à cent douzaines : le prix de chaque douzaine varie de 10 à 25 pataques suivant les qualités);

Trente ou quarante balles de châles de laine blanche pour turbans (chaque balle, de deux cents à quatre cents pièces, du prix moyen de 2 pataques);

Environ trente mille paires de pantoufles de maroquin jaune, fabriquées à Maroc, Alger, Tripoli, Tunis, etc.;

Trois ou quatre mille *barnous* ou manteaux blancs, dont les uns sont en laine et les autres en soie (les premiers sont fabriqués à Tunis, et se vendent de 3 à 10 pataques; les seconds, fabriqués à Alger, varient de prix depuis 20 jusqu'à 100 pataques);

Environ six mille de ces grandes couvertures ou pièces d'étoffe de laine blanche appelées *harâmât* (sur ce nombre, on peut en compter deux mille de qualité supérieure, au prix de 20 pataques l'une, et quatre mille de qualité médiocre, qui se vendent chacune de 5 à 15 pataques);

Trois ou quatre mille okes de cire, que fournissent les villes de Tunis, d'Alger et de Tripoli (le prix de l'oke varie de 100 à 200 médins);

Cinq ou six mille outres ou sacs de cuir remplis de miel (chacun en contient de quarante à cinquante okes, du prix de 25 parats l'une);

Enfin mille jarres de beurre, pesant chacune de 500 à 350 *roll* (le prix du *qantâr* de 100 *roll* est de 1000 parats).

Ces dernières marchandises, c'est-à-dire la cire, le miel et le beurre, qui seraient susceptibles de se liquéfier par la chaleur du soleil si on les transportait par terre à travers le désert, viennent par mer en Égypte, ainsi que les huiles de Barbarie; elles y sont apportées en pacotille par les pélerins qui vont à la Mekke. Ceux qui voyagent par terre en caravane, apportent avec eux des marchandises sèches et moins encombrantes, telles que des *barnous*, des *tarbouch*, des couvertures de laine, etc.

Toutes les marchandises qui sont reconnues appartenir à des pélerins de la Mekke, sont franches de tout droit à leur entrée en Égypte, et ne sont sujettes à aucune visite de la douane.

La ville de Derne fournit aussi à l'Égypte, par la voie des pélerins, du beurre, du miel et quelques fruits.

Les relations de commerce que le pélerinage de la Mekke entretient régulièrement entre les États Barbaresques et l'Égypte, permettent aux marchands de ces contrées de traiter entre eux de la vente de leurs denrées, soit au comptant, soit à crédit pour une année. Dans le premier cas, le taux de l'escompte varie de 7 à 12 pour cent.

EXPORTATIONS.

Les exportations de l'Égypte dans les États Barbaresques sont beaucoup plus considérables que les importations que nous venons d'indiquer. Les villes principales qui tirent des marchandises d'Alexandrie et du Kaire, sont, comme on l'a déjà dit, Tunis, Alger, Tripoli, Fez, Maroc et Tétuan, vis-à-vis de Gibraltar.

On porte principalement à Tunis de la toile de lin de Syout et de Manfalout, d'Aboutyg et du Kaire; on y porte aussi de la toile de coton des fabriques de cette dernière ville, du poivre, du café, des fleurs de rose sèches, de la graine d'indigo, du sel ammoniac, de l'aloès socotorin, de la cannelle et d'autres épiceries.

Il part annuellement d'Alexandrie pour Tunis dix ou douze bâtimens, sur chacun desquels on embarque cent cinquante à deux cents balles de toile de lin ou de coton; chaque balle contient trois à quatre cents pièces, du prix de 60 à 200 parats l'une.

La ville de Tunis tire ordinairement le poivre de Livourne; et ce n'est que lorsqu'on ne peut s'en approvisionner dans cette place, que le commerce d'Alexandrie fournit cette épice.

On expédie annuellement de ce port pour Tunis,

De vingt à cinquante fardes de café;

Vingt ou trente balles de fleurs de rose sèches, du poids de 3 à 400 *rotl* chacune (le *qantâr* de 100 *rotl* se paye à raison de 20 fondouklis);

Deux cents mesures de graine d'indigo, de $\frac{4}{24}$ d'*ardeb*, qui se vendent en Égypte 10 pataques;

Dix ou douze caisses de sel ammoniac, pesant chacune 2 *qantâr* de 204 *rotl*.

Enfin c'est à Tunis que l'on envoie d'Alexandrie l'encens de la meilleure qualité. Ce qu'on en expédie par cette voie s'élève à 20 *qafas* ou grands paniers de 5 *qantâr* l'un : le prix du *qantâr* de 150 *rotl* est de 25 à 30 pataques *dahaby*.

Lorsque les Hollandais ne fournissent pas directement la cannelle aux États Barbaresques, on la tire d'Alexandrie; mais cette exportation ne s'élève guère au-delà de quatre ou cinq caisses.

Le parfum de la civette, ou *zabâd*, est un objet de fort peu d'importance, qui ne s'élève guère au-delà de cent onces par an, du prix de 5 à 6 pataques l'once.

Après Tunis, Alger est la ville de Barbarie qui tire d'Égypte la plus grande quantité de marchandises. On y envoie des toiles de lin de Syout et de Manfalout, des toiles de coton du Kaire, des étoffes de soie dites *qotny*, des *alâgâ*, des toiles de coton de Damas et de Naplouse, de la soie de Berout, du lin en étoupe et en fil, du café, une petite quantité de poivre, du sel ammoniac, du sucre, de l'encens, de la civette; du bois et de la résine de benjoin, qui servent de parfum par la combustion. Les Hollandais fournissent directement les épiceries.

Ce commerce occupe annuellement trois ou quatre bâtimens, sur lesquels se rendent à Alexandrie les pélerins d'Alger qui vont à la Mekke. Ces bâtimens sont de ceux qui font la caravane dans les échelles du Levant, et appartiennent toujours à quelque nation européenne.

Il part, année commune, sur ces bâtimens, environ trois ou quatre cents balles de toiles de lin et de coton, semblables à celles que l'on expédie pour Tunis, et dont nous avons déjà indiqué la valeur;

Quatre ou cinq cents pièces de ces étoffes de soie fabriquées au Kaire et appelées *qotny* (la pièce se vend de 6 à 7 pataques);

Cinq cents pièces d'*alâgâ* de la fabrique de Damas, et une petite quantité de cette même étoffe fabriquée au Kaire (le prix commun de la pièce est de 5 ou 6 pataques);

Vingt ou trente balles de soie de Berout blanche et jaune, de la blanche en plus grande quantité (le prix moyen d'une balle est de 500 pataques);

Quarante ou cinquante fardes de café moka;

Vingt balles environ de fil de lin, du poids de 5 à 6 *qantâr* la balle (le *qantâr* de cette marchandise est de 30 okes, et le prix de l'oke, de 30 à 50 parats);

Vingt *qantâr* de sel ammoniac, quatre ou cinq *qafas* d'encens, une petite quantité de sucre qui ne mérite pas d'être comptée, celui qui est consommé à Alger étant presque en totalité fourni par le commerce européen;

Dix à quinze *qantâr* de benjoin (le poids du *qantâr* est de 112 *rotl* $\frac{1}{2}$, et son prix varie de 60 à 120 pataques).

Il vient chaque année de Tripoli à Alexandrie deux ou trois bâtimens chargés de pélerins et de marchandises qu'ils apportent. Ces pélerins prennent en retour des toiles de lin et de coton d'Égypte, et les productions de l'Inde qu'ils ont achetées dans le cours de leur voyage. Ce sont de simples particuliers qui ne font pas leur état du négoce, mais qui veulent trouver dans les bénéfices que présente l'échange de leurs denrées contre les productions de l'Égypte et de l'Inde, le dédommagement des frais de leur pélerinage à la Mekke.

Les musulmans de Tunis, d'Alger et de Tripoli, qui entreprennent ce pélerinage, se rendent en Égypte par mer, comme nous venons de le dire; ils passent ordinairement à Livourne, et s'en retournent par le même chemin. Quant à ceux de Maroc et de Fez, ils se réunissent en une caravane assez nombreuse, qui traverse le désert jusqu'à Alexandrie : ils emportent, en s'en retournant chez eux, de trois à six cents balles de soie de Syrie, du prix de 500 pataques la balle; de la toile de coton teinte en rouge et du fil de la même couleur, le tout en assez grande quantité pour charger cinq à six cents chameaux : une charge de chameau pèse 5 *qantâr* de 100 *rotl;* le *qantâr* comprend ordinairement quatre-vingt-dix ou cent pièces de toile, dont le prix varie de 60 à 100 parats.

Ils emmènent en outre environ deux cents chameaux chargés de toile de coton de Syrie, d'*alâgâ* et de *qotny*; on peut, en général, évaluer à 5 ou 600 pataques la charge de chacun de ces chameaux.

On peut encore évaluer à 2 ou 3000 pataques la valeur du benjoin, du musc et de la civette, emportés par les caravanes de Maroc et de Fez.

SECTION III.

Relations commerciales de l'Égypte avec l'Asie.

Les Égyptiens modernes n'ont guère de relations commerciales avec l'Asie que par les caravanes qui vont à la Mekke et qui en reviennent; voilà pourquoi ces relations se réduisent à celles qui se sont établies directement entre les deux contrées limitrophes de l'Égypte, la Syrie et l'Arabie. Si quelques objets de ce commerce sont transportés par mer, ce sont ordinairement des vaisseaux européens qui effectuent ce transport sur la Méditerranée, ou des vaisseaux arabes sur la mer Rouge.

§. I. *Commerce avec la Syrie.*

IMPORTATIONS.

La Syrie fournit à l'Égypte, outre quelques produits de son sol et de l'industrie de ses habitans, différens articles de l'Inde, qui viennent à Damas par Bagdad et Bassora, ou qui y sont apportés par la caravane de la Mekke.

Les places de Jaffa, de Gaza, de Naplouse, d'Acre et de Jérusalem, envoient en Égypte du savon, de l'huile d'olive, du coton en laine, des graines d'indigo et de sésame, de la toile de coton de Naplouse, de la noix de galle, et une petite quantité de cire.

Une partie de ces marchandises est embarquée à Acre et à Jaffa, et vient à Damiette; une autre partie est transportée par de petites caravanes d'Arabes des tribus voisines du Kaire et d'el-Arych.

On importe, année commune, par ces différentes voies, de mille à douze cents sacs de savon; chacun de ces sacs pèse 7 à 800 *rotl* de 144 drachmes : 11 *rotl* $\frac{1}{2}$ ne comptent que pour 10, à cause de la tare. Le savon coûte en Syrie 95 médins le *rotl*; mais ce *rotl* est sextuple de celui du Kaire.

L'huile d'olive est transportée dans de grandes jarres de terre qui en contiennent chacune 3 *qantâr* $\frac{1}{2}$ ou 4 *qantâr* de 100 *rotl*. La consommation annuelle de cette denrée montait de cent à trois cents jarres. Le prix d'un *rotl* de cette huile, dans les marchés du Kaire, était communément de 10 à 12 médins.

L'importation du coton de Syrie variait suivant que l'Égypte en avait produit une plus ou moins grande quantité : lorsque l'année n'avait point été favorable, cette importation s'élevait à deux ou trois mille balles du poids de 3 *qantâr* $\frac{1}{2}$, de 125 *rotl* chacun. Le *qantâr* de coton se vendait à Saint-Jean-d'Acre de 140 à 200 piastres de 40 médins, unité de monnoie de compte généralement employée dans le commerce qui se fait entre la Syrie et l'Égypte; le *qantâr* d'Acre est une unité de poids qui équivaut à 4 *qantâr* du Kaire.

La mesure de graine d'indigo, de $\frac{4}{24}$ d'*ardeb*, se vendait au prix moyen de 8 pataques : les environs de Naplouse produisent la plus estimée. On en apporte en Égypte, année commune, environ six cents *ardeb* de Syrie, qui sont à ceux du Kaire dans le rapport de 13 à 12. Au surplus, le prix de cette graine varie à raison des demandes qu'on en fait.

On tire aussi de la Syrie de la graine de sésame : il en vient annuellement deux milles couffes, chacune d'un demi-*ardeb*; cette mesure se vend au Kaire environ 4 pataques.

La toile de coton que l'on fabrique à Naplouse se nomme *atki'*; on en importe environ six cents balles, dont l'une contient quatre-vingt-dix ou cent pièces de dix-huit *pyk* de longueur chacune, et du prix de 180 médins.

La noix de galle d'Alep, qui est employée en Égypte pour teindre en noir, est un objet d'importation assez considérable; il en vient environ une centaine de sacs, du poids de 3 à 4 *qantâr* de 130 *rotl*.

La cire de la Palestine n'est importée en Égypte qu'en très-petite quantité, comme nous avons déjà eu occasion de le dire.

La ville de Damas fait avec l'Égypte un commerce particulier : on en tire des étoffes de soie de l'espèce appelée *qotny*, provenant des fabriques de cette ville : on en tire aussi des étoffes de soie et coton de deux qualités, l'une appelée *alâgâ Châmy*, et l'autre, *alâgâ Hendy*; de la toile de coton appelée *atki' Châmy*; des abricots secs, et de la pâte d'abricots appelée *qamar el-dyn*; enfin une teinture rouge nommée *foueh Châmyeh*.

Il vient de plus par Damas des châles de cachemire de cinq qualités différentes, sous autant de dénominations; de la mousseline des Indes, et des toiles de coton plus grossières tirées du même pays; une drogue nommée *moghât*, des châles de laine, de la soie de Perse, de l'argent et des perles. Ces divers objets sont apportés de Bagdad à Damas par des caravanes qui y arrivent annuellement au nombre de trois ou quatre, chacune de deux ou trois mille chameaux : mais il faut observer qu'une très-petite quantité des marchandises qu'elles apportent est destinée pour l'Égypte; elles sont presque en totalité consommées dans les autres parties de l'empire ottoman.

L'importation annuelle des étoffes de soie appelées *qotny* monte à dix mille pièces. Le prix de l'étoffe à Damas varie, suivant les qualités, de 15 à 20 piastres turques de 40 médins.

En outre, il vient directement de Damas quinze ou vingt mille pièces d'*alâgâ*, du prix de 9 à 15 piastres l'une. L'Égypte consomme à peu près mille balles de l'espèce de toile de coton appelée *athi' Châmy*; chacune de ces balles contient cinquante-cinq pièces de vingt-quatre *pyk* de longueur et d'un *pyk* un quart de largeur : le prix de la pièce est de 7 à 9 piastres.

Il arrive tous les ans de Damas cinq cents caisses d'abricots secs, pesant chacune 2 *qantâr* $\frac{1}{2}$ de 100 *rotl*: ils se vendent de 30 à 50 piastres le *qantâr* de Syrie, qui équivaut à 180 okes.

La quantité de *qamar el-dyn*, ou pâte d'abricots, importée de Syrie, est communément de cinq ou six cents caisses, du poids de 150 *rotl* chacune. Le prix ordinaire du *rotl* est de 5 parats.

On envoie aussi de Damas en Égypte une espèce d'étoffe de soie rouge et noire, extrêmement claire, dont les femmes se font des chemises et des voiles : elle se nomme *qoraych*. Il en vient par an environ vingt caisses, qui peuvent en contenir mille pièces; le prix de chacune est de 18 ou 20 piastres. Cet article est ordinairement expédié de Berout pour Damiette.

Outre les différentes étoffes de soie dont nous venons de faire l'énumération, on expédie encore pour l'Égypte, par les ports de Lataky, de Berout, de Tripoli, de Sour et de Seydeh, une certaine quantité de soie en botte. On achète cette matière au poids dans toute la Syrie; et l'unité de poids appelée *rotl*, dont on fait usage dans le commerce de cet article, équivaut à 229 drachmes du Kaire.

La soie de Lataky est blanche, et coûte 3 à 4 pataques le *rotl;* il en vient annuellement deux cents ballots de 135 *rotl* chacun.

Celle de Berout est communément jaune, et se vend au prix moyen de 6 pataques le *rotl.* Cette soie est, comme on voit, plus estimée que celle de Lataky : elle est mise en œuvre à Damiette, à Mehallet el-Kebyr et au Kaire. On évalue à deux mille ballots de 135 *rotl* ce qui en est importé annuellement.

On expédie de Tripoli de Syrie pour l'Égypte de deux à quatre cents ballots de soie, dont le poids est aussi de 135 *rotl.* Cette soie est encore employée dans les villes de l'Égypte que nous venons de désigner; elle est blanche, et de trois qualités : la première se vend 5 pataques le *rotl;* la seconde, de 4 pataques à 4 pataques $\frac{1}{2}$; enfin la troisième, de 3 pataques $\frac{1}{2}$ à 4 pataques.

Il ne vient de Sour que quarante ou cinquante ballots de soie, du poids de 120 à 125 *rotl* l'un; elle se vend 4 pataques le *rotl.*

On tirait annuellement de Seydeh deux cents ou deux cent cinquante ballots de soie blanche, du même poids que ceux qui viennent de Berout. La soie que l'on tirait de cette dernière ville était généralement un peu plus estimée que celle de Seydeh.

Le tabac de Lataky était un objet d'importation considérable en Égypte : on estime qu'il en venait tous les ans quatre mille balles de 400 *rotl* chacune environ. Le tabac de Lataky se vend au Kaire de 60 à 180 parats l'oke de 400 drachmes. Il venait aussi de Sour quatre ou cinq cents balles de tabac, de 4 *qantâr* $\frac{1}{2}$ l'une : le *qantâr* de ce tabac y coûte, prix d'achat, de 70 à 200 piastres. On tirait enfin de ce port cinq ou six cents couffes de figues sèches, de 20 à 40 piastres le *qantâr*.

Il ne venait par terre qu'une très-petite quantité de ces diverses marchandises ; elles étaient presque en totalité embarquées dans les ports de Berout, de Saint-Jean-d'Acre, de Seydeh et de Sour, sur des vaisseaux grecs ou turks, ou sur des vaisseaux européens qui faisaient la caravane dans le Levant.

Le prix du fret était ordinairement de 5 piastres par farde de 2 *qantâr* $\frac{1}{2}$ du Kaire.

Le bénéfice des marchands sur les divers objets importés de Syrie variait de 10 à 30 pour 100. Sous le gouvernement des Mamlouks, c'était le commerce des étoffes de soie qui donnait les plus grands bénéfices.

EXPORTATIONS.

Une partie des denrées et marchandises envoyées de Syrie en Égypte était acquittée par des exportations, qui consistaient principalement en riz, en blé, en lentilles et pois chiches, en cumin, en safranon et en lin, tous produits de l'agriculture du pays. On exportait encore de l'Égypte en Syrie des cuirs et du maroquin rouge, du café, de l'indigo, des drogues de différentes sortes, du *tamar Hendy,* du *tchichm,* de la nacre de perles, des grains de chapelet faits avec le noyau du fruit de palmier *doum,* du poivre, du gingembre, des esclaves noirs, etc.

C'est par la ville de Damiette que se font la plupart des expéditions de ces diverses marchandises, il s'en fait aussi quelques-unes par Rosette.

On expédie, année commune, du seul port de Damiette, environ trente mille *ardeb* de riz, du prix de 20 à 22 pataques l'*ardeb*.

On n'envoie du blé d'Égypte en Syrie que lorsqu'on en éprouve la disette dans cette dernière contrée; mais on y fait passer communément environ mille *ardeb* de fèves, deux à trois mille *ardeb* de lentilles et cent *ardeb* de cumin.

L'*ardeb* de fèves se vend de 140 à 160 parats; et celui de lentilles, 180 : l'*ardeb* de cumin vaut ordinairement 5 pataques.

L'exportation du safranon pour la Syrie montait annuellement à 500 *qantâr,* dont le prix variait, suivant les circonstances, de 8 à 20 pataques le *qantâr*.

Celle du séné monte au plus à cent balles, de 180 pataques l'une.

On exportait environ deux milliers de cuirs, du prix de 3 à 6 pataques suivant les espèces et les qualités.

La Syrie tirait annuellement d'Égypte environ 1000 *qantâr* de sucre, dont 100 *qantâr* seulement étaient destinés à la consommation de Damas, cette ville recevant de l'Inde par Bagdad le reste de son approvisionnement. Le sucre d'Égypte de première qualité coûtait 25 pataques le *qantâr*; et le sucre ordinaire, de 12 à 15. L'exportation s'en faisait par Damiette, dans des *qafas* qui contenaient chacun 3 *qantâr* de 105 *rotl*.

On exporte environ de deux à trois mille balles de toile de lin tirées des fabriques du Kaire et des environs; chacune de ces balles contient de cent à deux cents pièces : les plus recherchées viennent de Myt-Ghamar et de Belbeys; la balle se vend de 200 à 500 pataques. On passe ordinairement des *tarbouch* en contrebande dans l'intérieur de ces balles de toile.

Les étoffes de soie fabriquées en Égypte ont peu de débit en Syrie; celles qu'on y envoie ne sont destinées qu'à l'ameublement, et proviennent des manufactures de Mehallet el-Kebyr.

L'indigo employé dans les ateliers de teinture de Damas venait de l'Inde; mais celui dont on faisait usage dans le reste de la Syrie, y était apporté d'Égypte. L'exportation de cette matière colorante pouvait s'élever par année à 500 *qantâr* de 200 *rotl* l'un; le prix du *qantâr* est de 40 à 45 pataques. L'indigo d'Égypte le plus recherché en Syrie était celui que l'on récoltait dans la province de Belbeys.

L'exportation annuelle du sel ammoniac pour Damas s'élevait à 30 *qantâr*, et à 70 pour le reste de la Syrie : le *qantâr* de ce sel pèse 250 *rotl*. Le sel ammoniac de première qualité se vendait de 100 à 120 pataques le *qantâr*; et celui de qualité inférieure, de 80 à 90.

On ne faisait passer d'Égypte en Syrie qu'environ 100

qantâr de *tamar Hendy*, de 110 *rotl* chacun, et du prix de 15 à 30 pataques.

Le café ne passait d'Égypte en Syrie que dans les années où les caravanes de Damas et de Bagdad n'en apportaient point assez pour la consommation de cette province.

Dix *qantâr* de *tchichm* composaient le poids total des exportations de cette substance; le *qantâr* est de 110 *rotl*, du prix de 10 à 20 pataques.

C'était ordinairement de Bagdad que la Syrie tirait les autres drogues employées dans la pharmacie.

Les coquilles de nacre de perles se vendaient au millier : les plus grandes, 50 pataques; et les petites, de 10 à 30. On expédiait annuellement de cent à deux cents milliers de ces coquilles, qui étaient particulièrement travaillées à Jérusalem et en différens lieux de la Palestine pour faire des chapelets et autres ouvrages de ce genre, qui étaient achetés par les pèlerins de la Chrétienté.

On envoyait encore d'Égypte à Jérusalem une graine nommée *bezrebât*, qui servait aux mêmes usages; c'était un article de 500 *qantâr* environ, de 150 *rotl* chacun. L'oke de cette matière, du poids de 400 drachmes, se payait de 20 à 40 parats.

Le millier de noix de palmier *doum*, que l'on employait aussi à faire des chapelets, se vendait de 5 à 7 pataques; on en évaluait à deux cents milliers l'exportation annuelle.

Les épiceries consommées en Syrie venaient presque toutes par Bassora; ce qui en était expédié d'Égypte ne s'élevait guère annuellement qu'à deux cents balles, au nombre desquelles le poivre seul entrait pour un quart. Le *qantâr* de cette épicerie était du prix de 60 à 70 pataques.

Quant aux esclaves noirs des deux sexes amenés en Égypte par les caravanes de l'intérieur de l'Afrique, on en faisait passer tous les ans en Syrie environ une centaine; mais ces envois n'avaient lieu que sur des demandes particulières.

Le cours ordinaire des bénéfices sur les marchandises exportées d'Égypte en Syrie varie de 10 à 30 pour cent.

Les droits de sortie par le port de Damiette sont fixés à 60 médins par *qantâr,* pour quelque marchandise que ce soit; à l'exception cependant des toiles, dont on a voulu favoriser l'exportation, et qui sont comprises dans un réglement particulier : chaque pièce acquitte un droit d'un parat et demi seulement.

Le transport par le Nil, depuis le Kaire jusqu'à Damiette, d'un sac ou ballot du poids de 5 *qantâr,* est payé de 20 à 100 médins, suivant l'espèce de marchandise. Si l'on prend la voie de terre, le transport du même poids à dos de chameau revient à 8 ou 10 pataques.

Le prix du fret de Damiette aux divers ports de Syrie augmente ou diminue, suivant qu'il se trouve en même temps plus ou moins de bâtimens en chargement. Il varie de 200 à 400 médins par farde ou balle de marchandises du poids de 5 *qantâr.*

Il se fait aussi quelques transports de marchandises d'Égypte en Syrie par le lac Menzaleh : mais c'est un commerce de contrebande.

Les marchands de Syrie établis au Kaire, de même que les autres Levantins, n'ont point de consuls. Quand il s'élève entre eux des différends sur le fait du commerce, ils essaient d'abord de se concilier par voie d'arbitrage; si les moyens de conciliation n'ont point de succès, les parties intéressées ont recours à la justice turque, qui termine promptement les contestations.

Les faillites s'accommodent, comme en Europe, à la volonté des créanciers, et suivant les facultés du débiteur ou le plus ou moins de confiance qu'il inspire.

Les avanies auxquelles les marchands syriens étaient exposés sous le gouvernement des Mamlouks, consistaient en fournitures dont la valeur n'était point soldée, ou bien en emprunts d'argent dont il n'était pas tenu compte; quelquefois encore on les mettait arbitrairement en prison pour les forcer de s'en tirer en payant une somme d'argent plus ou moins considérable.

Quant aux espèces métalliques qui servent à solder une partie des échanges dont nous venons d'indiquer les principaux objets, il passe d'Égypte en Syrie des médins et des sequins du Kaire, tandis qu'il vient de Syrie en Égypte des piastres d'Espagne, des sequins de Constantinople et des sequins de Venise. En général, la Syrie recevait annuellement en numéraire de plus grandes valeurs qu'elle n'en rendait, parce que toutes les soies qui venaient de cette contrée pour être mises en œuvre en Égypte, étaient payées en argent.

Le commerce par mer entre ces deux pays se trouva naturellement interrompu pendant l'occupation de l'Égypte par l'armée française. Alors on traita avec les fermiers de la pêche du lac Menzaleh; et les marchandises qui étaient entreposées à Damiette, furent transportées sur ce lac à Sân et à Tyneh, où des caravanes d'Arabes syriens venaient les chercher.

D'autres Arabes transportaient aussi en Syrie les marchandises entreposées dans les villes du Kaire et de Belbeys, à Sefteh et à Myt-Ghamar. Ils suivaient la route ordinaire des caravanes, et passaient par Sâlehyeh, quand les droits de sortie des marchandises qu'ils emportaient avaient été acquittés; mais les Arabes qui entreprenaient à leurs risques de les faire passer en contrebande, s'écartaient de la route de Sâlehyeh, et contournaient la vallée de Saba'h-byâr.

Les cheykhs de ces caravanes sont quelquefois associés avec des marchands du Kaire ou de quelque autre ville: ils viennent alors chercher dans les magasins de leurs associés les marchandises qu'ils se chargent de transporter en Syrie; ils reviennent ensuite déposer dans ces magasins les objets qu'ils apportent en retour. Quelquefois ils font le commerce pour leur propre compte, et alors ils conservent leurs marchandises dans leurs camps, où les marchands des villes de l'Égypte viennent les choisir et les acheter.

Autrefois ces Arabes ne faisaient point eux-mêmes le commerce, ne se chargeant que d'employer leurs chameaux au transport des marchandises à travers leurs déserts; ce qui ne leur procurait que de très-légers bénéfices: mais, pendant notre expédition, la voie de mer par Damiette ayant été fermée, il a fallu, de nécessité, recourir à eux. Ils sont ainsi restés les maîtres du prix des transports, et ils ont employé une partie des bénéfices extraordinaires que cette circonstance leur a procurés, à faire le commerce pour leur propre compte; ce qui, un peu plus tôt ou un peu plus tard, aurait amené une révolution dans leurs mœurs.

Il faut, au surplus, être toujours très-circonspect dans le choix que l'on fait de cette espèce de voituriers ; car il arrive quelquefois que des Arabes chargés de marchandises qui ne leur appartiennent pas, les font piller en route par des tribus qu'ils disent être leurs ennemies, et avec lesquelles ils sont d'intelligence: ensuite ils partagent entre eux les objets pillés.

§. II. *Commerce de l'Égypte avec l'Arabie et l'Inde.*

IMPORTATIONS.

La fertilité de l'Égypte et la stérilité de l'Arabie doivent établir entre ces deux contrées contiguës des rapports de commerce très-étendus. C'est aussi avec l'Arabie que l'Égypte échange une partie considérable des productions de son sol contre des étoffes et des épiceries de l'Inde, que des marchands arabes vont y chercher et qu'ils entreposent dans leurs ports.

Le commerce entre l'Égypte et l'Arabie se fait par mer, au moyen de petits bâtimens qui viennent des deux ports de Geddah et d'Yanbo' aborder en Égypte, à Qoçeyr ou à Suez, ou bien il se fait par terre, au moyen de caravanes qui traversent le désert compris entre le Nil et la mer Rouge.

Le port de Qoçeyr est placé au fond d'une petite baie ouverte au sud-est; il est fermé au nord par un rocher qui se dirige vers l'est-sud-est, et s'avance dans la mer jusqu'à une distance de deux cent soixante mètres, à partir du rivage. Ce rocher, dont la surface est à peu près horizontale, découvre à marée basse; il est coupé à pic dans l'intérieur du port et du côté du large, où il se prolonge du sud au nord parallèlement à la côte.

La plage, du côté du sud, est également bordée de récifs, qui forment une courbe concave d'environ trois quarts de lieue de diamètre.

Cette disposition met le port de Qoçeyr à l'abri des vents de nord et de sud, lesquels soufflent le plus fréquemment sur la mer Rouge : ce port est également abrité, par la terre, des vents d'ouest, qui pousseraient au large.

Le mouillage est placé vers la pointe du rocher septentrional. J'y ai trouvé, à marée basse, six brasses d'eau : cette profondeur diminue de plus en plus en approchant du rivage, à cinquante mètres duquel elle n'est plus que d'une demi-brasse.

Le fond de ce mouillage est de sable fin et d'assez bonne tenue; mais, comme les vaisseaux arabes sont en général mal gréés, il arrive quelquefois que leurs câbles se rompent lorsque le vent d'est souffle avec violence. C'est le seul dont le port ne soit point à couvert; mais il souffle rarement.

Les bâtimens ne peuvent approcher de la ville, faute de quais : on est obligé de les charger et de les décharger au moyen de chaloupes qui même n'arrivent pas jusqu'à terre ; il faut que les marchandises y soient prises et embarquées par des hommes qui se mettent à l'eau jusqu'à la ceinture. Les marées moyennes à Qoçeyr s'élèvent d'environ un mètre.

Les plus grands bateaux qui y abordent ne sont point pontés, et ne portent que quatre cents mesures de blé; ce qui équivaut à quatre-vingt-dix tonneaux environ.

Le vent de nord règne presque toute l'année ; ceux de la partie du sud soufflent pendant les trois mois d'hiver.

La ville, si l'on peut donner ce nom à un amas de masures entassées sur une côte déserte, est privée d'eau douce. Elle a deux cent cinquante mètres de longueur du sud-ouest au nord-est, et cent soixante dans sa plus grande largeur; elle est percée, dans ce sens, de deux rues principales, qui vont, en partant du bord de la mer, jusque sur une petite place en avant du château.

Ce château est bâti sur une petite éminence de cailloux roulés qui passe derrière la ville et se prolonge sur la côte au nord et au sud ; c'est une enceinte de murailles en forme de losange de soixante-dix mètres de côté, flanquée de quatre tours. Cette construction est la seule qui présente quelque apparence de solidité. Le soubassement de ses murs est en pierre de taille. Cette enceinte renferme quelques bâtimens, ainsi qu'une citerne d'eau saumâtre.

Le port de Qoçeyr est habité par des marchands arabes qui trouvent dans les bénéfices du commerce qu'ils y font, un dédommagement suffisant des privations auxquelles le local les assujettit. Ces marchands, venus pour la plupart d'Yanbo' et de Geddah, reçoivent de leurs correspondans dans ces deux villes les marchandises de l'Arabie et de l'Inde, et ils les font passer en Égypte par des caravanes qu'ils accompagnent ordinairement eux-mêmes.

Le café de l'Yémen est presque le seul objet des importations qui se font en Égypte par le port de Qoçeyr.

Il y est expédié des deux ports d'Yanbo' et de Geddah. Il se vend, dans le premier, de 12 à 15 piastres d'Espagne le *qantâr* du Kaire : on paye 15 médins de fret, et 20 médins de droit de sortie. Le trajet jusqu'à Qoçeyr se fait ordinairement en trois jours.

Le prix du café à Geddah est ordinairement de 2 piastres par *qantâr* au-dessous de son prix à Yanbo'; mais cette infériorité de prix se trouve compensée par un droit de 300 médins perçu pour le compte du cheryf de la Mekke : le fret de Geddah à Qoçeyr est de 36 à 40 parats par *qantâr*.

Le nombre des bâtimens d'Yanbo' et de Geddah qui abordent chaque mois à Qoçeyr, varie de dix à vingt, suivant les saisons; ceux de Geddah sont toujours en plus grande quantité que ceux d'Yanbo'.

Débarqué à Qoçeyr, le café de l'Yémen paye en nature un droit de 4 *rotl* $\frac{1}{2}$ par *qantâr*; il paye de plus 47 médins en argent, y compris le salaire du percepteur.

Ces droits acquittés, le café est transporté à Qené sur les chameaux qui ont apporté de cette ville le blé et les autres productions de l'Égypte dont les barques arabes se chargent en retour. La charge d'un chameau est de 4 *qantâr* de café; le prix de sa location est de 2 piastres d'Espagne : il faut payer de plus 25 parats par chameau, pour l'escorte que les Arabes *A'bâbdeh* fournissent aux caravanes, ou plutôt pour la prime d'assurance qu'ils exigent contre le pillage qu'ils pourraient exercer eux-mêmes.

Les droits de la douane proprement dits se perçoivent à Qené; ils montent à 3 piastres $\frac{1}{2}$ par *qantâr* : ainsi, ajoutant ensemble tous ceux dont est grevé le *qantâr* de café jusqu'à sa sortie de Qené, on trouve que leur somme s'élève à 4 piastres et 85 médins, c'est-à-dire à très-peu près au tiers du prix d'achat de cette marchandise dans les ports de l'Arabie.

Le transport des cafés de Qené au Kaire s'effectue par le Nil, comme nous avons déjà eu occasion de le dire; on paye, suivant les circonstances, de 20 à 45 parats de fret par *qantâr*, qui se vend au Kaire de 25 à 30 piastres.

Les marchandises de l'Inde, formant pour l'ordinaire une partie du chargement des bâtimens d'Yanbo' et de Geddah, sont apportées dans ces deux villes par des caravanes d'Indiens qui viennent en pèlerinage à la Mekke, ou par des bâtimens de l'Inde qui sont quelquefois montés par des naturels du pays, mais beaucoup plus souvent par des Anglais : ceux-ci, n'ayant point de consuls dans les ports de la mer Rouge, y abordent rarement; les marchands se rendent avec le douanier à bord de leurs vaisseaux, où les affaires se traitent. En général, ils tiennent les différens objets de leur cargaison au-dessous des mêmes objets quand ils sont apportés par les caravanes ou par des bâtimens indiens. On les paye en piastres d'Espagne; il est du moins extrêmement rare que les Anglais prennent des marchandises en retour.

Les étoffes de l'Inde, les épiceries, l'encens, la gomme, et généralement tous les objets qui composent la cargaison des bâtimens de Geddah et d'Yanbo', le café excepté, payent à Qoçeyr un droit de 10 pour cent en nature; c'est le seul qu'elles supportent jusqu'à leur arrivée au Kaire.

Parmi les étoffes et les mousselines qui sont transportées des Indes à Qoçeyr, il se trouve aussi quelques étoffes de soie fabriquées en Angleterre, et dont on ne trouve plus le débit ailleurs.

Les châles de cachemire se vendent à Yanbo' et à Geddah de 30 à 50 piastres; mais ils sont des qualités inférieures. Ces objets, et toutes les marchandises de l'Inde que l'on apporte en Égypte, sont renfermés dans des ballots dont deux suffisent pour compléter la charge d'un chameau; on paye 60 à 80 médins pour le transport d'un de ces ballots par le Nil, depuis Qené jusqu'au Kaire.

La ville de Suez, plus considérable que celle de Qoçeyr, est bâtie à l'extrémité septentrionale et sur le rivage de la mer Rouge. Les vaisseaux n'y abordent point avant d'être déchargés; ils restent dans la rade, à cinq quarts de lieue environ au sud de la ville. Cette rade est enfermée entre deux plages qui sont couvertes à marée haute; son fond est de sable fin : on y trouve de dix-huit à soixante pieds d'eau à marée basse. Elle est d'ailleurs à l'abri des vents qui soufflent de la région du nord, depuis l'est jusqu'au sud-ouest. Le vent de sud est le seul qui puisse y occasioner quelque agitation : il n'y aurait cependant aucun danger à craindre, si les câbles qui tiennent les amarres étaient assez forts, et si les bâtimens étaient bien gréés.

Le contour oriental de la ville de Suez est formé par quelques pans de murs de quai en maçonnerie de moellon. Les barques des pêcheurs y abordent, ainsi que les chaloupes des vaisseaux qui sont en rade : on communique de cette espèce d'embarcadère dans la rade par un chenal qui remonte parallèlement au rivage jusqu'à cinq ou six cents mètres vers le fond du golfe. On trouve dans ce chenal de six à huit pieds d'eau à marée basse; mais, à son embouchure, il est obstrué par une barre de sable sur laquelle il n'y en a que quatre ou cinq. Cette espèce de barre doit son origine à l'équilibre qui s'établit en ce point entre le courant de la marée montante et celui des eaux qui, descendant du fond de la mer Rouge, charrient toujours une petite quantité de sable.

On voit au nord-est de Suez une petite éminence désignée sous le nom de *Qolzoum* : suivant une tradition du pays, c'est l'emplacement d'une ancienne ville. Je l'ai parcourue avec attention, et je n'y ai reconnu qu'un monticule semblable à ceux dont la plupart des villes d'Égypte sont environnées, et qui sont formés des gravois et des immondices que l'on en rejette.

On ne trouve point d'eau douce, et il n'y a par conséquent aucune végétation dans les environs de Suez. Les grains, les légumes, et les autres objets de première nécessité, y sont apportés à grands frais de l'intérieur de l'Égypte. On va maintenant chercher l'eau nécessaire aux besoins de ses habitans sur la côte orientale du golfe, à deux lieues et demie de la ville. La fontaine d'où cette eau surgit se nomme *el-Nába'*; ce n'est autre chose qu'un trou de huit ou neuf pieds de profondeur, creusé dans un amas de cailloux roulés, qui ont été déposés au pied de la chaîne arabique. Cette eau est légèrement saumâtre. On retrouve encore aujourd'hui, sur plus d'une lieue de longueur, les traces d'un aqueduc qui, partant de cette même fontaine, se dirigeait du côté de Suez : le fond et les parois de cet aqueduc étaient formés d'une espèce de béton composé de chaux, de sable calcaire, de gravier et de coquillages, ainsi qu'il est aisé de le reconnaître à quelques fragmens qui sont répandus sur le sol.

Cette fontaine n'a pas toujours été la seule d'où la ville de Suez ait tiré ses eaux : on allait les chercher autrefois jusqu'aux fontaines de Moïse, situées à quatre lieues au sud-est sur la côte d'Arabie. Elles sont au nombre de sept ou huit, creusées dans le sable à huit ou neuf cents toises du bord de la mer : les unes fournissent de l'eau saumâtre, tandis que deux ou trois autres fournissent de l'eau assez douce. On voit les restes d'un aqueduc qui portait les eaux de l'une de celles-ci dans une espèce de réservoir peu distant du rivage actuel. On remarque aussi autour de ces fontaines des monticules de décombres, de débris de vases et de maçonnerie, qui annoncent d'anciens établissemens. Il est étonnant, au surplus, qu'on ne trouve pas de ruines plus considérables sur un point de cette côte où il existe de l'eau douce; avantage précieux, qui permettrait d'y cultiver avec succès quelques plantes utiles, comme on peut en juger par la belle végétation de plusieurs dattiers dont ces fontaines sont entourées.

Ce qui reste des travaux faits pour amener des eaux à Suez, ou à l'ancienne ville à laquelle cette ville moderne a succédé, ne fournit pas la seule preuve de l'importance de cet établissement, et de l'état florissant dont il jouit autrefois : le genre de construction de la plupart des édifices qui bordent ses quais et ses différentes places, en fournit une autre preuve.

On compte encore à Suez dix-huit ou vingt *okels* destinés à loger les marchands étrangers et à leur servir de magasins; ils sont bâtis sur des plans réguliers et uniformes. Ce sont des enceintes rectangulaires de quarante ou cinquante mètres de côté. Comme ils forment un bâtiment isolé, leur cour intérieure, autour de laquelle les logemens sont distribués, a communément deux ou trois issues. La partie inférieure des murs d'enceinte de ces édifices est revêtue de pierres de taille.

Les rues de Suez sont alignées; les places publiques, au nombre de trois ou quatre, ne sont pas sans quelque régularité; les maisons particulières portent même une sorte de caractère européen qu'on ne retrouve dans aucun autre lieu d'Égypte.

Cette ville, malgré les avantages qu'elle offre au commerce, a singulièrement déchu depuis quarante ans : on y comptait alors plus de mille habitans, parmi lesquels il y avait quelques négocians grecs; à peine y trouverait-on aujourd'hui deux cents personnes. Quant à l'époque de sa plus grande prospérité, elle remonte probablement à celle de la destruction d'Alexandrie par les Sarrasins : le siége du Gouvernement se trouva alors établi au Kaire; et, cette capitale étant devenue le centre de toutes les affaires, ce fut par le port de la mer Rouge qui en était le plus voisin, que dûrent s'entretenir les relations commerciales de l'Égypte avec l'Inde et l'Arabie.

La principale et peut-être la seule cause qui a maintenu l'établissement de Suez depuis la découverte du cap de Bonne-Espérance, a été le passage annuel de la caravane d'Égypte, dont une partie s'embarque dans ce port lors de son départ pour la Mekke, et y débarque à son retour.

Presque tout le commerce entre l'Égypte et l'Inde se fait aujourd'hui par l'entremise de cette caravane et par la correspondance établie entre le port de Suez et celui de Geddah.

La plupart des bâtimens arabes qui naviguent sur la mer Rouge, sont construits dans l'Inde; ils s'y vendent 4 ou 5000 piastres, et sont du port de soixante-quinze à quatre-vingts tonneaux. Il y a cependant à Geddah un chantier de construction que les Anglais approvisionnent de matériaux.

Les vents du sud règnent ordinairement sur la mer Rouge depuis le commencement de décembre jusqu'au milieu de février, et pendant les deux premiers mois qui suivent l'équinoxe de printemps. Ces deux saisons, dont la première se nomme *herbânyeh*, et la seconde, *el-naham*, sont celles de l'expédition des bâtimens de

Geddah et d'Yanbo' pour Suez. Pendant le reste de l'année, les vents soufflent de la partie du nord, et l'on peut faire régulièrement les expéditions de Suez pour l'Arabie.

Quand le vent est favorable, on vient de Geddah à Suez dans quinze ou seize jours : la durée de ce trajet est ordinairement de vingt ou vingt-deux ; il n'y a que trois ou quatre jours de différence pour venir d'Yanbo'.

Ce n'est pas aux difficultés de la navigation sur la mer Rouge qu'il faut attribuer les lenteurs de cette traversée ; c'est plutôt à l'ignorance des marins arabes, et à l'habitude qu'ils ont de mouiller toutes les nuits dans les anses qu'ils rencontrent sur la côte orientale du golfe : c'est pour cela qu'ils en suivent les contours sans jamais les perdre de vue.

Il vient annuellement à Suez cinquante ou soixante bâtimens de Geddah : leur cargaison consiste principalement en café, gomme arabique, encens, épiceries et drogues de plusieurs espèces ; quant aux mousselines et autres étoffes de l'Inde, elles sont généralement apportées par les pélerins de la Mekke.

Il faut ajouter à ces différens articles cent *qantâr* de séné venant des environs de cette ville ; cette marchandise était comprise, comme le séné de Syène, dans le monopole que Morâd-bey en avait concédé au consul de Venise, M. C. Rosetti.

Enfin l'on amenait annuellement d'Arabie en Égypte vingt ou trente esclaves noirs, beaucoup plus estimés que ceux d'Afrique.

Avant les quinze dernières années qui ont précédé notre expédition d'Égypte, il venait par Suez vingt ou trente mille fardes de café, chacune du poids de 3 *qantâr* $\frac{1}{3}$, le *qantâr* étant de 105 *rotl*.

Depuis cette époque, le commerce du café par Suez est tombé; il n'en vient plus que quinze à dix-sept mille fardes par cette voie; le reste est expédié par Qoçeyr: cependant la masse totale de cette importation est moindre qu'autrefois.

Les renseignemens que j'ai pris à Suez sur le prix du café à Geddah et à Yanbo', et sur les droits auxquels cette marchandise est assujettie, se rapportent parfaitement à ceux que j'avais déjà obtenus à Qoçeyr: on paye de 60 à 80 médins pour le transport d'un *qantâr* de café de Geddah à Suez.

Le *qantâr* et le *rotl* en usage dans les ports d'Arabie sont les mêmes que ceux d'Égypte. Bruce avait déjà remarqué que ces poids sont ceux de Venise; ce qui prouve, conformément à l'opinion de ce voyageur, qu'ils ont été introduits en Orient pendant que les Vénitiens y faisaient exclusivement le commerce.

Les épiceries et les autres marchandises de l'archipel Indien sont apportées tous les ans à Geddah par quinze ou vingt petits bâtimens malais ou arabes, et par trois ou quatre vaisseaux anglais.

Les marchandises de l'Inde qui venaient à Suez, consistaient principalement en étoffes de soie, en étoffes de coton et en cachemires.

Vingt ans environ avant l'expédition française en Égypte, il s'y faisait une bien plus grande importation de marchandises par la caravane de la Mekke que par Suez et Qoçeyr: mais le grand nombre de tribus errantes qui infestent le chemin que la caravane est obligée de suivre, a fait, dans ces derniers temps, préférer la voie de mer. Quoi qu'il en soit, la valeur des objets importés par la caravane s'élevait encore annuellement à 250000 ou 300000 piastres d'Espagne. Ces importations étaient exemptes de tout droit de douane.

Il y avait anciennement au Kaire quinze ou vingt maisons de négocians turks qui faisaient le commerce de l'Inde; ce nombre n'est plus que de trois ou quatre : il y a à peu près autant de commissionnaires turks établis à Geddah.

Quatre tribus d'Arabes étaient exclusivement en possession de transporter au Kaire les marchandises qui venaient de Suez par mer : ces tribus, qui suivaient chacune une route différente, sont celles des *Terrâbyn*, des *Haouytât*, des Arabes de Tor et des *A'ydy*.

Les premiers habitent les environs du vieux Kaire et le village de Basâtyn ; ils ont aussi des camps dans quelques gorges de la vallée de l'Égarement.

Les *Haouytât* sont établis dans la province de Qelyoubyeh.

La tribu de Tor occupe la côte d'Arabie jusqu'au cap Mohammed, les environs du mont Sinaï, et toute la presqu'île comprise entre la mer de Qolzoum et le golfe d'A'qabah.

Enfin les *A'ydy* habitent les environs de Mataryeh et de Birket el-Hâggy.

Ces Arabes fournissent les chameaux avec leurs équipages, et un nombre proportionné de conducteurs qui sont eux-mêmes sous les ordres de quelques cheykhs.

Un chameau porte de Suez au Kaire 5 ou 6 *qantâr* de café, pour chacun desquels on paye 90 médins.

Les produits de la douane de Suez ont été, pendant quelque temps, divisés entre Morâd et Ibrâhym beys: Ibrâhym en jouissait seul lors de l'arrivée des Français en Égypte; cependant on prélevait un droit d'un médin par *rotl* de café au profit du pâchâ du Kaire, et un droit de 146 médins par farde au profit de l'émyr Hâggy.

Il faut que le commerce de l'Inde par la mer Rouge ait procuré de grands avantages, pour qu'on ait pensé à former des établissemens sur des plages sablonneuses aussi stériles que celles où sont bâties les villes de Qoçeyr et de Suez: aussi, dans l'espérance de jouir de ces avantages, a-t-il été fait, vers la fin du siècle dernier, quelques tentatives pour rouvrir au commerce de l'Inde le chemin qu'il avait suivi avant la découverte du cap de Bonne-Espérance.

On sait qu'A'ly-bey, qui gouverna l'Égypte dans l'intervalle de 1765 à 1771, avait conçu le projet de se rendre indépendant de la Porte ottomane. Le bénéfice que le commerce de l'Inde avec l'Europe aurait pu lui procurer, s'il était parvenu à le faire passer par l'Égypte, lui fut indiqué par le consul de Venise, auquel il accordait une grande confiance, comme un moyen sûr d'accroître ses richesses et d'assurer son indépendance.

Il fallait d'abord se rendre maître du port de la mer Rouge qui a le plus de relations avec l'Inde, et du marché où se réunissent les caravanes qui en font le commerce par terre: il fit en conséquence occuper Geddah et la Mekke par deux beys de sa maison, Hasan Geddâouy et Mohammed Abou-dahab.

Afin d'attirer les Européens à Geddah, il voulut qu'ils y eussent un facteur accrédité, et il réduisit à 3 pour cent de la valeur des marchandises les droits de douane qui devaient y être perçus.

Les circonstances ne permirent point l'exécution de ces projets; mais l'intention manifestée par A'ly-bey, de rendre libre la navigation de la mer Rouge, n'en fut pas moins bientôt connue dans l'Inde.

Quelques négocians formèrent alors le projet d'expédier par cette voie dans le Levant les différentes marchandises qui y ont cours. Il vint à Suez plusieurs bâtimens qui payèrent, à leur arrivée, 5 pour cent de la valeur de leurs chargemens; on se borna à exiger de plus 6 pour cent de cette valeur au moment où ces chargemens furent achetés par des marchands du Kaire.

Mohammed-bey Abou-dahab, successeur d'A'ly, voulut, comme lui, encourager le commerce de l'Inde. Non-seulement il permit aux vaisseaux anglais armés par des particuliers de débarquer leurs chargemens à Suez, mais encore il prescrivit aux négocians du Kaire qui en traitaient, de les solder dans le délai de trente jours. Les bénéfices auxquels cette protection du gouvernement d'Égypte donna lieu, et la renommée qui ne manqua pas de les grossir, inspirèrent à d'autres armateurs le désir de les partager. Cependant la compagnie anglaise du Levant, qui vend dans les différentes contrées de l'empire ottoman les étoffes du Bengale provenant des magasins de la compagnie des Indes, craignit que la nouvelle route qui s'ouvrait par l'Égypte, ne nuisît à ses intérêts; elle fit en conséquence solliciter près du divan de Constantinople, par l'ambassadeur d'Angleterre, un firman qui interdirait aux Européens la navigation de la mer Rouge au-dessus de Geddah.

Il s'écoula un temps assez considérable jusqu'à l'obtention de ce firman; et durant cet intervalle le commerce de l'Inde par l'Égypte continua de se faire avec d'assez grands avantages.

Enfin le firman sollicité par les agens du gouvernement anglais à Constantinople fut expédié au pâchâ d'Égypte.

Le gouverneur du Bengale avait, de son côté, défendu l'importation immédiate des marchandises de l'Inde en Égypte par des vaisseaux anglais. Au mépris de cette défense et du firman du grand-seigneur, il arriva à Suez, en 1778, plusieurs bâtimens dans le chargement desquels le bruit courut que le consul de France était intéressé. On rapporte que, pour faire parvenir au Kaire les marchandises avec plus de sûreté, ce consul obtint de les y faire transporter par des chameaux appartenant à l'un des principaux beys. Les Arabes de Tor, qui prétendaient avoir des droits à exécuter ce transport, demandèrent inutilement d'en être chargés, suivant l'ancien usage. Refusés sur ce point, ils réduisirent leurs demandes à celle d'une indemnité en argent, pour le dommage qu'ils disaient éprouver par l'effet de cette innovation. Le second refus qu'ils essuyèrent les irrita : ils se mirent en embuscade, et pillèrent la caravane; ce qui leur fut d'autant plus facile, que les voyageurs de différentes nations qui l'accompagnaient, comptant sur la sécurité dont on avait joui dans les expéditions précédentes, n'avaient pris aucune des précautions nécessaires pour se défendre dans celle-ci.

Les bâtimens venus à Suez furent ensuite confisqués par le pâchâ du Kaire, ainsi que les marchandises qui y étaient restées; d'autres gens en place achetèrent à vil prix celles qui provenaient du pillage de la caravane.

Les bâtimens qu'on avait expédiés directement de l'Inde pour le port de Suez, étaient presque exclusivement chargés pour le compte d'officiers militaires ou civils employés au service de la compagnie anglaise.

Depuis le mauvais succès de ces expéditions, elles ont entièrement cessé par cette voie. C'est, au surplus, à dater de cette époque que les Anglais ont eu un vice-consul à Alexandrie; jusqu'alors la compagnie des Indes n'avait entretenu au Kaire qu'un simple agent chargé de faire passer par la voie de terre les dépêches d'Europe dans le Bengale et celles du Bengale en Europe.

EXPORTATIONS.

En échange du café, des drogues de l'Arabie et des marchandises de l'Inde importés à Qoçeyr par les barques arabes, elles emportent d'Égypte, en retour, du blé, de la farine, des fèves, des lentilles, du sucre, du beurre, de l'huile de laitue, des fleurs de carthame et de la toile de lin.

Une partie de ces denrées est expédiée directement à Yanbo' ou à Geddah par des commissionnaires établis à Qoçeyr ou à Qené, et confiée aux patrons des bâtimens sur lesquels on les embarque, ou bien elles forment le bagage d'un certain nombre de voyageurs, tous habitans du Sa'yd ou de l'intérieur de l'Afrique, qui se rendent en pélerinage à la Mekke. C'est ordinairement pendant les mois d'avril et de mai que ces exportations se font avec le plus d'activité.

Le blé, et généralement tous les grains exportés par la voie de Qoçeyr, sont mesurés, non pas à l'*ardeb* du Kaire, mais au *tellis*, unité de mesure qui est à cet *ardeb* dans le rapport de 16 à 9.

Le *tellis* de froment se vend, à Qené, de 3 pataques à 4 pataques $\frac{1}{2}$.

La charge d'un chameau est de trois quarts de *tellis*, qui pèsent environ 170 kilogrammes. Les caravanes de chameaux ainsi chargés emploient quatre jours pour aller de Qené à Qoçeyr. Il en coûte de transport, par *tellis* de blé, de 200 à 380 parats, c'est-à-dire un prix équivalent à la valeur intrinsèque du blé pris sur les marchés de Qené, de Qous et d'Abnoud, où se vendent communément les grains destinés à être exportés en Arabie.

On vend sur les mêmes marchés le *tellis* d'orge et le *tellis* de féves au prix moyen de 2 pataques et 60 médins.

Le *tellis* de lentilles s'élève à 4 pataques et 40 médins, c'est-à-dire à peu près au même prix que le *tellis* de blé.

Outre sa charge en blé et en lentilles, chacun des chameaux d'une caravane porte encore la quantité de féves nécessaire à sa nourriture pendant le voyage.

On comprend toujours dans le prix de la location d'un chameau, qui varie de 3 à 4 pataques suivant les besoins du commerce, le salaire du chamelier, qui est chargé de la conduite et du pansement de six chameaux.

Tout le blé destiné pour l'Arabie serait réduit en farine sur les lieux mêmes où il est récolté, si l'on n'y manquait pas de moulins : les Égyptiens gagneraient par cette opération la main-d'œuvre de la mouture, qui est de 48 parats par *ardeb* du Kaire.

Un *qantâr* de blé produit communément 90 *rotl* de farine, dont on paye le transport de Qené à Qoçeyr 100 médins.

Le beurre est ausi un objet assez considérable d'exportation ; on le tire des villages de la haute Égypte situés entre Minyeh et Esné ; il se vend de 1,000 à 1500 médins le *qantâr* : on le transporte dans des outres de peau de buffle ; un chameau peut en porter 4 *qantâr*.

Il en est de même des huiles que l'on extrait des différentes graines oléagineuses.

La cruche de poterie compacte appelée *ballas*, qui sert à mesurer l'huile, en contient 23 ou 24 *rotl* du Kaire, et se vend à Qené de 200 à 240 parats. Pour transporter l'huile à dos de chameau, on la met dans de grandes outres ; un chameau en porte 3 ou 4 *qantâr*.

Le *qantâr* de sucre se vend, à Qené, de 9 à 10 pataques.

Le *qantâr* de safranon, ou de fleurs de carthame, se vend de 8 à 12 pataques.

Enfin les pièces de toile de lin, de 27 à 28 *pyk* de longueur, que l'on transporte d'Égypte en Arabie par la voie de Qoçeyr, se vendent 120 parats chacune : un chameau peut en porter deux cents pièces.

On mesure les grains d'Égypte, quand ils sont arrivés à Qoçeyr, avec des mesures différentes de celles que l'on emploie à Qené. L'*ardeb* de Qoçeyr est à celui de Qené comme 3 est à 5 ; la première de ces mesures est égale à un *ardeb* du Kaire et $\frac{44}{100}$. Le fret d'un *ardeb* de toute sorte de grains expédié de Qoçeyr à Yanbo' ou à Geddah est de 160 médins.

Le blé se vend à Yanbo' 6 piastres d'Espagne l'*ardeb* de Qoçeyr ; il monte jusqu'à 7 piastres dans les années de disette.

Le *qantâr* de sucre d'Égypte se vend à Geddah et à Yanbo' 2500 parats ; le *qantâr* de beurre s'y vend de 12 à 15 piastres.

On voit qu'il n'y a guère d'exportation par le port de Qoçeyr que des productions territoriales de l'Égypte, de toiles, et de quelques autres produits de ses grossières manufactures.

La lisière du chemin que l'on suit à travers le désert pour se rendre dans ce port, est occupée par des Arabes de la tribu des *A'bâbdeh* : ils sont non-seulement les voituriers ordinaires de cette route, mais encore ils sont chargés de l'escorte des caravanes, moyennant une rétribution de 23 médins qu'on leur accorde pour chacun des chameaux dont elles sont composées.

Malheureusement, comme ces Arabes ont peu de propriétés qu'on puisse atteindre, il est difficile de les rendre responsables des pillages qui peuvent se commettre sous leur escorte : aussi ne remplissent-ils pas toujours leurs obligations avec fidélité. Au reste, ne connaissant guère que les besoins de la vie pastorale, ils sont plus avides d'objets de première nécessité que d'objets de luxe; voilà pourquoi, outre la rétribution de 25 parats dont je viens de parler, ils exigent un vingt-quatrième d'*ardeb* de blé, de farine d'orge ou de féves, pour chacun des chameaux qui en sont chargés, tandis qu'ils n'exigent rien en nature sur les charges de sucre, de safranon et de café, quoiqu'elles soient d'une plus grande valeur.

Lorsque les guerres que se font entre elles les tribus d'Arabes rendent moins sûre la route des caravanes, on attend, pour les expédier, qu'elles soient assez nombreuses pour se défendre contre les partis qui pourraient les attaquer; elles étaient, dans ces circonstances, escortées par des Mamlouks, qui recevaient 60 parats par chameau.

Outre une certaine quantité de denrées et de productions d'Égypte, le port de Suez, le plus voisin du Kaire, reçoit de cette ville la plupart des marchandises d'Europe qui sont destinées pour l'Arabie et pour l'Inde.

Comme ces exportations ne payent aucun droit de douane à leur sortie, et qu'on n'en tient point état, il est impossible de savoir avec précision la quantité de chacune d'elles : aussi ne devons-nous regarder que comme de simples aperçus les indications que nous allons en donner d'après les renseignemens que nous avons reçus du douanier de Suez et de quelques négocians du Kaire qui font ce commerce.

On évalue à quarante ou cinquante mille *ardeb* de blé, de féves et de lentilles, la quantité de ces grains qui est expédiée annuellement d'Égypte par les ports de Qoçeyr et de Suez pour ceux de Geddah et d'Yanbo'.

L'Arabie tire directement de l'Inde le riz qu'elle consomme; le peu de riz qu'on y envoie d'Égypte ne s'élève guère qu'à cinq cents *ardeb* par an.

Le transport du Kaire à Suez, de deux *ardeb* de blé, qui forment, comme on sait, la charge d'un chameau, coûte 4 pataques; ce qui fait revenir à 6 pataques le prix de l'*ardeb* rendu dans ce port et prêt à être embarqué.

Quant aux marchandises d'Europe qu'on exporte par cette voie, elles consistent principalement en verroterie de Venise, corail, cochenille, safran, fer, plomb, cuivre et papier.

La verroterie de Venise et le corail formaient annuellement un article de 100 à 150000 pataques.

On évalue à trente ou quarante barils la quantité de cochenille qui s'expédie annuellement pour l'Inde par le port de Suez. Cette quantité de cochenille s'est élevée quelquefois jusqu'à quatre-vingts barils, dont chacun est du prix de 1000 à 1500 pataques.

On exportait annuellement 2 ou 3 *qantâr* de safran, valant de 700 à 1000 pataques chacun.

La valeur du fer, du plomb et du cuivre expédiés de Suez à Geddah, était estimée de 50 à 60000 pataques; celle du papier, à 50000. Enfin on portait à 30000 pataques le prix du fil de cuivre doré ou argenté, et celui de quelques autres menues merceries destinées pour l'Arabie et pour l'Inde.

Si l'on compare les exportations que nous venons

d'indiquer aux importations de l'Arabie et de l'Inde en Égypte, on verra que ces importations devaient être presque en totalité soldées en argent; et c'est ce qui avait lieu en effet.

SECTION IV.

Des relations commerciales de l'Égypte avec l'Europe.

Les nations européennes qui se partageaient presque exclusivement le commerce de l'Égypte avant l'expédition française, étaient les Vénitiens, les Toscans et les Français; leurs vaisseaux et ceux de la république de Raguse faisaient le cabotage dans les mers du Levant avec d'autant plus d'avantage, que les droits d'entrée et de sortie imposés sur les cargaisons de ces vaisseaux dans les ports de cet empire étaient moindres que ceux auxquels les chargemens des bâtimens nationaux étaient assujettis. Les traités de commerce qui avaient stipulé les priviléges de chaque nation chrétienne, étaient, en général, assez rigoureusement observés. Les consuls européens qui résidaient dans les diverses échelles, étant spécialement chargés de veiller à l'exécution de ces traités, la réclamaient au besoin, et affranchissaient ainsi le commerce de leur nation des charges arbitraires dont il aurait pu être grevé par les commandans des provinces, ou les autres agens d'un pouvoir absolu. Il n'en était pas ainsi des propres sujets du Gouvernement ottoman : leur commerce n'avait aucun protecteur dans leurs ports; il supportait par cela seul toutes les redevances qu'il plaisait à l'autorité de lui faire subir, et ces redevances imposées par le caprice n'avaient de bornes que celles de l'avidité des exacteurs. Voilà comment, malgré tous les avantages de position que les îles de la Grèce et toutes les côtes de la Turquie devaient à la nature, presque tout le commerce maritime de ces contrées était fait par des nations étrangères.

Il n'en faut pas conclure cependant qu'il n'existait point de relations commerciales directes entre l'Égypte et les autres possessions du grand-seigneur. Ces relations étaient assez multipliées pour qu'il nous eût été facile de recueillir à leur sujet des renseignemens étendus : mais, comptant sur cette facilité, nous ne nous sommes pas assez hâtés de les prendre; et plus tard les événemens militaires qui précédèrent l'évacuation de l'Égypte, ne nous permirent point de continuer le travail que nous avions entrepris.

§. I. *Commerce de l'Égypte avec Venise et Trieste.*

IMPORTATIONS.

Le commerce de Venise avec l'Égypte remonte aux premiers siècles de la fondation de cette république. Ce fut long-temps par la voie de ce commerce que les autres nations de l'Europe reçurent les marchandises de l'Orient. Depuis que le port de Trieste est devenu lui-même un entrepôt, et que les Vénitiens ont cessé d'exercer le droit de souveraineté sur le golfe Adriatique, les places de Trieste et de Venise partagent entre elles un commerce d'importation et d'exportation qui a pour objet les mêmes matières.

Les chargemens des vaisseaux qui se rendent de Venise à Alexandrie, sont ordinairement divisés entre le capitaine, qui est propriétaire d'une portion du vaisseau, et les armateurs, qui faisaient toujours en sorte d'en posséder la plus grande partie. Il y avait en outre, sur le bâtiment, des particuliers appelés *bazariotti* ou petits marchands, qui servaient comme matelots, et qui embarquaient, à ce titre, des pacotilles plus ou moins considérables.

On était déterminé par plusieurs raisons à embarquer ces *bazariotti*: d'abord, parce qu'ils faisaient le service de matelots pendant la traversée; en second lieu, parce que le prix du fret de Venise à Alexandrie était peu élevé; troisièmement enfin, parce qu'ils étaient obligés de charger sur le même navire les marchandises qu'ils achetaient en retour de leurs pacotilles, et qu'ils en payaient le fret beaucoup plus cher.

Les marchandises qui appartenaient au capitaine et aux armateurs, étaient déposées à Alexandrie dans les magasins des commissionnaires, ou expédiées de suite pour le Kaire aux négocians à l'adresse desquels le navire était arrivé.

Les pacotilles des *bazariotti* étaient ordinairement vendues sur le bord, avant d'être mises à terre.

Il vient de Venise en Égypte des draps légers imitant ceux de France; des draps rouges très-épais, appelés *saies;* des satins unis et brochés de plusieurs qualités, des velours unis et à fleurs, du papier blanc pour l'écriture, du papier gris à enveloppes; enfin des grains de verroterie de différentes formes et de différentes couleurs pour faire des colliers, des bracelets de femme, etc.

On expédie de plus par les ports de Venise et de Trieste pour Alexandrie les objets suivans, qui viennent d'Allemagne: du laiton, du fer-blanc, de l'acier, du cuivre en feuille, des miroirs, des clous de différentes dimensions, des limes, du fil de cuivre doré ou argenté, des aiguilles, des hameçons, diverses quincailleries, du mercure, du cinabre, du minium, de l'arsenic, des draps de Leipsick, enfin une certaine quantité de *spica celtica.*

Depuis que la guerre avait fermé à notre commerce la plupart des ports du Levant, on apportait annuellement de Venise en Égypte deux cents balles de drap, façon de France, tandis qu'autrefois cette importation n'était que de vingt ou trente balles seulement. Chaque balle contient douze pièces de trente ou trente-cinq *pyk*[1] de longueur, et de deux *pyk* de largeur. Ce drap se vendait de 180 à 200 parats le *pyk*. Le plus estimé valait 4 pataques.

Il venait des saies de Venise, de cinq ou six qualités

---

[1] Il convient de rappeler ici que l'on emploie dans les bazars du Kaire deux *pyk* différens: le premier, de $0^m 5775$ de longueur, est le *pyk beledy;* il sert à mesurer les toiles de lin et de coton fabriquées dans le pays: le second, de $0^m 677$, est le *pyk stambouly* ou de Constantinople; il sert à mesurer les étoffes de soie et les draps d'Europe.

différentes : ces saies étaient teintes en rouge plus ou moins vif; l'importation annuelle s'en élevait à quatre cents pièces environ, de cinquante *pyk* de long chacune, et d'un peu plus de deux *pyk* de large : le *pyk* de cette étoffe se vendait jusqu'à 8 piastres d'Espagne sous le gouvernement des Mamlouks, qui en faisaient une grande consommation; il ne valait plus que 4 ou 5 pataques de 90 médins pendant le séjour des Français en Égypte.

On y importait, année commune, cent pièces de satin de Venise, de première qualité, et du prix de 130 médins le *pyk*; quarante ou cinquante pièces de deuxième qualité, de 80 à 90 parats le *pyk*; enfin cent pièces de troisième qualité, dont le *pyk* se vendait 75 parats. La longueur de la pièce est de quatre-vingts à cent brasses de Venise, de $0^m 6336$ l'une : les couleurs les plus recherchées sont le rouge, le vert et le bleu.

Il venait environ quarante pièces de satin broché, du prix de 100 à 120 parats le *pyk* : elles ont la même longueur que les pièces de satin uni. Il faut ajouter à ces articles quatre ou cinq cents pièces d'étoffes brochées en or et argent, qui étaient employées en habits de femme et en ameublemens, et qui se vendaient communément à raison de 6 pataques la mesure; de plus, quarante ou cinquante pièces de velours, de soixante à soixante-dix *pyk* de longueur chacune, au prix de 240 médins le *pyk*.

L'importation du papier à écrire, dit *à trois lunes*, montait à vingt mille rames, qui se consommaient, partie en Égypte, partie en Arabie et dans l'intérieur de l'Afrique; le prix de la rame était de 360 à 400 parats.

L'importation du papier gris pour enveloppes était d'environ quinze mille rames, du prix de 140 à 150 médins l'une.

Les verroteries de Venise étaient envoyées en baril : il en venait environ quatre cents barils de deux qualités, l'une appelée *conteria ferraria*, et l'autre, *conteria mezza-libra*; celle-ci formait les deux tiers de la quantité totale qu'on en faisait passer en Égypte. C'étaient, comme on sait, des grains de verre émaillés de différentes couleurs. Il en venait une troisième qualité à l'usage des caravanes de Dârfour et d'Abyssinie; on la nommait *conteria transparente* : celle-ci était composée de grains de verre transparent verts et jaunes. Il en venait une vingtaine de barils, du poids de 10 à 11 *qantâr* de 102 *rotl* l'un.

Le *qantâr* de la seconde espèce, dite *mezza-libra*, valait de 50 à 55 livres de Venise, dont chacune équivaut à 53 centimes, monnoie de France.

Le prix de la troisième espèce était un peu plus élevé.

La plus estimée des verroteries de Venise importées au Kaire est celle que l'on nomme *carniole*; il en venait trois cents caisses, qui en contenaient chacune cent cinquante paquets. Le paquet de soixante chapelets se vendait de 3 à 5 pataques. Il y avait, au surplus, un nombre prodigieux d'espèces différentes de verroteries de Venise. L'importation de cette marchandise s'est élevée, dans quelques années, jusqu'à un million et demi de francs.

Ajoutant aux objets qui viennent d'être indiqués, environ deux cents glaces, du prix de 20 à 1000 pataques, lesquelles n'étaient expédiées que sur les demandes qu'on en faisait, on aura l'état approximatif des importations provenant des manufactures de Venise.

Voici les objets provenant des fabriques d'Allemagne, qui étaient expédiés de ce port ou de celui de Trieste :

Trente barils de laiton en feuille ou en fil de diverses grosseurs, pesant chacun 6 *qantâr* (le *qantâr* de 105 *rotl* est du prix de 50 fondouklis);

Trois cents caisses d'acier, pesant chacune 5 à 6 *qantâr*, du prix de 60 pataques *dahaby*, de 60 médins l'une;

Environ mille paquets de feuilles de cuivre et d'étain (le paquet, du prix de 90 à 100 médins);

Quatre ou cinq cents caisses de petits miroirs d'Allemagne, que l'on montait en Égypte suivant le goût du pays (chaque caisse était du prix de 36 à 40 pataques);

Quatre cents barils de clous (le baril pèse de quarante à soixante okes : les plus petits clous se vendent 65 parats, et les plus grands, de 40 à 60 parats l'oke);

Dix caisses contenant chacune de six cents à mille paquets de limes (le paquet de quatre limes se vend 50 médins);

Environ quatre mille écheveaux de fil de cuivre doré ou argenté (le premier se vend 150 parats l'écheveau, et le second, de 95 à 110 : ce fil de cuivre est employé en Égypte pour orner les tuyaux de pipe, qui, comme on sait, sont recouverts d'une espèce de fourreau d'étoffe de soie);

Cent barils de quincaillerie, consistant en couteaux

de Styrie, ciseaux, rasoirs, aiguilles, hameçons, etc. (cet article pouvait s'élever, année commune, à 25 ou 30000 piastres);

Dix à quinze petits barils de mercure à l'état métallique, pesant 190 *rotl* l'un (le *qantâr* de 100 *rotl* se vend 70 piastres d'Espagne : il venait aussi environ mille okes de cinabre, du prix de 5 pataques à 5 pataques $\frac{1}{2}$ l'oke);

Vingt ou trente barils de minium, du poids de 6 à 700 *rotl* (le *qantâr* de 150 *rotl* se vendait de 8 à 10 fondouklis);

Quinze ou vingt barils d'arsenic;

Vingt-cinq ou trente balles de drap de Leipsick, contenant chacune douze ou quinze pièces de trente *pyk* de longueur (le *pyk* de ce drap se vendait de 3 pataques à 3 pataques $\frac{1}{2}$);

Quatre cents barils de *spica celtica* (nous avons déjà dit que cette plante séchée vient de Trieste, et qu'elle est achetée en Égypte par les caravanes de Dârfour et de Sennâr, ou bien expédiée pour Geddah);

Quatre ou cinq petits chargemens de racine de réglisse, qui était tirée des îles vénitiennes, de Zante, de Céphalonie, de Corfou: le prix du chargement, y compris le fret, revenait à 2500 ou 3000 piastres turques de 40 médins.

Outre ces diverses marchandises, on chargeait encore à Venise pour l'Égypte environ dix mille planches de bois de sapin assorties, de différentes dimensions; elles se vendaient au prix moyen de 50 médins chacune.

On chargeait aussi à Trieste des poutres et des solives

de ce même bois; la valeur de ces articles ne s'élevait guère qu'à 10000 pataques.

Le plus grand bénéfice sur les marchandises importées de Venise se faisait sur le papier blanc et le papier gris, sur les soies, l'acier, le fer et la quincaillerie.

Il était de cinquante pour cent sur les papiers, de trente pour cent sur les soies, de vingt à vingt-cinq pour cent sur les autres articles.

Il abordait, année commune, à Alexandrie, six ou sept vaisseaux vénitiens, du port de quatre ou cinq cents tonneaux; c'étaient les plus grands de ceux qui abordaient à Alexandrie : ceux qui venaient de Trieste ne portaient que deux cents tonneaux environ. Le commerce direct de l'Égypte avec cette dernière ville n'a commencé à s'établir qu'en 1785, époque à laquelle quelques maisons levantines allèrent s'y fixer.

Les cargaisons expédiées de Venise et de Trieste étaient adressées à quatre maisons vénitiennes et à quatre maisons juives qui résidaient à Alexandrie et au Kaire.

Les négocians vénitiens étaient sous la protection et la police immédiates du consul général de leur nation, qui demeurait au Kaire; il y avait de plus un vice-consul à Alexandrie : l'un et l'autre recevaient des appointemens fixes du gouvernement de Venise. Les capitulations de cette république avec la Porte ottomane étaient à peu près les mêmes que les capitulations de la Porte avec la France.

Quant au prix du fret sur les vaisseaux de Venise qui venaient à Alexandrie, on payait 4 ou 5 piastres de

40 médins pour le transport d'une balle de drap, et ainsi des autres marchandises, à proportion de leur poids.

La valeur du chargement était presque toujours convertie en lettres de change ou en espèces métalliques, avec lesquelles on soldait le coton, le vin et la soie que le bâtiment allait chercher en Chypre et en Syrie.

EXPORTATIONS.

Les productions de l'Égypte que l'on faisait passer annuellement à Venise et à Trieste, consistaient en safranon, en cuirs de bœuf et de vache, en sel ammoniac, natron, casse, séné de différentes sortes, et en une petite quantité de sucre. Les objets de l'intérieur de l'Afrique qui étaient expédiés dans l'Adriatique par le port d'Alexandrie, consistaient en gomme de Dârfour et de Sennâr, en ivoire, *tamar Hendy*, et plumes d'autruche.

Enfin, en productions de l'Arabie et de l'Inde, on exportait, pour la même destination, du café, de la gomme arabique, de la myrrhe, de la coque du Levant, du curcuma ou safran de l'Inde, de la gomme ou plutôt résine copal, de l'*assa fœtida*, de l'aloès hépatique et de l'aloès socotorin.

On expédie annuellement pour Venise et Trieste, en productions et denrées d'Égypte, de cent cinquante à quatre cents balles de safranon. Cette marchandise est d'autant plus légère qu'elle est plus pure. Le safranon de première qualité pèse 800 *rotl* la balle; celui de qualité inférieure en pèse jusqu'à 900 : le *qantâr* de 110 *rotl* se vend de 15 à 18 pataques.

Avant l'épizootie qui se manifesta en Égypte peu d'années avant l'expédition française, on exportait, année commune, jusqu'à cent vingt mille cuirs de bœuf ou de vache, qui ne coûtaient que 60 médins chacun. On en a exporté beaucoup moins depuis, et le prix en est doublé.

On envoie à Trieste quatre ou cinq caisses de sel ammoniac, de 5 à 600 *rotl* chacune; le *qantâr* de 204 *rotl* se vend de 80 à 120 pataques.

Le natron d'Égypte n'était expédié pour Venise et Trieste que lorsque les soudes de Sicile manquaient. L'exportation ordinaire montait, dans cette circonstance, à cinq cent mille okes, du prix de 3 parats l'une.

L'exportation annuelle du séné pour Venise et Trieste était de 500 *qantâr* de 110 *rotl*; le prix du *qantâr* est de 35 à 50 pataques. Celle de la casse était de vingt *qafas*, du poids de 450 à 500 *rotl* chacun; le *qantâr*, qui est aussi de 110 *rotl*, se vend de 10 à 20 pataques.

Venise et Trieste ne tirent du sucre d'Égypte qu'en temps de guerre, et c'est toujours en très-petite quantité.

Il faut ajouter à ces diverses marchandises d'Égypte une vingtaine de balles de grosses toiles appelées *dimittes*, fabriquées à Rosette et dans l'intérieur du Delta.

En objets de l'intérieur de l'Afrique, il s'exportait de l'Égypte pour Venise et Trieste,

Cinquante *qafas* de gomme arabique de Dârfour et de Sennâr, employée spécialement dans la préparation du satin et autres étoffes de soie (le *qafas* est du poids de 9 à 10 *qantâr*; et le *qantâr*, du prix de 25 fondouklis);

Dix balles de *tamar Hendy*, qui se partageaient à peu près également entre Venise et Trieste (chaque balle de *tamar Hendy* pèse 9 à 10 *qantâr*, du prix de 16 à 20 pataques l'un : le *tamar Hendy* de Dârfour est le plus estimé);

Deux caisses de plumes d'autruche pour Trieste : chaque caisse est du poids de 3 à 400 *rotl*, et le prix moyen du *rotl* est de 10 pataques environ ; mais ce prix varie suivant la qualité et la couleur des plumes.

La première qualité de plumes blanches se vend 40 pataques le *rotl*; la seconde qualité, 30 pataques; la troisième, 15; la quatrième, 8 : les plumes noires se vendent de 90 à 140 médins le *rotl*.

Enfin, en marchandises de l'Arabie et de l'Inde, Venise et Trieste recevaient par la voie d'Alexandrie,

Deux mille balles ou quatre mille fardes de café moka (le poids de la farde est, comme on sait, de 3 *qantâr* $\frac{1}{2}$, et le prix du *qantâr* de café revient à 30 piastres d'Espagne : l'exportation de cette marchandise était autrefois beaucoup plus considérable; elle s'élevait jusqu'à huit mille fardes);

Vingt ou trente *qafas* de gomme arabique de Geddah (chaque *qafas* pèse de 1000 à 1100 *rotl*, dont 150 formaient le *qantâr*, du prix de 15 à 18 fondouklis);

Quarante ou cinquante *qafas* d'encens, du poids de 6 à 7 *qantâr* l'un (le *qantâr* d'encens, de même que celui de toutes les drogues qui viennent d'Arabie, pèse 150 *rotl*; il se vend de 20 à 30 pataques *dahaby* : les 150 *rotl*, après le nettoiement et le triage de l'encens tel qu'il arrive d'Arabie, se réduisent à 100; ainsi cette drogue perd par le nettoiement entre le tiers et le quart de son poids);

Cinq ou six *qafas* de myrrhe, pesant chacun 900 à 1000 *rotl* (le *qantâr* de 150 *rotl* se vend de 25 à 50 pataques de 90 médins);

Douze ou quatorze balles de coque du Levant, de 900 à 1000 *rotl* chacune (cette drogue passe presque en totalité de Venise et de Trieste en Angleterre);

Quatre ou cinq balles de curcuma, du poids de 900 à 950 *qantâr*, du prix de 15 à 20 fondouklis (cette drogue est embarquée spécialement pour Trieste);

Environ vingt-cinq balles d'*assa fœtida*, composées chacune de deux fardes du poids de 350 à 360 *rotl* l'une (le *qantâr* de 150 *rotl*, poids brut, coûte de 20 à 30 pataques : on n'en envoie que cinq ou six fardes à Venise; les vingt autres balles passent à Trieste, d'où elles sont expédiées pour l'Allemagne);

Enfin vingt fardes d'aloès, qui se partagent à peu près également entre Venise et Trieste.

La farde est de 2 *qantâr* $\frac{1}{2}$, dont chacun, de 525 *rotl*, se vend de 18 à 20 fondouklis.

§. II. *Commerce de l'Égypte avec la Toscane.*

IMPORTATIONS.

On porte de Livourne en Égypte de la cochenille, du satin, du taffetas de Florence et du taffetas noir, des étoffes de soie brodées, des velours unis et à fleurs, des draps, des *tarbouch*, de l'ambre, des grains de chapelet de différentes matières et de différentes grosseurs, du corail, du papier à écrire, de l'alquifoux, de la salsepareille, du girofle, du poivre, du piment, du plomb, de l'étain, du fer, du fer-blanc, des armes fabriquées en Angleterre, de la quincaillerie, du minium, de l'arsenic, du fil de fer, du marbre en carreaux et en colonnes, des piastres d'Espagne, des thalers ou thalaris, et des sequins de Venise.

Il vient, année commune, de Livourne à Alexandrie, quarante ou cinquante barils de cochenille, dont la livre se vend, sur la place de Livourne, de 3 à 5 piastres d'Espagne;

Cinquante caisses contenant chacune un nombre de pièces de satin qui varie de cinq à vingt (ces caisses valent, suivant le nombre de pièces qu'elles contiennent, depuis 200 jusqu'à 1000 écus de Toscane, qui sont à la piastre d'Espagne dans le rapport de 25 à 28);

Environ trente caisses de taffetas de Florence (la caisse en contient ordinairement de dix à vingt pièces, ayant chacune 50 à 60, quelquefois même de 100 à 110 *pyk* de longueur; le *pyk* se vendait d'ordinaire de 70 à 80 médins);

Une vingtaine de caisses de taffetas noir, contenant chacune de dix à vingt pièces de 50 à 100 *pyk* de longueur (le *pyk* se vendait de 100 à 130 parats);

Neuf ou dix caisses d'étoffes de soie brochées en or et en argent; chacune de ces caisses en renfermait au plus dix pièces de 30 à 50 *pyk* de longueur : le prix ordinaire de ces étoffes varie de 5 à 7 pataques le *pyk*; elles servent aux vêtemens de femme et à l'ameublement.

Il venait de plus de cinq à dix caisses d'étoffes de soie brodées (chaque caisse était composée de cinq à vingt pièces de 30 à 50 *pyk* de longueur : leur prix varie de 100 à 200 parats le *pyk*);

Une douzaine de caisses de velours, contenant chacune douze pièces de 50 *pyk* de longueur; le prix du *pyk* de ce velours est communément de 3 pataques;

Environ dix caisses de gaze ou de crêpe, contenant chacune de vingt à quarante pièces de 36 *pyk* de longueur, à 50 parats le *pyk*;

Seize à dix-huit caisses de *tarbouch* fabriqués en France (la caisse en contient de cent à cent vingt douzaines, de 10 à 12 pataques l'une);

Deux cents balles de drap de France, composées chacune de douze pièces de 30 à 32 *pyk* de longueur, et de 2 *pyk* de largeur. L'importation de cet article par Livourne n'avait lieu que depuis la guerre de la révolution.

Il vient de Livourne à Alexandrie, pour faire des colliers et des bracelets, des grains d'ambre jaune de vingt grosseurs différentes (cette importation consiste en quarante caisses de cette marchandise, dont chacune contient cent paquets de grains, et pèse de trente à trente-six okes; le prix moyen de l'oke est de 17 *fondouklis*);

Une vingtaine de caisses de grains de corail, pesant de 100 à 150 *rotl* l'une (le prix du *rotl* varie de 15 à 30 pataques, suivant la grosseur des grains);

Trois cents balles de papier, de douze à quinze rames chacune, et du prix de 4 à 15 pataques (on en reçoit de trois qualités; celui de la troisième sorte, qui était le plus petit, formait à lui seul les trois quarts de l'importation totale);

Mille barils environ d'alquifoux, pesant environ 500 *rotl* chacun (le *qantâr* de 150 *rotl* de cette substance se vendait 8 et 9 pataques; il est monté jusqu'à 30 depuis la guerre);

Environ cinquante balles de salsepareille, de 4 ou 5 *qantâr* l'une, et du prix de 50 à 80 fondouklis;

Douze barils de girofle, pesant chacun de 2 à 6 *qantâr* (le *qantâr* de cette épice est de 100 *rotl*, et le prix du *rotl*, de 4 pataques);

Vingt ou trente tonneaux de poivre-long, pesant environ cinq cents okes chacun (l'oke se vend de 50 à 60 parats);

Cinquante à soixante sacs de poivre, de 4 *qantâr* l'un (le *qantâr* de 102 *rotl* se vend 60 pataques *dahaby*);

Six ou sept cents *qantâr* d'étain, de 200 *rotl* l'un, et du prix de 70 pataques;

Environ dix mille *qantâr* de fer, à 15 pataques l'un, prix moyen;

Deux cents caisses de fer-blanc, valant chacune de 60 à 70 pataques *dahaby*;

Trente ou quarante caisses de quincailleries diverses, telles que couteaux, ciseaux, cuillers de laiton, etc. (le prix de la caisse variait, suivant les qualités des marchandises qu'elle contenait, de 200 à 1000 pataques);

Trois ou quatre barils de fil de fer, pesant chacun 8 *qantâr* environ (le prix moyen du *qantâr* était de 40 pataques);

Pour environ 50000 pataques d'armes et autres marchandises anglaises expédiées en Égypte par Livourne;

Dix-huit ou vingt barils de minium, pesant chacun 10 *qantâr* (le *qantâr* de 10 à 12 pataques);

De cinquante à cent barils d'arsenic, pesant chacun 5 et 6 *qantâr* de 50 pataques *dahaby* chacun;

Environ dix mille carreaux de marbre, du prix de 90 à 100 parats l'un; et à peu près une vingtaine de colonnes toutes travaillées, qui, suivant leurs dimensions, valaient depuis 40 et 50 pataques jusqu'à 4 et 500.

Enfin l'on évalue à 3 ou 400000 piastres d'Espagne et de thalaris, et à 15000 sequins de Venise, le numéraire métallique qui était annuellement versé en Égypte pour achever de solder le prix des marchandises qui en étaient exportées pour Livourne.

EXPORTATIONS.

On expédie d'Alexandrie à Livourne, en productions et marchandises d'Égypte, du blé, du riz, des fèves, du safranon, du lin, du coton filé, du sel ammoniac, du salpêtre, des toiles de coton et de lin, du séné, de la casse, des cuirs de bœuf, de buffle, de mouton et de chameau;

En productions et marchandises de l'intérieur de l'Afrique et de l'Asie, de l'ivoire, du *tamar Hendy*, de la gomme de Sennâr, des plumes d'autruche, du café, de la gomme de Geddah et d'Yanbo', de l'encens, du curcuma, de l'aloès, de la myrrhe, de la coque du Levant, de la gomme élémi, de la gomme copal, de l'*assa fœtida*.

C'est lorsqu'il y a disette de grains en Europe, que Livourne en tire de l'Égypte une certaine quantité:

ainsi, pendant les deux années qui précédèrent notre expédition, on en avait tiré de Damiette et d'Alexandrie environ vingt chargemens, qui consistaient en blé, riz et fèves. Autrefois l'exportation du riz était beaucoup plus considérable; elle s'élevait seule à plus de trois mille *ardeb*.

On évalue à mille *qafas* la quantité de safranon qui s'exporte annuellement pour Livourne. Ces *qafas*, ou grands paniers prismatiques, contiennent 8 *qantâr* de 112 *rotl* chacun, et du prix de 9 à 10 pataques.

On évalue à deux mille ou deux mille cinq cents balles de lin ce qui en est exporté pour Livourne. Le prix de chaque balle, du poids de deux cents okes, varie entre 25 et 50 pataques, suivant les qualités.

Le fil de coton expédié en Toscane provenait du Kaire et des environs; il en partait tous les ans deux ou trois cents balles du poids de 7 *qantâr* de 125 *rotl* chacun. Le prix du *rotl* de coton filé varie de 25 à 40 parats.

L'exportation annuelle du sel ammoniac ne s'élève guère au-dessus de dix *qafas* du poids de 5 *qantâr* chacun. Le *qantâr* de 204 *rotl* se vend de 90 à 140 pataques.

Depuis la guerre de la révolution, la Toscane a tiré un peu de salpêtre d'Égypte; cette exportation s'est élevée annuellement à 4 ou 5 mille *qantâr*, valant chacun de 3 à 5 pataques.

Les toiles de coton d'Égypte envoyées à Livourne se nommaient *dimittes*: elles étaient généralement fabriquées à Rosette, d'où l'on en envoyait par an trente ou quarante balles, contenant chacune de deux cents à quatre cents pièces de 8 *pyk* de longueur chacune, et du prix de 60 à 120 médins.

On exportait encore vingt balles de toiles de lin, de celles qui étaient appelées *menoufyeh*, parce qu'elles se fabriquaient dans la province de Menouf. La balle contenait cent cinquante pièces de vingt-cinq *pyk*, valant chacune de 80 à 110 parats.

Il fallait comprendre autrefois dans cette exportation de toiles de lin d'Égypte une partie assez considérable de celles qui étaient appelées *asyouty;* mais il ne s'en fait plus d'envois depuis plus de vingt ans.

Livourne tire annuellement d'Égypte 500 *qantár* environ de séné (le *qantár* de 110 *rotl* se vend de 30 à 40 pataques);

De plus, vingt *qafas* de casse, de 4 à 5 *qantár* chacun (le prix du *qantár* est de 12 à 15 pataques).

Depuis l'épizootie qui eut lieu en 1790, il n'a plus été possible d'envoyer des cuirs à Livourne. On en expédiait avant cette époque vingt ou trente mille par an, valant chacun de 45 parats à 4 pataques, suivant leurs qualités.

Quant aux objets apportés en Égypte par les caravanes de Dârfour et de Sennâr, Livourne tire d'Alexandrie environ 300 *qantár* d'ivoire, dont l'un se vend de 60 à 80 fondouklis;

Vingt ou trente *qafas* de *tamar Hendy*, de 5 *qantár* chacun (le *qantár* de 110 *rotl* se vend 30 pataques);

Deux cents *qafas* de gomme arabique de Sennâr (le *qafas*, de 10 à 11 *qantár* de 120 à 125 *rotl*: quand elle a été nettoyée, cette gomme se vend de 20 à 22 fondouklis de 146 parats);

Vingt caisses de plumes d'autruche, pesant chacune de 50 à 200 *rotl :* le *rotl* des plus belles plumes blanches se vend 40 pataques, et quelquefois jusqu'à 100 *zermahboub :* les plumes ordinaires blanches ne se vendent que 15 pataques; et les noires, que 2 pataques.

En marchandises tirées de l'Arabie, on expédiait annuellement à Livourne cent vingt fardes de café moka, de 3 *qantâr* à 3 *qantâr* $\frac{1}{2}$ l'un (le prix du *qantâr* est de 30 pataques);

Cent *qafas* de gomme arabique de Geddah et d'Yanbo'; chacun de ces *qafas* en contient 10 à 11 *qantâr*. Le *qantâr* de gomme arabique pèse, après avoir été nettoyé, 120 *rotl,* et se vend 18 fondouklis quand la gomme vient de Geddah, et 14 foudouklis seulement quand la gomme vient d'Yanbo'.

Lorsque la guerre entre la Porte et la Russie ne permet point aux Russes de tirer l'encens de Constantinople, il s'en expédie d'Alexandrie à Livourne une quantité assez considérable, qui va quelquefois jusqu'à trois cents *qafas,* de 8 à 9 *qantâr,* du poids de 150 *rotl,* et du prix de 15 à 25 pataques *dahaby.*

On expédiait annuellement dix balles de curcuma, pesant chacune 7 *qantâr :* le *qantâr* de 150 *rotl* coûte 20 fondouklis.

On envoie annuellement à Livourne cinq *qafas* au plus de myrrhe, de 6 à 7 *qantâr* l'un (le prix du *qantâr* de 150 *rotl* varie de 30 à 50 pataques);

Cent balles de coque du Levant, pesant chacune 6 à 7 *qantâr* de 150 *rotl* chacune (le *qantâr* se vend 15 fondouklis);

De dix à vingt *qafas* de gomme copal, pesant chacun 6 à 7 *qantâr* de 150 *rotl*;

Cinq ou six balles d'*assa fœtida*, de 7 à 10 *qantâr* la balle : le *qantâr* de 150 *rotl* se vend 25 pataques.

Le commerce de l'Égypte avec la Toscane est fait par des maisons européennes établies en Égypte, ou par des marchands levantins qui se sont fixés à Livourne et qui correspondent avec des chrétiens de Damas et d'Alep.

Il n'y avait que deux maisons toscanes établies à Alexandrie, et deux ou trois maisons au Kaire; mais il y avait, tant au Kaire qu'à Alexandrie, quinze ou vingt marchands syriens et deux ou trois négocians juifs qui faisaient directement ce commerce.

Il venait, année commune, douze ou quinze bâtimens de Livourne à Alexandrie, ils appartenaient aux différentes nations de l'Europe.

On payait, pour frais de commission, aux facteurs d'Alexandrie, 40 parats par caisse ou par balle de marchandise, grande ou petite.

§. III. *Commerce de l'Égypte avec la France.*

IMPORTATIONS.

On expédiait de France en Égypte différens objets provenant des manufactures nationales, et diverses marchandises tirées des pays étrangers et emmagasinées à Marseille.

Les principaux articles de France consistent en draps de Languedoc connus sous le nom de *londrins*, première et deuxième qualités, et de *mahons*, également de première et deuxième qualités; en draps fins de Sedan, de Louviers et d'Abbeville; en flanelles de Montpellier, en étoffes de Lyon, en galons d'or et d'argent; en bonnets ou calottes rouges, appelés *tarbouch*, fabriqués en Provence; en quincailleries et armes de la manufacture de Saint-Étienne; en aiguilles, en verdet de Montpellier, en papier à enveloppes, en faïence des environs de Marseille, en liqueurs de diverses sortes, en fleurs d'aspic ou de lavande, en savonnettes et parfumeries, en sirops et confitures; enfin, en bijouteries et diamans non montés.

Les marchandises tirées de l'étranger pour être importées en Égypte par le commerce de Marseille, sont des armes d'Allemagne, et notamment des lames de sabre, soit pour les *gelláby* ou caravanes de l'intérieur de l'Afrique, soit pour les Arabes de Geddah; du plomb, du fer de Suède et de Moscovie, de l'étain, de l'alquifoux, du fer-blanc, des pelleteries, de la salsepareille, de la cochenille, du girofle, du poivre, de la muscade, du poivre giroflé, du gingembre, et du bois de teinture.

Les draps de Langudoc formaient la partie la plus considérable des importations de France en Égypte; ce pays en consommait chaque année mille ou onze cents balles de douze pièces chacune, formant ensemble environ deux cents aunes de France : la largeur de ces draps est de 2 *pyk* ou de $\frac{5}{4}$ d'aune.

Le prix des draps de Languedoc varie, suivant les qualités, de 7 francs 50 centimes à 10 francs et 14 francs le *pyk*.

Il ne venait guère annuellement que huit ou dix balles de draps fins de Sedan, de Louviers ou d'Abbeville.

L'importation des flanelles de Montpellier s'élevait, année commune, à douze ou quinze balles.

On peut évaluer à 500000 francs le prix total des étoffes et dorures de Lyon qui venaient chaque année en Égypte.

On avait établi à Marseille et à Aix des manufactures de calottes rouges, ou *tarbouch*, façon de Tunis, et l'on commençait à faire de cet article des envois assez importans : quoique ces fabriques n'eussent point encore atteint la perfection de celles des États Barbaresques, elles fournissaient cependant une vingtaine de caisses qui contenaient chacune quatre-vingts douzaines de *tarbouch*. Le prix d'une caisse était communément de 2000 à 2400 francs.

Les quincailleries tirées de Marseille consistaient en couteaux, miroirs, chandeliers, ciseaux, serrures, peignes, épingles, aiguilles, etc. La valeur de tous ces articles montait annuellement de 30000 à 50000 francs.

Les armes de Saint-Étienne envoyées en Égypte consistaient en fusils, carabines, tromblons, pistolets garnis en argent et enrichis de diverses façons.

Les aiguilles venaient aussi de Saint-Étienne; et cet article d'importation consistait en douze ou quinze barils, qui peuvent être évalués à 2500 francs l'un.

Le verdet de Montpellier est employé en Égypte pour peindre les ouvrages de menuiserie; il en était importé huit ou dix barils chaque année.

Le papier qui venait de France, était de deux espèces: l'un, de vingt-quatre rames par balle; l'autre, de quatorze rames seulement.

Le premier était expédié par Suez pour Geddah; le deuxième était employé en Égypte. La consommation annuelle de ces deux espèces de papier montait à six ou huit cents balles, de 40 à 50 francs l'une, prix moyen d'achat à Marseille.

La faïence de cette ville et des environs n'était pas un objet de grande spéculation pour les maisons qui trafiquaient dans le Levant; mais elle servait à composer des pacotilles pour le compte des capitaine de navire : on en apportait environ cinq cents caisses par année, à raison de 25 ou 30 francs la caisse.

Les liqueurs de Marseille étaient, comme la faïence, de simples objets de pacotille : il en venait deux ou trois cents caisses annuellement, dont la plus grande partie était consommée à Alexandrie. Le prix moyen de ces petites caisses était de 40 à 50 francs. Les fleurs d'aspic ou de lavande, dont on apportait, année commune, soixante ou quatre-vingts balles, ainsi que les savonnettes, les sirops et les confitures, étaient aussi des objets de pacotille.

Les bijoux apportés de France consistaient en montres de Genève, en bagues de Paris, et en diamans assortis, que l'on montait au Kaire suivant le goût oriental.

Comme ces articles n'étaient point déclarés aux douanes, on ne peut avoir aucun aperçu du produit de cette branche de commerce.

Le fer et l'acier de Suède, le plomb, l'étain et le fer-blanc d'Angleterre, que le commerce de Marseille importait en Égypte, formaient annuellement un article de 5 à 600000 francs. Ces métaux n'étaient pas seulement destinés pour l'Égypte; il en passait une partie considérable en Arabie par Suez.

On expédiait de Marseille trois ou quatre cents barils d'alquifoux, du prix de 150 francs l'un : il était tiré d'Écosse ou de Sardaigne.

L'importation de la salsepareille, que les Égyptiens emploient en quantité considérable comme sudorifique, montait annuellement à vingt ou trente barils de trois à quatre quintaux chacun. La livre de Marseille, qui est à la livre poids de marc comme 16 est à 20, coûte 3 francs, prix moyen.

Parmi les objets tirés de l'étranger et importés par des bâtimens français, la cochenille était un des plus importans; celle qui venait de Marseille était plus estimée que celle qui venait d'ailleurs, parce que cette marchandise, avant d'être embarquée, était nettoyée avec soin de toutes les matières étrangères qui pouvaient en altérer la qualité.

On en importait annuellement en Égypte cent barils, pesant chacun 75 ou 80 okes. Le prix de la cochenille à Marseille était de 16 ou 18 francs la livre. Cinquante ou soixante barils de cochenille étaient consommés en Égypte pour la teinture des soies que l'on met en œuvre dans les diverses fabriques du pays; le reste était envoyé dans l'Inde par Suez et Geddah.

Les épiceries, telles que le girofle, le poivre, la muscade, etc., envoyées de France en Égypte, provenaient des marchés de Hollande; les Hollandais s'étant, comme on sait, réservé exclusivement le commerce des épiceries qu'on recueillait dans leurs îles de l'archipel Indien. Comme la quantité de ces objets qui arrivaient directement en Égypte par la mer Rouge, ne suffisait pas pour les besoins de ce pays, on en importait chaque année par Alexandrie pour une somme d'environ 2 ou 300000 francs.

Le bois de Fernambouc que l'on chargeait à Marseille pour l'Égypte, était tiré du Portugal : on en expédiait par cette voie environ 400 quintaux; le prix du quintal, à Marseille, était de 20 à 30 francs.

Les Français avaient obtenu la préférence sur les autres nations de l'Europe qui commerçaient en Égypte, par le soin que l'on apportait à n'expédier dans les échelles du Levant que des marchandises de bonne qualité. Il existait à Marseille, pour surveiller l'embarquement des produits de nos manufactures, et notamment des draps et des papiers, un ou plusieurs bureaux d'inspection, qui n'en permettaient l'expédition qu'après en avoir reconnu la bonne qualité; ce qu'ils constataient en apposant sur les balles ou barils de ces marchandises une marque particulière, apposition de laquelle ils délivraient aussi un certificat.

Ces marchandises, débarquées à Alexandrie, étaient de nouveau examinées par le consul de France, qui ne pouvait faire le commerce pour son propre compte. Cet agent public, dont les fonctions sont déterminées par l'ordonnance de 1781, avait la faculté de rejeter et de laisser à la charge de l'expéditeur les objets dans la fabrication desquels on reconnaissait quelque vice.

Il y avait dans ces derniers temps quatre ou cinq maisons françaises établies au Kaire; elles avaient dix navires du port de deux à trois cents tonneaux, qui faisaient annuellement deux voyages de Marseille à Alexandrie et les retours d'Alexandrie à Marseille.

Outre ces dix vaisseaux, il y en avait environ cent qui étaient expédiés de nos différens ports de la Méditerranée, pour faire la caravane ou le cabotage dans les échelles du Levant. Ces bâtimens venaient au moins une fois à Alexandrie pendant la durée de ces caravanes, laquelle était ordinairement de deux ans, et se prolongeait souvent jusqu'à quatre.

Le cours ordinaire des bénéfices que faisaient les négocians français sur les différens articles d'importation que nous venons d'indiquer, s'élevait à vingt ou trente pour cent : c'était toujours sur les draps que ce bénéfice était le plus assuré.

On passait trois pour cent de commission sur l'entrée et la sortie des marchandises qui leur étaient adressées ou qu'ils expédiaient; quant au fret de Marseille à Alexandrie, malgré le tarif dressé par la chambre de commerce de la première de ces villes, il variait suivant les circonstances.

Les frais supportés par les marchandises de France, depuis leur débarquement à Alexandrie jusqu'au Kaire, s'élevaient de dix à quinze pour cent de leur valeur; ils consistaient en droits de douane, en dépenses de transport et de commission.

EXPORTATIONS.

On expédiait d'Égypte pour la France, du riz, du blé, du safranon, du sel ammoniac, du natron, de la soude, du coton filé, des toiles de coton et de lin de différentes qualités, du séné; des cuirs de bufle, de bœuf et de chameau.

Outre ces différens objets recueillis ou manufacturés en Égypte, on en expédiait encore les objets suivans, qui y étaient entreposés.

Les uns, apportés de l'intérieur de l'Afrique par les caravanes de Dârfour et de Sennâr, consistent en gomme, en *tamar Hendy*, en ivoire, en plumes d'autruche, et en une petite quantité de poudre d'or.

Les autres, venant de l'Arabie et de l'Inde par Geddah et Suez, consistent en café moka, en gomme copal, en gomme arabique de Geddah, d'Yanbo' et de Tor, en *assa fœtida*, encens, myrrhe, aloès, coque du Levant, curcuma, zédoaire, noix vomique et autres drogues que l'on trouve indiquées en détail dans le tarif des douanes de Suez.

Le riz était ordinairement expédié par Damiette: ce commerce n'avait pas toujours la même activité; il dépendait de la disette ou de l'abondance des grains en Europe: il a passé à Marseille, dans certaines années, jusqu'à vingt chargemens de riz. Annuellement l'exportation du riz d'Égypte pour la France montait à 5000 *ardeb*.

Les blés destinés pour Marseille étaient d'abord emmagasinés à Rosette, d'où on les expédiait par des germes à Abouqyr et à Alexandrie. C'était là qu'on les embarquait sur des vaisseaux qui faisaient la caravane dans le Levant. L'exportation du blé, comme celle du riz, était singulièrement variable. Les bâtimens grecs des différentes îles de l'Archipel ont été particulièrement employés à ce transport pendant la disette qu'éprouvèrent l'Italie et les provinces méridionales de la France à la fin du siècle dernier : on évalue à 800000 *ardeb* la quantité de blé qui a été exportée pendant les trois années que cette disette s'est fait sentir. Mourâd-bey, qui jouissait du produit de la douane de Rosette, avait imposé un droit de sortie de 180 médins par *ardeb* de blé.

On exportait, année commune, pour Marseille, trois à quatre cents *qafas* de safranon, du poids de 8 à 9 *qantâr* chacun ; le prix du *qantâr* variait de 10 à 18 pataques. Le safranon le plus recherché par les marchands français était celui des environs du Kaire.

La quantité de sel ammoniac envoyée en France montait annuellement à cent *qafas*, du poids de 5 à 6 quintaux de Marseille : ce sel provenait presque en totalité des fabriques de l'intérieur du Delta ; chaque *qantâr* de 250 *rotl* se vendait de 65 à 80 pataques.

Le natron, dont nous avons déjà dit que le commerce était l'objet d'un monopole, ne trouvait de débouché en France que depuis environ dix ans : on peut évaluer à 15000 quintaux de Marseille ce qui s'en est expédié chaque année. L'oke de natron rendue à bord des bâtimens se vendait de 3 médins $\frac{1}{4}$ à 4 médins.

Les soudes d'Égypte, ou cendres d'Alexandrie, étaient fournies par les Arabes des environs de cette ville; elles provenaient de la combustion de quelques plantes qui croissent sur le bord de la mer. La France ne demandait cette espèce de soude qu'à défaut de celle d'Alicante : il en est passé quelquefois douze ou quinze chargemens de 3 à 4000 quintaux l'un; mais on était quelquefois dix ans sans en exporter. Le prix moyen de cette soude était de 2 médins $\frac{2}{3}$ l'oke.

On tirait le coton filé d'Alexandrie, de Rosette, de Mehallet el-Kebyr et du Kaire; il était employé en Provence. Le prix en variait de 20 à 30 médins le *rotl* de 144 drachmes, suivant la qualité du fil : l'exportation annuelle en variait aussi de cinquante à cent cinquante balles du poids de 9 à 10 quintaux chacune.

Les toiles de coton se divisaient suivant leurs qualités, 1°. en *a'gamy*, fabriquées au Kaire et dans les environs; 2°. en *amân*, toiles qui ne différaient des précédentes que par une plus grande largeur; 3°. en *mehallâouy*, fabriquées à Mehallet el-Kebir; 4°. en toiles à l'imitation des guinées et toiles des Indes; 5°. enfin en toiles de Rosette appelées *dimittes*. On exportait six à huit cents balles de ces différentes qualités de toiles; la balle, qui en contenait de cent vingt à cent cinquante pièces, coûtait de 400 à 500 piastres de 40 médins.

Les toiles de lin que l'on désignait sous les noms de *menoufy*, *chybyny*, *fadleh*, *batnony*, *moghrebines* et *syouty*, étaient fabriquées dans le Delta : on en exportait, année commune, trois à quatre cents balles, valant chacune 450 piastres de 40 médins.

On exportait pour la France environ 500 quintaux de séné, poids de Marseille : chaque quintal se vendait au Kaire 40 ou 50 pataques.

Les dix bâtimens qui venaient tous les ans de Marseille à Alexandrie, y prenaient chacun un millier de cuirs de buffle; ils emportaient aussi quelques autres cuirs, dont le prix moyen pouvait être de 4 à 6 pataques l'un.

Voici maintenant l'énumération des objets étrangers à l'Égypte que l'on expédiait de ses ports pour la France :

Trois cents *qafas* de gomme arabique sont apportés au Kaire par les caravanes de Dârfour et de Sennâr; le *qafas* du poids de 10 à 11 *qantâr*, se vend 500 piastres de 40 médins.

Le *tamar Hendy*, ou pains de tamarin, apporté par les mêmes caravanes, était aussi exporté en *qafas* de 8 à 9 *qantâr*; on en expédiait annuellement de vingt-cinq à trente *qafas*.

Les dents d'éléphant se vendaient, suivant la qualité de l'ivoire, à raison de 40 ou 50 fondouklis le *qantâr*; il n'en passait ordinairement que huit ou neuf balles de 4 ou 5 *qantâr* l'une.

On expédiait huit ou dix *qafas* de plumes d'autruche blanches et noires, dont le prix variait selon les demandes qui en étaient faites.

Quant à la poudre d'or, la très-petite quantité qu'on en envoyait en France ne mérite pas d'être notée.

L'exportation du café moka s'élevait annuellement à cent balles, chacune de deux fardes; la farde est, comme on sait*, de 3 *qantâr* $\frac{1}{2}$ environ, dont l'un coûte au Kaire 25 ou 30 piastres d'Espagne.

Celle de la gomme copal était de quarante ou cinquante *qafas*, du poids de 7 à 8 *qantâr* et du prix de 750 piastres de 40 médins.

On exportait aussi environ cent cinquante *qafas* de gomme de Geddah, et cinquante de gomme d'Yanbo', chacun pesant 8 à 10 *qantâr* : le *qantâr* de la première espèce de gomme arabique se vendait 12 à 14 fondouklis; le *qantâr* de la seconde se vendait un peu moins.

A ces deux qualités de gomme il faut ajouter quarante ou cinquante *qafas* de celle qui est recueillie et apportée au Kaire par les Arabes de Tor; le *qafas* coûte environ 400 piastres de 40 médins.

La quantité d'*assa fœtida* expédiée annuellement pour Marseille était de dix à quinze balles, chacune du poids de 6 à 7 *qantâr* et du prix de 500 piastres turques.

Quant à l'exportation de l'encens, elle dépendait de l'état de paix ou de guerre entre la Russie et la Porte ottomane. En temps de guerre, la Russie tirait de la France une partie de l'encens nécessaire à sa consommation; on en chargeait alors pour Marseille jusqu'à cinq cents *qafas* de 8 à 9 *qantâr* de 100 *rotl* l'un, et de 300 à 350 piastres. Cette exportation se réduit, en temps de paix entre la Russie et la Porte, à cinquante *qafas* seulement.

On n'envoie en France qu'environ quarante *qafas* de myrrhe et autant d'aloès. Le *qafas* de ces deux substances coûtait au Kaire 500 piastres.

On expédiait annuellement une trentaine de balles de

coques du Levant, du poids de 12 *qantâr* l'une, et du prix de 400 à 500 piastres ; enfin, huit à dix balles de curcuma, autant de zédoaire; une vingtaine de balles de toutes les autres espèces de drogues comptées ensemble, et de la même valeur de 400 ou 500 piastres à peu près. Les frais pour la sortie de ces marchandises montaient à 12 pour cent environ.

Le commerce d'exportation de toutes les marchandises qui viennent d'être indiquées, donnait rarement des bénéfices; on n'en faisait guère que sur les objets dont l'exportation, telle que celle du riz, du blé, et généralement des diverses denrées de première nécessité, s'accroissait dans des circonstances extraordinaires. Au surplus, les pertes que l'on pouvait faire sur les objets d'une exportation habituelle, tels que le safranon, le coton filé, les toileries, les gommes, etc., étaient toujours fort inférieures aux bénéfices de nos importations.

On achevait de solder celles-ci avec des valeurs métalliques, soit en piastres d'Espagne, soit en thalaris d'Allemagne, soit même en monnoies turques, avant qu'elles eussent été altérées ; car, depuis les altérations successives qu'elles ont subies, il ne s'en est plus écoulé en France.

Le traitement de nos consuls dans les échelles du Levant a été acquitté pendant un temps avec le produit d'un droit de consulat montant à 2 pour cent du prix des marchandises adressées aux négocians de la nation; mais, le produit de ce droit ayant reçu ultérieurement une autre destination, les appointemens des consuls ont été payés par la chambre de commerce de Marseille :

ceux du consul général de France en Égypte s'élevaient à 16 ou 18000 francs.

Les avanies auxquelles les marchands européens étaient exposés en Égypte, sous le régime absolu des Mamlouks, consistaient en emprunts forcés et en fournitures dont le montant n'était jamais acquitté : le gouvernement français accordait autrefois des dédommagemens et des secours aux négocians qui avaient supporté ces avanies; ces indemnités ayant cessé d'être payées, les négocians français établis au Kaire furent autorisés par les maisons de Marseille qui les commanditaient, à imposer eux-mêmes, pour y suppléer, un droit appelé *de protection*, qui était de 2 pour cent sur les marchandises venues de France, et d'un pour cent sur les denrées et marchandises qu'ils exportaient d'Égypte.

Les événemens de la révolution française servirent de prétextes aux vexations auxquelles nos négocians demeurèrent exposés beaucoup plus que ceux des autres nations sous le gouvernement des beys. Pendant que M. Descorches était chargé d'affaires à Constantinople, notre consul général, M. Magallon, qui demeurait au Kaire, eut ordre de descendre à Alexandrie, et d'inviter les négocians français à l'y suivre : ils y restèrent environ huit mois, jusqu'au temps où M. Verninac, notre ambassadeur près de la Porte ottomane, envoya en Égypte, dans le cours de 1796, M. Tainville, qui était alors employé près de lui. Cet agent diplomatique avait été chargé de stipuler de nouveau avec les beys les intérêts de notre commerce, et de rappeler en sa faveur la stricte exécution des capitulations. Il obtint bien la promesse du remboursement des créances auxquelles nos négocians avaient droit; il obtint celle du redressement des autres griefs, et d'une entière liberté pour l'avenir : mais, après son départ, ces promesses furent oubliées, les choses reprirent leur cours accoutumé, les vexations recommencèrent, et notre consul reçut de nouveau l'ordre de retourner à Alexandrie, d'où il fut définitivement obligé de partir pour revenir en France. Cet état de choses rompit toutes les relations amicales qui avaient paru jusqu'alors exister entre le gouvernement français et celui des Mamlouks; et cette rupture motiva, du moins en apparence, notre expédition en Égypte.

SECTION V.

Renseignemens sur le commerce de l'Égypte, fournis par les registres des douanes.

En admettant qu'il ne se commette aucune infidélité dans la perception des divers droits imposés sur l'entrée et la sortie des marchandises de toute nature qui font l'objet du commerce de l'Égypte, les registres des bureaux de douane qui y sont établis devaient fournir les renseignemens les plus authentiques sur la quantité des importations et des exportations annuelles dont nous avons parlé dans les sections précédentes. Notre position nous permettait d'exiger des douaniers ce qu'avant nous aucun Européen n'avait peut-être osé demander à titre de faveur. Nous profitâmes de cette circonstance ; et le général Kléber, qui avait, comme nous l'avons dit au commencement de ce mémoire, chargé une commission spéciale de recueillir des renseignemens sur le commerce du pays, donna des ordres pour que les douaniers d'Alexandrie, de Damiette, de Suez, de Boulâq et du vieux Kaire, nous remissent des extraits de leurs registres pendant plusieurs années consécutives, afin d'en tirer, avec le plus de probabilité possible, la connaissance détaillée des importations et des exportations pour une année moyenne.

Ce sont ces extraits que nous allons mettre sous les yeux du lecteur, en observant qu'il est moins question ici d'évaluer les revenus que les beys ou leurs fermiers retiraient des droits perçus aux diverses douanes, que d'indiquer l'espèce et la qualité des marchandises assujetties au paiement de ces droits.

Mais il convient de donner préalablement une idée succincte de l'administration des douanes de l'Égypte à l'époque de notre expédition.

Il y avait des bureaux de douane établis au port de Qoçeyr, au vieux Kaire, à Boulâq, à Suez, à Damiette, à Rosette et à Alexandrie.

Après que Mourâd et Ibrâhym furent devenus maîtres du Kaire, ils commencèrent par se partager également entre eux les revenus de toutes les douanes, à l'exception de celle de Qoçeyr, qui fut laissée aux beys de la haute Égypte. Bientôt après, afin d'éviter les embarras du partage et les discussions qu'il entraînait, ils firent un nouvel arrangement par lequel Mourâd se réserva, pour les faire régir à son gré et pour jouir exclusivement de leurs produits, la douane du Kaire, composée des deux bureaux du vieux Kaire et de Boulâq, et les douanes de Damiette, de Rosette et d'Alexandrie : Ibrâhym ne conserva que celle du port de Suez.

Le premier de ces beys avait affermé les diverses douanes qui lui étaient échues en partage; le second faisait régir la sienne à son propre compte.

Le fermier ou douanier général de Mourâd-bey choisissait et avait sous ses ordres les douaniers principaux de Boulâq, de Damiette, de Rosette et d'Alexandri ; chacun de ceux-ci occupait un nombre d'employés proportionné à la quantité des marchandises qui arrivaient dans chacune de ces places, et qu'il fallait y visiter.

Ainsi, outre le douanier principal, il y avait à Boulâq six écrivains et environ quarante commis ou autres préposés à gages, dont les fonctions consistaient à reconnaître les divers objets assujettis aux droits d'entrée et de sortie, et à veiller à la perception de ces droits.

Il y avait à Damiette et à l'embouchure du Nil huit écrivains et cinquante employés subalternes; trois écrivains et vingt employés à Rosette; enfin douze écrivains à Alexandrie, et soixante préposés.

Le personnel de l'administration des quatre principales douanes possédées par Mourâd-bey se composait donc de quatre douaniers principaux, de vingt-neuf écrivains, et de cent soixante-dix préposés; ils étaient tous aux gages du fermier général, et voici quels étaient leurs traitemens:

Le douanier principal de Boulâq recevait annuellement. . . . . 2400 pataq.
Celui de Damiette. . . . . 4000.
Celui de Rosette. . . . . 1000.
Celui d'Alexandrie. . . . . 4000.
Les écrivains étaient payés de 60 à 300 parats par jour; ce qui mettait leur solde moyenne annuelle à 750 pataques, et portait cet article de dépense, pour les écrivains, à. . . . . 21170.
Les employés et commis subalternes recevaient généralement 45 parats par jour, ou 182 pataques ½ par année : les cent soixante-dix préposés coûtaient, à ce prix, 31025.

Les frais d'administration et appointemens s'élevaient, par conséquent, à. . . . 63595.
Quant au prix de la ferme que le douanier général payait à Mourâd-bey, il était de 21000 pataques par mois, et par année de. . . . . 252000.

TOTAL. . . . . 315595 pataq.

Ni les douaniers principaux, ni aucun préposé sous leurs ordres, n'avaient de remises sur les produits qu'ils recouvraient; mais il n'était pas rare qu'ils reçussent quelque présent de la part des marchands avec lesquels ils avaient à traiter : outre les non-valeurs qui résultaient toujours, pour le fermier, des arrangemens particuliers faits entre les débiteurs de la douane et les douaniers principaux, le fermier général faisait encore de temps en temps à Mourâd-bey et à ses favoris des présens plus ou moins considérables.

Ce fermier devait profiter, suivant son marché, de tous les bénéfices qui en résultaient : cependant, quand ces bénéfices étaient présumés extraordinaires, il essuyait presque toujours une avanie qui les lui enlevait; voilà comment Mourâd-bey ruina successivement plusieurs de ses grands douaniers. L'un d'entre eux, de qui je tiens ces détails, évaluait à 40000 pataques par mois, ou à 480000 pataques par an, le produit des douanes de Boulâq, de Damiette, de Rosette et d'Alexandrie. Nous avons vu que les frais de perception montaient environ au huitième de cette somme : en évaluant sur le même pied du huitième les gratifications et les présens que le douanier était obligé de faire aux Mamlouks et autres agens du pouvoir, on aura pour les dépenses à sa charge, environ. 124000 pataq.
Prix de sa ferme. . . . . 252000.

              Total. . . . . 376000.
Produit de la perception. . . . . 480000.

Bénéfice du fermier. . . . . 104000 pataq.

Cette somme de 104000 pataques de 90 médins, équivalente à 334000 francs, était bien plus considérable qu'il ne fallait pour tenter la cupidité des beys, et provoquer les avanies que les fermiers généraux des douanes ont fréquemment subies.

Tous les droits perçus sur les diverses marchandises

importées en Égypte étaient réglés par des tarifs qui avaient éprouvé peu de variation depuis leur établissement : le café seul, qui arrivait à Suez, avait été grevé de droits qui s'étaient élevés successivement jusqu'à vingt-deux pataques par farde. D'après un renseignement que m'a donné le douanier de ce port, cette importation s'éleva, sous Isma'yl-bey, jusqu'à vingt-six mille fardes.

Les droits perçus à Suez montaient, année commune, d'après les états qu'en a donnés M. Estève, à 409365 pataques[1], c'est-à-dire qu'ils étaient presque équivalens aux produits des quatre douanes du Kaire, de Damiette, de Rosette et d'Alexandrie, tandis que les frais de perception étaient beaucoup moindres : ceci explique pourquoi Ibrâhym-bey, qui partageait le pouvoir avec Mourâd, s'était contenté du revenu de la seule douane de Suez, laissant à celui-ci le revenu des quatre autres.

On peut évaluer, d'après ces divers renseignemens, les produits de toutes les douanes de l'Égypte, savoir :

Celles du Kaire, de Damiette, de Rosette et d'Alexandrie, à............	480000 pataq.
Celle de Suez, à...............	409365.
Celle de Qoçeyr, à............	110635.
	1000000 pataq.

C'est-à-dire environ 5 millions de francs, en dedans desquels devaient être pris les frais d'administration et le bénéfice des fermiers.

[1] 36842876 médins (Mémoire sur les finances de l'Égypte, É. M., tom. XII, pag. 41.)

Voici maintenant les tableaux extraits des registres des douanes de l'Égypte, tels que M. Amédée Jaubert, notre collègue, a bien voulu les traduire :

ÉTAT général des marchandises qui ont acquitté les droits de la douane du vieux Kaire pendant les années 1205, 1206 et 1207 de l'hégire, correspondantes aux années 1790, 1791 et 1792 de notre ère.

INDICATION des MARCHANDISES.	LIEUX D'ORIGINE.	CHARGEMENS DE BARQUES.	
		Pendant trois ans.	Année moyenne.
Chaux..................	Le Sa'yd.	146.	49.
Bois à brûler............	Idem.	24.	8.
Charbon de bois.........	Redesyeh.	36.	12.
Crottin de pigeon (engrais).	Le Sa'yd.	319.	106.
Cannes à sucre..........	Idem.	560.	186 $\frac{2}{3}$.

		CHARGES DE CHAMEAU.	
		Pendant trois ans.	Année moyenne.
Encens.................	Arabie.	22.	7 $\frac{1}{3}$.
Raisins frais............	Le Fayoum.	326.	108 $\frac{2}{3}$.
Poires.................	L'Oasis.	4.	1 $\frac{1}{3}$.
Coings.................	Idem.	13.	4 $\frac{1}{3}$.
Racine de réglisse.......	Idem.	106.	35 $\frac{1}{3}$.
Lin en tige.............	Le Sa'yd.	3407.	1135 $\frac{2}{3}$.
Lin en étoupe..........	Idem.	1591.	530 $\frac{1}{3}$.
Roseaux pour nattes.....	Le Fayoum.	27.	9.
Ivoire.................	Sennâr et Dârfour.	175.	58 $\frac{1}{3}$.
Gomme................	Sennâr.	1397.	465 $\frac{2}{3}$.

INDICATION des MARCHANDISES.	LIEUX D'ORIGINE.	QAFAS (CAGES OU PANIERS).	
		Pendant trois ans.	Année moyenne.
Raisins frais............	Le Fayoum.	58.	19 $\frac{1}{3}$.
Figues................	Idem.	1842.	614.
Poulets...............	Le Sa'yd.	2683.	894 $\frac{1}{3}$.
Perruches.............	Sennâr.	1.	»

INDICATION des MARCHANDISES.	LIEUX D'ORIGINE.	BALLES OU BALLOTS.	
		Pendant trois ans.	Année moyenne.
Safranon.............	Le Sa'yd.	3333.	1111.
Laine................	Le Fayoum.	298.	99 $\frac{1}{3}$.
Graine de *mimosa*......	Le Sa'yd.	822.	274.
Tabac...............	Idem.	1131.	377.
Poudre à canon.........	Idem.	31.	10 $\frac{1}{3}$.
Vieux cuivre...........	Idem.	422.	140 $\frac{2}{3}$.
Sel ammoniac..........	Environs du Kaire	2.	
Graine de concombre....	Le Sa'yd.	11.	3 $\frac{2}{3}$.
Ail..................	Idem.	32.	10 $\frac{2}{3}$.
Echalotes.............	Idem.	135.	45.
Séné.................	Désert de Syène.	104.	34 $\frac{2}{3}$.
Café importé à Qoçeyr...	Arabie.	2330.	776 $\frac{2}{3}$.
Racine de réglisse......	L'Oasis.	78.	26.
Saad (herbe médicinale)..	Idem.	16.	5 $\frac{1}{3}$.

INDICATION des MARCHANDISES.	LIEUX D'ORIGINE.	OUTRES OU SACS DE CUIR.	
		Pendant trois ans.	Année moyenne.
Tchichm.............	Sennâr et Dârfour	168.	56.
Mélasse noire..........	Le Sa'yd.	1084.	361 $\frac{1}{3}$.

AGRICULTURE, INDUSTRIE

INDICATION des MARCHANDISES.	LIEUX D'ORIGINE.	COUFFES.	
		Pendant trois ans.	Année moyenne.
Dattes.......................	Le Sa'yd.	1343.	447 $\frac{2}{3}$.
Dattes confites.............	Idem.	6638.	2212 $\frac{2}{3}$.
Dattes.......................	L'Oasis.	5133.	1711.
Dattes sèches..............	La Nubie.	11809.	3936 $\frac{1}{3}$.
Gomme......................	Le Sa'yd.	102.	34.
Laine.........................	Le Fayoum.	69.	23.
Tabac à fumer.............	Le Sa'yd.	923.	307 $\frac{2}{3}$.
Natron.......................	Désert de Sennâr	174.	58.

		ARDEBS.	
		Pendant trois ans.	Année moyenne.
Abricots secs...............	L'Oasis.	5.	1 $\frac{2}{3}$.
Graine de *mimosa*........	Le Sa'yd.	4587.	1529.
Graine de cumin...........	Idem.	612.	204.
Graine d'anis...............	Idem.	116.	38 $\frac{2}{3}$.
Graine de rave.............	Idem.	460.	146 $\frac{2}{3}$.
Graine de coriandre......	Idem.	216.	72.
Graine d'indigo............	Idem.	215.	71 $\frac{2}{3}$.
Graine de *meloukhyeh*...	Idem.	88.	29 $\frac{1}{3}$.
Habb el barakát (graine)..	Idem.	32.	10 $\frac{2}{3}$.
Graine d'anis vert.........	Idem.	70.	23 $\frac{1}{3}$.
Graine de navet...........	Idem.	7.	2 $\frac{1}{3}$.

		GRANDES JARRES.	
		Pendant trois ans.	Année moyenne.
Mélasse noire..............	Le Sa'yd.	1541.	513 $\frac{2}{3}$.
Beurre fondu...............	Idem.	226.	75 $\frac{1}{3}$.
Huiles diverses.............	Idem.	398.	132 $\frac{2}{3}$.
Miel blanc..................	Idem.	72.	24.

INDICATION des MARCHANDISES.	LIEUX D'ORIGINE.	BALLAS.	
		Pendant trois ans.	Année moyenne.
Mélasse noire............	Le Sa'yd.	8917.	2972 $\frac{1}{3}$.
Beurre fondu............	Idem.	4867.	1622 $\frac{1}{3}$.
Huiles diverses..........	Idem.	590.	296 $\frac{2}{3}$.
Huile de sésame.........	Idem.	21.	7.
Fromages...............	Idem.	1270.	423 $\frac{1}{3}$.

		QANTARS.	
		Pendant trois ans.	Année moyenne.
Sucre blanc raffiné.......	Le Sa'yd.	16836.	5612.
Sucre commun en pain....	Idem.	32848.	10949 $\frac{1}{3}$.
Safranon................	Idem.	2451.	817.
Cire....................	Idem.	648.	216.
Indigo..................	Idem.	919.	306 $\frac{1}{3}$.
Alun....................	Dârfour et Sennâr.	1047.	349.
Tamar Hendy...........	Idem.	1174.	391 $\frac{1}{3}$.

		NOMBRE DE PIÈCES.	
		Pendant trois ans.	Année moyenne.
Œufs...................	Le Sa'yd.	2245587.	748529.
Pièces de bétail..........	Idem.	716.	238 $\frac{2}{3}$.
Vases de terre allant au feu.	Idem.	17503.	5834 $\frac{1}{3}$.
Ruches en terre..........	Idem.	770.	256 $\frac{2}{3}$.
Esclaves noirs...........	Dârfour et Sennâr.	3780.	1260.
Cuirs de buffles..........	Le Sa'yd.	19511.	6503 $\frac{2}{3}$.
Peaux de chèvre.........	Idem.	424.	141 $\frac{1}{3}$.
Peaux de mouton en laine..	Idem.	55.	18 $\frac{1}{3}$.
Étoffes de laine brune et noire....	Idem.	20913.	6971.

INDICATION des MARCHANDISES.	LIEUX D'ORIGINE.	NOMBRE DE PIÈCES.	
		Pendant trois ans.	Année moyenne.
Robes de ces étoffes......	Le Sa'yd.	24233.	8077 ⅔.
Couvertures de cheval....	Idem.	287.	95 ⅔.
Tapis de laine...........	Le Fayoum.	628.	209 ⅓.
Grands châles blancs......	Idem.	114577.	38192 ⅓.
Petits châles blancs.......	Idem.	58202.	19400 ⅔.
Toiles d'emballage........	Idem.	22952.	7650 ⅔.
Châles bleus et blancs.....	Le Sa'yd.	75948.	25316.
Toiles de lin.............	Idem.	304988.	101662 ⅔.

Il faut remarquer que tous les articles compris dans ce tableau sont ceux qui ont acquitté les droits de douane. Les marchandises qui venaient à l'adresse des beys, étaient affranchies de ces droits, ce qui diminuait considérablement les produits de la perception.

ÉTAT *général des marchandises qui ont acquitté les droits de la douane de Boulâq pendant les années* 1190 *et* 1191 *de l'hégire, correspondantes aux années* 1775 *et* 1776 *de notre ère.*

INDICATION des MARCHANDISES.	LIEUX D'ORIGINE.	CAISSES.	
		Pendant deux ans.	Année moyenne.
Acier...................	Chrétienté.	210.	105.
Cuivre jaune............	Idem.	10.	5.

INDICATION des MARCHANDISES.	LIEUX D'ORIGINE.	CAISSES. Pendant deux ans.	Année moyenne.
Mercure...	Chrétienté.	32.	16.
Arsenic...	Idem.	7.	3 $\frac{1}{2}$.
Azur (cobalt)...	Idem.	6.	3.
Clinquant...	Idem.	92.	46.
Or en feuille...	Idem.	10.	5.
Limes...	Idem.	23.	11 $\frac{1}{2}$.
Quincailleries...	Idem.	54.	27.
Platines d'armes à feu...	Idem.	48.	24.
Fusils et tromblons...	Idem.	192.	96.
Canons de fusil...	Idem.	35.	17 $\frac{1}{2}$.
Fer-blanc...	Idem.	161.	80 $\frac{1}{2}$.
Sulfate de fer...	Idem.	13.	6 $\frac{1}{2}$.
Verre...	Idem.	87.	43 $\frac{1}{2}$.
Miroirs...	Idem.	184.	92.
Verroterie de Venise...	Idem.	613.	306 $\frac{1}{2}$.
Faïence...	Idem.	353.	176 $\frac{1}{2}$.
Corail...	Idem.	23.	11 $\frac{1}{2}$.
Ambre...	Idem.	36.	18.
Cannelle...	Idem.	125.	62 $\frac{1}{2}$.
Clous de girofle...	Idem.	43.	21 $\frac{1}{2}$.
Poivre...	Idem.	82.	41.
Dragées diverses...	Idem.	190.	95.
Sirops divers...	Idem.	81.	40 $\frac{1}{2}$.
Rosolio...	Idem.	255.	127 $\frac{1}{2}$.
Velours...	Idem.	21.	10 $\frac{1}{2}$.
Satin...	Idem.	146.	78.
Taffetas noir...	Idem.	30.	15.
Crêpe...	Idem.	17.	8 $\frac{1}{2}$.
Etoffes diverses...	Idem.	122.	61.
Fanaux de verre...	Idem.	84.	42.
Peignes et cuillers de bois...	Empire ottoman.	118.	59.
Mastic de lentisque...	Idem.	34.	17.
Mastic en larmes...	Idem.	330.	165.

		QAFAS ou PANIERS. Pendant deux ans.	Année moyenne.
Creusets...	Chrétienté.	60.	30.
Pâte d'abricots...	Empire ottoman.	162.	81.
Fromages de Mansourah...	Egypte.	2030.	1015.

AGRICULTURE, INDUSTRIE

INDICATION des MARCHANDISES.	LIEUX D'ORIGINE.	QAFAS OU PANIERS.	
		Pendant deux ans.	Année moyenne.
Etoffes de soie et lin......	Egypte.	370.	185.
Raisins secs noirs.........	Iles de la Grèce.	11876.	5938.
Figues et raisins secs......	Idem.	12150.	6075.
Charbon...................	Empire ottoman.	1456.	728.
Graine verte...............	Idem.	8.	4.

		QANTARS.	
		Pendant deux ans.	Année moyenne.
Blanc de céruse...........	Chrétienté.	500.	250.
Mercure...................	Idem.	28.	14.
Ocre rouge................	Idem.	150.	75.
Soufre commun............	Idem.	510.	255.
Salsepareille..............	Idem.	81.	$40 \frac{1}{2}$.
Fleurs d'aspic.............	Idem.	244.	122.
Bois de Campêche.........	Idem.	7900.	3950.
Clous de girofle...........	Idem.	290.	145.
Etain......................	Idem.	449.	$224 \frac{1}{2}$.
Clinquant.................	Idem.	1099.	545.
Poivre....................	Idem.	267.	$133 \frac{1}{2}$.
Alquifoux.................	Idem.	814.	407.
Acier.....................	Idem.	765.	$382 \frac{1}{2}$.
Gingembre................	Idem.	38.	19.
Mahaleb...................	Idem.	1640.	820.
Verre commun.............	Idem.	74.	37.
Cuivre jaune..............	Idem.	55.	$27 \frac{1}{2}$.
Safran....................	Empire ottoman.	2.	1.
Caroubes..................	Idem.	23833.	$11916 \frac{1}{2}$.
Vitriol de Chypre..........	Idem.	158.	79.
Noix de galle..............	Idem.	518.	259.
Styrax en écorce...........	Idem.	155.	$77 \frac{1}{2}$.
Roses de Damas...........	Syrie.	80.	40.
Garance...................	Idem.	1875.	$937 \frac{1}{2}$.
Vieux cuivre du pays......	Egypte.	620.	310.
Figues de Gaza............	Syrie.	71.	$35 \frac{1}{2}$.
Kaçal (teinture)..........	Idem.	708.	354.
Monât.....................	Indes, Arabie.	131.	$65 \frac{1}{2}$.
Gomme adragant..........	Syrie.	317.	$158 \frac{1}{2}$.

ET COMMERCE DE L'ÉGYPTE.

INDICATION des MARCHANDISES.	LIEUX D'ORIGINE.	BARILS.	
		Pendant deux ans.	Année moyenne.
Blanc de céruse..........	Chrétienté.	38.	19.
Ocre rouge...............	Idem.	67.	33 1/2.
Clous....................	Idem.	200.	100.
Piment...................	Idem.	52.	26.
Oxide de cuivre..........	Idem.	13.	6 1/2.
Minium..................	Idem.	14.	7.
Orpin....................	Idem.	130.	65.
Etain.....................	Idem.	102.	51.
Alquifoux................	Idem.	153.	76 1/2.
Gomme adragant.........	Idem.	134.	67.
Soufre en canon..........	Idem.	592.	296.
Alun.....................	Idem.	53.	26 1/2.
Litharge d'or.............	Idem.	12.	6.
Olives....................	Empire ottoman.	50.	25.
Raisins confits au vinaigre..	Idem.	575.	287 1/2.
Goudron.................	Idem.	497.	248 1/2.
Tutie.....................	Idem.	12.	6.
Colophone...............	Idem.	149.	74 1/2.
Borax....................	Idem.	3.	1 1/2.
Zonbarah................	....	5.	2 1/2.
Bysourah.................	....	5.	2 1/2.

		BOUTEILLES ET DAMES-JEANNES.	
		Pendant deux ans.	Année moyenne.
Tabac en poudre.........	Chrétienté.	83.	41 1/2.
Vin......................	Empire ottoman.	617.	308 1/2.
Miel.....................	Égypte.	2162.	1081.
Sucreries diverses........	Empire ottoman.	9135.	4567 1/2.

AGRICULTURE, INDUSTRIE

INDICATION des MARCHANDISES.	LIEUX D'ORIGINE.	NOMBRE DE PIÈCES.	
		Pendant deux ans.	Année moyenne.
Plomb en saumon........	Chrétienté.	2841.	1420 ½.
Creusets...............	Idem.	102180.	51090.
Carreaux de marbre......	Idem.	18140.	9070.
Fusils.................	Idem.	2978.	1489.
Lampes de verre.........	Idem.	43560.	21780.
Pièces de faïence........	Idem.	28900.	14450.
Livrets de feuilles d'or....	Idem.	4440.	2220.
Pièces de faïence........	Idem.	14527.	7263 ½.
Barres de fer...........	Idem.	34392.	17196.
Poutrelles de sapin......	Empire ottoman.	4800.	2400.
Jouets d'enfant.........	Idem.	1870.	935.
Tapis de pied..........	Idem.	1612.	806.
Bâtons................	Idem.	220000.	110000.
Rames et avirons.......	Idem.	15840.	7920.
Gamelles en bois........	Idem.	26777.	13388 ½.
Peignes et cuillers.......	Idem.	336000.	168000.
Outres................	Idem.	25083.	12541 ½.
Hampes de lance........	Idem.	10900.	5450.
Baghary...............	Idem.	68160.	34080.
Vêtemens de femme.....	Idem.	854.	427.
Vieilles chaussures *idem*...	Idem.	84200.	42100.
Bonnets blancs.........	Idem.	26901.	13450 ½.
Balais.................	Idem.	62000.	31000.
Meules de moulin.......	Idem.	204.	102.
Tuyaux de pipe.........	Idem.	187000.	93500.
Peaux de maroquin......	Idem.	23890.	11945.
Couvertures de Turquie...	Idem.	2888.	1444.
Kalimât (tapis).........	Idem.	14019.	7009 ½.
Couvertures de Tunis.....	Etats Barb.es	15239.	7619 ½.
Châles de Tunis.........	Idem.	13722.	6861.
Paires de babouches.....	Idem.	10249.	5124 ½.
Tasses à café du pays....	Egypte.	128000.	64000.

		PAQUETS.	
		Pendant deux ans.	Année moyenne.
Corail................	Chrétienté.	638.	319.
Limes................	Idem.	10300.	5150.
Roseaux à écrire........	Syrie.	1000.	500.

INDICATION des MARCHANDISES.	LIEUX D'ORIGINE.	PYKS D'ÉTOFFE.	
		Pendant deux ans.	Année moyenne.
Draps de laine............	Chrétienté.	55200.	27600.
Satin de Scio............	Empire ottoman.	6068.	3034.
Crêpe.................	Chrétienté.	22500.	11250.
Taffetas noir............	Idem.	4638.	2319.
Velours................	Idem.	3210.	1605.
Satin.................	Idem.	130600.	65300.

		ARDEBS.	
		Pendant deux ans.	Année moyenne.
Sésame................	Egypte.	3063.	1531 ½.
Riz...................	Idem.	29013.	14506 ½.

		PIÈCES D'ÉTOFFE.	
		Pendant deux ans.	Année moyenne.
Mousseline turque........	Empire ottoman.	23850.	11925.
Etoffes de soie et lin......	Idem.	33570.	16785.
Toile de coton p^r. doublure.	Basse Egypte.	88785.	44392 ½.
Toile de coton plus fine....	Idem.	180739.	90369 ½.
Toile *bihazy*............	Idem.	21225.	10612 ½.
Fichus de soie...........	Idem.	40060.	20030.
Toile de Menouf..........	Idem.	19113.	9556 ½.
Toile *hasany*............	Idem.	713.	356 ½.
Draps de lit en soie.......	Idem.	228.	114.
Toile p^r. chem^{es}. (*maqâte'*).	Idem.	48595.	24297 ½.
Toile *idem* (crêpe).......	Idem.	29810.	14905.
Mouchoirs de soie........	Idem.	3252.	1626.
Taffetas noir (voiles).....	Idem.	2865.	1432 ½.
Châles................	Idem.	900.	455.
Toile p^r. chem^{es}. (*nebrány*).	Idem.	7299.	3649 ½.

INDICATION des MARCHANDISES.	LIEUX D'ORIGINE.	PIÈCES D'ÉTOFFE.	
		Pendant deux ans.	Année moyenne.
Serviettes..............	Basse Egypte.	160.	80.
Crêpes de soie (*hambary*)..	*Idem.*	468.	224.
Toile de coton..........	Syrie (Damas).	45525.	22762 $\frac{1}{2}$.
A lágât...............	*Idem.*	44049.	22024 $\frac{1}{2}$.
Soie et coton (*qotny*)....	*Idem.*	2593.	1296 $\frac{1}{2}$.
Idem imprimés..........	*Idem.*	3245.	1622 $\frac{1}{2}$.
Idem moirés............	*Idem.*	1770.	885.
Toile de coton peinte.....	*Idem.*	1333.	666 $\frac{1}{2}$.
Soie et coton (turbans)...	*Idem.*	966.	483.
Châles de Perse..........	*Idem.*	157.	78 $\frac{1}{2}$.
Châles de Bagdad........	*Idem.*	125.	62 $\frac{1}{2}$.
Châles de mousseline......	*Idem.*	1133.	566 $\frac{1}{2}$.
Mousseline..............	*Idem.*	8187.	4093 $\frac{1}{2}$.
Etoffes grossières........	*Idem.*	507.	253 $\frac{1}{2}$.
Etoffes diverses..........	*Idem.*	125.	62 $\frac{1}{2}$.

		OKES.	
		Pendant deux ans.	Année moyenne.
Clous..................	Chrétienté.	24280.	12140.
Piment et poivre.........	*Idem.*	2280.	1140.
Canons de fusil..........	*Idem.*	3731.	1865 $\frac{1}{2}$.
Oxide de cuivre..........	*Idem.*	1575.	787 $\frac{1}{2}$.
Sulfate de fer...........	*Idem.*	790.	395.
Arsenic................	*Idem.*	102.	51.
Azur...................	*Idem.*	250.	125.
Cannelle...............	*Idem.*	8160.	4080.
Ambre.................	*Idem.*	986.	493.
Cire...................	Empire ottoman.	820.	410.
Mastic en larmes.........	*Idem.*	16100.	8050.
Mastic de lentisque.......	*Idem.*	2640.	1320.
Styrax liquide...........	*Idem.*	4700.	2350.
Assa fœtida............	*Idem.*	3043.	1521 $\frac{1}{2}$.
Terre p^r. les fab^s. de pipes.	*Idem.*	650.	325.
Cordes.................	*Idem.*	1428.	714.
Prunelles...............	*Idem.*	7170.	3585.
Fromages de Grèce.......	*Idem.*	4970.	2485.

INDICATION des MARCHANDISES.	LIEUX D'ORIGINE.	OKLS. Pendant deux ans.	Année moyenne.
Salep..................	Empire ottoman.	2290.	1145.
Pistaches.............	Idem.	3160.	1580.
Confitures sèches........	Idem.	320.	160.
Vieux cuivre............	Idem.	47738.	23869.
Cuivre (batterie de cuis.)..	Idem.	48430.	24215.
Graine jaune (teinture)...	Idem.	1235.	617 ½.
Colle en poudre..........	Idem.	4140.	2070.
Colophone..............	Idem.	7600.	3800.
Pâte d'abricots..........	Syrie.	22674.	11337.
Abricots secs............	Idem.	11645.	5822 ½.
Raisins secs.............	Empire ottoman.	6083.	3041 ½.
Haricots secs............	Idem.	3410.	1705.
Pruneaux...............	Idem.	4540.	2270.
Soie à coudre...........	Idem.	4914.	2457.
Opium.................	Idem.	800.	400.
Olives.................	Idem.	4090.	2045.
Saucissons du Levant.....	Idem.	2715.	1357 ½.
Raisins secs.............	Idem.	1620.	810.
Tutie..................	Idem.	1440.	720.
Cuivre jaune............	Idem.	37270.	18635.
Merises................	Idem.	800.	400.
Vieux fer...............	Egypte.	5200.	2600.
Zonbarah...............	....	540.	270.
Bysourah...............	....	470.	235.
Beheyba mourrah........	....	1070.	535.
Colle en poudre..........	Empire ottoman.	4140.	2070.
Hermodacte.............	Syrie.	930.	465.
Borax..................	Empire ottoman.	370.	185.
Racine de réglisse.......	Chrétienté.	640.	320.
Graine verte............	Empire ottoman.	150.	75.

		BALLES OU BALLOTS. Pendant deux ans.	Année moyenne.
Draps de laine...........	Chrétienté.	46.	23.
Salseparcille............	Idem.	36.	18.

AGRICULTURE, INDUSTRIE

INDICATION des MARCHANDISES.	LIEUX D'ORIGINE.	BALLES OU BALLOTS.	
		Pendant deux ans.	Année moyenne.
Fleurs d'aspic............	Chrétienté.	43.	21 ½.
Pelleterie...............	Idem.	84.	42.
Draps...................	Idem.	1476.	738.
Rosolio.................	Idem.	1082.	541.
Racine de réglisse.......	Idem.	1852.	926.
Mahaleb................	Idem.	256.	128.
Cire....................	Empire ottoman.	12.	6.
Gingembre...............	Idem.	44.	22.
Soie écrue...............	Idem.	2985.	1492 ½.
Kaçal (poudre).........	Idem.	123.	61 ½.
Tabac de Turquie........	Idem.	30673.	15336 ½.
Noix de galle............	Idem.	179.	89 ½.
Assa fœtida............	Idem.	48.	24.
Vieilles chaussettes de mar[a].	Idem.	82.	41.
Alâgât de Turquie.......	Idem.	13250.	6675.
Grands tapis............	Idem.	778.	389.
Noix, amandes, etc......	Idem.	4627.	2313 ½.
Amadou................	Idem.	114.	57.
Styrax liquide...........	Idem.	52.	26.
Feuilles de chanvre......	Idem.	425.	212 ½.
Absinthe................	Idem.	1272.	636.
Safran..................	Idem.	16.	8.
Poix blanche............	Idem.	1487.	743 ½.
Tabac de Damas........	Syrie.	9413.	4706 ½.
Garance................	Idem.	780.	390.
Savon d'Alexandrette....	Idem.	2125.	1062 ½.
Savon de Damas........	Idem.	831.	415 ½.
Poil de chèvre...........	Idem.	22.	11.
Merceries de Constantin[le].	Empire ottoman.	747.	373 ½.
Étoffes de soie commune...	Idem.	184.	92.
Vieux fer...............	Égypte.	85.	42 ½.
Roses de Damas.........	Syrie.	49.	24 ½.
Laine...................	Égypte.	177.	88 ½.
Monât.................	Arabie.	53.	26 ½.
Hermodacte.............	Syrie.	8.	4.
Beheyba mourrali.......	....	24.	12.
Poivre d'Éthiopie........	Sennâr.	17.	8 ½.
Hadary................	....	304.	152.
Racine de réglisse........	Chrétienté.	18.	9.
Papier..................	Idem.	1082.	541.

[1] Nous avons classé dans ce tableau, comme dans le précédent, les

ÉTAT général des marchandises venant de Syrie qui ont acquitté les droits de douane à Damiette pendant les années 1205, 1206-1212 de l'hégire, correspondantes aux années 1791, 1792-1798 de notre ère.

INDICATION des MARCHANDISES.	LIEUX D'ORIGINE.	BALLES OU BALLOTS.	
		Pendant huit ans.	Année moyenne.
Tabac de Sour, Berout, etc.	Syrie.	68130.	8516 $\frac{1}{4}$.
Tabac de Lataky.........	Idem.	23630.	2954.
Cocons de vers à soie et filoselle...............	Idem.	634.	79 $\frac{1}{4}$.
Soie de Damas..........	Idem.	17948.	2243 $\frac{1}{2}$.

		PIÈCES.	
		Pendant huit ans.	Année moyenne.
Toile de Damas..........	Syrie.	587235.	73404 $\frac{3}{8}$.
Alágát de Damas........	Idem.	105620.	13202 $\frac{1}{2}$.

diverses marchandises suivant les diverses manières adoptées par les douanes pour en apprécier la quantité. Quand la même marchandise s'y retrouve deux fois, c'est que sa quantité est rapportée à deux unités de mesure différentes : ainsi, par exemple, les cinq cents *qantár* et les trente-huit barils de blanc de céruse ne font qu'un seul et même article; ce qui indique que le poids du baril de cette matière est d'environ treize *qantár*.

AGRICULTURE, INDUSTRIE

ÉTAT général des marchandises qui ont acquitté les droits de douane à Suez pendant les années 1209, 1210, 1211 et 1212 de l'hégire, correspondantes aux années 1795, 1796, 1797 et 1798 de notre ère.

INDICATION des MARCHANDISES.	LIEUX D'ORIGINE.	BALLES OU BALLOTS. Pendant quatre ans.	Année moyenne.
Café..................	Arabie.	56576.	14144.
Encens................	Idem.	8329.	2082.
Poivre................	Indes.	925.	231.
Coque du Levant.......	Idem.	200.	50.
Benjoin...............	Idem.	75.	18 $\frac{3}{4}$.
Aloès.................	Arabie.	450.	112 $\frac{1}{2}$.
Cardamome............	Indes.	75.	18 $\frac{3}{4}$.
Gomme élémi..........	Arabie.	58.	14 $\frac{1}{2}$.
Café en gousses........	Idem.	89.	22 $\frac{1}{4}$.
Curcuma..............	Indes.	396.	99.
Bois de Sandal.........	Idem.	30.	7 $\frac{1}{2}$.
Galbah (drogue).......		388.	97.
Cauris................	Indes.	146.	36 $\frac{1}{2}$.
Tchichm..............	Arabie.	1.	$\frac{1}{4}$.
Zédoaire..............	Indes.	232.	58.
Myrrhe orientale.......	Arabie.	102.	25 $\frac{1}{2}$.
Racine de galangá.....	Idem.	39.	9 $\frac{3}{4}$.
Noix de coco..........	Indes.	948.	237.
Défr (parfum).........	Idem.	4.	1.
Gingembre............	Idem.	149.	37 $\frac{1}{4}$.
Gomme copal.........	Idem.	98.	24 $\frac{1}{2}$.
Cachou...............	Idem.	1.	$\frac{1}{4}$.
Cannelle..............	Idem.	37.	9 $\frac{1}{4}$.
Torboul (drogue)......	Idem.	1.	$\frac{1}{4}$.
Habb el-molouk (drogue).	Idem.	5.	1 $\frac{1}{4}$.
Kousyleh (drogue).....	Idem.	6.	1 $\frac{1}{2}$.
Nakyouy (drogue)......	Idem.	16.	4.
Zohiboul (drogue).....	Idem.	117.	29 $\frac{1}{4}$.
Kermès...............	Idem.	19.	4 $\frac{3}{4}$.
Kabyleh (drogue)......	Idem.	36.	9.
Squine................	Idem.	2.	$\frac{1}{2}$.
Letar (drogue)........	Idem.	1.	$\frac{1}{4}$.
Qafal (bois de parfum)...	Idem.	1.	$\frac{1}{4}$.

Ce dernier tableau des marchandises importées par Suez, de l'Arabie et des Indes, ne contient qu'une partie de celles qui ont cette origine, car nous avons déjà eu occasion de dire que les objets importés par les caravanes des pélerins de la Mekke ne payaient aucun droit.

Il nous manque, pour compléter les renseignemens sur le commerce fournis par les états de douanes, ceux des bureaux de Qoçeyr, de Rosette et d'Alexandrie.

Les droits étaient perçus à Qoçeyr au profit du kâchef de Qené. Mais, pendant mon séjour dans cette dernière ville, je n'ai eu aucune occasion de me procurer des tableaux semblables à ceux qui précèdent.

La douane de Rosette était de peu d'importance, excepté lorsque la disette se faisait sentir dans quelques parties de l'Europe. Les grains, et notamment le riz, devenaient alors l'objet de perceptions assez considérables; on embarquait ces grains à Rosette sur des germes, qui les transportaient à Alexandrie à bord des navires européens.

D'après un relevé des douanes de Damiette, de 1791 à 1798 inclusivement, la quantité de riz exportée par ce port, s'est élevée, pendant ces huit années, à 228357 *ardeb*, c'est-à-dire à 28544 *ardeb* par année moyenne.

Quant aux douanes d'Alexandrie, nous n'avons pu nous en procurer les états, parce que, le douanier principal de cette place étant mort de la peste pendant notre séjour en Égypte, les conservateurs de la santé firent brûler tous ses papiers et les registres de son administration. Il nous a été remis seulement un tableau du produit des différens droits qui y ont été perçus depuis l'année 1201 jusqu'à l'année 1210 de l'hégire. Il en résulte que, pendant ces dix années, la recette générale de ce bureau a été de 1376098 pataques; et les frais de perception, de 340404 : ce qui donne pour produit net, pendant les dix années, 1035694 pataques, ou, par année moyenne, une somme équivalente à 322872 francs de notre monnoie.

RÉSUMÉ

ET

OBSERVATIONS GÉNÉRALES.

Le phénomène annuel du débordement du Nil et le cours régulier des saisons affranchissent les habitans de l'Égypte de la plupart des travaux que la terre exige ailleurs de ceux qui la cultivent. Comme il n'y a que peu d'efforts à faire pour en obtenir de riches produits, il est naturel que les procédés de l'agriculture y soient demeurés stationnaires : aussi y reconnaît-on aujourd'hui ce que les anciens nous ont appris sur les irrigations, les ensemencemens et les récoltes ; à quelques exceptions près, on y cultive encore les mêmes céréales, les mêmes plantes légumineuses et textiles. Nous avons fait voir ailleurs que les mêmes mesures agraires s'y étaient conservées depuis la plus haute antiquité ; la terre y reçoit la même quantité de semence ; et si l'on remarque quelque différence entre ce qu'elle rapporte de nos jours et ce qu'elle rapportait suivant le récit des anciens, il faut l'attribuer à l'exagération de quelques-uns d'entre eux, qui, dans leur étonnement d'une fécondité qui coûtait si peu de travail, l'exaltèrent outre mesure.

Comment n'auraient-ils pas été étonnés, en effet, de la fertilité d'un sol qui souvent n'a pas même besoin d'être labouré avant de recevoir le grain qu'on lui confie; qui, jusqu'au moment de la récolte de ce grain, semble repousser toute autre végétation; qui, par conséquent, ne réclame ni le secours des engrais, ni les travaux du sarclage?

Les cultivateurs n'ont de fatigue à essuyer que celle de l'arrosement des terres, quand elles n'ont point été inondées naturellement, ou quand on entreprend de leur faire produire plusieurs moissons dans le cours d'une année. C'est en mesurant le travail de ces arrosemens que nous avons pu évaluer la force ordinaire des hommes en Égypte. Soit à cause de la transpiration continuelle qui les affaiblit sous un soleil ardent, soit parce que les alimens dont ils se nourrisent sont peu substantiels, soit peut-être parce que le désir d'améliorer leur sort ne peut exciter leur activité sous un ordre de choses qui ne leur permet pas l'espérance d'un meilleur avenir, les manœuvres employés aux arrosemens ne fournissent, par l'emploi utile de leurs forces, que les deux tiers environ de l'effet que fournissent dans nos climats des hommes de même stature qui travailleraient pendant le même temps. Il est vrai que cette différence se fait remarquer également dans le travail des animaux : en Égypte, un bœuf attelé à un manége pour élever l'eau des citernes ne produit guère que les deux tiers de l'effet d'un bœuf de même taille qui serait attelé à un manége semblable en Europe.

En étendant cette comparaison aux travaux du labourage, et en nous exprimant en mesures françaises, nous avons trouvé que deux bœufs et leur conducteur labourent en Égypte un hectare dans l'espace de trois jours et un tiers, la journée de travail étant supposée de dix heures; tandis que, dans les provinces de France où l'on emploie des bœufs, il faut quatre journées pour labourer la même superficie. Ce résultat, qui semble en contradiction avec celui que nous venons de rapporter, s'explique aisément par l'extrême légèreté de la charrue égyptienne et le peu de profondeur des sillons qu'elle trace : elle ne fait en quelque sorte qu'effleurer la surface du sol.

Le prix moyen en argent de la journée d'un laboureur, dans la haute Égypte, revient à 35 centimes; celui de la journée d'un manœuvre employé aux arrosemens s'abaisse au-dessous de 22 : la nourriture de ces manœuvres ne s'élève guère au-dessus de 12 centimes par jour; elle se compose de pain de *dour'ah*, de laitage et de végétaux, excepté pendant le temps du *ramadân*.

En général, on peut évaluer à 120 francs par année le prix de la nourriture et de l'entretien d'un homme employé aux travaux de l'agriculture.

Les détails que nous avons donnés sur le prix d'achat, la nourriture journalière et l'entretien des animaux élevés par les cultivateurs, fourniront les moyens de comparer les dépenses de leur éducation en Égypte aux dépenses de leur éducation en France. Nous ajouterons seulement ici que les Égyptiens ne savent engraisser ni le bétail, ni aucun oiseau de basse-cour. Cette ignorance tient-elle à leur extrême sobriété, qui ne leur fait pas attacher beaucoup de prix à la qualité des viandes dont ils se nourrissent, ou bien doit-elle être attribuée au manque de prairies naturelles? Cette dernière circonstance suffirait seule pour les forcer de réduire au strict nécessaire le nombre d'animaux domestiques qu'ils élèvent. Ils ne pourraient en effet augmenter leurs troupeaux, à moins de consacrer une plus grande superficie de terre à la culture des fourrages, c'est-à-dire à moins de restreindre d'autant la culture des céréales, qu'ils ont besoin d'étendre le plus possible; car, outre ce qui est indispensable à la consommation des habitans, il faut encore recueillir assez de grains pour acquitter les impositions en nature dont les terres sont grevées, et solder une partie des marchandises étrangères propres à l'usage du pays.

Dans la haute Égypte, il faut porter au sixième des terres cultivées la superficie de celles qui sont ensemencées en fourrages; il faut la porter au tiers dans le Delta. C'est de cette dernière province que l'on tirait les peaux de bœuf et de buffle qui passaient en France et en Italie.

Les seules terres qui se reposent en Égypte, sont celles que n'arrose pas l'inondation naturelle, ou qu'on ne peut arroser artificiellement.

Quant à leur fertilité, on sème par hectare 155 litres de froment; on en recueille, année commune, 2325.

Dans nos départemens les plus fertiles de France, on emploie 2 hectolitres de semence par hectare, et l'on en recueille 20 hectolitres. Les terres rapportent donc en Égypte 14 et 15 pour 1, tandis qu'elles ne rapportent que 10 dans nos meilleures provinces, et 3 seulement dans les plus mauvaises.

Ainsi, en estimant la fertilité des terres par le rapport

des récoltes à la quantité de semence sur une superficie donnée, la fertilité de l'Égypte sera représentée par 15, et la fertilité moyenne de la France par 6 $\frac{1}{2}$; on doit observer de plus qu'il faut engraisser nos terres par des moyens factices, et que les campagnes sur les bords du Nil n'ont besoin que d'être inondées naturellement.

Le prix moyen de l'hectolitre de blé en Égypte est de 4 francs 30 centimes à peu près; il est aujourd'hui[1] en France de 14 francs 59 centimes. Ces prix sont par conséquent entre eux dans le rapport moyen de 10 à 33.

L'idée que nous venons de donner de la fertilité de l'Égypte, s'accorde avec celle que les anciens nous en ont laissée; ajoutons qu'il est difficile de prévoir comment il y serait apporté des changemens sensibles. Quelles améliorations peut-on attendre en effet de l'introduction de nouveaux procédés de culture dans un pays où la nature dispense des engrais, et quelquefois même du labourage des champs? Plus l'art est simple, moins il y a de tentatives à faire pour en perfectionner la pratique.

Mais, si l'on doit désespérer d'obtenir de la terre une plus grande fécondité, il serait possible d'accroître prodigieusement l'étendue des terres fécondes : il ne s'agirait que d'aménager convenablement les eaux du fleuve, en creusant de nouveaux canaux, en élevant de nouvelles digues, en un mot en établissant un système d'irrigation qui fît participer, pendant le plus long-temps possible, la plus grande superficie de territoire au bienfait de l'inondation. Alors toutes les terres pourraient donner

[1] A la fin d'avril 1822.

deux ou trois récoltes par an ; ce qui n'a lieu maintenant que sur quelques points privilégiés.

Ces récoltes multiples exigeront toujours, à la vérité, des arrosemens artificiels, dont le mode est un objet essentiel d'améliorations. Dans l'état grossier des machines que l'on emploie aujourd'hui, les hommes ou les animaux qui les font mouvoir, consomment une quantité notable de leurs forces à vaincre les obstacles qui proviennent de la mauvaise construction de ces machines. Leur produit utile pourrait être doublé, si les ouvriers qui les exécutent devenaient plus habiles : nous ne disons pas s'ils avaient de meilleurs modèles; car les seaux à bascule, les roues à pots et à tympan, sont les appareils d'arrosement les plus simples quand on n'a point de moteurs inanimés à sa disposition. Tout porte à croire que ces appareils, usités en Égypte de temps immémorial, s'y exécutaient autrefois avec plus de perfection; il est même certain qu'on y employait la vis à épuisement qui porte le nom d'Archimède : on ne l'y retrouve plus aujourd'hui, parce que, la civilisation ayant rétrogradé, on a successivement perdu l'usage de divers ustensiles dont la fabrication demandait un certain degré d'habileté.

On augmenterait sans doute les produits territoriaux de l'Égypte, en établissant un bon système d'irrigation et en perfectionnant les appareils d'arrosement ; mais ce qui augmenterait singulièrement ces produits, ce serait quelque institution qui fît participer les *felláh* à la propriété du sol : ils ne le cultivent aujourd'hui que pour vivre et acquitter l'impôt; ils le cultiveraient bientôt pour vivre plus commodément : l'assurance de profiter de leurs peines rendrait sous leurs mains les moissons plus abondantes.

L'idée de diviser une partie du territoire du Sa'yd entre les cultivateurs occupait souvent le général Desaix; il en regardait l'exécution comme le plus sûr moyen de hâter la civilisation de ce pays, et de le faire jouir promptement des principales améliorations dont il est susceptible.

Ce ne sont, en effet, que des propriétaires qui peuvent entreprendre des cultures dispendieuses comme celles du sucre et de l'indigo, quelques bénéfices qu'elles promettent; voilà pourquoi les bénéfices de ces cultures étaient le partage exclusif des beys et des kâchefs, qui possédaient certains villages dont le territoire était propre à ce genre d'exploitation.

Quoique l'art de construire et d'établir des machines à élever l'eau pour les irrigations se soit dégradé en Égypte à mesure que les lumières de la civilisation s'y sont éteintes, cependant la nécessité n'a pas permis qu'il s'y perdît entièrement, tandis que la pratique d'un grand nombre d'autres qu'on y exerçait autrefois avec un certain degré de perfection, y est aujourd'hui totalement oubliée.

Que l'on compare les plus grandes constructions de l'Égypte moderne aux monumens antiques dont le pays est encore couvert, et l'on pourra juger de quelle hauteur l'architecture est déchue. On est frappé d'étonnement à l'aspect de ces temples et de ces palais de dimensions colossales, à l'aspect des statues et des sculptures en creux ou en relief dont ils sont décorés : il faut admirer, en les voyant, l'adresse et l'habileté des ouvriers qui les exécutèrent; et certainement ces ouvriers devaient être alors en bien grand nombre, puisqu'ils ont laissé de leurs ouvrages sur tous les points de cette contrée, où peut-être on ne trouverait pas de nos jours un seul homme capable de modeler une figure dans l'attitude la plus simple.

Les ténèbres de l'antiquité nous cachent les diverses époques auxquelles furent érigés la plupart de ces monumens. Cependant combien de siècles ont dû s'écouler avant qu'on entreprît d'extraire de leurs carrières les blocs de granit dont les obélisques sont formés, avant qu'on imaginât les moyens de remuer ces énormes masses et de les transporter à de grandes distances, avant qu'on eût extrait les métaux de leurs mines pour en fabriquer les outils propres à tailler ces obélisques, à les polir, à y graver profondément et avec une perfection remarquable les figures hiéroglyphiques dont leur surface est ornée!

D'autres arts utiles à la vie civile, ou seulement destinés à en augmenter les jouissances, étaient évidemment, chez les anciens Égyptiens, aussi avancés que l'architecture et la sculpture; leurs peintures, leurs papyrus, l'espèce de carton qu'ils employaient à fabriquer les caisses de leurs momies, sans parler de leurs embaumemens, exigeaient des préparations qui ne pouvaient être que le résultat d'essais multipliés et d'une longue expérience. On peut en dire autant de leurs tissus, dont quelques fragmens sont venus jusqu'à nous. Enfin les instrumens de musique, les armes, les chariots de guerre et les ameublemens que l'on voit représentés dans les tombeaux des rois de Thèbes, sont autant de preuves d'une civilisation avancée, et d'une industrie qui s'appliquait à une multitude d'usages. Les livres de Moïse nous offrent à cet égard des témoignages irrécusables; car, dans les instructions qu'il donne aux enfans d'Israël pour la construction du tabernacle, de l'autel des holocaustes, du parvis, et de l'autel des parfums, dans ses prescriptions sur la forme et la matière des vêtemens sacerdotaux, ce sont les arts égyptiens qu'il décrit : parmi ces arts il faut bien distinguer celui de mettre en œuvre les différens métaux, lequel suppose l'art beaucoup plus ancien d'en traiter les mines; il faut distinguer encore ceux de polir les pierres gemmes les plus dures, d'y graver des caractères, de tisser des étoffes précieuses, de préparer les cuirs et de les teindre de diverses couleurs. Quelque rapidité que l'on suppose à la marche de la civilisation dans les premiers âges du monde, l'état des connaissances humaines en Égypte, au temps de Moïse, fournit du moins la preuve incontestable qu'à cette époque les Égyptiens étaient déjà un ancien peuple. C'est aujourd'hui un peuple qui paraît sortir à peine de l'état sauvage. Il ne pratique, pour ainsi dire, que les arts les plus grossiers, tels que les exigent nos premiers besoins : ceux de fabriquer des nattes, des toiles de lin, des étoffes de laine, se sont en effet conservés dans les campagnes, parce que, se rattachant à la vie agricole, ils ont toujours dû former l'occupation naturelle des laboureurs pendant le temps de l'inondation.

La plupart des villes, sous le rapport de l'industrie qu'on y exerce, ne sont plus que de gros villages; quelques Qobtes y travaillent les métaux précieux; quelques Juifs et Arméniens y exercent la profession de lapidaires : voilà à quoi se réduisent les arts de luxe en Égypte. Si quelques habitations modernes y sont encore décorées de colonnes de porphyre et de granit polis, ces colonnes sont des débris enlevés à d'anciens édifices. On chercherait vainement, d'Éléphantine à Alexandrie, un seul ouvrier qui entreprît d'en exécuter de semblables.

Ce pays sortira sans doute de l'état de dégradation dans lequel il est tombé; de nouveaux genres d'industrie s'y introduiront un jour : mais on peut tracer dès à présent le cercle assez étroit dans lequel ils seront renfermés; il n'y a là en effet ni courans d'eau ni combustibles qui puissent entretenir ou des roues hydrauliques, ou des machines à vapeur, moteurs inanimés auxquels l'industrie moderne doit ses plus étonnans progrès. La force et la régularité des vents donneraient, à la vérité, le moyen de suppléer à l'action de l'homme et des animaux dans les travaux d'arrosage, de la mouture des grains, de la fabrication de l'huile, du blanchissage du riz; mais, avant d'établir des moulins à vent, il faudra perfectionner la construction des roues à chapelet et à tympan, des seaux à bascule, et, en général, de toutes les machines propres à élever les eaux sur les terres; car leur culture sera toujours en Égypte l'objet des travaux les plus productifs. Voilà pourquoi la préparation du carthame, la fabrication de l'indigo et celle du sucre, seront aussi l'objet des premières manufactures qui prospéreront dans cette contrée; viendront ensuite celles de sel ammoniac et de nitrate de potasse, dont les matières premières s'offriront en abondance, et pour ainsi dire gratuitement, aux hommes intelligens qui y porteront les procédés usités aujourd'hui en Europe pour obtenir les mêmes produits.

Les tissus de lin et de coton continueront d'y être fabriqués pour l'usage des habitans du pays, sans néanmoins qu'on puisse raisonnablement prétendre à y porter cette fabrication au degré de perfection qu'on lui a donné dans ces derniers temps en Europe : l'Égypte ne pourra jamais, sur ce point, entrer en concurrence avec les nations de l'Occident. Ce qui lui est réservé peut-être, c'est de nous livrer le lin et le coton qu'on y récoltera, en excédant des besoins de sa population : ces substances, qui sont pour nous des matières premières, seront toujours pour elle les produits de la plus avantageuse de ses manufactures, c'est-à-dire, nous le répétons, de l'exploitation du sol.

La préparation des maroquins, objet d'une industrie fort ancienne en Orient, pourra y recevoir de nouveaux perfectionnemens. Enfin, si l'on considère que l'on ramasse le natron à la surface de la terre dans les déserts de l'Égypte, que plusieurs plantes oléagineuses sont cultivées avec succès sur les bords du Nil, et que, d'un autre côté, la main-d'œuvre y est beaucoup moins coûteuse qu'en Europe, il est aisé de prévoir que les Égyptiens finiront par entreprendre de fabriquer eux-mêmes le savon en assez grande quantité pour en accroître la masse de leurs exportations.

Les ouvriers qui exercent les métiers les plus usuels, n'ont besoin que d'être instruits et dirigés par des ouvriers plus habiles. Les nouvelles relations qui ne peuvent manquer de s'établir entre les nations européennes et l'Égypte, y éleveront la pratique de ces métiers à peu près au même degré où elle se trouve parmi nous : c'eût été un des résultats nécessaires de l'expédition française, et le premier de ses succès.

L'Égypte ne possède aucune mine ; et cependant les arts auxquels elle se livrait dès l'antiquité la plus reculée, exigeaient l'emploi d'instrumens de fer, d'acier ou de bronze. Il a donc fallu y recevoir par la voie du commerce la matière de ces instrumens. Leur était-elle apportée de l'intérieur de l'Afrique par des caravanes d'Éthiopie, ou de l'intérieur de l'Asie par des vaisseaux phéniciens qui naviguaient sur la mer Rouge et sur la Méditerranée ? L'examen de cette question, de quelque intérêt qu'il soit, ne peut trouver place ici ; il nous suffira de remarquer que les relations de commerce qui s'établissent de peuple à peuple à l'aide de la navigation, supposent toujours un état de civilisation plus avancé que les relations qui s'établissent par terre entre des peuplades limitrophes. Cette réflexion conduit à admettre que les Égyptiens ont reçu les métaux de l'intérieur de l'Afrique long-temps avant que le commerce maritime leur procurât ces matières : tout porte à croire, en effet, que les Égyptiens descendirent de l'Éthiopie en suivant le Nil, sur les bords duquel ils fondèrent successivement les grandes villes qui furent le siége de leur empire. Or, il était tout simple qu'ils apportassent avec les arts du pays dont ils étaient originaires, les outils et ustensiles indispensables pour les exercer, ou du moins qu'ils continuassent de tirer des mêmes lieux d'où ils l'avaient tirée jusqu'alors, la matière de ces instrumens. On est confirmé dans cette idée, quand on sait que l'on fabrique du fer dans le royaume de Sennâr et dans le pays de Dârfour. L'art de traiter les métaux ne peut se perdre là où il en existe des mines ; plus les procédés métallurgiques y approchent encore de leur première enfance, plus il est probable que ces procédés y remontent à une haute antiquité : il est évident en effet que si l'on découvrait des mines dans un pays nouveau, on y porterait l'art de les exploiter avec tous ses perfectionnemens actuels. Ces réflexions fondent à conclure que l'Égypte commerça d'abord avec l'intérieur de l'Afrique, et n'eut point d'autres relations commerciales jusqu'au règne de Sésostris, le premier de ses rois qui, dit-on, équipa des flottes ; ses successeurs suivirent l'exemple qu'il avait donné, et continuèrent d'expédier aux Indes des convois de vaisseaux marchands. Ce fut sans doute le commerce qu'on entretint par cette voie qui accumula tant de richesses à Thèbes, et qui éleva si haut la civilisation de cette ville. A cette époque reculée, les flottes dont il s'agit abordaient sur un des points du golfe Arabique les plus voisins de cette ancienne métropole de la monarchie égyptienne.

Après la fondation de Memphis, les marchandises des Indes remontèrent sur un point de la mer Rouge plus rapproché de cette nouvelle capitale. Les Phéniciens étaient alors les maîtres du commerce qui se faisait sur cette mer et sur la Méditerranée : ainsi ils apportaient en Égypte les productions de l'Orient et de l'Occident. La fondation de la ville de Naucratis sous le règne d'Amasis, l'admission des Grecs en Égypte sous le règne de Psammétique, étendirent en Europe les relations de cette contrée. A dater de cette époque, elle commença à être mieux connue des étrangers qu'elle ne l'avait été jusqu'alors, et ils purent y puiser les connaissances qu'on y cultivait long-temps avant que les autres peuples fussent sortis de la barbarie.

L'Égypte donnait en échange des marchandises diverses que les Phéniciens, les Carthaginois et les Grecs y importaient, les produits de son sol et de ses fabriques. A quelque antiquité que l'on remonte, on voit les Éthiopiens lui fournir de l'or, du bois d'ébène, de l'ivoire, des parfums et diverses drogues : l'Inde lui fournissait de riches étoffes, des épiceries, des pierres précieuses; l'Arabie, de l'encens et de la gomme. Les habitans de la Palestine venaient y chercher des grains et des toiles; les Phéniciens et les Carthaginois en emportaient aussi sur leurs vaisseaux, en échange des métaux, des esclaves, des étoffes de laine qu'ils venaient y vendre. Plus tard, les Grecs y échangèrent leurs huiles contre les marchandises précieuses de l'Inde et de l'Éthiopie, dont l'Égypte partageait déjà l'entrepôt avec la ville de Tyr. Les livres hébreux donnent sur le commerce de cette contrée des renseignemens positifs : ils apprennent ce qu'on en tirait et ce qu'on y apportait du temps de Joseph; ils disent quelles provisions Salomon y faisait acheter. Enfin, quand Ézéchiel et Isaïe prophétisent contre la superbe Tyr, et qu'ils énumèrent en détail tous les objets dont le commerce l'avait enrichie, ce qu'ils en disent s'applique à l'Égypte, qui participait alors aux bénéfices de ce commerce : elle les posséda sans partage après la fondation d'Alexandrie, et les Ptolémées en tirèrent une partie de leurs revenus. Philadelphe, le second de cette dynastie, entreprit des travaux considérables pour abréger et faciliter la route que ce commerce devait suivre : il voulut épargner aux vaisseaux qui y étaient employés les dangers de la navigation du fond de la mer Rouge, et fit construire la ville de Bérénice sur la côte occidentale de cette mer, à la hauteur de Syène.

On communiquait de Bérénice à la ville de Coptos par un désert à travers lequel on se dirigea d'abord, pendant la nuit, au moyen des étoiles, et ensuite par une route dont ce même Ptolémée fixa invariablement la direction, en faisant creuser sur sa longueur douze citernes où l'on recueillait l'eau des pluies pour le besoin des voyageurs et des chameaux qu'ils conduisaient. Le chemin, au rapport de Strabon, était de six ou sept jours de marche.

Les marchandises arrivées à Coptos étaient transportées par le Nil et les canaux qui en étaient dérivés jusqu'à Alexandrie, d'où elles se répandaient sur toutes les côtes de la Méditerranée.

L'état florissant d'Alexandrie pendant qu'elle fut le séjour des princes grecs est la preuve la plus authentique des avantages qu'elle retira de ce commerce. Il se fit encore avec une plus grande activité sous la domination des Romains. Strabon, qui visita l'Égypte avec Ælius Gallus peu de temps après la mort de Cléopâtre, rapporte qu'il vit lui-même partir du port de *Myos Hormos* cent vingt navires destinés pour l'Inde, tandis que sous les Lagides il n'y avait, dit-il, qu'un petit nombre de bâtimens qui se hasardassent à faire cette navigation.

Les richesses acquises par cette voie entretinrent le luxe de Rome sous les premiers empereurs, comme nous l'apprenons de Pline, qui nous a transmis l'énumération et la valeur des marchandises que l'on tirait d'Alexandrie. La sagesse du gouvernement de Trajan, et la liberté dont il laissa jouir ce commerce, lui firent prendre plus d'extension ; enfin, l'empereur Aurélien ayant détruit Palmyre, il se fit tout entier par l'Égypte.

Après la ruine de Coptos sous Dioclétien, la ville de Qous, l'ancienne *Apollinopolis parva*, en devint l'entrepôt. Abou-l-fedâ rapporte que de son temps elle était la seconde de l'Égypte; elle correspondait déjà avec le port de Qoçeyr, qui en est éloigné de trois journées seulement, et dont ce géographe a parlé le premier. On ignore l'époque précise à laquelle la route de Bérénice fut abandonnée ; il est très-probable que les Arabes, ayant négligé d'entretenir les ouvrages dont elle était pourvue, trouvèrent plus commode de se rendre à la mer Rouge par la voie la plus courte.

L'espèce de barbarie dans laquelle l'Égypte retomba, et les haines violentes qui éclatèrent entre les chrétiens et les Turks, déterminèrent les premiers à faire prendre un autre chemin aux marchandises des Indes : ils allèrent les chercher pendant un temps jusque sur les bords de la mer Caspienne. Mais enfin les Vénitiens, qui surent toujours faire taire leurs préjugés religieux devant leurs intérêts commerciaux, obtinrent des soudans la permission de s'établir à Alexandrie, et ils y firent bientôt passer dans leurs mains, malgré les efforts des Génois et des Florentins leurs rivaux, un commerce immense, auquel ils ont dû, pendant plusieurs siècles, l'avantage d'être placés au premier rang parmi les nations de l'Europe.

Les bénéfices qu'ils en retiraient excitaient contre eux une jalousie universelle, lorsqu'on entreprit d'arriver à la source de leurs richesses par un autre chemin. Ce fut en cherchant cette route que l'on découvrit l'Amérique, et que le cap de Bonne-Espérance fut doublé quelques années après.

La république de Venise sentit le coup dont elle était menacée; elle se lia par de nouveaux traités avec les Mamlouks, qui, à son instigation, se répandirent en menaces contre la Chrétienté, pour obliger les Portugais de renoncer au commerce des Indes, où ils venaient de s'établir.

Ceux-ci, de leur côté, voulant s'en assurer la possession exclusive, entreprirent de ruiner les ports de la mer Rouge; on rapporte même qu'après avoir échoué dans l'exécution de ce projet, Albuquerque conçut celui de détourner le cours du Nil dans l'Abyssinie, pour faire de l'Égypte un désert inhabitable.

Il est des événemens dont les suites ne peuvent être arrêtées par les efforts de la plus adroite politique. Celle des Vénitiens échoua contre la force des circonstances, qui ont entraîné successivement toutes les nations commerçantes dans l'océan Indien par le cap de Bonne-Espérance; et, tandis que les progrès de la navigation ont de plus en plus facilité ce long trajet, le despotisme et l'ignorance des maîtres de l'Égypte ont amené la décadence presque absolue du commerce de l'Inde par l'intérieur de ce pays.

Dans un tel état de choses, un canal ouvert entre la mer Rouge et la Méditerranée aurait été d'un faible secours pour maintenir ce commerce, lors même que l'on eût pu appliquer à la conservation de ce canal les connaissances et les soins nécessaires. Mais est-il vrai qu'un pareil ouvrage ait jamais existé? Quoique le doute que nous élevons ici paraisse choquer les idées reçues, quelques réflexions vont prouver qu'il n'est pas sans fondement.

Les historiens de l'antiquité attribuent à Sésostris, dont on place le règne vers l'année 1485 avant notre ère, l'exécution d'un canal qui allait du Nil à la mer Érythrée. Ce qu'ils disent de la puissance de ce roi, des conquêtes qu'il fit, des flottes qu'il équipa, explique comment la tradition a pu lui attribuer les plus anciens travaux de l'Égypte, et ceux dont les projets conçus dans les siècles suivans n'ont pas sauvé de l'oubli le nom de leurs auteurs.

Après que Psammétique de Saïs eut attiré les Grecs en Égypte, et qu'il leur eut permis d'y bâtir des villes, Néchao, son fils et son successeur, entreprit, selon Hérodote, de creuser un canal destiné à joindre le Nil et la mer Rouge : Néchao régnait six cent seize ans avant l'ère chrétienne.

Le canal que Sésostris avait dû ouvrir neuf cents ans auparavant, n'existait donc pas du temps de Psammétique ; et cependant l'Égypte avait joui, durant ces neuf siècles, de toute la force de ses institutions : on y avait bâti les temples et les palais dont les vestiges attestent encore de nos jours la puissance de ses monarques.

L'histoire rapporte que Néchao, ayant perdu cent vingt mille hommes dans les travaux de ce canal, fut obligé de les abandonner. Elle dit aussi que deux siècles après, lorsque l'Égypte eut passé sous la domination des Perses, Darius, fils d'Hystaspes, entreprit à son tour d'exécuter ce canal, mais que la crainte de voir l'Égypte inondée par les eaux de la mer Rouge, quand il serait achevé, lui en fit encore abandonner l'entreprise. Il est donc constant que, quatre cents ans environ avant Jésus-Christ, il n'y avait point de communication ouverte entre le Nil et la mer Érythrée.

Diodore de Sicile et Strabon s'accordent à dire que, sous la domination macédonienne, Ptolémée Philadelphe fit creuser ce canal, et le conduisit dans un port de la mer Rouge auquel il donna le nom d'*Arsinoé* ou de *Cleopatris* ; ce canal fut fermé à cette embouchure par un ouvrage appelé *euripe*, qui, avant l'invention des écluses à double paire de portes, ne pouvait être autre chose qu'un simple barrage. Laissant au surplus subsister l'incertitude que fait naître le silence des anciens sur la forme de cette construction, il demeure constant, du moins qu'à l'époque où Ptolémée Philadelphe monta sur le trône, deux cents ans avant notre ère, le canal dont il s'agit n'existait point encore.

L'empereur Adrien, vers l'an 132 de Jésus-Christ, fit conduire de *Babylone d'Égypte* jusqu'à *Pharbœtus*, aujourd'hui Belbeys, un canal qu'il appela *Trajanus amnis*. Il rencontrait, dit-on, en ce point, celui de Néchao ou de Darius, qui se prolongeait jusqu'à la mer Rouge : il n'y avait donc pas, à l'avénement d'Adrien, de communication navigable établie entre cette mer et la Méditerranée.

Ce fut ce canal de Trajan que les historiens arabes disent avoir été recreusé par A'mrou, gouverneur de l'Égypte, en 643; mais le récit qu'ils en font est accompagné de fables qui ne permettent pas d'y ajouter foi. Ils annoncent enfin que l'embouchure en fut fermée en 775, et que depuis cette époque il est demeuré tel qu'on le voit aujourd'hui.

Il résulte de tous ces témoignages, qu'entre Sésostris et le khalife Abou-Ga'far al-Mansour, c'est-à-dire dans un intervalle de deux mille deux cent soixante ans, on peut assigner cinq époques précises auxquelles il n'existait point de communication ouverte, soit entre le Nil et la mer Rouge, soit entre celle-ci et la Méditerranée : or, ces époques coïncident exactement avec celles des nouvelles dominations sous lesquelles l'Égypte passa successivement. En effet, aussitôt que les Perses s'en furent rendus maîtres, Darius, n'y trouvant point le canal attribué d'abord à Sésostris et ensuite à Néchao, entreprit lui-même de le creuser. Sous les Grecs, Ptolémée Philadelphe; sous les Romains, l'empereur Adrien; sous les Arabes, le khalife O'mar, se livrèrent sans plus de succès à la même entreprise. Ainsi ni les Égyptiens, ni les Perses, ni les Grecs, ni les Romains, ni les Arabes, ne l'ont conduite à la perfection, quoique tous aient essayé de le faire les uns après les autres. L'exécution de ce travail paraît, il est vrai, si facile, et les conquérans sont ordinairement si disposés à tirer parti de leurs conquêtes, qu'il n'est point étonnant que ceux au pouvoir desquels l'Égypte est tombée successivement, aient voulu profiter des avantages que cette opération semblait leur promettre. Et nous aussi, à peine possesseurs de cette contrée, n'avons-nous pas regardé le canal de Suez à la Méditerranée comme le premier des travaux dont nous dussions nous occuper?

Cependant notre empressement à cet égard se serait probablement refroidi par une connaissance plus approfondie de la localité; la nature même du commerce auquel on aurait ouvert ce nouveau chemin, nous aurait portés à en retarder l'exécution. Les marchandises de l'Inde qui abordent à Suez, sont en effet si légères et d'un si grand prix, que les frais de leur transport par terre à travers l'isthme ne peuvent accroître sensiblement leur valeur vénale sur les différentes places de l'Europe. D'un autre côté, tant que les musulmans feront en caravane le pèlerinage de la Mekke, cette ville continuera d'être un grand marché, d'où les productions de l'Inde et de l'Occident, qu'on y transportera à dos de chameau, en seront expédiées de la même manière pour toutes les contrées soumises à l'islamisme. Le seul fait de l'existence de cette religion maintiendra, comme on voit, le commerce dans ses voies actuelles. Une autre cause tend encore à l'y maintenir; c'est la difficulté de donner au canal de navigation que l'on ouvrirait entre la mer Rouge et la Méditerranée, assez de profondeur d'eau et des dimensions suffisantes pour que les mêmes vaisseaux puissent passer d'une mer dans l'autre en suivant ce canal. Il faut donc admettre que ces vaisseaux seront obligés de rompre charge à Suez et à Alexandrie : ces deux villes sont par conséquent destinées à offrir un emplacement naturel de magasins pour les productions de l'Orient et de l'Occident. Qu'on en rende le séjour plus commode; une population commerçante, plus nombreuse et plus riche, ne tardera pas à s'y fixer.

Or, sous le ciel et sur la côte de l'Égypte, on trouvera un séjour commode partout où l'on sera abondamment approvisionné d'eau douce. Les anciens firent à cet égard, pour Alexandrie, ce que réclamaient, non pas seulement les nécessités de la vie, mais encore les habitudes du luxe le plus recherché : une grande partie de leurs ouvrages existe encore; il suffira de les restituer et de les entretenir. Il n'en est pas de même à Suez : on y a bien autrefois amené l'eau de quelques sources qui surgissaient au pied de la côte arabique; mais la quantité en était trop petite pour que cet établissement s'accrût : il ne doit son existence et sa conservation qu'aux lois de la nécessité, qui veut que l'Égypte et l'Arabie possèdent, au fond du bras de mer qui les sépare, une station commune d'où puissent s'expédier leurs productions respectives. Suez deviendra une ville considérable et le second port de l'Égypte, du moment qu'on y aura amené de l'eau potable. Il faudrait la dériver du Nil et la prendre au-dessus du Kaire, afin que le canal ou aqueduc qui la conduirait, fût alimenté le plus long-temps possible, dans l'intervalle d'une inondation à l'autre. On pourrait même donner à ce canal des dimensions telles, que pendant la crue il pût être navigable pour des barques qui porteraient des grains à Suez et en rapporteraient les cafés et les drogues qu'on y aurait approvisionnés dans le cours de l'année. Après l'exécution de cet important ouvrage, de grandes citernes que l'on établirait sous le sol, des greniers spacieux que l'on éleverait au-dessus, appelleraient des négocians dans ce port, et le rendraient bientôt aussi florissant qu'il est susceptible de le devenir; car il ne faut pas croire que sa prospérité s'étende indéfiniment, de quelques améliorations qu'on le fasse jouir. La ville du Kaire sera toujours par sa position le centre des relations commerciales de l'Égypte avec l'Éthiopie et l'intérieur de l'Afrique, le centre où viendront s'accumuler les capitaux du pays, et, par suite, une station nécessaire entre les ports de Suez et d'Alexandrie.

On sait comment la découverte du cap de Bonne Espérance fit perdre à l'Égypte les avantages du commerce de l'Inde, et comment un nouveau continent attira pendant trois cents ans une partie de la population de l'ancien. Les mines et les cultures particulières à ces régions ont été une source de richesses vers laquelle se sont précipités tous ceux qu'un esprit entreprenant et aventureux disposait à chercher fortune hors de leur patrie : aussi, depuis le xve siècle, l'Amérique a-t-elle été plus explorée et est-elle aujourd'hui mieux connue que la côte septentrionale de l'Afrique, dont nous sommes cependant bien plus rapprochés.

Un nouvel ordre de choses se prépare; quelles que soient les destinées futures du continent américain, il offrira encore long-temps un champ immense aux spéculations des Européens : mais, quand nous aurons des colonies à fonder, il faudra les porter ailleurs, et là probablement où nous nous serions dirigés dans le xve siècle, si, à cette époque et depuis, l'Amérique n'eût point fixé presque exclusivement l'attention du monde civilisé. La mémorable découverte de Christophe Colomb, le plus grand événement peut-être dont l'histoire des hommes fasse mention, a reculé jusqu'à nos jours le moment où doivent s'établir entre les peuples du levant et ceux de l'occident de l'Europe, des relations qui feront disparaître peu à peu les différences de leurs mœurs et de leurs habitudes; le xixe siècle nous retrouve, sous ce rapport, au même point où nous laissa le siècle de Léon x. C'est de ce point que nous allons partir : la civilisation va pénétrer en Orient, par cela seul que les nations européennes pourront en faire, pendant quelque temps, le théâtre de leurs guerres. Déjà notre expédition en Égypte en a familiarisé les habitans avec d'autres usages que les leurs; elle a étendu leurs idées, affaibli leurs préjugés; ils ont apprécié la supériorité que nous donne sur eux la pratique de nos arts modernes; ils sont plus disposés qu'ils ne l'étaient à les exercer; et, si jamais ils sont soumis à un gouvernement raisonnable, il ne leur manquera que de connaître la richesse de leur sol et tous les avantages de leur position, pour que leur pays devienne encore une fois l'entrepôt du commerce de l'ancien continent.

PIÈCES JUSTIFICATIVES.

N°. 1er.

Rapport *du poids de l'ardeb de blé-froment au quintal poids de marc.*

L'an VIII de la république française, et le 18 du mois de vendémiaire, moi, Jean-Baptiste Reynier, commissaire des guerres, ensuite de l'arrêté de la Commission des subsistances en date du 16 de ce mois, qui nomme le citoyen Garcin garde-magasin général du dépôt du meqyàs, Maxime Caudière garde-magasin actuel audit lieu, Louis-Élie Caffe, préposé aussi nommé par ladite commission pour la vente des grains, et moi commissaire des guerres susdit, nous sommes transportés à l'île de Roudah, dans le magasin du meqyàs, pour constater, 1°. le rapport de l'ardeb d'orge et de fèves au quintal poids de marc; 2°. celui de l'ardeb du Kaire au boisseau de Paris; 3°. le rapport de l'ardeb de blé-froment au quintal poids de Paris.

Pour procéder avec la plus scrupuleuse exactitude à l'opération dont nous sommes chargés, nous nous sommes rendus sur le marché public du vieux Kaire, où nous avons fait mesurer et peser par les mesureurs et peseurs publics dudit marché, trois ardeb de froment brut, pris dans divers tas, dont le résultat a donné, pour le premier ardeb, 297 rotl brut, et, avec la romaine, 269 livres poids de marc, aussi brut; le second ardeb a pesé 297 rotl brut, et, avec la romaine, poids de marc, 268 livres $\frac{1}{2}$ brut; le troisième ardeb a pesé 290 rotl brut, et, avec la romaine, poids de marc, 263 livres $\frac{1}{2}$ brut.

Ce qui donne pour terme moyen de l'ardeb le poids de 285 rotl $\frac{1}{4}$, à 144 drachmes le rotl; à la romaine, poids de marc, 267 livres $\frac{1}{2}$ brut.

Les trois sacs et la corde de chacun ont donné un poids de 30 rotl $\frac{1}{4}$, et, à la romaine, poids de marc, 27 livres $\frac{1}{2}$; ce qui réduit l'ardeb de blé à 275 rotl, et, à la romaine, poids de marc, à 250 livres net.

Revenus dans les magasins du meqyàs, nous avons fait une nouvelle épreuve, en faisant mesurer et peser 3 ardeb de blé, pris dans trois endroits différens : il en est résulté que le premier ardeb a pesé, poids de marc, 276 livres brut; le second, 270; et le troisième, 263 : ce qui donne pour terme moyen de l'ardeb le poids de 269 rotl $\frac{2}{7}$ brut; et en déduisant la tare du sac et de la corde, il reste net 260 livres.

N'y ayant point d'orge ni de féves dans les magasins du meqyâs, ni même au marché public du vieux Kaire, nous avons clos et arrêté le présent procès-verbal.

Fait quadruple au meqyâs, les jour, mois et an d'autre part.

Signé à l'original, *Max. Caudière, Reynier, Garcin, L. É. Caffe.*

Rapport *du poids de l'ardeb d'orge et de féves au quintal poids de marc, et au boisseau de Paris.*

L'an VIII de la république française, et le 19 du mois de vendémiaire, moi, Jean-Baptiste Reynier, commissaire des guerres, ensuite de l'arrêté de la Commission des subsistances en date du 16 de ce mois, qui nomme le citoyen Garcin garde-magasin général du dépôt des grains au meqyâs, Maxime Caudière garde-magasin actuel audit lieu, Louis-Élie Caffe, préposé aussi nommé par ladite commission pour la vente des grains, et moi commissaire des guerres susdit, nous sommes transportés dans les magasins de fourrages à Boulâq, à l'effet de constater, 1°. le rapport de l'ardeb d'orge et de féves au quintal poids de marc; 2°. celui de l'ardeb du Kaire au boisseau de Paris.

Pour procéder avec exactitude à l'opération dont nous sommes chargés, nous avons fait appeler des mesureurs publics; et, en présence du citoyen Bourgent, garde-magasin des fourrages à Boulâq, il a été pris dans divers endroits des magasins plusieurs ardeb d'orge et de féves, qui ont été pesés et mesurés ainsi qu'il suit :

Le premier ardeb d'orge a pesé 244 rotl brut, et, à la romaine, 220 livres poids de marc; le second a pesé brut 240 rotl, et, à la romaine, 218 livres poids de marc; le troisième a pesé brut 237 rotl, et, à la romaine, 215 livres poids de marc.

Ce qui donne pour terme moyen de l'ardeb d'orge brut le poids de 240 rotl $\frac{1}{3}$, et, à la romaine, 217 livres $\frac{2}{3}$ poids de marc, aussi brut.

La tare du sac et de la corde a pesé 8 rotl $\frac{1}{3}$, ou 7 livres $\frac{1}{2}$ poids de marc; ce qui réduit l'ardeb d'orge à 232 rotl, et, à la romaine, à 210 livres $\frac{1}{2}$ poids de marc net.

Les ardeb d'orge ayant été mesurés au boisseau de Paris, chacun d'eux a donné la quantité de 14 boisseaux $\frac{1}{6}$.

La même opération a été faite sur plusieurs ardeb de féves, qui ont pesé chacun 309 rotl, et, à la romaine, poids de marc, 280 livres brut; et en déduisant la tare comme ci-dessus, l'ardeb de féves restera net à 300 rotl $\frac{2}{3}$, et, à la romaine, poids de marc, à 271 livres $\frac{1}{2}$, aussi net.

Lesdits ardeb de fèves, ayant été mesurés au boisseau de Paris, ont donné chacun 14 boisseaux $\frac{1}{6}$.

Fais, clos et arrêté le présent rapport quadruple à Boulâq, les jour, mois et an que dessus.

Signé à l'original, Reynier, Garcin, Max. Caudière,
L. É. Caffe, Bourgent.

N°. 2.

Nous avons renvoyé dans les pièces justificatives les détails des frais de culture et des produits de l'exploitation de 10 feddân ensemencés en orge *el-bayâdy*, en orge *el-chetaouy*, en lentilles, en pois chiches, en lupins, en ognons, en fenugrec, en gesse, en pois des champs, en colza, en laitue, en coton, en sucre et en tabac. Ces détails compléteront ceux qui sont déjà insérés dans ce mémoire.

§. I. *Culture de l'orge* el-bayâdy.

FRAIS DE CULTURE.

On ne laboure point la terre avant l'ensemencement.

	pataq.	méd.
1°. *Semence*. $\frac{1}{4}$ d'ardeb par feddân, à une pataque l'ardeb, ci pour 10 feddân....................	7	45
2°. *Ensemencement*. Dix journées à 8 médins l'une, ci.	0.	80.
3°. *Labour après l'ensemencement*. Vingt journées d'une paire de bœufs et de leur conducteur, à 45 parats l'une, ci.	10.	00.
4°. *Frais de récolte*. Quatre journées d'homme pour la récolte d'un feddân, à 8 médins l'une, ci pour 10 feddân..	3.	50.
5°. *Battage*, payé en nature, à raison de $\frac{1}{14}$ d'ardeb par journée, ci....................	3.	89.
6°. *Transport sur l'aire et dans les magasins*. Dix journées de chameau à 20 médins, ci....................	2.	20.
Total des frais de culture........	28.	14.

PRODUITS.

Un feddân produit, année commune, 7 ardeb, après le prélèvement des frais de battage payés en nature : les 7 ardeb, à une pataque, valent par 10 feddân................................... 70 pataq. 00 méd.

Report.......	70 pataq.	00 méd.
Battage, compté en dehors du produit dans l'article précédent. Pour 4 ardeb, ci..................	3.	89.
Paille hachée sous le noreg. Soixante-dix charges à 15 parats l'une, ci............................	11.	50.
Total des produits........	85.	49.
Différence entre les produits et les frais d'exploitation..	57.	35.

§. II. *Culture de l'orge* el-chetaouy.

FRAIS DE CULTURE.

1°. *Labour après l'ensemencement*, comme pour le blé el-chetaouy, ci..	8 pataq.	00 méd.
2°. *Semence.* Un demi-ardeb par feddân, à une pataque l'ardeb, ci pour 10 feddân......................	5.	00.
3°. *Ensemencement.* Dix journées à 8 médins l'une, ci.	0.	80.
4°. *Labour après l'ensemencement*, ci.............	8.	00.
5°. *Arrosement pendant quatre mois*, comme pour le blé el-chetaouy, ci...............................	56.	80.
6°. *Frais de récolte payés en nature.* Ils reviennent en argent à...................................	6.	81.
7°. *Battage également payé en nature.* Il revient en argent à......................................	5.	00.
8°. *Transport au lieu du dépôt.* Douze journées de chameau à 30 médins l'une, ci.....................	4.	00.
Total des frais de culture........	94.	61.

PRODUITS.

1°. *Frais de récolte et de battage comptés en dehors*, ci.	11.	81.
2°. *Récolte.* Douze ardeb d'orge par feddân, ci.......	120.	00.
3°. *Paille hachée sous le noreg.* Soixante-dix charges de 10 médins chacune, ci........................	7.	70.
Total des produits........	139.	61.
Différence entre les produits et les frais d'exploitation..	45.	00.

§. III. *Lentilles* el-bayâdy.

FRAIS DE CULTURE.

1°. *Semence.* On sème par feddân $\frac{11}{24}$ d'ardeb de lentilles à une pataque, ci.. 6$^{pataq.}$ 22$^{méd.}$
2°. *Ensemencement.* Cinq journées à 8 médins, ci.... 0. 40.
3°. *Recouvrement du grain.* On ne laboure point la terre après les semailles; mais on recouvre la semence en traînant horizontalement une pièce de bois sur le terrain ensemencé : ce travail exige cinq journées d'homme par feddân; chaque journée est acquittée avec $\frac{1}{24}$ d'ardeb de lentilles. Cinquante journées à ce prix, pour 10 feddân, coûtent 2 ardeb $\frac{1}{14}$, ou en argent.................... 2. 8.
4°. *Frais de récolte.* Il faut dix journées pour arracher un feddân de lentilles; ces frais sont acquittés en nature, à raison de $\frac{1}{24}$ d'ardeb par journée. Cent journées, pour la récolte de 10 feddân, coûtent à ce prix 4 *ardeb* $\frac{1}{6}$, ou en argent... 4. 15.
5°. *Battage sous le noreg, nettoiement du grain, etc.* Quatre hommes et quatre bœufs, travaillant pendant un jour, battent et nettoient le produit d'un feddân en un jour.
6°. *Battage sous le noreg.* Quatre-vingt-dix journées à raison de $\frac{1}{24}$ d'ardeb, y compris la location du noreg, coûtent à ce prix 3 ardeb $\frac{1}{7}$, ou en argent............ 3. 30.
7°. *Transport chez le cultivateur.* Le transport de 60 ardeb de lentilles et de trente charges de tiges hachées se fera en six jours, lesquels, à 30 médins l'un, coûtent..... 2. 00.

Total des frais d'exploitation........ 18. 25.

PRODUITS.

Un feddân de la province de Syout produit communément 6 ardeb de lentilles. Le produit de 10 feddân, à une pataque l'ardeb, est de............................. 60. 00.
Frais de récolte acquittés en nature sur le pied de 7 ardeb $\frac{1}{2}$... 7. 45.
Tiges de lentilles hachées sous le noreg. Elles se vendent

A reporter........ 67. 45.

AGRICULTURE, INDUSTRIE

	Report........	67$^{\text{pataq.}}$	45$^{\text{méd.}}$
40 médins la charge; ci pour trente charges, produit de 10 feddân.......		13.	30.
Total des produits.......		80.	75.
Différence entre les produits et les frais d'exploitation.		62.	50.

§. IV. *Pois chiches.*

FRAIS DE CULTURE.

1°. Quand l'inondation est favorable, on sème les pois chiches sans labourer la terre; on la laboure dans les années médiocres : afin de compenser les années médiocres par les bonnes, nous compterons ici moitié de la dépense qu'entraîne ce labour, ci pour 10 feddân... 4$^{\text{pataq.}}$ 40$^{\text{méd.}}$

2°. *Semence.* $\frac{15}{24}$ d'ardeb par feddân, à 105 médins l'ardeb, pour 10 feddân, ci............... 7. 26.

3°. *Ensemencement.* Cinq journées d'ouvrier à 6 médins, ci............... 0. 30.

4°. *Labour après l'ensemencement*, ou recouvrement de la semence avec le traîneau, à prix moyen, ci........ 5. 44.

5°. *Frais de récolte.* Il faut neuf journées pour arracher le produit d'un feddân : on paye par journée $\frac{1}{24}$ d'ardeb; ce qui, pour la récolte de 10 feddân, coûte 4 ardeb $\frac{18}{24}$, ou en argent............ 4. 34.

6°. *Battage sous le noreg, et nettoiement du grain.* Quatre-vingt-dix journées comme à l'article précédent, à $\frac{1}{24}$ d'ardeb l'une, produisent 4 ardeb $\frac{18}{24}$, et en argent...... 4. 34.

7°. *Transport chez le cultivateur.* Le transport de 50 ardeb de pois chiches et de vingt-cinq charges de paille hachée se fera en cinq jours, lesquels, à 25 médins l'un, coûteront............ 1. 35.

Total des frais d'exploitation........	27.	63.

PRODUITS.

1°. Un feddân de la province de Girgeh produit communément 5 ardeb de pois chiches; le produit de 10 feddân à 105 médins l'ardeb est de............ 58. 30.

2°. *Frais de culture* acquittés en nature, et comptés dans l'article précédent en dehors du produit, 7 ardeb $\frac{1}{2}$, ci... 8. 68.

A reporter.......	67.	8.

ET COMMERCE DE L'ÉGYPTE. 427

Report........	67$^{\text{pataq.}}$	8$^{\text{méd.}}$
3°. *Tiges hachées sous le noreg*. Vingt-cinq charges de chameau à 25 médins l'une, ci....................	8.	30.
Total des produits........	75.	38.
Différence entre les produits et les frais d'exploitation.	47.	65.

§. V. *Culture du lupin.*

FRAIS DE CULTURE.

1°. *Labour.* Lorsque l'inondation est complète, la terre qui doit recevoir le lupin n'est point labourée; on la laboure quand elle n'a point été couverte suffisamment. En supposant que le nombre des bonnes années soit égal à celui des médiocres, on n'a à compter que la moitié des frais de labour pour les dépenses de l'année commune, ci........   5$^{\text{pataq.}}$ 2$^{\text{méd.}}$

2°. *Semence.* Un demi-ardeb par feddân; pour 10 feddân, 5 ardeb à 115 médins l'un, ci.................   6. 35.

3°. *Ensemencement.* Il faut six hommes par jour pour ensemencer un feddân; ils sont payés en nature et reçoivent chacun $\frac{1}{24}$ d'ardeb: soixante journées à ce prix, pour l'ensemencement de 10 feddân, coûtent 2 ardeb $\frac{1}{2}$, dont la valeur en argent est de.............................   3. 17.

4°. *Recouvrement du grain.* Lorsque la terre n'est point labourée avant les semailles, on recouvre le grain au moyen d'un traîneau; sinon on la laboure une seconde fois: la dépense, dans le premier cas, est de 2 ardeb $\frac{1}{15}$, dont la valeur en argent est de...................   2$^{\text{pataq.}}$ 60$^{\text{méd.}}$

La dépense, dans le second cas, est de.....   5.   2.
                                              ———————
                                              7.   62.

Elle sera donc, année commune, de................   3. 76.

5°. *Frais de récolte.* Huit hommes peuvent arracher un feddân de lupin en un jour; ils sont payés en nature et reçoivent $\frac{1}{24}$ d'ardeb: quatre-vingts journées, pour la récolte de 10 feddân, coûtent 3 ardeb $\frac{1}{3}$, ou valent en argent.....   4. 23.

6°. *Battage.* On ne retire point le grain du lupin en le mettant sous le noreg; mais, après l'avoir laissé sécher au soleil pendant quelques jours, on le bat avec des bâtons: six hommes peuvent battre en un jour le produit d'un

A reporter........   22.   63.

Report........	22^{pataq.}	63^{méd.}

feddân; ils sont encore payés en nature et reçoivent $\frac{1}{14}$ d'ardeb : soixante journées, pour le battage des 10 feddân, coûtent à ce prix 2 ardeb $\frac{1}{7}$, ci.................. 3. 17.

7°. *Transport au lieu du dépôt.* Six journées de chameau à 30 médins l'une, ci........................ 2. 00.

Total des frais d'exploitation........ 27. 80.

PRODUITS.

1°. Un feddân produit 5 ardeb de lupin à 115 médins l'ardeb, ci pour 10 feddân................... 63. 80.

2°. *Frais de récolte payés en nature*, et compris dans l'article précédent en dehors du produit, 5 ardeb $\frac{1}{6}$ à 115 médins, ci......................... 7. 40.

3°. *Tiges de lupin.* Elles servent de combustible; le produit d'un feddân, qui peut former deux ou trois charges de chameau, se vend une pataque, ci pour 10 feddân.... 10. 00.

Total des produits........ 81. 30.

Différence entre les produits et les frais d'exploitation.. 53. 40.

§. VI. *Culture de l'ognon.*

FRAIS DE CULTURE.

On commence par semer la graine d'ognon sur un feddân; au bout de soixante jours, on transplante l'ognon dans 10 feddân préparés à le recevoir.

1°. *Labour d'un feddân*, ci.................... 0^{pataq.} 70^{méd.}
2°. *Aplanissement et division du terrain en carreaux*, ci. 1. 40.
3°. *Semence.* On sème dans ce feddân $\frac{1}{14}$ d'ardeb de grain, dont le prix moyen est de 106 médins, ci............. 1. 16.
4°. *Arrosement à quatre reprises pendant deux mois.* Vingt journées à 6 médins, ci...................... 1. 30.
5°. *Labour de 10 feddân où l'ognon est transplanté*, ci.. 7. 70.
6°. *Transplantation*, qui exige quarante journées de travail par feddân, à 6 médins, ci pour 10 feddân.......... 26. 60.
7°. *Arrosement à quatre reprises des 10 feddân.* Un

A reporter........ 39. 16.

| | Report........ | 39$^{pataq.}$ | 16^{méd} |

feddân exige à chaque reprise le travail de six hommes, deux cent quarante journées à 6 médins, ci............. 16. 00.

8°. *Frais de récolte.* Seize hommes peuvent arracher l'ognon d'un feddân en un jour : les cent soixante journées pour la récolte de 10 feddân, à 6 médins l'une, coûtent.. 10. 60.

9°. *Transport chez le cultivateur.* Huit journées de chameau à 25 médins l'une, ci........................... 2. 16.

Total des frais d'exploitation........ 68. 2.

PRODUIT.

Un feddân produit 20 ardeb d'ognon, qui se vendent, année commune, 106 médins l'un, ci pour 200 ardeb..... 235. 30.

Différence entre le produit et les frais d'exploitation... 167. 28.

§. VII. *Culture du fenugrec.*

FRAIS DE CULTURE.

On ne laboure point les terres avant les semailles.

1°. *Semence.* On sème par feddân $\frac{14}{74}$ d'ardeb à 125 médins ; pour 10 feddân, 5 ardeb $\frac{5}{7}$, ci................................... 8$^{pataq.}$ 9^{méd}.

2°. *Ensemencement.* Cinq journées d'ouvrier à 8 médins, ci... 0. 40.

3°. *Recouvrement de la semence.* Cinquante journées à 6 médins, ci.. 3. 30.

Sur 10 feddân, on en conserve deux pour graine ; les huit autres servent de fourrage vert.

4°. *Frais de récolte.* Il faut quinze hommes pour arracher le produit d'un feddân : ils sont payés 6 médins ; ci pour 10 feddân... 10. 00.

5°. *Battage de 2 feddân sous le noreg.* Dix-huit journées, payées à raison de $\frac{1}{74}$ d'ardeb, $\frac{1}{4}$ d'ardeb, ou en argent.. 1. 4.

6°. *Transport au lieu du dépôt.* Une journée de chameau à 30 médins, ci....................................... 0. 30.

Total des frais d'exploitation........ 23. 23.

PRODUIT.

1°. *Produit de 10 feddân* (fourrage vert) à 10 pataques, ci.. 80$^{\text{pataq.}}$ 00$^{\text{méd.}}$
2°. Un feddân produit, année commune, 4 ardeb de graine, à 125 médins l'un, ci pour 2 feddân.......... 11. 10.
3°. *Frais de récolte payés en nature*, ci............ 1. 4.
4°. *Tiges hachées sous le noreg.* Dix charges de chameau à 15 médins l'une, ci............................ 1. 60.

Total du produit........ 93. 74.

Différence entre le produit et les frais d'exploitation.. 70. 51.

§. VIII. *Culture de la gesse.*

FRAIS DE CULTURE.

1°. Mêmes préparations que pour les lentilles, ci...... 2. 48.
2°. *Semence.* $\frac{15}{24}$ d'ardeb par feddân, à 192 médins l'ardeb; pour 10 feddân, 6 ardeb $\frac{1}{4}$, ci.................. 13. 30.
3°. *Ensemencement.* Dix journées à 6 médins l'une, ci. 0. 60.
4°. *Recouvrement de la semence.* Deuxième labour, ci. 2. 8.
5°. *Frais de récolte.* Quinze hommes arrachent le produit d'un feddân : cent cinquante journées à 6 médins pour 10 feddân, ci... 10. 00.
6°. *Battage de 10 feddân sous le noreg*, ci............. 2. 26.
7°. *Transport au lieu du dépôt.* Une journée de chameau à 25 médins, ci.................................. 0. 25.

Total des frais d'exploitation........ 30. 87.

PRODUIT.

1°. Un feddân de gesse récolté en fourrage vert se vend 9 pataques; ci pour 9 feddân......................... 81. 00.
2°. Un feddân récolté en sec produit 4 ardeb, ci...... 8. 47.
3°. *Battage d'un feddân sous le noreg*, ci............. 1. 00.
4°. *Deux charges de chameau de paille hachée*, à 20 médins l'une, ci..................................... 0. 40.

Total du produit........ 90. 87.

Différence entre le produit et les frais d'exploitation... 60. 00.

ET COMMERCE DE L'ÉGYPTE.

§. IX. *Culture du pois des champs.*

FRAIS DE CULTURE.

1°. Mêmes préparations que pour les lentilles, ci......	3$^{pataq.}$	80$^{méd.}$
2°. *Semence.* $\frac{18}{24}$ d'ardeb par feddân à 240 médins l'ardeb; pour 10 feddân, 7 ardeb $\frac{1}{2}$, ci....................	20.	00.
3°. *Ensemencement.* Quinze journées à 6 médins l'une, ci...	1.	00.
4°. *Recouvrement de la terre après les semailles*, ci....	4.	84.
5°. *Frais de récolte.* Quinze hommes arrachent le produit d'un feddân en un jour, à 6 médins par jour; ci pour 10 feddân...	10.	00.
6°. *Battage de 2 feddân sous le noreg.* $\frac{1}{6}$ d'ardeb, ci...	2.	00.
7°. *Transport au lieu du dépôt.* Une journée de chameau à 20 médins, ci...	0.	20.
Total des frais d'exploitation........	42.	4.

PRODUIT.

1°. Un feddân de pois des champs récolté en vert se vend, année commune, 11 pataques; ci pour 8 feddân..	88.	00.
2°. Deux feddân récoltés en sec produisent 8 ardeb de graine à 240 médins, ci..................................	21.	30.
3°. *Battage de 2 feddân*, compris en nature dans l'article précédent, ci...	2.	00.
4°. *Tiges hachées sous le noreg.* Deux charges de chameau à 15 médins l'une, ci.............................	0.	30.
Total du produit........	111.	60.
Différence entre le produit et les frais d'exploitation...	69.	56.

§. X. *Culture du colza.*

FRAIS DE CULTURE.

La terre ne reçoit aucune préparation.

1°. *Semence.* On sème par feddân $\frac{1}{24}$ d'ardeb, à 180 médins l'ardeb; ci pour 10 feddân.. 00$^{pataq.}$ 75$^{méd.}$

Report........	00^{pataq.}	75^{méd.}

2°. *Ensemencement*. Dix journées d'homme employées à l'ensemencement de 10 feddàn, à 10 médins l'une, ci.... 1. 10.

3°. *Frais de récolte*. Dix hommes peuvent arracher en un jour le produit d'un feddàn : ils sont payés 7 médins l'un ; ci pour la récolte de 10 feddàn................ 7. 70.

4°. *Battage*. Six hommes battent en un jour le produit d'un feddàn, à 7 médins l'un, ci pour soixante jours,.... 4. 60.

5°. *Nettoiement de la graine*, à raison de 2/74 d'ardeb pour le produit d'un feddàn ; ci pour 10 feddàn............ 1. 60.

6°. *Transport de la graine*. Deux journées de chameau, à 30 médins l'une, ci..................... 0. 60.

Total des frais d'exploitation........ 16. 65.

PRODUIT.

1°. Un feddàn produit, année commune, 5 ardeb de graine de colza, à 180 médins l'ardeb; ci pour 10 feddàn.. 100. 00.

2°. *Battage*, compté en nature dans l'article précédent, ci.. 1. 60.

Total du produit........ 101. 60.

Différence entre le produit et les frais d'exploitation... 84. 85.

§. XI. *Culture de la laitue*.

FRAIS DE CULTURE.

La laitue ne se sème jamais seule, mais avec les lentilles ou avec l'orge. On sème dans un feddàn un tiers d'ardeb de graine de laitue.

1°. *Ensemencement et récolte des lentilles*, ci.......... 19^{pataq.} 04^{méd.}

2°. *Semence*. 2/74 d'ardeb de graine de laitue par feddàn, à 2 pataques l'ardeb, ci pour 10 feddàn.............. 1. 60.

3°. *Frais de récolte*. Sept journées d'homme par feddàn, à 7 médins l'une, coûtent pour 10 feddàn............. 5. 40.

4°. *Battage*. Seize journées pour le produit d'un feddàn, à 7 médins l'une, ci pour 10 feddàn................. 12. 40.

5°. *Transport au lieu du dépôt*. Deux journées de chameau, à 20 médins l'une, ci,...................... 0. 40.

Total des frais d'exploitation........ 39. 04.

PRODUIT.

1°. Produit en lentilles......................... 37^{pataq} 05^{méd}
2°. Le feddàn produit, année commune, 4 ardeb de graine, à 2 pataques l'un, ci pour 10 feddàn........... 80. 00.
3°. Dix charges de chameau de tiges de laitue, à 25 médins la charge, ci................................ 2. 70.

Total du produit........ 119. 75.

Différence entre le produit et les frais d'exploitation... 80. 71.

§. XII. *Culture du coton.*

FRAIS DE CULTURE.

1°. *Labours.* Deux labours dans deux directions perpendiculaires l'une à l'autre, ci................................... 15^{pataq} 50^{méd}
2°. *Préparation de la terre pour les arrosemens* (réduction en carreaux), ci............................ 3. 00.
3°. *Plantation.* Il faut vingt journées de travail pour la plantation d'un feddàn, à 7 médins l'une, ci pour 10 feddàn... 15. 50.
4°. *Arrosemens.* On arrose le coton pendant huit mois de l'année ; on peut supposer que, pendant ce travail, il faut l'emploi continuel de deux hommes par feddàn : quatre mille huit cents journées à 6 médins, pour l'arrosement de 10 feddàn, ci...................................... 320. 00.
5°. *Frais de récolte.* Les mêmes hommes employés aux arrosemens sont aussi employés à la récolte ; on leur adjoint, pendant un mois et demi, deux enfans par feddàn, auxquels on paye 2 médins par jour, ci pour la récolte de 10 feddàn.. 20. 00.

Total des frais d'exploitation........ 374. 00.

PRODUIT.

1°. Un feddàn bien cultivé produit 2 qantàr ½ de coton, dont l'un se vend 20 pataques, ci pour 10 feddàn........ 500. 00.
2°. On suppose que les frais de labour et d'ensemence-

A reporter......... 500. 00.

Report........	500$^{\text{pataq.}}$	00$^{\text{méd.}}$

ment sont compensés, la première année, par le produit de l'intérieur des carreaux en plantes potagères, ci......... 34. 00.

Total du produit........ 534. 00.

Différence entre le produit et les frais d'exploitation... 159. 80.

§. XIII. *Culture et fabrication du sucre.*

FRAIS DE CULTURE.

1°. *Charrue.* Pour l'exploitation de 10 feddàn, il faut une charrue, dont le prix moyen est de 225 médins : une charrue peut durer dix ans; en répartissant cette valeur sur chacune des dix années, on a de dépense annuelle, ci... 00$^{\text{pataq.}}$ 22$^{\text{méd.}}$

Intérêt des premières avances, à 10 pour cent, ci...... 00. 22.

2°. *Labours.* On donne à la terre où le sucre doit être planté sept labours consécutifs; il faut deux jours pour labourer un feddàn une fois. Cent quarante journées d'ouvrier à 8 médins, ci............................. 12. 40.

Les labours sont faits avec les bœufs du cultivateur.

3°. *Bœufs.* L'exploitation de 10 feddàn en sucre nécessite l'emploi de vingt bœufs ou vaches, dont la paire se vend au prix moyen de 100 pataques.

Intérêt des premières avances, ci.................... 100. 00.

On ne compte rien pour les chances de perte de bétail, parce que ces chances sont plus que compensées par le laitage et les élèves qu'on peut faire.

On nourrit les bœufs pendant sept mois avec de la paille hachée et des fèves. Une paire de bœufs mange, chaque mois, cinq charges de paille de blé ou d'orge hachée, à 20 médins la charge, et 1 ardeb de fèves à 105 médins : la nourriture d'une paire de bœufs est ainsi de 205 médins par mois, et les dix paires coûtent pendant sept mois, à ce prix, ci... 159. 40.

Pendant les cinq autres mois, une paire de bœufs mange deux coupes d'un feddàn de trèfle, estimées 13 pataques, ci pour les dix paires............................. 130. 00.

4°. *Plantation du sucre.* La plantation exige vingt journées de travail par feddàn, à 7 médins l'une; pour 10 feddàn, ci... 15. 50.

A reporter........ 417. 84.

ET COMMERCE DE L'ÉGYPTE.

Report........ 417 pataq. 84 m/d.

Les cannes à sucre que l'on plante proviennent toujours d'un champ appartenant au cultivateur.

5°. *Machines à arroser.* Une machine à arroser coûte d'établissement 100 pataques; elle dure cinquante ou soixante ans.

Intérêt des premières avances pour deux machines nécessaires à l'arrosement, ci...................... 20. 00.

Réparations annuelles, ci........................ 8. 00.

6°. *Entretien des bœufs.* Quatre hommes, pour l'entretien des bœufs et le mouvement des machines, coûtent par mois 3 pataques chacun, et par an 36 pataques, ci pour les quatre........................... 144. 00.

7°. *Sarclage.* Il faut employer un homme par feddàn pendant huit mois, à 6 médins par jour, ci pour 10 feddàn... 160. 00.

8°. *Frais de récolte.* La récolte d'un feddàn se fait en quinze jours : on emploie deux hommes à ce travail; ils sont payés à raison de 2 rotl de mélasse par jour. Six cents rotl pour la récolte de 10 feddàn coûtent, à ce prix, à raison de 3 médins le rotl de mélasse, ci............ 18. 00.

FRAIS DE FABRICATION.

1°. *Établissement de l'atelier.* Un atelier pour la fabrication du sucre coûte d'établissement 100 pataques : il en faut deux pour l'exploitation de 10 feddàn.

On estime qu'ils peuvent durer vingt ans; répartissant la première acquisition, ci......................... 10. 00.

Intérêt des premières avances.................... 20. 00.

Réparations annuelles, ci........................ 8. 00.

2°. *Transport des cannes à sucre dans l'atelier.* Soixante-quinze journées de chameau, à 20 médins l'une, ci....... 16. 60.

3°. *Vases de terre.* On suppose qu'on doive renouveler chaque année un quart des vases de terre servant à la mélasse; les jarres coûtent 10 médins l'une, ci pour vingt... 2. 20.

Achat annuel de quatre cents petits vases coniques servant de moules, à un demi-médin l'un, ci............. 2. 20.

4°. *Main-d'œuvre de fabrication.* On emploie dans chaque atelier deux hommes pour effeuiller les cannes, quatre hommes à la conduite des moulins, deux hommes à la chaudière, deux autres à l'entretien du feu; ce qui fait, pour les deux ateliers, vingt ouvriers : ils travaillent pendant

A reporter........ 827. 04.

Report........	827^{pataq}	04$^{méd.}$
deux mois et reçoivent par jour 2 rotl de mélasse chacun, ci pour douze cents journées........................	72.	00.
5°. *Combustible.* Paille de dourah et nœuds de paille d'orge..	40.	00.
Total des frais d'exploitation........	939.	04.

PRODUIT.

1°. Un feddàn produit, année commune, 20 qantâr de sucre fabriqué, à 9 pataques 45 médins le qantâr, ci pour 10 feddàn...	1900.	00.
2°. Un feddàn produit de plus 7 qantâr de mélasse, à 3 pataques le qantâr, ci pour 10 feddàn................	210.	00.
Total du produit........	2110.	00.
Différence entre le produit et les frais d'exploitation...	1170.	86.

§. XIV. *Culture du tabac.*

FRAIS DE CULTURE.

1°. *Semence.* Le tabac est semé dans les mêmes champs et en même temps que le dourah : on en sème $\frac{1}{48}$ d'ardeb par feddàn, à 6 médins le $\frac{1}{48}$ d'ardeb, ci pour l'ensemencement de 10 feddàn.........	2^{pataq}	00$^{méd.}$
2°. *Ensemencement*.....................	1.	20.
3°. *Double labour de la terre où le tabac est planté*, ci..	20.	00.
4°. *Transplantation.* Vingt-cinq journées par feddàn pour la transplantation du tabac, à 10 médins l'une, ci pour 10 feddàn..	27.	70.
5°. *Frais de récolte.* Il faut quinze hommes pour faire les deux récoltes d'un feddàn de tabac, à 10 médins l'un, ci pour 10 feddàn......................................	16.	60.
6°. *Transport chez le cultivateur.* Cinq journées de chameau pour 10 feddàn..................................	1.	60.
Total des frais d'exploitation........	69.	30.

PRODUIT.

Deux récoltes par feddàn, 8 qantâr de feuilles de tabac, à 325 médins le qantâr, ci pour 10 feddàn..............	288.	80.
Différence entre le produit et les frais d'exploitation...	219.	50.

MÉMOIRE

SUR LA

CONSTRUCTION DE LA CARTE DE L'ÉGYPTE,

Par M. JACOTIN,

Colonel au Corps royal des Ingénieurs-Géographes militaires, Chef de la Section topographique du Dépôt de la guerre, Chevalier de l'ordre royal et militaire de Saint-Louis, Officier de l'ordre royal de la Légion d'honneur, Membre de la Commission des sciences et arts et de l'Institut d'Égypte, etc.

INTRODUCTION.

Parmi les grands événemens militaires qui ont illustré la fin du dernier siècle, l'expédition d'Égypte sera toujours regardée comme un des plus mémorables.

En effet, pour réussir dans une entreprise aussi hardie, il ne fallait pas moins qu'une armée composée d'hommes d'élite, conduite et commandée par des généraux dont les talens et l'habileté avaient toujours su maîtriser la victoire.

Indépendamment des grands avantages que cette conquête pouvait procurer sous les rapports politiques et commerciaux, il y en avait un bien considérable sous le rapport des sciences et des arts : on sait que l'Égypte a été leur berceau, et qu'il y existe beaucoup de monumens de son ancienne splendeur ; mais ils étaient peu connus, et le sol sur lequel ils reposent ne l'était pas davantage. Les voyageurs curieux qui ont cherché à les connaître ne pouvaient guère s'écarter des rives du fleuve sans courir les plus grands dangers ; quels qu'aient été leur talent et leur courage, les descriptions qu'ils nous ont transmises de ce qu'ils ont pu voir, se ressentent des difficultés et des obstacles qu'ils ont rencontrés. Il était réservé à la France de conquérir ces contrées célèbres, de les décrire avec fidélité, et de donner cette impulsion qui depuis a fait faire encore des recherches et des découvertes importantes.

Pour atteindre à ce but, des savans illustres dans tous les genres, qui n'avaient rien à ajouter à leur réputation, ne craignirent point de quitter leurs foyers, de partager les périls et les fatigues de l'armée, guidée par des chefs que leurs lumières mettaient à même d'allier l'amour des sciences avec la gloire des armes. Cet exemple fut suivi par des artistes distingués, et par une jeunesse éclairée, pleine d'ardeur pour les découvertes.

Il n'entre pas dans notre sujet de rendre compte de tous ces travaux : nous devons nous borner à ceux des ingénieurs-géographes, dont la direction nous a été confiée. Ces travaux ont eu le double mérite d'avoir été utiles à l'armée, à mesure qu'on les achevait, et d'avoir servi ensuite à tracer la carte du pays qui fut le théâtre de ses exploits.

Une contrée aussi intéressante que l'Égypte, où la géométrie fut inventée et mise en pratique pour parta-

DE LA CARTE DE L'ÉGYPTE. 439

ger les terres après les débordemens du Nil, méritait sans doute qu'on employât les procédés savans aujourd'hui en usage, pour établir les fondemens de la carte du pays : c'était en quelque sorte un hommage à lui rendre que d'effectuer par ces méthodes l'opération dont nous étions chargés. Il fallait donc mesurer des bases, et même déterminer un arc du méridien, puisque, parmi les opérations de ce genre qui ont été exécutées dans le dernier siècle, et dont le but était de déterminer la figure et la grandeur de la terre, aucune n'avait été faite entre le 24e et le 31e degrés, latitudes où l'Égypte se trouve placée ; il fallait ensuite former des chaînes de triangles sur toute la surface du sol, et les fixer par des observations astronomiques. Mais le trop petit nombre de coopérateurs, le manque accidentel d'instrumens, le temps et les circonstances, n'ont point permis d'accomplir ce travail dans toute son étendue[1] : on a été forcé de se renfermer dans un cercle plus étroit, et de suppléer ces savantes méthodes par d'autres, moins précises à la vérité, mais avec lesquelles cependant on a rempli l'objet qu'on s'était proposé, en y apportant toute l'attention convenable. L'objet de ce mémoire est de les faire connaître, de rendre compte de la manière dont on a opéré, des difficultés qu'on a éprouvées, des obstacles qu'on a rencontrés, enfin d'expliquer dans tous les détails comment la carte de l'Égypte a été levée, construite et gravée.

Il est divisé en quatre chapitres.

---

[1] On a exécuté plusieurs trigonométries partielles à Alexandrie, au Kaire, entre Beny-Soueyf et le Fayoum, et à Thèbes ; il en sera question ailleurs.

Le premier traite des moyens mis en usage afin d'obtenir les élémens nécessaires pour dresser la carte.

Le deuxième indique ce que l'on a fait pour les réunir au dépôt de la guerre, pour construire la carte et la graver.

Le troisième concerne sa construction proprement dite, et donne l'analyse des matériaux qu'on y a employés.

Dans le quatrième, on explique le mode ou système adopté pour écrire les noms en caractères arabes et en caractères français.

Ces quatre chapitres sont suivis de deux tableaux renfermant, l'un, la superficie de l'Égypte parcourue par l'armée française, et l'autre, les noms des coopérateurs de la carte.

CHAPITRE PREMIER.

Moyens employés pour connaître la géographie de l'Égypte et obtenir les élémens nécessaires à la construction de la carte.

L'armée d'Orient parut devant Alexandrie le 1er juillet 1798; les troupes débarquèrent le lendemain, à une heure du matin; le même jour la ville fut prise, et, le 6, l'armée était déjà en marche pour le Kaire. Elle n'avait presque aucune connaissance du pays qu'elle avait à parcourir à travers le désert; mais le canal dérivé du Nil pour porter les eaux à Alexandrie indiquait naturellement la route qu'elle avait à suivre : effectivement elle s'en écarta peu, et arriva sur les bords de ce fleuve célèbre le 10 juillet, après avoir beaucoup souffert et éprouvé de grandes privations; elle entra au Kaire le 22 juillet, après la mémorable bataille des Pyramides.

Il n'existait, à cette époque, aucune carte sur l'Égypte qui eût pu la guider dans sa marche. On avait, à la vérité, celle de d'Anville; mais, quoique ce grand géographe ait placé, de son cabinet, avec une sagacité et une exactitude qui ont lieu d'étonner, les principaux lieux que l'Égypte renferme, ils ne sont pas en assez grand nombre, et cette carte est à une échelle trop petite, pour guider une armée dans sa marche et y marquer ses stations. Mais des officiers de l'armée y ont suppléé, en faisant un itinéraire de cette marche depuis Alexandrie jusqu'au Kaire : il a été depuis très-utile pour tracer sur la carte la route de l'armée et ses campemens.

Tous les ingénieurs-géographes attachés alors à la Commission des sciences et arts eurent ordre de rester à Alexandrie; plusieurs d'entre eux, conjointement avec MM. les ingénieurs des ponts et chaussées, levèrent le plan de cette ville, de ses ports et de ses environs. Près de trois mois furent employés à cette opération, que l'ardeur de la saison rendait très-pénible[1]. M. Nouet, après avoir déterminé la position géographique d'Alexandrie, mesura une base et forma un réseau de triangles des objets les plus apparens et les plus remarquables; en même temps, les ingénieurs-géographes assujettissaient les points de l'intérieur de la ville à des opérations trigonométriques. C'est d'après ces matériaux que MM. les ingénieurs des ponts et chaussées, sous la direction de M. Le Père, leur chef, coordonnèrent les différens levés, et qu'on forma un plan exact de cette ville célèbre, qui a été extrêmement utile, soit pour la fortifier, soit pendant le siége qu'elle eut à soutenir depuis, soit enfin pour assigner la position des restes des monumens qui subsistent encore de son ancienne magnificence.

Ces travaux étaient à peine finis, qu'il fut ordonné aux ingénieurs-géographes de se rendre au Kaire; ils arrivèrent dans cette capitale de l'Égypte vers la fin de septembre 1798. Ils furent occupés de divers levés particuliers; et M. Jacotin, l'un d'eux, fut chargé de lever le plan des environs de la ville, tandis que M. Testevuide, leur chef, s'occupait d'un travail préparatoire pour la confection d'une carte de l'Égypte : il avait choisi

---

[1] MM. Jomard, Corabœuf et Bertre furent chargés du plan de la ville moderne, et le firent à l'échelle d'un millimètre pour mètre.

l'échelle d'un mètre pour 50000, qui correspond à celle d'une ligne pour 34 toises 4 pieds 4 pouces (environ 3 lignes pour 100 toises).

Cette échelle était suffisante pour exprimer sensiblement tous les objets; une plus grande eût entraîné beaucoup plus de travail, sans atteindre le but qu'on se proposait, d'avoir très-promptement la carte projetée. On était, en outre, forcé de restreindre le travail et de s'attacher d'abord à ce qui était indispensable, attendu que les ingénieurs étaient réduits à un très-petit nombre, plusieurs d'entre eux ayant préféré de passer dans d'autres corps, ou d'exercer des places civiles, plutôt que de suivre leur profession, qui devait être pénible et même périlleuse dans un pays tel que l'Égypte.

Ce projet de M. Testevuide touchait à sa fin; il allait s'occuper des modèles et des instructions qui devaient assurer l'uniformité d'exécution: mais il périt victime de l'insurrection du Kaire, le 21 octobre 1798, non loin de la maison du général Caffarelli, qui l'avait appelé[1].

[1] Il était parti le matin de la maison de l'Institut, la ville étant dans le plus grand calme. M. Jomard devait l'accompagner dans cette course; le hasard fit qu'il le quitta en route, et il échappa ainsi aux poignards des fanatiques révoltés. Les ingénieurs Duval, Thévenot, le dessinateur Duperrès et d'autres, le chef de brigade Shulkowski, le général Dupuis, commandant de la place, et plus de soixante Français, furent égorgés dans les rues, et l'ingénieur-géographe Delaroche fut blessé à la tête. Deux cents Français périrent dans cette terrible journée.

M. Testevuide était auteur du cadastre de la Corse, que M. de Choiseul fit commencer et que M. Necker continua comme devant servir de modèle pour un semblable travail en France. Il venait de le terminer, lorsqu'il passa en Égypte, à l'âge de soixante-trois ans, avec M. Jacotin, l'auteur de ce mémoire, et M. Simonel, tous deux ses neveux et ses principaux collaborateurs. Son dévouement, son zèle et ses services étaient dignes d'un meilleur sort.

Les instrumens de topographie déposés dans la maison du général

Ses travaux furent alors suspendus, et ils ne furent repris que long-temps après.

A cette époque, les eaux du Nil commençaient à diminuer; mais elles ne permettaient pas encore de parcourir l'Égypte: cependant le désir et le besoin de connaître le pays se faisait sentir vivement. Dans les mois de septembre et d'octobre, M. le général Andréossy, secondé par quelques ingénieurs [1], avait levé le plan du lac Menzaleh; il avait reconnu la langue de terre qui sépare ce vaste lac de la mer, et, en la mesurant exactement dans toute sa longueur, qui est de plus de 89000 mètres, il en avait fait sonder toutes les passes. Ce travail important fut extrêmement utile pour connaître les communications de Damiette avec la Syrie.

MM. les officiers du génie avaient déjà fait, à la même époque, diverses reconnaissances : M. Souhait, chef de bataillon, avait reconnu le cours du Nil, depuis le Kaire jusqu'à Atfyh; M. Geoffroy avait donné une reconnaissance, faite à vue, de la route du Kaire à Sâlehyeh, et de ce poste au pont dit *du Trésor*, sur la route de Syrie; M. Crepin avait également tracé de la même manière les canaux de Filfel, d'Abou-Meneggeh, et une partie de celui de Moueys. Ces diverses reconnaissances, toujours faites à la hâte et souvent sous le feu de l'ennemi, furent utiles dans le moment; dans des temps plus paisibles, elles furent remplacées par des opérations plus régulières.

Caffarelli furent pillés ou détruits par les rebelles; ce qui fut un nouvel obstacle pour les travaux de la carte.

[1] M. Févre, ingénieur des ponts et chaussées; MM. Potier et Bouchard, élèves de l'école polytechnique; M. Tirlet, alors chef de ba-

Tels sont les travaux qui se trouvaient faits au moment de l'insurrection du Kaire; les troubles étant à peine apaisés, on continua les opérations avec une ardeur nouvelle. M. Nouet, secondé de M. Corabœuf, détermina la position des principaux minarets du Kaire, du vieux Kaire, de Boulâq et des environs. M. Jacotin termina le plan qu'il avait commencé des environs de ces villes, à l'échelle d'un mètre pour 5000, et leva le plan de l'île de Roudah à celle d'un mètre pour 1666 mètres, qui correspond à 1 ligne pour 1 toise 5 pieds 5 pouces 6 lignes $\frac{2}{3}$. Il fut envoyé ensuite à Qatyeh[1], à vingt lieues dans le désert, pour reconnaître la route de Syrie et les environs de ce poste important, ainsi que ses communications avec le lac Menzaleh et avec Belbeys par la vallée de Saba'h-byâr.

M. Nouet, accompagné de M. Corabœuf, partit avec une commission qui sortit du Kaire, le 23 novembre 1798, pour aller visiter la partie orientale de la basse Égypte. Il détermina les positions géographiques de plusieurs lieux remarquables, notamment Damiette, Tennys, les bouches de Dybeh et d'Omm-fâreg, Belbeys, etc., ensuite Soueys : il rentra au Kaire le 6 janvier 1799. M. Simonel fut chargé de lever le plan de la ville de Boulâq et des environs, à l'échelle d'un mètre pour 1666.

Le 16 novembre 1798, M. Schouani reçut l'ordre du chef de l'état-major général de partir pour la haute

---

taillon d'artillerie, et M. Sabattier, chef de bataillon du génie, accompagnaient le général.

[1] L'orthographe suivie dans ce mémoire est celle de l'*ouvrage*. (*Voyez* ci-après, au chapitre IV.)

Égypte : attaché à la division du général Belliard, il fit la reconnaissance de tout le pays que ce général parcourut, depuis le Kaire jusqu'au-delà des cataractes et sur les rives de la mer Rouge.

Vers le même temps, M. Lathuille fut envoyé à la division du général Lanusse; il reconnut la province de Menouf et une partie de celle de Gharbyeh.

M. Bertre fut chargé spécialement du levé de l'intérieur de la province du Fayoum dans l'Égypte moyenne, et, sa mission remplie, il fut envoyé à Semennoud pour lever la province de Gharbyeh; mais les événemens ne lui permirent pas de s'en occuper.

Le 16 janvier 1799, M. Jomard avait rejoint M. Bertre dans le Fayoum; il leva une partie des provinces de Gyzeh, de Beny-Soueyf et du Fayoum; il reconnut la partie orientale du lac Qeroum. Avant de quitter le Kaire, il avait achevé le plan détaillé de la citadelle, à l'échelle d'un mètre pour 1000, correspondante à celle d'une ligne pour 1 toise 11 pouces 4 lignes.

MM. Dulion et Lecesne étaient restés à Alexandrie, pour lever les environs de cette ville et prendre le nivellement des hauteurs.

M. le général Andréossy, accompagné de MM. Berthollet, Fourier, et d'autres membres de la Commission des sciences [1], fit la reconnaissance des lacs de Natroun.

M. le général Reynier voulut bien s'occuper de la carte de la province de Charqyeh, dont il avait le commandement.

M. Cazals, alors chef de bataillon du génie, secondé

---

[1] MM. Redouté, Duchanoy et Regnault.

de M. Théviotte, officier de la même arme, et de M. Potier, fit la reconnaissance du lac Bourlos.

M. Say, chef de bataillon du génie, fit celle du Kaire à Soueys, par la route que suivent habituellement les pélerins pour aller du Kaire à la Mekke.

M. Malus, capitaine dans le même corps, et M. Févre, ingénieur des ponts et chaussées, levèrent le cours du canal de Moueys, à l'échelle d'une ligne pour 100 toises.

M. Lancret, après avoir levé, avec MM. Ferrus et Moret, le plan du canal d'Abou-Meneggeh et de quelques autres canaux qui se dirigent vers Belbeys, à la même échelle que le précédent, partit pour Rahmânyeh avec M. Chabrol, pour rétablir la navigation du canal d'Alexandrie et en lever le plan.

M. Burel leva une partie de la province de Gyzeh, comprise entre le Nil, les pyramides de Gyzeh et Saqqârah.

Enfin MM. les ingénieurs des ponts et chaussées, sous la direction de M. Le Père aîné, partirent du Kaire pour Soueys, le 15 janvier 1799, pour commencer l'importante opération du nivellement de l'isthme qui sépare les deux mers.

Ici se termine le détail des travaux dont on s'occupa depuis l'insurrection du Kaire jusqu'à la guerre de Syrie. Les eaux du fleuve baissaient journellement, et pouvaient permettre de donner plus d'extension aux levés et de suivre les projets proposés par M. Testevuide; mais l'expédition de Syrie, qui se préparait depuis environ deux mois, reçut alors son exécution. Les troupes se mirent en marche, et le quartier général partit du Kaire le 10 février 1799, pour aller les rejoindre à Qatyeh. Pendant cette campagne, qui dura quatre mois et cinq jours, M. Jomard parcourait le Fayoum et la province de Beny-Soueyf; mais la plupart des ingénieurs-géographes furent forcés de rester au Kaire : ceux qui se trouvaient détachés près des généraux chargés de maintenir la tranquillité dans les provinces, partagèrent leurs fatigues et leurs dangers, et ne purent rien faire d'intéressant pour la géographie; leurs travaux se bornèrent à quelques reconnaissances. M. Jacotin fut le seul désigné pour aller en Syrie : il leva, au pas et à la boussole, les marches et campemens de l'armée depuis le Kaire jusqu'à Acre, et tout le pays qu'elle parcourut. Plusieurs officiers de cette armée firent des reconnaissances qui ont été très-utiles; il en sera fait mention lorsqu'on rendra compte de la construction de la carte de la Syrie.

L'armée rentra au Kaire le 14 juin 1799. Par un arrêté du 28 du même mois, le général en chef réunit les ingénieurs-géographes de l'armée à l'état-major général, et M. Jacotin fut nommé chef de ces ingénieurs. Le même arrêté portait que le chef de l'état-major général ferait dresser une carte du pays, sur laquelle seraient rapportés toutes les reconnaissances particulières et tous les figurés; enfin, que les observations astronomiques serviraient à établir le canevas de cette carte générale.

A cette époque, le nombre des ingénieurs en activité de service était réduit à neuf : MM. Jacotin, Simonel, Schouani, Lathuille, Jomard, Corabœuf, Bertre, Dulion et Lecesne. Ces deux derniers étaient restés à Alexandrie pour lever le plan des environs de cette ville; ils y avaient couru les plus grands dangers pendant que la peste y régnait : ils eurent ordre de se rendre au quartier général. Malheureusement M. Dulion, élève distingué de l'école polytechnique, et qui promettait de rendre des services signalés, se noya dans le Nil, entraîné par un tourbillon.

M. Schouani venait d'arriver de la haute Égypte. M. Lathuille, après avoir reconnu la province de Menouf et une partie du Delta, se rendit aussi au quartier général; M. Simonel termina le plan du cours du Nil, depuis le vieux Kaire jusqu'au-dessous de Boulâq; et M. Jomard leva, à l'échelle d'une ligne pour 100 toises, la province de Qelyoub; enfin M. Bertre, qui était dans la province de Gharbyeh, n'ayant pas eu à sa disposition les moyens nécessaires pour parcourir le pays, quitta cette province pour revenir au Kaire.

Le chef des ingénieurs-géographes s'occupa sans retard d'une carte générale de la basse Égypte; il adopta l'échelle de 1 pour 200000, correspondante à celle d'une ligne pour 231 toises 2 pieds 10 pouces 8 lignes. Après avoir tracé la projection et placé les points astronomiques, il chercha à y rattacher toutes les reconnaissances et les figurés qu'on avait pu recueillir; mais la difficulté et même l'impossibilité de coordonner la plupart de ces élémens, faits à la hâte et souvent sans instrumens, se fit bientôt sentir : ils avaient pu partiellement être utiles au général en chef, et lui procurer des renseignemens importans; mais il fut impossible de les réunir sans s'exposer à faire une carte qui aurait fourmillé d'erreurs.

Ils étaient d'ailleurs très-incomplets, et l'on ne possédait pas assez de positions géographiques pour pouvoir les fixer tous.

On abandonna ce travail pour obtenir des levés réguliers qui pussent atteindre le but principal; mais, dans ce moment, le débarquement des Turks à Abouqyr ne permit pas de donner des escortes pour parcourir l'Égypte. La bataille d'Abouqyr, qui se donna le 25 juillet 1799, faisait espérer que la plus grande partie des troupes rentrées au Kaire, après cette victoire mémorable, permettrait de donner des escortes aux ingénieurs-géographes; mais ceux-ci ne purent pas toujours en obtenir. On prit le parti, en attendant, de terminer le dessin des levés et reconnaissances qu'avaient faits les ingénieurs, et de prendre des copies de ceux qui avaient été communiqués.

Bientôt on s'occupa de visiter les monumens de la haute Égypte, de les mesurer et de les décrire. Le général en chef nomma, à cet effet, deux commissions, composées de la plupart des savans et artistes qui avaient accompagné l'armée d'Orient : M. Fourier fut mis à la tête de la première, et M. Costaz à la tête de la seconde. Quelques jours après, le 17 août 1799, le même général quitta le Kaire, et, le 23, il s'embarqua près d'Alexandrie pour se rendre en France.

Le général Kléber lui succéda dans le commandement en chef de l'armée; il arriva au Kaire le 30 août. La première commission était partie pour sa destination dès le 19, et la deuxième, le 26. Il est à regretter que, malgré les représentations du chef des ingénieurs-géo-

DE LA CARTE DE L'ÉGYPTE.   451

graphes, on n'en ait pas adjoint plusieurs à ces commissions, en outre de MM. Jomard et Corabœuf qui en faisaient partie; car, sans les travaux géographiques auxquels M. Legentil était occupé quand elles arrivèrent dans la haute Égypte, on aurait eu beaucoup à désirer sur cette partie.

Le 25 septembre 1799, les ingénieurs-géographes furent définitivement organisés et assimilés à des grades militaires. Les intentions du nouveau général en chef étaient assez connues pour faire espérer qu'il donnerait tous les moyens qui seraient à sa disposition, pour accélérer et faciliter les opérations : mais à l'époque où ce général prit le commandement de l'armée, la crue du Nil était déja assez considérable pour empêcher de voyager dans l'intérieur de l'Égypte autrement qu'en bateau; il fallait donc attendre qu'elle fût diminuée, et ce temps était encore éloigné. Pour ne point laisser les ingénieurs dans l'inaction, on les occupa au levé du plan du Kaire, à l'échelle d'un pour 2000. Ce levé avait paru un travail si long et si pénible, qu'on avait cru ne pas devoir l'entreprendre en arrivant au Kaire. Il fut donc commencé seulement vers la fin de septembre; MM. Simonel et Lecesne y furent d'abord employés, ensuite M. Bertre. M. Jomard, qui avait déjà fait le plan de la citadelle avant la campagne de Syrie, s'occupa, dès le 4 novembre, à son retour de la haute Égypte, de recueillir, en arabe et en français, les noms des rues, places, monumens, marchés, établissemens publics, etc., et de prendre des renseignemens sur l'industrie, le commerce et tout ce qui pouvait faire connaître cette grande ville : ce travail fut terminé à la fin de janvier 1800.

Dans le courant de décembre 1799, plusieurs membres de la Commission firent des courses aux environs du Kaire, au mont Moqattam, à Héliopolis, à Memphis et aux pyramides. Les ingénieurs-géographes profitèrent aussi de ces occasions pour faire les plans de ces lieux et compléter les levés des environs de la capitale.

Vers la fin du même mois, M. Girard, avec MM. Devilliers et Alibert, fit la reconnaissance de la route du Kaire à Soueys, par la vallée de l'Égarement.

Le 11 novembre 1799, le général en chef Kléber, désirant, comme son prédécesseur, recueillir tous les renseignemens propres à faire connaître l'état moderne de l'Égypte, établit, pour s'occuper de ce travail important, une commission composée de MM. Desgenettes, Fourier, Gloutier, Livron, Tallien, Rosetti, Baudot, Dugua et Protain; et subséquemment, de MM. Girard, ingénieur en chef des ponts et chaussées; Conté, chef de brigade des aérostiers; Dutertre, membre de l'institut; Le Père aîné, directeur et ingénieur en chef des ponts et chaussées; et Jacotin, directeur des ingénieurs-géographes. Cette commission se réunit deux jours après, et arrêta un plan de travail qui embrassait un grand nombre d'objets; il fut divisé en neuf articles, dont voici les principaux titres :

1°. Législation, usages civils et religieux.
2°. Administration.
3°. Police.
4°. Gouvernement et histoire.
5°. État militaire.
6°. Commerce et industrie.
7°. Agriculture.

8°. Histoire naturelle des habitans.
9°. Monumens et costumes.
10°. Géographie et hydraulique.

Ce dernier article se subdivisait ainsi :

Population.
Topographie.
Superficie des terres culti-
vées.
Nature des cultures.
Navigation.
Arrosement.
Desséchement.

MM. Le Père et Jacotin furent spécialement chargés de cet article. On en forma un autre tableau synoptique avec les subdivisions suivantes :

Noms des villages, écrits en français et en arabe.
Provinces dont ils dépendent.
Rives du Nil.
Distances en heures de marche, au Nil, au chef-lieu.
Population : familles, hommes, femmes, enfans; total des individus.
Occupations des habitans : *fellâh*, pêcheurs, artisans.
Nature des cultures et nombre des feddân *cultivés* en cannes à sucre, indigo, riz, blé, orge, dourah, tabac, lin, safranon, palmiers; totaux.
Canaux d'arrosement : leurs noms, leur origine; s'ils sont navigables; époques auxquelles on les ouvre; *feddân* qu'ils arrosent; roues à élever les eaux.
Religion : Qobtes, Grecs, musulmans, Juifs.
Tribus d'Arabes : noms, population, nombre de chevaux et de chameaux, noms des lieux qu'elles habitent ou qu'elles cultivent.

Ce tableau, arrêté par la Commission, fut imprimé, et donné, pour être rempli, aux agens des provinces, et aux personnes qui, par leur emploi, étaient dans le cas de parcourir l'Égypte, et qui voulaient bien recueillir des notes sur le pays.

La commission des renseignemens sur l'état de l'Égypte moderne eut de fréquentes réunions, et elle s'occupait avec activité d'atteindre le but qu'elle s'était proposé; mais les circonstances vinrent encore l'arrêter dans sa marche.

Comme l'armée ne recevait pas de renforts et de secours de la France, et que chaque victoire remportée sur ceux qui voulaient nous ravir cette belle conquête, nous affaiblissait de jour en jour, le général en chef nomma le général Desaix et M. Poussielgue, administrateur général des finances, pour traiter de l'évacuation de l'Égypte avec le grand vizir. Le traité fut conclu à el-A'rych le 24 janvier 1800, et ratifié le 28 par le général en chef.

Le but de la Commission des sciences et arts était à peu près atteint par les voyages qu'avaient faits ses membres dans la haute Égypte; se trouvant dans l'impossibilité de faire d'autres excursions, elle quitta le Kaire le 5 janvier 1800. Le général en chef garda près de lui les ingénieurs-géographes Jacotin, Simonel, Schouani et Lathuille, et quelques membres de la Commission dont les services pouvaient encore être utiles.

Le 8 janvier, M. Simonel partit pour lever le cours du Nil, par des procédés géométriques, d'abord depuis le Kaire jusqu'au Delta, et ensuite la branche de Damiette, à l'échelle d'un mètre pour 40000. Ses instructions portaient qu'indépendamment du cours du fleuve, qu'il devait lever dans toutes ses sinuosités, ainsi que la tête des canaux qui en dérivent, il avait de plus à déterminer la position de tous les villages qui n'étaient pas à plus de 5 kilomètres du fleuve, à en prendre les noms en arabe et en français, et généralement à recueillir tous les renseignemens détaillés dans l'instruction dont il sera parlé ci-après. Cette mission fut remplie, et, dès le 21 février, M. Simonel était de retour au Kaire.

Le 4 mars suivant, M. Schouani reçut l'ordre de se rendre à Menouf, avec les troupes commandées par M. le général Rampon, pour lever l'intérieur du Delta, d'après les mêmes instructions que celles qu'on avait données à M. Simonel.

Le 7 mars, ce dernier partit du Kaire pour lever le cours de la branche de Rosette, comme il avait fait celle de Damiette; il devait ensuite aller à Alexandrie s'embarquer pour la France.

M. Jacotin devait se rendre à Rosette, lever la côte depuis le boghâz jusqu'à Abouqyr, contourner les lacs Ma'dyeh et d'Edkou, revenir à Rosette, traverser le fleuve, lever la côte depuis Rosette jusqu'à Damiette, côtoyer le lac Menzaleh depuis cette ville jusqu'au pont dit *du Trésor,* et revenir au Kaire par Sâlehyeh et Belbeys, en levant tout le pays : cette tournée demandait quarante à cinquante jours de temps; après quoi il se proposait de suivre le quartier général à son départ du Kaire pour Alexandrie, et de lever, au pas et à la boussole, la route et le pays qui l'environne : mais la rupture du traité d'el-A'rych changea ce projet. Ce traité, dont toutes les conditions allaient être religieusement remplies par le général Kléber, fut rompu par les Anglais : on en reçut la nouvelle au Kaire le 18 mars; et, deux jours après, la célèbre bataille d'Héliopolis, gagnée sur le grand-vizir en personne, rendit l'armée d'Orient une seconde fois maîtresse de l'Égypte. En moins de dix jours, la conquête des places déjà cédées fut faite; il n'y eut que la ville du Kaire dont il fallut faire le siége, et qui se rendit enfin le 22 avril.

Après ces événemens mémorables, il ne fut plus question, pour le moment, de retourner en France; les membres de la Commission qui n'avaient pu encore s'embarquer, revinrent au Kaire. Le directeur des ingénieurs-géographes reprit le projet de lever l'Égypte plus régulièrement; il crut devoir profiter du peu de temps qui restait avant l'inondation, pour parcourir la basse Égypte. En conséquence, M. Simonel partit pour aller lever le lac de Bourlos, l'embouchure de tous les canaux qui s'y jettent, les ruines qui sont sur ses rives, et la côte depuis Rosette jusqu'à Damiette. Il devait employer la même échelle que pour les branches de Damiette et de Rosette, et prendre les mêmes renseignemens.

M. Schouani reçut l'ordre de rester avec la division du général Rampon, et de continuer le levé de l'intérieur du Delta.

M. Lathuille resta au quartier général pour le service journalier, et pour y continuer le dessin d'une carte de l'Égypte dressée par M. Jacotin, à l'échelle d'un pour 800000, et commencée pendant le siège du Kaire.

Ce chef, après avoir ainsi réparti le petit nombre d'ingénieurs qu'il avait auprès de lui, partit du Kaire le 7 juin, pour aller lever la partie méridionale du lac Menzaleh, le canal d'Achmoun, les ruines de Thmuis et de Mendès, et la branche Pélusiaque. Ces opérations étaient à peine commencées, qu'il apprit la mort funeste du général en chef Kléber, assassiné au Kaire le 14 juin; il ne crut cependant point devoir suspendre ce travail, qui était très-avancé lorsque, le 8 juillet, il eut le malheur de se casser la jambe au milieu de ses opérations.

Douze jours après, il proposa un projet tendant à ce que le travail qui n'avait pu être fait à cause de la rupture du traité d'el-A'rych, fût achevé avant la grande crue du Nil. Ce projet fut approuvé, mais ne reçut pas d'exécution.

Dès qu'il y eut possibilité, il se fit transporter au Kaire, où il arriva le 17 septembre. Les ingénieurs qui avaient cru partir pour la France, étaient rentrés dans cette ville dans le courant de juillet. M. Schouani, que les circonstances avaient empêché de terminer entièrement ses opérations dans le Delta, était revenu au Kaire depuis un mois; M. Simonel, après avoir levé le lac Bourlos et la côte du Delta, s'y rendit le 21 septembre.

Depuis plus de trois mois, M. Legentil était occupé du levé du lac Menzaleh et du pays compris entre la branche de Damiette, ce lac et le canal d'Achmoun. A cette époque, la crue du Nil était à sa plus grande élévation; elle ne permettait plus de tenir la campagne. Les ingénieurs furent employés à compléter la rédaction des travaux qu'ils avaient faits sur le terrain, et à prendre des copies de divers plans et cartes, notamment du plan d'Alexandrie; le chef s'occupa d'une instruction pour mettre de l'ensemble et de l'uniformité dans les opérations faites et à faire.

Avant de donner une analyse de cette instruction, on va faire connaître les procédés employés pour tenir lieu des opérations trigonométriques qu'on avait d'abord eu l'intention de faire servir de base au levé.

Avant de partir de Paris, on s'était muni de tous les instrumens qu'on avait crus nécessaires: mais le vaisseau *le Patriote*, qui en portait une partie, fit naufrage ; l'autre partie, qui se trouvait dans la maison du général Caffarelli, fut pillée à la révolte du Kaire. Quand même ces instrumens n'eussent pas été perdus, on n'aurait jamais pu en faire usage, soit à cause du petit nombre d'ingénieurs auquel on était réduit, soit par la difficulté de parcourir l'Égypte sans une nombreuse escorte, soit enfin à cause du temps et des frais que ces opérations auraient entraînés. Il était donc de toute impossibilité d'étendre sur cette contrée une triangulation continue. M. Nouet, astronome, chercha à y suppléer en multipliant les observations astronomiques et en portant à trente-six le nombre des points ainsi déterminés. Il se servit d'un cercle de Borda, de 25 centimètres de diamètre, et d'une montre marine de Berthoud ; et il eut souvent occasion d'observer les éclipses des satellites de Jupiter pour déterminer les longitudes.

La portion de terrain donnée à lever à chaque ingénieur renfermait toujours plusieurs de ces points. Il partait de l'un d'entre eux, en se dirigeant sur un objet éloigné, mais le moins distant que possible de la direction de celui de ces points où il devait arriver ; il mesurait à la chaîne en cheminant sur cette direction ; à chaque distance de 1000 à 2000 mètres, et à tous les points qui paraissaient favorables, il faisait une opération à la planchette ou au graphomètre, pour rayonner tous les objets environnans et les plus apparens : lorsque plusieurs de ces rayons, tirés des diverses stations sur le même objet, ne formaient qu'une seule intersection, il avait la preuve qu'il avait bien opéré.

Arrivé à l'objet sur lequel il s'était porté, il se dirigeait sur un second en opérant comme il vient d'être dit, jusqu'à ce qu'il fût arrivé à un nouveau point astronomique, dont la distance au premier, étant donnée par le calcul, servait à vérifier la longueur de la corde qui sous-tendait la ligne brisée par laquelle l'ingénieur avait cheminé. Cette manière d'opérer était la seule à employer pour l'Égypte, qui est une vallée longue et étroite, peu boisée, unie, et où l'on peut toujours mesurer facilement. En effet, on ne trouva en général que de très-petites différences à corriger entre les distances ainsi mesurées et celles qui étaient déterminées par les observations astronomiques.

Il arrivait souvent qu'aux limites des provinces on n'avait point de position astronomique pour y rattacher ses opérations; dans ce cas, l'ingénieur le premier arrivé à une limite mesurait une base d'au moins 2000 mètres, et, des extrémités de cette base, il tirait des rayons visuels sur tous les objets remarquables: l'ingénieur chargé de la province limitrophe employait la même base et rayonnait les mêmes objets remarquables, qui servaient ainsi de points de repère pour rattacher son travail à celui de son collaborateur, avec lequel il avait d'abord eu la précaution de s'entendre.

Telle est la méthode qui fut prescrite à chacun des ingénieurs pour établir les bases nécessaires aux détails topographiques, détails qui devaient être levés à l'échelle d'un mètre pour 40000.

Nous passons maintenant à celle qu'on employait pour les reconnaissances faites au pas et à la boussole, soit dans le désert, soit dans l'intérieur de l'Égypte, afin de faire juger du degré de confiance qu'elles méritent.

Après avoir placé la boussole sur le lieu choisi pour opérer, et l'avoir mise de niveau, on dirigeait l'alidade ou la pinnule dans la direction qu'on se proposait de suivre. Pendant que l'aiguille aimantée se fixait, on figurait sur le papier le terrain et les objets qui se trouvaient autour du point de station; et l'on indiquait par une ligne l'orient de la boussole. Cela fait, on observait le nombre de degrés que la direction de la pinnule faisait avec l'aiguille aimantée : on traçait cette direction par une ligne au bout de laquelle on écrivait le nombre de ces degrés; avant de l'écrire, on avait le soin de diriger la pinnule sur un autre objet; on figurait cet objet sur le papier, et l'on écrivait aussi à côté l'angle qu'il faisait avec l'aiguille aimantée : on faisait la même opération pour tous les objets visibles qui étaient à proximité du point de station, comme pour ceux qui se trouvaient à de grandes distances. Ces opérations terminées, on continuait sa route en regardant à sa montre l'instant du départ, et l'écrivant à côté de la station. Arrivé à un lieu où la route pouvait changer de direction, ou que l'on croyait propre à faire une seconde station, on s'y arrêtait et l'on regardait l'heure à sa montre; on plaçait au même instant la boussole, en dirigeant la pinnule sur l'objet que l'on venait de quitter, ou dans la direction de la route que l'on venait de parcourir : pendant que l'aiguille se fixait, on marquait le point de station où l'on se trouvait; on figurait la route que l'on venait de suivre, et l'on écrivait le temps que l'on avait employé à la parcourir, ainsi que l'angle ou le nombre de degrés qu'elle faisait avec la direction de l'aiguille aimantée, qu'on avait soin de tracer à chaque station. On prenait également l'angle que faisait avec cette direction la route que l'on avait à parcourir. On opérait ensuite avec les mêmes procédés qu'à la première station. Cette deuxième station terminée, on passait à une troisième, et ainsi de suite. Si l'on ne pouvait pas faire de station à tous les objets que l'on rencontrait dans sa marche, on les figurait et l'on indiquait à côté le nombre de minutes qu'on avait employé pour y arriver, en partant de la dernière station.

Pour apprécier le temps de la marche, on mesurait à la chaîne, soit en plaine, soit dans les montées, soit dans les descentes, une distance parcourue dans une minute ou dans un temps donné; on la mesurait ensuite au pas, pour savoir combien on pouvait en faire dans ce temps donné, et quelle était la longueur en toises ou en mètres; et de temps en temps, étant en route, on avait l'attention de compter le nombre des pas faits dans une minute, afin de connaître plus exactement les distances que l'on parcourait dans cet espace de temps.

Cette méthode de lever une route, en suivant une armée ou une caravane, est généralement bonne; mais elle demande une grande attention pour coter exactement les angles et les distances parcourues, et pour n'en point oublier.

Voici maintenant l'analyse de l'instruction qui fut donnée à chacun des ingénieurs chargés de lever la carte des provinces, pour l'uniformité des opérations.

Elle se divisait en trois parties.

La *première* contenait la manière dont on devait opérer, en mesurant d'un point astronomique à un autre, pour déterminer des bases et pour lever des détails; c'est ce que l'on vient d'indiquer. Elle était suivie de la nomenclature de tous les objets qui peuvent entrer dans une carte, avec la manière de les rendre et de les exprimer.

La *deuxième partie* était relative aux notions à prendre sur les habitans de chaque ville ou village, sur leur nombre, leurs occupations, leur industrie, leur commerce et les productions du sol. Pour classer ces renseignemens avec ordre et clarté, on avait disposé des tableaux synoptiques, divisés en dix colonnes, comme il suit :

La première contenait les numéros d'ordre du tableau;

La deuxième, les noms des villes, villages et hameaux, en caractères arabes;

La troisième, les mêmes noms traduits en français par l'ingénieur;

La quatrième était en blanc : elle était destinée à mettre les mêmes noms, corrigés et traduits par une personne très-versée dans la langue arabe;

La cinquième, à inscrire le nombre des habitans et des familles, par ville, village et hameau;

Dans la sixième, on mentionnait leur état et leur occupation journalière;

Dans la septième, la culture du pays;

Dans la huitième, les espèces d'arbres qu'il produit;

Dans la neuvième, son commerce et son industrie;

Et la dixième contenait des observations et des remarques particulières à chaque ville ou village.

Ce tableau était suivi d'un cahier supplémentaire destiné à décrire tous les objets remarquables qui ne pouvaient trouver place dans le tableau.

La *troisième partie* enfin indiquait les observations générales à faire sur les lieux :

1°. Sur les communications par terre entre les villes, les pays habités et le désert; sur celles par eau, par le Nil, les canaux et les lacs;

2°. Sur les dimensions des canaux dans les hautes et basses eaux, les époques où ils sont à sec : déterminer s'ils sont navigables, si les berges en sont élevées, etc.;

3°. Sur les terres : on désignait celles qui pouvaient être inondées, celles qui étaient envahies par le désert, et quelles en étaient les causes;

4°. Sur l'air : on devait indiquer ce qui pouvait le rendre mauvais; si cela provenait de la stagnation des eaux ou d'autres circonstances; les vents qui régnaient le plus ordinairement, l'influence qu'ils pouvaient avoir sur l'homme, les animaux et les plantes;

5°. Sur les eaux : si les habitans buvaient toujours de l'eau du Nil; la manière dont ils s'en approvisionnaient dans les basses eaux, ou lorsqu'ils étaient éloignés du fleuve;

6°. Sur les animaux domestiques : leurs espèces et leurs qualités; le parti qu'on en tirait : sur les animaux sauvages et les reptiles, s'ils étaient nuisibles et dangereux; les poissons qu'on pêchait dans le fleuve, les lacs et canaux;

7°. Sur les arbres en général : le parti qu'on en tirait ; les arbrisseaux, les plantes annuelles, leurs noms et propriétés, la manière dont on les cultivait, le temps des semences ou plantations, celui des récoltes.

8°. Les observations devaient porter aussi sur les pierres en général, en indiquant les carrières et prenant des échantillons de celles qui pouvaient offrir de l'intérêt, ainsi que des terres propres aux ouvrages d'art.

On devait faire des plans particuliers des monumens et ruines que la Commission des sciences et arts n'avait pas vus, et les décrire dans le plus grand détail.

Il fallait aussi parler de la population, faire connaître pourquoi un pays était plus peuplé qu'un autre, désigner les tribus arabes, leur nombre, les lieux où elles campaient de préférence, le temps pendant lequel elles restaient campées, la quantité de chevaux et de chameaux qu'elles possédaient.

On indiquait à quel degré l'agriculture était portée, ce qu'il convenait de faire pour la rendre plus florissante ; quelles étaient les principales productions du pays.

On faisait connaître le genre d'industrie des habitans, les arts et métiers qu'ils exerçaient, et ce qu'il convenait de faire pour les perfectionner.

Relativement au commerce, on devait dire s'il se faisait par échange ou autrement, s'il était le produit de l'agriculture ou de l'industrie ; quelles étaient les marchandises qui sortaient du pays, et leur quantité en gros, s'il était possible ; celles qui y entraient, etc. ; si ce commerce se faisait par eau ou par terre ; les moyens d'améliorer les communications.

DE LA CARTE DE L'ÉGYPTE.

Tel est le sommaire de l'instruction qui fut donnée aux ingénieurs; malheureusement les circonstances, comme on le verra bientôt, n'ont permis de s'y conformer en entier que pour une ou deux provinces.

M. le général en chef Menou était dans l'intention de continuer ce que son prédécesseur avait heureusement commencé; il voulait d'abord envoyer reconnaître les côtes de la mer Rouge, depuis Qoçeyr jusqu'à Soueys: M. Jomard devait particulièrement visiter les déserts voisins d'*Alabastronpolis* et se rendre au monastère de Saint-Antoine; mais ce voyage traîna en longueur et n'eut pas lieu.

MM. Coutelle et Rozière partirent, vers le milieu de novembre, pour aller au mont Sinaï: ce voyage intéressant fut fait en moins de six semaines. Il est fâcheux que le petit nombre d'ingénieurs disponibles n'ait pas permis d'y en envoyer un; en ce moment ils se préparaient pour aller lever les provinces de la haute et moyenne Égypte.

Le 19 décembre, M. Jomard partit pour la province de Minyeh; et MM. Bertre et Lecesne, pour celle de Syout. Le lendemain, M. Simonel se rendit à Gyzeh: il devait porter ses opérations jusqu'au point où M. Legentil avait terminé les siennes dans la province de Thèbes.

M. Devilliers, secondé de M. Viard, s'occupait de lever, à l'échelle d'un mètre pour 40000, le canal de Chybyn el-Koum, et tout le pays compris entre ce canal et le désert, depuis le Kaire jusqu'à Belbeys. Il leva les environs de cette ville et tout le pays qui borde le désert jusqu'à la vallée d'el-Ouâdy, levée par MM. les ingénieurs des ponts et chaussées, lors du nivellement de l'isthme de Soueys.

Le 2 janvier 1801, le général Menou invita l'Institut d'Égypte à donner ses vues pour exécuter un deuxième voyage aux lacs de Natroun; on lui remit un rapport à ce sujet. Le 11 février, on fit un nouveau voyage aux pyramides. M. Martin venait de lever une partie de la province de Beny-Soueyf et de reconnaître au nord le lac du Fayoum; M. Caristie avait levé le cours du canal de Joseph dans cette province; M. Raffeneau-Delile avait fait la reconnaissance très-exacte du désert compris entre l'Égypte et la mer Rouge, à la hauteur de Syout et de Minyeh; M. le général Donzelot, commandant dans la haute Égypte, préparait les moyens pour faire le voyage de la grande Oasis. Le 25 février, on nomma trois commissions: l'une, pour aller aux Oasis; l'autre, pour lever le cours du fleuve au-delà des cataractes, et décrire les nombreux monumens qui sont sur ses rives; la troisième devait reconnaître les bords de la mer Rouge et le désert qui la sépare du Nil.

Le 2 mars, le général Menou nomma encore une commission, afin d'indiquer les moyens à prendre pour cadastrer l'Égypte. La commission[1] s'assembla le 4; elle arrêta les principales bases de cette opération, que les ingénieurs-géographes et les ingénieurs des ponts et chaussées devaient diriger: elle fit des recherches sur les mesures agraires en usage dans le pays et sur la manière

---

[1] Elle était composée de MM. Estève, directeur général des revenus publics; Nouet, astronome; Le Père, directeur des ponts et chaussées;

d'y mesurer les terres. Tandis qu'elle s'occupait des moyens à employer pour exécuter cette opération, les membres de la commission se disposaient à réaliser les voyages projetés. On était déjà occupé depuis quelque temps à faire des fouilles aux pyramides ; un grand mouvement était imprimé ; chacun rivalisait de zèle. Malheureusement cette impulsion fut arrêtée presque à sa naissance. Le 11 mars, on reçut au Kaire la fâcheuse nouvelle qu'une flotte anglaise, avec des troupes de débarquement, avait paru devant Abouqyr ; et la bataille d'Alexandrie du 20 mars, dont la nouvelle fut apportée au Kaire le 25, fit évanouir tous les projets scientifiques. Dès ce moment, on ne s'occupa plus que de prendre des mesures de sûreté et de se garantir des atteintes de la peste : plusieurs membres de la Commission avaient déjà été victimes de ce fléau ; entre autres, MM. Champy fils, Coquebert de Montbret, et, plus tard, M. Lerouge. Déjà précédemment, M. Bodard avait succombé à la même maladie, et M. Malus, frappé deux fois de la contagion, n'y avait échappé que par miracle[1].

Les ingénieurs qui étaient dans la haute Égypte eurent ordre de rentrer au Kaire : M. Jomard venait d'arriver, après avoir complété son travail et parcouru quatre fois toute l'étendue de la province de Minyeh, soit sur les

---

MM. Chanaleilles, directeur des domaines ;
et Jacotin, directeur des ingénieurs-géographes.

[1] Sans parler de MM. Laporte, Baudouin, attachés à l'imprimerie ; Caquet, dessinateur, et d'autres ingénieurs ou artistes victimes de l'assassinat, comme MM. Joly, Duval, Thévenot, etc., ou morts des maladies du climat, tels que M. Leduc, ingénieur-géographe.

rives du Nil, soit le long des déserts Libyque et Arabique. MM. Bertre et Lecesne arrivèrent le 6 avril; M. Simonel, plus éloigné, n'arriva que le 15 mai, après avoir été empoisonné et avoir couru les plus grands dangers.

La majeure partie des membres de la Commission partit pour se rendre à Alexandrie; il n'en resta au Kaire que quelques-uns, avec quatre ingénieurs-géographes, dont les services étaient nécessaires à l'armée, commandée alors par le général Belliard : ils s'occupèrent, aussitôt que la peste eut cessé ses ravages, de faire sur le plan du Kaire tous les changemens survenus depuis le siége de cette ville.

Après la bataille d'Alexandrie et la désastreuse coupure de la digue sur laquelle passait le canal conduisant les eaux du Nil dans cette ville[1], une partie de l'armée anglaise se mit en route pour le Kaire, et remonta la rive gauche de la branche de Rosette; une armée turque, commandée par le capitan-pâchâ, remontait la rive droite : pendant ce temps, le grand-vizir s'approchait par le désert. Ces trois armées campèrent en vue du Kaire le 2 juin. L'armée française, commandée par le général Belliard, campée sous les murs de la ville, était trop peu nombreuse pour résister à toutes ces forces réunies, et maintenir dans le devoir une grande ville, dont l'enceinte, avec les postes établis pour la défendre, avait plus de 13000 toises de développement et renfermait une population de plus de 250000 habitans. Elle fit, le 28 juin, une convention honorable pour retour-

[1] Cet événement a eu lieu le 19 avril.

ner en France. Le 10 juillet, l'armée évacua le Kaire, et s'embarqua à Abouqyr le 6 septembre, sur des bâtimens anglais et grecs, qui arrivèrent en France dans les mois d'octobre et de novembre. Le directeur des ingénieurs-géographes, après avoir eu beaucoup de peine à sauver les plans et cartes que lui et ses collaborateurs avaient recueillis sur l'Égypte, arriva à la quarantaine de Marseille le 16 novembre 1802.

Tels sont les détails dans lesquels on a cru devoir entrer, pour faire connaître les obstacles qu'on a eus à surmonter pour obtenir les élémens employés à dresser la carte de l'Égypte. Si ce but n'a pas été atteint complétement, le directeur des ingénieurs-géographes en conservera toujours le plus vif regret; mais il n'en doit pas moins rendre justice au zèle et au mérite de ses coopérateurs, qui ont bravé les dangers, les fatigues et les privations de toute espèce. Il ne doit pas oublier non plus MM. les généraux, les ingénieurs des ponts et chaussées, les officiers du génie et de toutes armes, qui ont puissamment concouru par leurs travaux et leurs renseignemens à la confection de la carte. Il se fera un devoir de les citer en rendant compte de la construction de cette carte, notamment M. Legentil, qui y a contribué pour beaucoup.

On va faire connaître, dans le chapitre suivant, comment tous les matériaux ont été réunis au dépôt de la guerre, et quels moyens on a mis en usage pour construire la carte et pour la graver.

CHAPITRE II.

Réunion, au Dépôt général de la guerre, de tous les levés, reconnaissances et matériaux recueillis sur l'Égypte et la Syrie pendant l'expédition; moyens employés pour construire la carte et pour la graver.

Le directeur des ingénieurs-géographes, en sortant de la quarantaine de Marseille, reçut l'ordre du chef de l'état-major général de l'armée d'Orient, et du général chargé de veiller au débarquement, de se rendre à Paris, et de remettre au dépôt général de la guerre toutes les cartes, plans, reconnaissances et autres objets relatifs au bureau topographique. Il arriva dans cette capitale le 16 janvier 1802; et, le 30 du même mois, la remise fut faite à M. le général Andréossy, alors directeur du dépôt de la guerre. Il lui présenta en même temps un mémoire sur les moyens à prendre pour parvenir à construire une carte de l'Égypte : dans ce mémoire, il indiquait les échelles à adopter, les personnes qui pouvaient coopérer à ce travail, et les matériaux qu'il convenait de se procurer; il demandait aussi une personne versée dans la langue arabe et qui eût fait les campagnes de l'Égypte, pour écrire correctement les noms, à l'aide d'une nomenclature qu'il s'était procurée; et il proposait en même temps de faire un atlas particulier des principales villes de l'Égypte et de la Syrie dont on avait levé les plans.

Si toute cette contrée eût été levée à l'échelle d'un

mètre pour 40000, comme on en avait le projet, on eût pu construire la carte à cette échelle, ou à celle d'un mètre pour 50000 mètres : mais il n'y avait guère que les deux tiers du pays ainsi levés; tout le reste ne l'était qu'à 1 ligne pour 100 toises, qui équivaut à un mètre pour 86400; et quelques parties même étaient à des échelles encore plus petites. On s'arrêta donc, pour la carte, à celle d'un mètre pour 100000, qui correspond à celle d'une ligne pour 115 toises 4 pieds 5 pouces 4 lignes. Cette échelle, bien suffisante sans doute pour l'Égypte, pouvait comporter tous les détails que le pays renferme : elle fut adoptée, de même qu'une autre sous-décuple, pour la carte géographique et pour la carte ancienne. M. Jacotin fut chargé de leur construction, et mit aussitôt tous ses collaborateurs en activité. D'après les renseignemens qu'il donna, le directeur du dépôt de la guerre écrivit à MM. les généraux, aux chefs de service, et à toutes les personnes qui s'étaient occupées de cartes ou de reconnaissances pendant leur séjour en Égypte, pour leur demander communication des matériaux qu'ils avaient recueillis.

M. Legentil, alors capitaine du génie, qui a si puissamment coopéré aux levés de l'Égypte, reçut l'ordre du ministre de la guerre de se rendre à Paris, pour y terminer ses travaux sur le lac Menzaleh, les environs de Damiette et la haute Égypte.

Le 18 février 1802, le ministre de l'intérieur, M. Chaptal, réunit chez lui les membres de l'Institut d'Égypte, pour nommer une première commission à l'effet de présenter un projet de travail sur la description de cette contrée. Cette commission était composée de MM. Monge, Berthollet, Fourier, Costaz, Desgenettes et Conté.

Dans le courant de mars, le même ministre décida que les membres de l'Institut d'Égypte et ceux de la Commission des sciences et arts remettraient un état sommaire des matériaux et des dessins qu'ils se proposaient de faire entrer dans la composition de l'ouvrage sur l'Égypte, dont la publication avait été ordonnée par l'arrêté des consuls, du 17 février 1802. La même invitation fut faite aux personnes qui, sans être membres de la Commission, étaient connues pour avoir fait des observations utiles en Égypte.

Au moyen de ces états particuliers, on devait fournir un état général distribué par ordre de matières, et classé sous les quatre chefs suivans :

1°. Géographie.
2°. Antiquités.
3°. État moderne.
4°. Histoire naturelle.

Malgré cet arrêté, le premier consul décida que la carte ne ferait point partie du grand ouvrage projeté.

M. le général Andréossy, de son côté, écrivit au ministre des relations extérieures et au dépôt de la marine, pour demander en communication ce qu'ils pouvaient posséder sur l'Égypte.

M. Delaporte, membre de la Commission d'Égypte et interprète pour les langues orientales, fut attaché au dépôt de la guerre, pour traduire les noms de la carte, les discuter et les écrire correctement, au moyen de la nomenclature en arabe que l'on devait à ses soins, et qui, pendant l'expédition d'Égypte, avait souvent été utile à la géographie.

On s'occupait avec activité des travaux de la carte ; les ingénieurs terminaient les dessins des matériaux qu'ils avaient levés ; on prenait des copies de tous ceux qui étaient communiqués par les personnes instruites de l'armée. M. Nouet avait donné les points astronomiques extraits de son mémorial, lu à l'Institut de France les 11 et 21 avril 1803, et remis au dépôt le 17 mai suivant. On les calculait par distance à la méridienne et à la perpendiculaire, en prenant la grande pyramide pour centre de ces deux coordonnés, afin d'y rapporter toutes les feuilles dont la carte devait se composer.

Sur ces entrefaites, M. le général Andréossy fut nommé ambassadeur à Londres, le 2 juin 1802 ; il fut remplacé dans la direction du dépôt de la guerre par M. le général Sanson, qui, après la mort du général Caffarelli, avait commandé le génie militaire à l'armée d'Orient. Ce général entra en fonctions le 9 du même mois, et ne fit qu'accélérer l'impulsion donnée par son prédécesseur.

A cette époque, on venait de disposer, à l'échelle adoptée, les feuilles nécessaires pour la carte ; on y plaçait les points qui lui servaient de base ; on disposait les matériaux pour y être tracés ; on appréciait la valeur de ceux que le temps n'avait pas toujours permis d'exécuter avec toute la précision désirée ; on discutait également les noms arabes, et on les écrivait sur les plans originaux, dans cette langue et en français ; enfin on suivait dans ce travail le système adopté par les savans orientalistes de France.

Vers le mois de novembre, le dessin de quelques

feuilles de la carte était assez avancé, et sept feuilles étaient déjà écrites, lorsque M. le comte de Volney, sur l'invitation de M. le maréchal Berthier, alors ministre de la guerre, vint, le 7 décembre, visiter les travaux de la carte de l'Égypte.

Il fut satisfait tant de ses progrès que du mérite des matériaux, et de la manière exacte et précieuse dont le travail était exécuté.

Il remarqua avec plaisir la pureté et la netteté avec lesquelles y était écrit l'arabe par M. Delaporte; mais il différait d'opinion avec ce traducteur, et en général avec l'école française des langues orientales, sur la manière d'exprimer en caractères européens les sons de la langue arabe pour lesquels nous n'avons pas de signes analogues[1]. Il condamnait le système suivi pour la transcription, comme trop compliqué, fatigant pour les yeux et impossible à lire.

Ses observations déterminèrent le Gouvernement à nommer une commission spéciale qui avisât au meilleur moyen à employer pour simplifier et régulariser le mode de transcription.

Cette commission s'assembla le 28 décembre 1802, les 4 janvier, 8 février et 9 mai 1803. Après plusieurs discussions, elle adopta des signes simples; elle prit dans notre alphabet les lettres qui lui parurent les plus propres à représenter les sons arabes, et elle les modifia légèrement, afin de leur donner une valeur convenue et de rendre la transcription facile et complète : cette transcription se trouve fixée dans le Tableau harmonique,

[1] Extrait d'un rapport au ministre de la guerre, du 15 décembre 1802.

dont le Gouvernement sanctionna le principe et approuva l'emploi le 8 juin 1803 (*voyez* chapitre iv). En conséquence de cette approbation, les sept feuilles de la carte déjà écrites, de même que toutes les minutes, furent corrigées d'après ce système.

Malgré les soins de M. le général Sanson, à qui l'on doit une carte du lac Mareotis et de ses environs, tel qu'il était après son inondation, on ne put obtenir alors plusieurs matériaux qu'on n'a eus que depuis; les efforts multipliés de l'auteur de la carte n'ont guère eu plus de succès, et il a été forcé d'employer des élémens qui se ressentaient du peu de moyens qu'on avait eus pour les établir.

Sur le désir que M. Monge, président de la Commission d'Égypte, témoigna à M. le général Sanson, de convoquer la commission chargée de déterminer comment la géographie, tant ancienne que moderne, serait traitée, cette commission, composée de M. Monge, président, et de MM. Le Père aîné, Girard, Jomard, le général Sanson et l'auteur de la carte, se réunit au dépôt de la guerre le 31 août 1803.

Ce dernier fit un rapport sur la situation des travaux de la carte, et indiqua l'époque à laquelle elle serait terminée, ainsi que la réduction à une échelle sous-décuple.

Ces deux cartes devaient être accompagnées d'un texte dans lequel on se proposait de faire connaître l'Égypte ancienne et moderne sous les rapports, soit géographiques, soit militaires; il aurait été divisé en quatre parties.

Dans la première, on devait exposer dans un ordre

chronologique tous les événemens mémorables et les révolutions que l'Égypte a éprouvées depuis les temps les plus anciens jusqu'au traité d'Amiens : elle était subdivisée en sept époques ; la dernière aurait rappelé tout ce qui s'est passé en Égypte sous la domination française.

La deuxième, comprenant la géographie ancienne, aurait donné, par ordre alphabétique, les noms des anciennes villes, celui qu'elles portent aujourd'hui, ce qu'elles étaient autrefois, ce qu'elles sont maintenant, leur position géographique, etc.

La troisième partie aurait présenté, par province, la description géographique de l'Égypte moderne, son étendue, sa superficie, ainsi que l'état physique du sol, sa température, ses qualités, etc.; la population, les productions du pays, son industrie, son commerce, ses mœurs, coutumes et usages. A la suite de cette troisième partie, on aurait donné, comme à la deuxième, une description des villes, villages, etc., pour indiquer leur distance et leur position relativement au chef-lieu; les rives du fleuve sur lesquelles ils sont situés; les événemens qui s'y sont passés; les communications par terre, par eau et avec l'étranger; les tribus arabes qui avoisinent chaque lieu, etc.

Dans la quatrième partie, on devait considérer l'Égypte sous le rapport des événemens militaires : cette partie était accompagnée d'un atlas des plans des principales villes et des champs de bataille.

Ce rapport fut lu à la séance de la Commission d'Égypte du 5 septembre 1803; mais les circonstances et le manque de matériaux n'ont pas permis de remplir entièrement ce cadre.

La première partie, n'étant pas essentiellement liée à la géographie, a été abandonnée pour faire partie de recherches particulières.

La deuxième a été traitée séparément; elle fait partie des mémoires sur l'Égypte ancienne qu'on a introduits dans la description de cette contrée : elle complète les recherches de géographie comparée auxquelles a donné lieu l'étude de ce pays célèbre.

La troisième ne l'a été qu'en partie; on n'a pu que décrire deux provinces. On avait commencé un dictionnaire des villes et villages de l'Égypte; mais ce travail s'est borné à donner la superficie de l'Égypte, le nombre des villes et villages et autres lieux qu'elle renferme, un aperçu de sa population et de celle de sa capitale.

La quatrième partie est la mieux traitée, parce qu'on a eu tous les élémens nécessaires pour la faire avec soin. On a vu, au commencement de ce chapitre, que l'auteur de la carte, à son arrivée à Paris, présenta à M. le général Andréossy un mémoire sur les moyens à prendre pour parvenir à avoir une carte de l'Égypte. M. le général Sanson, en prenant la direction du dépôt de la guerre, conçut également le projet de former un atlas qui renfermerait le plan des principales villes d'Égypte, celui de tous les champs de bataille avec leurs relations, celui de plusieurs monumens destinés à la défense des villes, et des forts et tours construits pour le même objet. Ces divers plans, accompagnés d'un texte, forment cet atlas de plus de quatre-vingts planches qui existent au dépôt de la guerre. Ce travail est dû principalement aux soins de M. le général Sanson; l'auteur de la carte a seulement dirigé l'exécution des dessins, et fourni quelques renseignemens pour le texte : tous les dessins qui renferment des monumens modernes ont été gravés, et font partie de la description de l'Égypte moderne.

Depuis long-temps le premier consul désirait posséder la carte de l'Égypte; pour satisfaire à son impatience, on employa plusieurs mains, même peu exercées au système adopté, pour écrire les feuilles. Enfin la carte fut terminée et présentée au ministre de la guerre le 13 octobre 1803, et au premier consul le 16 du même mois.

Après cette présentation prématurée, on s'occupa à corriger les noms écrits avec trop de précipitation, et à perfectionner le dessin de plusieurs parties de la carte, faites trop à la hâte. On continua aussi le dessin de l'atlas.

La commission de géographie se réunit au dépôt de la guerre le 19 novembre. Il y fut arrêté qu'on supplierait le premier consul de permettre que la carte fût gravée à la même échelle que celle à laquelle on l'avait construite. Cette demande fut accordée; et il fut décidé aussi, comme l'auteur de la carte l'avait toujours désiré, que les noms des villes, villages et objets principaux seraient gravés en caractères français avec les caractères arabes à côté.

Vers le même temps, M. Delaporte, qui avait discuté tous les noms de la carte, et qui les avait transcrits en arabe sur toutes les minutes et dans les deux systèmes, fut nommé chancelier-interprète à Tripoli de Barbarie. L'auteur de la carte proposa M. Raige, orientaliste, membre de la Commission d'Égypte, pour continuer les travaux commencés par son collègue : il entra en fonctions le 28 mars 1804.

Le premier consul accorda les fonds nécessaires pour graver la carte. On fit de suite toutes les dispositions pour réunir le nombre de graveurs nécessaire; et, le 25 juin 1804, ils commencèrent la gravure de cet atlas en quarante-sept feuilles, et celle de la réduction en trois feuilles. Tous les sujets employés n'avaient pas, à beaucoup près, le même talent; mais on donnait à chacun d'eux le genre qu'il connaissait le mieux. M. Bartholomé, capitaine au corps royal des ingénieurs-géographes, qui réunissait aux connaissances de son état celle de la gravure, fut adjoint à l'auteur de la carte pour diriger l'exécution du travail, qui demandait une surveillance et des soins perpétuels.

Il se présenta une difficulté qui fut heureusement vaincue; il fallait graver le nom de chaque lieu en caractères arabes, et aucun artiste n'était en état de le faire. Pour y parvenir, il y avait deux moyens à employer.

Dans le premier, il fallait apprendre à un graveur de lettres, non-seulement à lire cette langue, mais encore à écrire ou plutôt à dessiner les mots pour les tracer ensuite sur le cuivre. Dans le second moyen, il fallait qu'un graveur pût écrire correctement chaque nom et d'une manière uniforme, en faire un calque, le décalquer sur le cuivre à la place qu'il devait y occuper à côté de l'objet qu'il indiquait, et le graver ensuite. On voit combien ce dernier moyen aurait été long et difficile : aussi fut-il abandonné, et l'on s'en tint au premier, comme plus exact et présentant une uniformité qu'il aurait été impossible d'obtenir du second. En conséquence, M. Raige se chargea de former un sujet. Le graveur Miller profita de ses leçons, et parvint promptement à lire, écrire et graver l'arabe. La Bibliothèque du roi lui fournit de beaux modèles, qu'il sut parfaitement imiter en trois mois de temps. Ce ne fut qu'après que MM. de Sacy et Langlès eurent approuvé ses essais, que, toujours dirigé par M. Raige, il commença à graver les noms arabes sur la carte; ce travail fut commencé le 13 novembre.

M. Le Père aîné eut besoin d'une carte hydrographique de la basse Égypte, pour y tracer les opérations du nivellement de l'isthme de Soueys; M. Gratien Le Père fut chargé de ce travail. Cette carte, à l'échelle d'un mètre pour 400000, fut réduite d'après la carte de l'Égypte; on n'y plaça que ce qui pouvait remplir l'objet pour lequel elle était destinée. La gravure en fut faite dans les ateliers de la Commission d'Égypte.

La gravure de la carte et de la réduction se continuait avec zèle : on avait pu réunir le nombre de graveurs nécessaire pour la terminer assez promptement; plusieurs s'étaient formés et perfectionnés depuis le commencement de l'ouvrage. L'auteur continuait de ne rien négliger de tout ce qui pouvait tendre à sa perfection; il s'occupait en même temps de la confection de l'atlas des villes, places, champs de bataille, etc., et des moyens d'atteindre le but qu'il s'était proposé dans son rapport fait à la commission chargée de la géographie, le 31 août 1803 : mais la guerre avec l'Autriche vint apporter des obstacles à ces travaux. L'auteur fut d'abord désigné pour aller à l'armée; ayant ensuite été jugé plus utile à Paris, il fut chargé de la direction des travaux topographiques de l'intérieur du dépôt de la guerre : il dut partager son temps, et fut souvent forcé de suspendre les travaux relatifs à la carte de l'Égypte, pour se livrer en entier à ceux que lui imposaient ses devoirs et que les circonstances impérieuses de la guerre ne permettaient pas d'ajourner. Cependant la gravure n'éprouva aucun retard, et vers la fin de 1806 elle était très-avancée.

Au commencement de 1807, il fut enfin décidé qu'elle ferait partie de la Description de l'Égypte, et la Commission chargée de diriger l'exécution de ce grand ouvrage fut autorisée à prendre les plans des villes et des monumens renfermés dans l'atlas qui se faisait au dépôt de la guerre et dont on a parlé plus haut. On en présenta un exemplaire au ministre de l'intérieur le 5 septembre 1807.

M. le général Sanson partit pour la grande armée dès le 19 septembre 1805, arriva à Paris le 2 octobre 1807; il reprit la direction du dépôt de la guerre, confiée pendant son absence à M. le colonel Muriel, qui n'avait aussi rien négligé pour tout ce qui pouvait hâter la gravure.

Depuis long-temps l'état déplorable de la santé de M. Raige ne lui permettait plus de donner ses soins à la vérification des noms arabes de la carte; ce travail était même arriéré. M. Belletête, également membre de la Commission d'Égypte et interprète pour les langues orientales, s'empressa de remplacer son ami et de donner gratuitement ses soins à cette opération; il revit toutes les épreuves et y fit les corrections nécessaires.

Mais, pour ne rien laisser à désirer sur ces vérifications, M. le général Sanson écrivit à M. de Sàcy pour le prier d'examiner encore tous les noms arabes de la carte; ce savant orientaliste voulut bien se charger de ce travail important, et toutes les feuilles furent aussi revues et vérifiées par lui.

Les devoirs que l'auteur avait à remplir, ne lui avaient pas permis jusqu'alors de vérifier les autres noms de la carte et les diverses parties que l'on avait perfectionnées à mesure qu'on s'était procuré des matériaux meilleurs que ceux qui avaient été employés primitivement. Ayant trouvé le moment favorable pour entreprendre ce travail, il examina tout dans le plus grand détail; il signala quelques corrections à faire, et l'on allait s'en occuper, lorsqu'on reçut l'ordre de l'autorité supérieure de mettre les cuivres sous les scellés. L'ordre fut exécuté sur-le-champ par M. le général Sanson, le 29 octobre 1808; la gravure, qui touchait à sa fin, fut suspendue; l'auteur de la carte, surchargé de travaux extraordinaires, discontinua plusieurs travaux commencés, et se borna, pour le moment, à quelques plans particuliers qui devaient faire partie de la Description de l'Égypte.

Le 4 décembre 1809, un décret régla la publication de la Description de l'Égypte. Il n'y était point question de la carte; depuis, quelques démarches qui aient été faites à ce sujet par le ministre de l'intérieur et les principaux membres de la Commission d'Égypte, on ne put rien obtenir. Les cuivres restèrent sous les scellés jusqu'au 8 février 1814.

A cette époque, on était menacé d'une invasion : le dépôt de la guerre envoya au-dehors, et à plus de quatre-vingts lieues de la capitale, les cuivres des cartes les plus précieuses ; ceux de la carte de l'Égypte furent portés à Rennes, et confiés en des mains sûres : ils ne furent réintégrés au dépôt que le 6 juillet suivant.

Sa Majesté daigna accorder une protection éclairée à la Description de l'Égypte ; elle fit continuer ce travail déjà très-avancé, et, par son ordonnance du 19 septembre 1814, elle déclara que la carte de l'Égypte en ferait partie.

L'auteur de la carte, dont cette ordonnance comblait les vœux en même temps que ceux des membres de la Commission, était occupé à faire corriger toutes les fautes trouvées dans la dernière révision. Il écrivit aussitôt à M. Jomard, commissaire du Gouvernement près la Commission chargée de diriger l'exécution de l'ouvrage sur l'Égypte, pour le prier d'inviter tous les coopérateurs à communiquer les plans, cartes et reconnaissances qu'ils pouvaient avoir encore dans les mains, et il fit déposer un exemplaire dans le lieu des séances de la Commission ; tous les membres furent engagés à y faire leurs observations.

Pendant qu'on se livrait avec zèle à l'achèvement de la carte, et qu'on prenait les arrangemens nécessaires pour exécuter l'ordonnance du roi, la seconde invasion vint tout suspendre pour la troisième fois; il fallut cesser les travaux et mettre de nouveau les cuivres à l'abri de la spoliation. Ils ne furent réintégrés au dépôt qu'après le traité du 20 novembre 1815 : aussitôt l'auteur fit reprendre la gravure.

Le 9 janvier 1816, le ministre de l'intérieur écrivit au ministre de la guerre pour que la carte de l'Égypte fût livrée à la Commission en vertu de l'ordonnance précitée; et, peu de temps après, la Commission d'Égypte nomma une nombreuse commission prise dans son sein, pour lui faire un rapport sur les cartes d'Égypte en quarante-sept et en trois feuilles, et sur le tableau d'assemblage qui les accompagne pour faciliter la réunion. Cette commission avait deux objets : le premier, de voir quels étaient les matériaux employés et comment ils avaient été mis en œuvre; le deuxième, de reconnaître à quels ingénieurs on était redevable du travail fait sur le terrain. Cette commission consacra plusieurs séances consécutives à cet examen; et, le 8 mars 1816, M. Jomard, rapporteur, fit à la Commission le rapport suivant :

Rapport sur la carte de l'Égypte, par MM. Jacotin, Jomard, Jollois, Devilliers, Corabœuf, Le Père aîné, Lecesne, Girard et Legentil; M. Jomard, rapporteur.

MESSIEURS,

Vous avez chargé une commission de neuf membres de vous faire un rapport sur la carte topographique de l'Égypte en quarante-sept feuilles, précédée d'une carte d'assemblage et d'une carte générale en trois feuilles, et annexée à la Description de l'Égypte par ordonnance du roi. Ce travail important exigeait, de la part de vos commissaires, une attention, un soin dignes de l'étendue et de la richesse des matériaux qui ont servi à le former; dignes aussi du soin que M. le colonel Jacotin, rédacteur de la carte, a mis à rassembler, à élaborer tant de matériaux, à en faire un ensemble aussi satisfaisant, et enfin de l'exécution parfaite des dessins et de la gravure. Avant de vous entretenir du résultat de son examen, votre commission devait cet hommage au travail de M. Jacotin.

Déjà vous avez entendu un premier rapport, qui vous a fait connaître les moyens qu'on se propose d'adopter, et ce rapport a reçu votre approbation. Vous avez alors apprécié les circonstances qui pouvaient diriger notre travail; c'est d'après les bases que vous avez fixées que ce travail a été entrepris, suivi avec persévérance et conduit à sa fin le 9 de ce mois. Trois membres délégués *ad hoc* se sont rendus au Dépôt général de la guerre; M. le colonel Jacotin a eu la complaisance de mettre sous leurs yeux tous les originaux et les minutes qui lui ont servi. Vous savez que tous ces matériaux ont été appuyés sur les observations des astronomes de l'expédition, circonstance importante et qui donne à la carte un grand prix, quelque regret qu'on puisse éprouver d'avoir laissé plusieurs lacunes, soit dans les montagnes et les vallées qui environnent l'Égypte, soit même en quelques points de l'Égypte inférieure. En effet, la série des points astronomiques est tellement serrée, qu'il n'y a aucune chance d'erreur un peu notable dans la situation respective des principaux lieux, ni dans celle du cours du Nil, de ses branches et de ses grands canaux. Indépendamment de ce canevas si précieux pour la rédaction de la carte, une quantité très-considérable, et qui fait plus des deux tiers du pays, a été levée géométriquement; savoir, à la planchette et au graphomètre, et au moyen de bases mesurées sur le terrain avec de bonnes chaînes métriques. En outre, plusieurs trigonométries partielles, exécutées avec le plus grand soin, ont servi à assujettir les levés des environs des principales villes, telles que Syène et les cataractes, Esné, Thèbes, le Kaire, Alexandrie, Damiette, etc.: une partie a été levée à la boussole avec des bases mesurées au pas. Dans cette classe viennent se ranger plusieurs reconnaissances faites avec plus ou moins de soin, et qui n'ont été employées qu'après avoir été mûrement discutées, et comparaison faite de tous les matériaux correspondans. Mais ce serait anticiper sur l'explication dont s'occupe notre collègue, province par province et feuille par feuille, que d'entrer dans de plus grands développemens sur la construction de l'atlas géographique. Nous pouvons assurer que les moyens connus pour les plus exacts et les meilleures méthodes ont servi à cette construction. Dans son mémoire explicatif, M. Jacotin se propose d'éclaircir, dans le plus grand détail, tout ce qui regarde la composition de chacune des feuilles gravées.

La mission de vos commissaires avait deux objets : le premier, de voir quels étaient les matériaux, et comment ils avaient été mis en œuvre ; le second, de reconnaître à quels ingénieurs on était redevable du levé proprement dit, afin d'inscrire leurs noms sur les planches respectives.

A l'égard du premier, les observations qui précèdent font voir comment les commissaires ont rempli leur tâche. Les originaux, les levés faits en Égypte, ont été communiqués et comparés avec la carte dessinée et gravée. M. Jacotin leur a expliqué comment il avait suivi ces matériaux, ou en quel cas il s'en était écarté. Ce rapprochement a donné lieu à des observations sur plusieurs des planches de l'atlas; savoir, les n°s. 1, 7, 8, 10, 11, 12, 18, 19, 21, 35, 37 et 41, sur lesquels il a paru convenable et possible de faire quelques additions, conformément à la liste ci-jointe n°. 1. Il est inutile de les citer ici ; nous nous contenterons d'indiquer la plus importante de toutes, celle qui mérite particulièrement de fixer l'attention. N'ayant point à sa disposition une carte du pays au-dessus de Philæ, levée pendant le cours de l'expédition, M. Jacotin avait employé la carte de Norden, le seul voyageur qui eût vu en détail cette partie de la Nubie inférieure. M. Legentil a offert de fournir un levé exact du cours du Nil dans l'espace d'environ neuf lieues au-dessus de la cataracte de Syène. Cette proposition a été accueillie avec empressement par vos commissaires. L'auteur s'est engagé à donner sous peu le dessin dont il s'agit, afin qu'on ait le temps de le substituer à la partie puisée dans Norden. L'assemblée apprendra avec intérêt que la carte de l'Égypte doit s'enrichir d'un supplément aussi précieux. On sait que différens édifices antiques, et d'une architecture semblable à celle des monumens d'Égypte, décorent les deux rives du fleuve au-dessous de l'île de Philæ.

Nous ajouterons encore qu'on s'occupe d'éclaircir entièrement ce qui regarde la position d'el-Lâhoun par rapport à Beny-Soueyf, position fort importante, puisque celle de toute la province du Fayoum en dépend, faute d'avoir une observation astronomique à Medynet el-Fayoum, l'ancienne *Crocodilopolis*; et, pour le dire en passant, cet exemple fait voir combien on doit se féliciter de posséder une chaîne d'observations astronomiques dans tout le reste de l'Égypte, puisque sans elle on aurait pu être livré à de grandes incertitudes sur la position des lieux, en cas de discordance entre les matériaux. Comment aurait-on pu répondre, par exemple, de la situation de Belbeys, de Sâlehyeh, etc., et même, dans la haute Égypte, de Thèbes, de Qené et de plusieurs autres lieux! Je ne parle pas ici du Kaire, de Soueys, de Damiette, Rosette et Alexandrie, dont on avait assez bien la position géographique. Nous devons donc rendre ici des actions de grâces au zèle et même au courage qu'a déployés M. Nouet, malgré son âge avancé, pour réunir une si grande quantité d'observations, avec le secours de l'astronome-ingénieur notre collègue, qu'il suffit de désigner ici pour le nommer.

La carte générale en trois feuilles, qui précède l'atlas, a été construite par M. Jacotin, d'après les matériaux qui font partie de cet atlas, pour ce qui concerne l'Égypte, et, pour la mer Rouge et une partie de l'Arabie, d'après les meilleures cartes connues. L'explication fera connaître les sources où il a puisé.

Quant à la carte d'assemblage, au tableau des signes conventionnels et à celui des caractères employés pour la transcription des mots arabes, il n'y avait matière à aucune observation.

En examinant les différentes feuilles de la carte et les minutes originales, vos commissaires ont eu le moyen de bien reconnaître quels ingénieurs avaient levé le pays dessiné d'après leurs matériaux, et, par conséquent, de remplir le second objet de la mission que vous leur avez confiée. M. le colonel Jacotin avait pris soin de guider leurs recherches, au moyen d'une liste complète et fort étendue de toutes les personnes qui avaient communiqué des renseignemens. Votre commission a jugé convenable d'adopter en principe que l'on n'inscrirait sur les cartes que les noms des ingénieurs des différens services qui avaient effectivement opéré sur le terrain et employé les instrumens nécessaires pour ce genre de travail. C'était la seule base générale qui pût être admise; et elle s'est trouvée d'autant plus juste, qu'aucun levé de carte n'a été en effet exécuté par d'autres personnes que par les ingénieurs. Mais il a paru juste en même temps de mentionner, dans l'explication de la carte feuille par feuille, les noms des autres membres de l'expédition qui ont fourni ou communiqué des détails utiles, employés dans la construction de l'atlas. La feuille ci-jointe n°. 2, rédigée d'après les précédentes observations, renferme la liste des noms que nous proposons d'inscrire sur les planches. Il y a cinq noms pour plusieurs de ces planches : mais la chose ne doit pas surprendre pour des feuilles qui occupent souvent plusieurs lieues carrées, d'autant plus que, pour de simples plans topographiques insérés dans l'ouvrage, il y a eu jusqu'à cinq noms gravés.

Il restait à examiner le titre général à donner à la carte. Le titre anciennement rédigé a été modifié au Dépôt de la guerre, et le nouveau est incomplet. Nous avons pensé qu'il pouvait y être ajouté plusieurs choses essentielles. L'addition à faire à la carte d'une partie de la Nubie exigeait d'ailleurs un petit changement. Nous avons l'honneur d'en proposer un à l'assemblée, sauf, après qu'il aura été approuvé, à le faire agréer aussi au Dépôt général de la guerre (*voyez* la pièce n°. 3). Le rang dans lequel ont été indiqués les différens corps d'ingénieurs a été fixé, d'un commun accord, d'après des raisons plausibles.

RÉCAPITULATION.

Vos commissaires ont l'honneur de vous proposer,

1°. D'adopter les additions à faire à la carte, et désignées dans la pièce ci-jointe n°. 1;

2°. De faire insérer sur les planches les noms des ingénieurs, d'après la liste ci-jointe n°. 2, et de mentionner les autres dans le mémoire explicatif de la carte;

3°. D'adopter provisoirement le titre général de la carte, que nous avons l'honneur de vous proposer.

Les additions indiquées à faire sur plusieurs planches furent gravées aussitôt après, et l'on mit au bas de chacune d'elles les noms des principaux coopérateurs désignés dans le rapport.

Comme on s'occupait de développer ce qui regarde la position d'el-Lâhoun par rapport à celle de Beny-Soueyf, l'auteur reçut presque en même temps, de plusieurs personnes que leur service avait tenues éloignées de Paris jusqu'à la paix, des matériaux précieux, particulièrement sur cette partie de la carte, et il s'empressa de les employer : il fixa d'une manière satisfaisante la position d'el-Lâhoun, à laquelle se rattache le Fayoum; il fut à même de remplir plusieurs lacunes et de faire des améliorations importantes dans les provinces de Beny-Soueyf et de Gyzeh, principalement d'après les opérations de M. Jomard.

Le titre de la carte, mis en harmonie avec celui de l'ouvrage, fut gravé au dépôt; plusieurs plans de villes anciennes et modernes et plusieurs monumens le furent également avec tous les détails que l'échelle pouvait comporter. On s'occupa ensuite de faire de nouvelles vérifications; mais une maladie longue et grave que l'auteur essuya, apporta des retards à cette opération. Le transport des cuivres, pour les mettre à l'abri des deux invasions, en avait endommagé plusieurs; ils furent réparés.

On mettait la dernière main à la carte, lorsque le président de la Commission d'Égypte et le commissaire du Gouvernement se concertèrent avec M. le général baron Evain, directeur du dépôt de la guerre, pour fixer les arrangemens définitifs entre les ministères de la guerre et de l'intérieur, afin de remettre ensuite la carte à la Commission d'Égypte.

Le 25 octobre 1818, MM. Muriel, colonel d'état-major, Jacotin, l'auteur de la carte, et Puissant, chef de bataillon au corps royal des ingénieurs-géographes, furent nommés, par son Exc. le ministre de la guerre, commissaires pour cette remise.

Enfin, le 2 novembre, les cinquante-quatre cuivres gravés composant l'atlas géographique de l'Égypte, avec les dessins mis au net, furent livrés par ces commissaires à MM. Jomard, Jollois et Devilliers, nommés commissaires par son Exc. le ministre de l'intérieur pour les recevoir.

Les détails dans lesquels on vient d'entrer font connaître les difficultés et les obstacles qu'on a rencontrés dans l'exécution de cette carte; on va indiquer maintenant comment elle a été construite, et analyser les élémens qui sont entrés dans la composition de chaque feuille : ce sera l'objet du troisième chapitre.

CHAPITRE III.

Construction des cartes de l'Égypte.

SECTION Ire.

Carte topographique en quarante-sept feuilles.

§. I. *Échelle et projection de cette carte; positions géographiques qui lui servent de bases, et qui sont calculées en distances à la méridienne de la grande pyramide de Memphis et à sa perpendiculaire; position de chaque feuille relativement à ces deux coordonnées; leurs dimension, notation et disposition, pour en faciliter l'assemblage.*

Les deux tiers de l'Égypte ont été levés à la planchette et à la boussole, à l'échelle d'un mètre pour 40000, qui correspond à celle d'une ligne pour 46 toises 1 pied 9 pouces 4 lignes. On avait eu primitivement le dessein d'en dresser une carte à l'échelle d'un pour 50000; mais, les circonstances n'ayant point permis de compléter entièrement ce travail sur les lieux, et les autres matériaux qui ont servi se trouvant en grande partie à l'échelle d'une ligne pour 100 toises (ou $\frac{1}{86400}$), on a cru devoir adopter celle d'un millimètre pour 100 mètres (ou $\frac{1}{100000}$), qui, dans un pays peu accidenté, permet d'en exprimer suffisamment tous les détails.

La projection dont on a fait usage pour cette carte, a été calculée par M. Nouet, suivant la méthode donnée par Dionis du Séjour [1], et appliquée par lui à la carte de la France. Les points d'intersection de longitude et de latitude de 30′ en 30′ pour l'étendue qu'embrasse l'Égypte, et tous les lieux déterminés par des observations astronomiques [2], ont été rapportés à une méridienne et à une perpendiculaire qui passent par le centre de la grande pyramide nord de Memphis ou de Gyzeh, et ils ont été calculés [3] d'après les résultats des dernières mesures exécutées en France par MM. Méchain et Delambre pour déterminer l'arc du méridien entre Dunkerque et Barcelone. Ces mesures, comparées avec celles qui ont été faites au Pérou proche Quito, donnent $\frac{1}{334}$ d'aplatissement au sphéroïde terrestre, dans le sens de son axe de rotation [4].

Quoique la position de la plus grande partie de ces points soit donnée sur la *feuille première* de la *Carte géographique*, on croit devoir les rapporter ici : ils sont extraits de l'exposé lu par M. Nouet à l'Institut de France, dans les séances des 12 et 21 avril 1802, et remis par lui au dépôt de la guerre le 17 mai suivant.

(*Voyez le tableau ci-joint.*)

---

[1] *Traité analytique des mouvemens apparens des corps célestes*, tom. II, pag. 57 et suiv.

[2] *Voyez* le tableau de ces points, Description de l'Égypte, *É. M.*, tom. XI, pag. 34.

[3] Ce travail a été fait d'abord par M. Corabœuf, et ensuite par nous.

[4] On s'est servi pour ces calculs, et pour tous ceux dont il sera question dans ce mémoire, du mètre provisoire en usage en Égypte pendant

TABLEAU alphabétique des lieux de l'Égypte dont les positions géographiques ont été déterminées par des observations astronomiques, et rapportées à la méridienne de la grande pyramide dite de Gyzeh et à sa perpendiculaire.

(*Voyez* tom. XVII, pag. 492.)

NOMS DES POINTS.	LONGITUDE ORIENTALE DE PARIS		LATITUDE	DISTANCES EN TOISES		DISTANCES EN MÈTRES	
	en temps.	en degrés.	NORD.	à la méridienne.	à la perpendiculaire.	à la méridienne.	à la perpendiculaire.
	h. m. s.						
Abou el-Cheykh (santon)	1. 58. 081.	29° 32′ 01″	30° 31′ 10″	32809^t E.	30522^t N.	63946^m E.	59489^m N.
Alexandrie (phare)	1. 50. 220.	27. 35. 30.	31. 13. 05.	6236. O.	70541. N.	12154. O.	137487. N.
Antinoé (ruines)	1. 54. 209.	28. 35. 14.	27. 48. 15.	14155. O.	124061. S.	27589. E.	241800. S.
Belbeys (au camp)	1. 56. 515.	29. 12. 53.	30. 24. 49.	17131. E.	24420. N.	33391. E.	47596. N.
Beny-Soueyf	1. 55. 310.	28. 52. 25.	29. 08. 28.	585. E.	48014. S.	1140. E.	93581. S.
Le Kaire (maison de l'Institut)	1. 55. 540.	28. 58. 30.	30. 02. 21.	5348. E.	3090. N.	10423. E.	6023. N.
Damiette	1. 57. 590.	29. 29. 45.	31. 25 00.	30665. E.	81523. N.	59767. E.	158989. N.
Denderah (temple)	2. 01. 228.	30. 20. 42.	26. 08. 36.	75820. E.	218125. S.	147726. E.	425133. S.
Dybeh (bouche du lac Menzaleh)	1. 59. 110.	29. 47. 45.	31. 21. 24.	45327. E.	78256. N.	88344. E.	152524. N.
Edfoû (ville et campement)	2. 02. 143.	30. 33. 34.	24. 58. 43.	87668. E.	284254. S.	170868. E.	554021. S.
Esné (ville et temple)	2. 00. 577.	30. 14. 41.	25. 17. 38.	71177. E.	266504. S.	138726. E.	519426. S.
Gyzeh (ville)	1. 58. 218.	29. 35. 27.	26. 20. 03.	37069. E.	207598. S.	72249. E.	404616. S.
Hoû	2. 00. 038.	30. 00. 57.	26. 11. 20.	58901. E.	215710. S.	114806. E.	420427. S.
Ile de Philæ	2. 02. 171.	30. 34. 16.	24. 01. 34.	88932. E.	338422. S.	173332. E.	659597. S.
Karnak (ruines de Thèbes)	2. 01. 223.	30. 19. 34.	25. 42. 57.	76202. E.	242454. S.	148520. E.	472552. S.
Koum-Omboû (temple)	2. 02. 366.	30. 39. 09.	24. 27. 17.	92874. E.	313987. S.	181015. E.	611972. S.
El-E'zbeh (fort)	1. 58. 093.	29. 32. 20.	31. 29. 08.	32741. E.	85505. N.	63813. E.	166753. N.
Louqsor (ruines de Thèbes)	2. 01. 185.	30. 19. 38.	25. 41. 57.	75204. E.	243410. S.	146575. E.	474415. S.
Medynet-abou (ruines de Thèbes)	2. 01. 101.	30. 17. 32.	25. 42. 58.	73379. E.	242453. S.	143018. E.	472550. S.
Minyeh	1. 53. 575.	28. 29. 22.	28. 05. 28.	19046. O.	107726. S.	37122. O.	209962. S.
Omm-fâreg (bouche du lac Menzaleh)	2. 00. 466.	30. 11. 34.	31. 08. 16.	64906. E.	65995. N.	126504. E.	128627. N.
Palais de Memnon	2. 01. 124.	30. 18. 06.	25. 43. 27.	73849. E.	241926. S.	143934. E.	471653. S.
Grande pyramide de Gyzeh	1. 55. 281.	28. 52. 02.	29. 59. 06.	0. F.	0. E.	0. E.	0. E.
Qâou el-Kebyr (temple)	1. 56. 476.	29. 11. 54.	26. 53. 33.	16879. E.	175916. S.	32898. E.	342867. S.
Qené (ville)	2. 01. 400.	30. 25. 00.	26. 09. 36.	79474. E.	217135. S.	154897. E.	423204. S.
Rosette (minaret nord)	1. 52. 343.	28. 08. 35.	31. 24. 34.	35324. O.	81190. N.	68848. O.	158242. N.
Sâlehyeh (fort)	1. 58. 400.	29. 40. 00.	30. 47. 30.	39258. E.	46052. N.	76515. E.	89757. N.
Soueys (port)	2. 01. 023.	30. 15. 35.	29. 58. 37.	68943. E.	40. S.	134373. E.	78. S.
Syène (ville)	2. 02. 192.	30. 34. 49.	24. 05. 23.	89170. E.	334776. S.	174186. E.	652491. S.
Syout (ville)	1. 55. 361.	28. 54. 01.	27. 10. 14.	1676. E.	160120. S.	3267. E.	312080. S.
Tennys (île du lac Menzaleh)	1. 59. 290.	29. 52. 15.	31. 12. 00.	49073. E.	69374. N.	95645. E.	135213. N.
Tour d'Aboukyr	1. 51. 081.	27. 47. 01.	31. 19. 44.	52915. O.	76752. N.	103133. E.	149592. N.
Tour du Boghâfeh	1. 58. 134.	29. 33. 21.	31. 31. 41.	33534. E.	89928. N.	65395. E.	175375. N.
Tour du Boghâz	1. 58. 085.	29. 32. 07.	31. 30. 07.	32561. E.	86434. N.	63472. E.	168463. N.
Tour des Janissaires (au Kaire)	1. 55. 589.	28. 59. 43.	30. 02. 08.	6328. E.	2887. N.	12334. E.	5627. N.
Tour du Marabou	1. 49. 587.	27. 29. 41.	31. 09. 09.	67142. E.	66860. N.	130864. E.	130313. N.

DE LA CARTE DE L'ÉGYPTE. 493

Les points astronomiques étant ainsi rapportés à deux coordonnées rectangulaires, prolongées indéfiniment dans les deux sens, on est parti de leur point d'intersection pour former les feuilles de la carte : on a porté sur le méridien des distances de 5 décimètres, et sur la perpendiculaire, des distances de 8 décimètres; par tous les points de division, l'on a mené des parallèles à ces deux axes, et il en est résulté une suite de rectangles qui représentent les feuilles de la carte. Ces feuilles comprennent une étendue de 50000 mètres de hauteur sur 80000 de largeur, et représentent une superficie de 40 myriamètres carrés, correspondant, en lieues terrestres ou de 25 au degré, à $11^{\text{lieues}}25$ de hauteur et 18 lieues de largeur, ou $202^{\text{lieues carrées}}50$. La superficie du myriamètre tracé sur les feuilles équivaut à $5^{\text{lieues carrées}}0625$.

Pour reconnaître la place que chacune d'elles occupe, on a indiqué, sur les côtés de chaque feuille, près le point d'intersection que forme leur prolongement, la distance en mètres de ce point aux deux coordonnées; des numéros inscrits dans les quarts de cercle formés sur le prolongement des côtés de la feuille font connaître celles qui en sont limitrophes ou qui la touchent immédiatement, et, pour faciliter davantage leur réunion, on a mis en tête le nom de la ville ou du lieu principal qui s'y trouve renfermé.

Le nombre de feuilles que la carte contient est de quarante-sept; savoir : quarante-une de 5 décimètres

l'expédition : sa longueur est de 36 pouces 11 lignes $\frac{44}{100}$; il diffère du mètre définitif, qui est de 36 pouces 11 lignes $\frac{296}{1000}$, de $\frac{144}{1000}$ de ligne par mètre. Pour 100 mètres, il faut ajouter 1 pied. Une longueur de 3079 mètres du mètre provisoire vaut 3080 du mètre définitif.

sur 8, quatre de 5 décimètres sur 3, et deux de 5 sur 4. Ces feuilles sont numérotées à l'angle supérieur de droite, et forment une série non interrompue : lorsqu'elles sont réunies, elles présentent un cadre de 11 mètres de hauteur sur 6^{m}4 de largeur, qui comprendrait cent soixante-seize feuilles, dont quarante en mer, quatre-vingt-quatorze en terre, et quarante-deux en terre et mer ; mais qui se réduisent, comme on vient de le dire, à quarante-sept, à cause du peu de largeur de l'Égypte, seule partie qu'il importe ici de décrire, et aussi à cause de la courbe que fait son littoral avec celui de la Syrie.

Il est résulté de cette forme que, si l'on eût suivi, particulièrement dans la Syrie et dans une partie de la haute Égypte, la coupe des feuilles telle que les parallèles aux coordonnées la déterminaient, on en aurait porté le nombre à cinquante-neuf, au lieu de quarante-sept, et l'on aurait augmenté les frais de gravure, de tirage, de papier, etc., sans nécessité : mais, pour plus de clarté, on a eu soin d'indiquer, sur les côtés des feuilles qui sont dans ce cas, les points de raccord, par une ligne qui forme un angle droit avec le côté de la feuille ; et, du point de jonction, on a décrit un petit quart de cercle semblable à ceux qui sont placés dans les angles des feuilles, lequel renferme le numéro de la feuille qui doit s'y adapter.

L'échelle de la carte d'Égypte différant peu de celle de la carte de France par Cassini, et les points qui servent de bases à cette dernière étant également rapportés à une méridienne et à sa perpendiculaire, on a cru devoir généralement ne point s'écarter des règles suivies pour cette carte, qui a une réputation justement méritée. Cependant on a tracé, sur le cadre seulement, les degrés de longitude et de latitude, sans avoir égard à la courbure des parallèles; on peut y prendre la latitude d'un lieu quelconque, à quelques secondes près, tandis que, la courbe du méridien étant insensible, la longitude peut se prendre exactement.

Au bas de chaque feuille on a tracé l'échelle de la carte en mètres et en myriamètres; en toises et en lieues de France égales à 3000 pas géométriques ou 2500 toises.

Les feuilles ainsi disposées, on y a placé les points astronomiques déterminés dans le tableau ci-dessus, et servant de bases à la carte.

Comme, dans la réunion des matériaux et dans leur emploi, on s'est fait une loi de l'exactitude la plus scrupuleuse possible, on a ponctué les parties sur la certitude desquelles il s'est élevé des doutes, mais qu'on s'est vu forcé d'employer, le temps et les moyens ayant manqué pour en faire la description régulière.

On a indiqué aussi les limites des provinces : ce travail a été fait au moyen des nomenclatures des villes et villages qu'on s'est procurées dans le pays même.

L'irrégularité des villages n'a pas permis de les présenter dans tous leurs détails; mais on leur a conservé à peu près leur forme et leur étendue.

La ligne de navigation du Nil a été tracée d'après le travail des ingénieurs qui ont navigué sur ce fleuve et qui en ont levé ou reconnu le cours.

Ils ont déterminé aussi la limite entre les terres cultivées et le désert; elle n'a pu cependant être toujours tracée avec beaucoup d'exactitude, attendu qu'elle varie selon les crues du Nil.

L'étendue des lacs et des étangs subit les mêmes variations : plusieurs n'ont de l'eau qu'une partie de l'année; on a eu soin de l'indiquer.

Les montagnes, collines, buttes, etc., sont exprimées en raison de leur élévation. On a pointillé le désert pour mieux représenter les sables. En général, on a cherché à rendre sensible, autant que la gravure le permet, tous les objets que renferme cette carte.

Les champs de bataille, les campemens, les marches de troupes, ont été indiqués avec les dates suivant le calendrier grégorien et celui qui était alors en usage.

On trouvera, dans le tableau qui est placé en tête cette carte, l'explication, en français et en arabe, des divers signes employés; ils sont conformes à ceux qui ont été adoptés par le dépôt de la guerre, et publiés dans son *Mémorial*, n°. 5. Au bas de ce tableau, et de celui de l'alphabet harmonique pour la transcription de l'arabe en français (inséré aussi dans ce mémoire), on a placé les échelles en mesures anciennes et modernes, usitées à diverses époques, et on les a toutes comparées aux mesures dont on se sert aujourd'hui en France. D'Anville a servi de guide pour les mesures anciennes.

Tels sont les détails dans lesquels on a cru devoir entrer sur l'échelle de la carte de l'Égypte, sur sa projection, et sur les points qui lui servent de bases. Maintenant on va rendre compte, en détail, des matériaux qui ont été employés pour sa confection : pour présenter ce travail avec clarté, on suivra la division que la carte indique naturellement, c'est-à-dire qu'on expliquera les planches feuille par feuille et dans l'ordre des numéros, comment elles ont été rédigées et construites; on ne s'écartera de cette règle que lorsque les élémens employés porteront sur plusieurs feuilles où se trouvent des positions géographiques servant de bases à la carte, afin de faire connaître comment ces élémens y ont été rattachés.

L'objet qu'on se propose ici consiste à expliquer la construction de la carte, et non à faire une description du sol, ni une géographie comparée. Ces parties seront traitées séparément; on se renfermera, en conséquence, dans les bornes prescrites, en ne parlant de la géographie du pays que lorsqu'il sera indispensable d'en donner une idée générale pour l'intelligence de diverses localités.

§. II. *Analyse des matériaux employés pour la construction de chaque feuille.*

Des quarante-sept feuilles que contient la carte, quarante-deux appartiennent à l'Égypte, et les cinq autres renferment la partie de la Syrie qui a été occupée par l'armée d'Orient. On va d'abord analyser les feuilles qui concernent l'Égypte; ensuite on passera à celles qui regardent la Syrie, et l'on exposera les difficultés qu'on a eues à vaincre pour parvenir à leur construction.

ÉGYPTE.

F^lle 1re, LES CATARACTES, SYÈNE.

Les eaux du Nil, après avoir traversé d'affreuses solitudes, parcouru près de sept cents lieues de pays, et franchi les roches granitiques de la dernière cataracte, arrivent enfin aux limites de l'Égypte, qui ne serait qu'un vaste désert sans ce fleuve bienfaisant.

Dans un cours de treize kilomètres, depuis son entrée en Égypte jusqu'au-dessous de Syène (au bord supérieur de la feuille), on voit des lieux du plus grand intérêt : l'île de Philæ, qui servit jadis de borne à l'empire romain dans cette contrée, et qui fut dépassée par l'armée française; les carrières de granit exploitées par les Égyptiens; l'île d'Éléphantine, qu'on a surnommée *le jardin du tropique*. Les monumens des anciens Égyptiens qui couvrent ces deux îles, sont pour les voyageurs un objet d'étonnement et d'admiration. En face de cette dernière île, sur la rive droite du fleuve, se trouvent la nouvelle ville de Syène et les ruines de l'ancienne. C'est entre ces deux îles célèbres, distantes l'une de l'autre de onze kilomètres, et au milieu d'une foule d'autres plus petites, toutes en granit, qu'est située la dernière cataracte, qui n'a de remarquable que sa célébrité; car, dans les débordemens du Nil, on n'en aperçoit que de faibles traces.

Cette partie de la carte, depuis le village de Quellet-

DE LA CARTE DE L'ÉGYPTE.

Toud, au-dessus de l'île de Philæ, jusqu'à Syène, a été tracée d'après une carte faite au Kaire par les ingénieurs-géographes, à l'échelle de $\frac{1}{50000}$, sur celle à l'échelle de $\frac{1}{75000}$, levée et dessinée par M. Legentil, et dont l'exactitude ne laisse rien à désirer. Elle s'étend depuis Quellet-Toud jusqu'aux ruines au-dessous d'Esné: les points de l'île de Philæ et de Syène, déterminés par des opérations astronomiques, ont servi à fixer la partie de la carte qui entre sur cette première feuille, à laquelle M. Jomard a ajouté les détails de l'ancien chemin qui conduit de Syène à la rive qui est en face de Philæ.

Le cours du Nil et ses environs, depuis Quellet-Toud jusqu'au village de Barbe-Toud, qui est au bas de la feuille, ont été tracés d'après la carte de Norden. Ce travail est loin d'avoir la précision de celui de M. Legentil; mais c'est ce qu'on avait de plus exact au moment de la construction de la carte.

La route de Syène à la montagne de Baram a été communiquée par M. Rozière, qui a visité cette montagne et les anciennes mines qu'elle renferme.

Celle qui se dirige d'abord à l'est, en sortant de Syène, et ensuite vers le sud, a été tracée d'après la carte de Bruce; c'est celle que parcourut, à la fin de 1772, ce voyageur célèbre, à son retour de l'Abyssinie en Égypte[1].

Cette première feuille termine la carte au sud. On demande souvent quels sont les pays situés au-delà, et d'où sort ce grand fleuve sans lequel l'Égypte n'existe-

---

[1] *Voyage en Nubie et en Abyssinie pendant les années 1768 à 1773*, par Bruce, tom. IV, trad. française, in-4°, pag. 646.

rait pas. C'est pour satisfaire à ces questions, autant que possible, que l'on a tiré de Syène des rayons dirigés sur sa source présumée et ses affluens, sur quelques lieux importans des pays qu'ils arrosent, et sur d'autres endroits remarquables dont on a indiqué les distances.

Quoiqu'on ait employé pour cette feuille les meilleures cartes connues, on ne doit pas la comparer avec le reste de la carte sous le rapport de l'exactitude.

F^lle 2e, KOUM-OMBOU.

Les ruines de la ville de ce nom ont été déterminées par des observations astronomiques. Ce point et celui de Syène ont servi à fixer sur la feuille le cours du Nil et ses environs, qui ont été levés en entier par M. Legentil.

Dans cette feuille, la vallée et extrêmement resserrée par le désert; elle ne commence à s'élargir qu'à la hauteur de Cheykh-Ibrâhym, à sept kilomètres au-dessus de Koum-Omboû. En face des ruines de l'ancienne ville, se trouve l'île de Mansouryeh, une des plus grandes de celles qui sont formées en Égypte par le Nil.

La route que l'on voit dans le désert, sur la rive droite, et qui conduit de Daràou à Syène et jusqu'en Abyssinie, a été tracée d'après Bruce et d'après des renseignemens particuliers. Les autres routes marquées sur cette feuille et sur les deux suivantes se trouvent sur la carte de M. Legentil, et sont parfaitement d'accord avec tout ce qu'on a pu se procurer depuis sur ces communications.

F^lle 3e, EDFOU.

Après l'île de Mansourych, la vallée du Nil se resserre insensiblement; les rives arrosées par ce fleuve offrent peu de largeur jusqu'à Gebel Selseleh ou montagnes de la chaîne, à deux myriamètres au-dessous de Koum-Omboû : là, son lit se trouvant resserré par les montagnes, devient très-rapide. On y trouve, de chaque côté et tout au bord du fleuve, le rocher couvert des traces de l'exploitation. Après ce passage, la vallée commence à s'élargir; elle a plus de 5 kilomètres à la hauteur d'Edfoû (*Apollinopolis magna*). Sur la rive opposée à cette ville, le désert touche presque au fleuve.

Cette feuille est, comme les précédentes, entièrement due à M. Legentil; elle est appuyée sur les points d'Edfoû et de Koum-Omboû, déterminés astronomiquement. Indépendamment des ruines d'*Apollinopolis*, elle en renferme encore d'autres, mais de moindre importance.

F^lle 4e, ESNÉ.

La ville d'Esné, anciennement *Latopolis*, a été déterminée par des observations astronomiques; la vallée du Nil, appuyée sur ce point et celui d'Edfoû, est encore due à M. Legentil. On lui doit également la continuation de cette vallée jusqu'aux ruines de Qery, près les deux montagnes. Mais, M. Simonel ayant levé la même vallée du Nil, depuis Esné jusqu'au-delà des ruines de Thèbes, à l'échelle d'un pour 40000, en s'appuyant sur les points d'Esné et de Louqsor, déterminés astronomiquement, son travail a dû être préféré; cependant la partie comprise entre ces deux points, et levée par M. Legentil, a été très-utile pour beaucoup de détails, particulièrement pour des canaux dont le tracé était difficile à reconnaître lorsque M. Simonel en a fait le plan. La vallée continue de s'élargir sur la rive gauche seulement ; elle a, dans quelques endroits, 6 kilomètres de largeur, tandis que, sur la rive droite, elle n'en a guère que deux et demi.

Cette feuille renferme beaucoup de monumens de l'antiquité : indépendamment des ruines du temple d'Esné, on rencontre celles de plusieurs autres temples moins importans, et, sur la rive droite, celles de la ville d'*Elethyia*, qui a été réduite sur la carte d'après le plan détaillé qu'en a fait M. Jomard. En face de ces ruines, et sur l'autre rive, à la distance d'un kilomètre et demi du fleuve, et à 24 kilomètres et demi au sud-est d'Esné, se trouve la pyramide la plus méridionale de l'Égypte, et la seule que l'on connaisse dans la haute Égypte. D'après la carte, sa latitude est de 25° 8′ 0″, et sa longitude, de 30° 24′ 50″, comptées du méridien de Paris.

F^{lle} 5e, THÈBES.

Cette feuille renferme les ruines de Thèbes, la ville aux cent portes, par chacune desquelles on pouvait faire sortir dix mille hommes armés. Si ce fait, transmis par les anciens, présente des doutes, les ruines des temples, des palais, les obélisques, les tombeaux qui existent encore, et beaucoup d'autres vestiges répandus sur les deux rives du fleuve, et épars sur une étendue de plus de quatre lieues, sont des témoins irrécusables de la grandeur et de la magnificence de cette ville, dont les débris font encore l'admiration des voyageurs.

Le plan qui en a été levé, à l'échelle d'un mètre pour 2000 mètres, par MM. Jollois et Devilliers, est appuyé sur une trigonométrie faite par M. Nouet, secondé de M. Corabœuf.

Ils mesurèrent une base de $423^m 2$ dans la plaine de Thèbes, dont l'extrémité nord-ouest s'appuyait sur le *Memnonium,* ou palais de Memnon; l'angle de direction a été trouvé de 39° 30′ nord-ouest : avec cette base on a formé trois triangles, l'un à Medynet-abou; le second, avec le colosse de Memnon; et le troisième, avec Qournah. La distance de Qournah au signal sud-est de la base a donné deux autres triangles : l'un avec Louqsor, et l'autre avec Karnak. On a ensuite réduit les positions de ces lieux en distances à la méridienne et à la perpendiculaire du palais de Memnon.

Le tableau suivant donne la valeur des angles, celle des côtés des triangles, et les distances de leurs sommets à la méridienne et à la perpendiculaire :

Numéros d'ordre des triangles.	SOMMETS DES ANGLES.	VALEURS		DISTANCES DU PREMIER SOMMET de chaque triangle		ANGLES QUE FORMENT LES SOMMETS DE CHAQUE TRIANGLE avec la méridienne et les objets suivans.	CÔTÉS.
		des angles.	des côtés.	à la méridienne.	à la perpendiculaire.		
1.	Medynet-abou.......	19° 01' 52"	423^{m}2.	893^{m}3. O.	890^{m}5. S.	Palais de Memnon 45° 07' 08"	N.E.
	Signal nord-ouest, ou palais de Memnon..	84. 37. 08.	1292 3.	0 0.	0 0.	00. 00. 00.	" N O
	Signal sud-est.......	76. 21. 00.	1261 3.	269 4. E.	326 4. S.	Palais de Memnon 39. 30. 00.	
2.	Colosse de Memnon..	37. 30. 03.	423 2.	70 0. O.	686 2. S.	Palais de Memnon 5. 50. 18.	N.E.
	Signal nord-ouest de la base............	45. 21. 18	494 6.				
	Signal sud-est de la base............	97. 08. 39.	689 8.				
3.	Qournah...........	13. 19. 19.	423 2.	1714 1. E.	631 0. N.	Palais de Memnon 69. 49. 35.	S.O.
	Signal nord-ouest....	70. 40. 25.	1733 2.				
	Signal sud-est.......	96. 00. 16.	1826 6.				
4.	Louqsor............	26. 44. 12.	1733 2.	2650 4. E.	2728 0. S.	Signal sud-est..... 44. 33. 11.	N.O.
	Qournah...........	74. 19. 15.	3381 7.				
	Signal sud-est.......	78. 56. 33.	3781 0.				
5.	Karnak............	20. 24. 42.	1733 2.	4596 8. E.	892 1. S.	Signal sud-est..... 96. 58. 52.	N.O.
	Qournah...........	118. 36. 42.	4364 2.				
	Signal sud-est.......	40. 58. 36.	3260 2.				

DE LA CARTE DE L'ÉGYPTE.

Ces positions ont servi de bases au plan que l'on a réduit sur la carte avec beaucoup d'exactitude, en conservant tous les détails que l'échelle a pu comporter. M. Simonel, en levant à l'échelle d'un pour 40000 le cours de la vallée depuis Esné jusqu'au-delà de Thèbes, a aussi donné ce plan, auquel, malgré son exactitude, on a dû préférer celui de MM. Jollois et Devilliers, levé à une échelle vingt fois plus grande.

La partie de la carte qui représente la vallée du Nil, dans le sud de Thèbes, est fort exacte. Le plan d'*Hermonthis* et des environs a été réduit d'après celui qui a été levé par M. Jomard.

C'est dans cette feuille que l'on a commencé à faire usage des reconnaissances : on s'occupait avec zèle de les remplacer par des levés géométriques, lorsque les événemens militaires forcèrent d'abandonner cette marche.

La reconnaissance qu'on a été contraint d'employer ici a été faite au pas et à la boussole, et construite à l'échelle d'une ligne pour 100 toises, par M. Schouani, dont l'expérience et l'habitude de lever à vue et d'apprécier les distances doivent donner de la confiance dans ses travaux. Il a reconnu de cette manière toute la haute et la moyenne Égypte, depuis le Kaire jusqu'aux cataractes.

La reconnaissance dont il s'agit ici est appuyée sur les points de Qené et Louqsor, déterminés par des observations astronomiques : elle comprend l'ancienne Coptos, et, sur la route de Qoçeyr, les puits de la Gytah, qui paraissent être la première station de la route établie entre Coptos et Bérénice par Ptolémée Philadelphe.

La vallée (c'est-à-dire le terrain susceptible d'être arrosé par les débordemens du Nil) s'élargit sur la rive gauche ; mais, près des ruines de Qery, elle devient très-étroite : elle s'élargit ensuite insensiblement, et, au coude que forme le fleuve près de Rezgât, elle a 2 kilomètres ½ ; de ce village aux ruines de Thèbes, sa largeur excède 7 kilomètres.

Sur la rive opposée, en face des ruines de Qery, la plaine n'a qu'un kilomètre de largeur ; mais, en face de Rezgât, elle en a jusqu'à 4. De là elle se rétrécit progressivement, et le désert vient enfin border le fleuve pendant un espace de 5 kilomètres ; il s'en écarte ensuite, et la plaine acquiert une largeur de 6 kilomètres, qu'elle conserve jusqu'à Thèbes. Au-dessous des ruines de cette ville jusqu'à Qené, la largeur de la plaine varie de 5 à 7 kilomètres ; et, sur la rive gauche, la largeur moyenne est de trois environ : elle est réduite à un kilomètre et demi en face de Qené.

F^{ile} 6e, Vallée de Qoçeyr.

Dans la feuille précédente, on a vu, au-delà du puits de la Gytah, la route qui conduit à Qoçeyr ; nous allons indiquer comment cette route a été levée, et pour quels motifs nous nous sommes déterminés à la tracer sur la carte.

Le port de Qoçeyr, situé sur la rive orientale de la mer Rouge, sert d'entrepôt au commerce de la haute Égypte et de l'Yémen. Le 9 prairial an VII (28 mai 1799), les généraux Belliard et Donzelot prirent cette ville, distante de Qené de 152 kilomètres en ligne droite, et de 202 kilomètres par la route ordinaire. M. Schouani, qui faisait partie de cette expédition, leva la route au pas et à la boussole : mais, comme on arrivait souvent de nuit aux endroits où l'on bivouaquait, et qu'on en partait avant le jour, le pays en avant et en arrière des bivouacs, sur une longueur de 5 à 6 kilomètres, n'a pu être bien vu; on a cependant eu l'attention d'indiquer la direction de la route, et, au moment où le jour permettait de distinguer les objets, on figurait cette route à peu près, en donnant aux montagnes voisines le caractère de celles des parties qui avaient été reconnues exactement.

Qoçeyr, suivant Bruce[1], est situé par les 26° 7′ 51″ de latitude, et par les 34° 44′ 15″ de longitude. C'est ce point, et celui de Qené, qui ont servi à fixer la position de la route connue généralement sous le nom de *vallée de Qoçeyr*.

F^lle 7e, QOÇEYR.

Le plan de cette ville et des environs a été levé à $\frac{1}{5000}$ par M. Legentil. M. du Bois-Aymé a levé la côte sur une étendue de 4000 mètres, à $\frac{1}{3456}$ ou une ligne pour 4 toises. On a fait usage de ces deux plans; la route a été tracée d'après la reconnaissance de M. Schouani, et les sondes ont été prises sur le plan de M. Legentil.

F^lle 8e, EL-HAOUEH.

Cette feuille offre peu d'intérêt; elle ne renferme que

---

[1] *Voyage en Nubie et en Abyssinie pendant les années 1768 à 1773*, par Bruce; pag. 215.

la route ordinaire de Qené à Qoçeyr. On a éprouvé, en parcourant cette partie, les mêmes difficultés que pour la feuille 6; mais les mêmes procédés ont été employés pour avoir la direction de la route et la distance parcourue pendant la nuit.

Il est peut-être à regretter que M. Schouani n'ait pas eu les moyens ni le temps de faire un levé plus exact de la route qui fait l'objet des feuilles 6, 7 et 8; mais l'importance de cette communication de la haute Égypte avec la mer Rouge a déterminé à la tracer sur la carte, telle que cet ingénieur l'a reconnue.

F^lle 9e, QENÉ.

Cette feuille fait suite à celle de Thèbes. On a fait connaître, en rendant compte de la construction de cette dernière, comment la partie de la vallée comprise entre Thèbes et Qené avait été fixée sur la carte.

Depuis les cataractes jusqu'à Qené, ville moderne, qui est, avec Qoçeyr, l'entrepôt du commerce de la haute Égypte et de l'Arabie, le fleuve coule dans une direction sud-nord. A Qené, où il fait un grand coude, son cours se dirige vers l'ouest jusqu'au-delà de Hoû, sur la feuille suivante; les deux rives, dans cet espace, ont été parcourues et levées par M. Schouani, qui en a dressé la carte à l'échelle d'une ligne pour 100 toises. Les points de Qené et de Hoû, déterminés astronomiquement, ont servi de bases à cette partie de la carte.

La position du célèbre temple de Denderah, au bord du désert, à 4 kilomètres du Nil, a été déterminée par des observations astronomiques, et le plan en a été réduit d'après celui de MM. Jollois, Devilliers, Saint-Genis et Corabœuf, levé à l'échelle d'un mètre pour 2000 mètres.

Le désert touche à la ville de Qené, s'en écarte insensiblement, et laisse une plaine que les eaux du fleuve peuvent arroser jusqu'à 11 kilomètres de largeur. Cette plaine diminue ensuite, et, en face de Hoû, le désert vient de nouveau toucher les bords du fleuve.

Sur la rive opposée, le désert n'est qu'à 2 kilomètres du fleuve; il s'approche ensuite de ses bords et s'en écarte presque aussitôt, jusqu'à la distance de six kilomètres; enfin il s'en approche de nouveau à Hoû, dont on va parler dans la feuille suivante.

F^{lle} 10e, GIRGEH.

Cette feuille a été levée au pas et à la boussole par M. Schouani, et construite à l'échelle d'une ligne pour 100 toises.

La position de la ville moderne de Girgeh, et celle du village de Hoû, que l'on croit bâti sur les ruines de *Diospolis parva*, ont servi à fixer sur la carte la vallée comprise entre ces deux points déterminés par des observations astronomiques.

Les ruines d'*Abydus* se trouvent sur cette feuille; elles sont rapportées d'après le plan détaillé qu'en a fait M. Jomard à l'échelle de deux dix-millièmes de mètre pour mètre[1].

Le canal de Bahgourah prend naissance au village dont il porte le nom; il se prolonge sur les feuilles sui-

---

[1] Voyez *A*., vol. IV, pl. 35.

vantes en changeant son nom contre celui de Saouâqy. Il est remarquable par sa largeur; dans une partie de son cours, il sert de limite entre le désert et les terres cultivées.

Le désert resserre la plaine au point qu'il touche le fleuve au-dessous de Hoû et de Girgeh; la plus grande largeur de cette plaine ne passe pas 6 kilomètres, tandis que sur l'autre rive, dans toute la longueur que cette feuille embrasse, depuis Hoû jusqu'à Qené, la plaine est arrosée par de nombreux canaux, et a jusqu'à 10 kilomètres de large.

F^lle 11e, Tahtah.

La partie de cette feuille, levée, comme la précédente, par M. Schouani, est fixée par le point de Girgeh, dont on vient de parler, et par celui de Tahtah. On indiquera dans la feuille suivante les moyens qu'on a employés pour déterminer cette position. Il est fâcheux que M. Schouani n'ait pu reconnaître les pays compris entre le canal de Saouâqy et le Nil : il y a dans cet espace plusieurs canaux sur lesquels on n'a pu se procurer que des notions incertaines et insuffisantes pour les tracer.

La partie de cette feuille au nord de Tahtah a été levée, à l'échelle d'un pour 40000, par MM. Bertre et Lecesne. C'est à cet endroit qu'ils ont été forcés de suspendre leurs opérations, qui devaient être portées jusqu'aux frontières de la province de Qené, pour se joindre à celles que M. Simonel était chargé de faire, et qu'il a également interrompues aux ruines de Thèbes.

Dans cette feuille, la rive droite du fleuve touche au

désert dans sa plus grande partie, et généralement la plaine entre le Nil et la montagne est très-étroite; il n'y a qu'au nord et dans les environs d'Akhmym qu'elle offre une largeur de 6 à 8 kilomètres, tandis que sur la rive gauche, au contraire, entre le fleuve et le désert Libyque, elle est susceptible de culture dans un espace de 8 jusqu'à 18 kilomètres.

F^lle 12e, Syout.

La province de Syout se trouve comprise dans les feuilles 11, 12 et 13; elle est limitée au nord par la province de Minyeh, qui porte sur les feuilles 13, 14 et 15 : la séparation de ces provinces est aussi celle de la haute et de la moyenne Égypte.

On va entrer dans quelques détails sur la manière dont ces provinces ont été levées, et sur les moyens employés pour les tracer sur la carte.

MM. Bertre et Lecesne furent chargés, en l'an ix (1801), de lever, à l'échelle d'un mètre pour 40000, la province de Syout; ils commencèrent leurs opérations à l'est de la ville, sur la rive gauche du Nil, à la maison dite de la douane, et déterminèrent le grand minaret de cette ville, dont la position était fixée par les observations de M. Nouet.

Conformément à leurs instructions, MM. Bertre et Lecesne mesurèrent des bases le long du fleuve, en se dirigeant vers le sud, pour arriver sur la position de Qâou el-Kebyr, déterminée par M. Nouet, en s'alignant sur des objets éloignés et sur le grand minaret de Syout. Des extrémités de ces bases, qui formaient entre elles une ligne brisée, et de tous les lieux qui leur paraissaient favorables, ils dirigeaient des rayons visuels sur tous les objets de remarque qui se trouvaient dans les environs de l'endroit où ils observaient; et ils étaient toujours assurés de la précision de leur opération, lorsque plusieurs de ces rayons tirés sur le même objet ne formaient qu'une seule intersection. Le minaret de Syout, quoique vu à une très-grande distance, leur a été utile pour ne point dévier dans les diverses directions qu'ils ont dû prendre. Arrivés à Qâou el-Kebyr, ils ont continué à opérer de la même manière, jusqu'aux limites de la province de Girgeh, sur le bord du fleuve : de ce point, ils ont déterminé plusieurs lieux de cette province, et ont pris quelques alignemens qui devaient servir de repères à M. Simonel, chargé d'en faire le levé.

MM. Bertre et Lecesne, arrivés à Qâou el-Kebyr, s'aperçurent que la distance donnée par M. Nouet, de ce point au minaret de Syout, était, d'après ses calculs des distances à la méridienne et à la perpendiculaire, de 42730 mètres, tandis que, suivant les leurs, elle s'élevait à 45340 mètres. Une différence aussi forte décida ces ingénieurs à recommencer leur travail pour s'assurer de son exactitude : ils mesurèrent donc, sur la rive droite du fleuve, de nouvelles bases à l'effet de lier une seconde fois le minaret de Syout à Qâou; et cette seconde opération, faite avec autant de soin que la première, ne servit qu'à en constater la précision, soit pour les distances, soit pour les directions. Le tracé des opérations et les cotes de toutes les bases mesurées sont marqués sur le plan et doivent inspirer une grande confiance.

Arrivés à la douane en face de Syout, point de départ, MM. Bertre et Lecesne continuèrent à opérer de même, vers le nord, jusqu'aux limites de la province de Minyeh; ils lièrent leurs opérations à celles de M. Jomard, chargé du levé de cette province, et se rattachèrent à une base commune de 3500 mètres, de laquelle ils déterminèrent plusieurs objets identiques qui ont servi à lier les cartes des deux provinces. MM. Bertre et Lecesne, tout en mesurant leurs bases, avaient levé à la planchette le cours du fleuve, et déterminé une multitude d'objets de la province de Syout; ils allaient continuer lorsqu'ils reçurent l'ordre de suspendre leurs travaux et de se rendre au Kaire.

Les mêmes instructions furent données à M. Jomard, au moment où il venait de terminer et compléter le levé géométrique de la province de Minyeh, à l'échelle d'un mètre pour 40000, et d'après les procédés adoptés; il se disposait alors à commencer celui de la partie sud de la province de Beny-Soueyf, qui limite celle de Minyeh au nord, pour se porter de là au Fayoum.

Le débarquement des Anglais à Abouqyr arrêta ces travaux si heureusement commencés, et dont le résultat devait donner une carte exacte et une description détaillée de l'Égypte, telles que cette contrée n'aurait rien eu à envier, sous ce rapport, aux pays les plus policés de l'Europe, puisque toutes ses provinces auraient été levées et décrites comme celle de Minyeh.

Tels sont les moyens qui ont été employés pour lever les provinces de Syout et de Minyeh. On va rendre compte de ceux qu'on a mis en usage pour fixer sur la carte ces différens levés.

Quatre positions ont été déterminées par des observations astronomiques, dans ces deux provinces; savoir, Minyeh, Antinoé, Syout, Qâou el-Kebyr. Les longitudes de Minyeh et de Syout ont été observées deux fois, d'abord en remontant le Nil pour aller dans la haute Égypte, et ensuite pendant le retour au Kaire; on a pris un milieu entre ces deux observations : la latitude a été prise en remontant. Quant aux deux autres positions, Qâou el-Kebyr et Antinoé, elles ont été déterminées au retour de la haute Égypte.

Après avoir placé ces quatre positions sur la carte, on a remarqué que la distance de Minyeh à Antinoé était, suivant les calculs, de 33234 mètres, et, suivant le plan, de 33270; différence de 36 mètres, qui équivaut à un tiers de millimètre sur la carte, et qu'on peut considérer comme nulle.

La distance de Minyeh à Syout, suivant les calculs, est de 109759 mètres, et, suivant les plans, de 106917. Cette différence de 2842 mètres qui existe est sans doute trop forte; si elle n'était que de 4 à 500 mètres, on pourrait la rejeter sur les levés : mais comment aurait-on pu commettre une erreur aussi considérable, puisque chaque base mesurée a été vérifiée au moyen de rayons visuels qu'on tirait de ses extrémités sur les mêmes objets, et qui se coupaient tous au même point ? Après avoir été long-temps indécis sur le parti à prendre, on a fini par regarder les points de Syout et de Minyeh comme bons, et l'on s'est déterminé à en faire usage,

DE LA CARTE DE L'ÉGYPTE. 515

attendu que les plans n'ont subi aucune altération dans leur forme, que la position d'Antinoé s'est trouvée exactement placée sur le parallèle donné par le calcul, et que l'angle que la déclinaison de la boussole forme avec le méridien s'est trouvé, à très-peu de chose près, le même qu'à Thèbes et au Kaire; or, il est naturel de croire qu'elle ne doit pas éprouver de grandes variations entre ces deux points.

On a aussi remarqué que la longitude d'Antinoé se trouve rejetée à l'est de 2630 mètres : si l'on eût fait usage de cette position, la province de Minyeh aurait été portée trop à l'ouest, et l'angle formé par les lignes tirées du point de jonction des travaux de MM. Jomard, Bertre et Lecesne, sur Minyeh et Syout, aurait différé de plus de six degrés de celui que forment les plans étant réunis; la distance de ce point à Syout serait de près de 47000 mètres, tandis que d'après le plan elle n'est que de 41200; enfin la déclinaison de la boussole, qui est de 12° 9' environ, se trouverait à peine de 8°.

Il reste à dire comment a été fixée sur la carte la partie méridionale de la province de Syout. La position de Qâou, déterminée astronomiquement, devait, avec celle de Syout, servir à cette opération; mais on a vu que la distance entre ces deux endroits est de 42730 mètres suivant les calculs, et, suivant le plan, de 45340 mètres : c'est une différence de 2610 mètres, inverse de celle trouvée entre Syout et Minyeh; car, dans celle-ci, la longueur ou distance donnée par le calcul est à celle donnée par le plan comme 38 est à 37; tandis que, dans celle de Syout à Qâou, elle est comme 38 est à 40. La

33.

distance ayant été mesurée deux fois avec beaucoup d'exactitude et avec les mêmes résultats, on s'est déterminé, après de mûres réflexions, à abandonner la position de Qâou, pour ne point dénaturer les matériaux, et l'on s'est appuyé sur les positions de Syout et de Minyeh pour fixer cette partie de la province de Syout à laquelle la reconnaissance de M. Schouani (dont on a parlé en rendant compte de la construction de la feuille 11) vient se rattacher.

Il résulte de tout ce que l'on vient de dire, que la longitude d'Antinoé, qui était, suivant les calculs de 28° 35′ 14″, se trouverait être, suivant la carte, de 28° 36′ 44″, et que sa distance à la méridienne, qui était de 27589 mètres, ne se trouverait que de 24979 mètres.

La latitude de Qâou el-Kebyr était, suivant les calculs, de 26° 53′ 33″; suivant la carte, elle est de 26° 52′ 20″ : différence, 1′ 13″. Sa longitude, suivant les mêmes calculs, était de 29° 11′ 54″; suivant la carte, elle est de 29° 13′ 24″ : différence, 1′ 30″.

La distance de la même position à la méridienne était de 32898 mètres, et à la perpendiculaire, de 342867 mètres. Suivant la carte, la distance à la méridienne est de 35400; et à la perpendiculaire, de 345107 mètres.

La différence des distances à la méridienne est de 2502 mètres, et celle des distances à la perpendiculaire, de 2240 mètres.

Malgré toutes ces différences, on ne s'est pas permis de toucher aux résultats obtenus par les calculs, et ils ont été rapportés fidèlement dans ce mémoire, p. 492, et sur la première feuille de la carte géographique.

Après avoir indiqué comment les feuilles qui comprennent les provinces de Minyeh et de Syout, ont été fixées sur la carte, on va expliquer comment chacune de ces feuilles a été construite. Celle qui porte le n°. 12, et qui renferme Syout, est complète sur la rive orientale, et de ce côté elle ne laisse rien à désirer pour la précision; mais la rive occidentale offre des lacunes que les circonstances n'ont point permis de remplir. MM. Bertre et Lecesne n'ont pu qu'indiquer, entre autres, le canal de Saouâqy et quelques autres canaux qui en dérivent, depuis la hauteur d'Aboutyg jusqu'au village de Cheykh-Gâber sur le bord du Nil. Les canaux qui longent le désert, depuis le village d'el-Zâyrah jusqu'à Syout, et la limite des terres cultivées dans toute son étendue, ont été levés exactement par MM. Bertre et Lecesne; mais l'espace compris entre ces canaux, celui de Saouâqy et le fleuve, n'a pu être reconnu en entier, et le canal de Saouâqy au sud du village d'el-Zâyrah a été tracé d'après la reconnaissance seule de M. Schouani.

La route indiquée par des points, qui conduit de Syout dans l'intérieur de l'Afrique, à Dongola, etc., a été tracée d'après des itinéraires, et d'après le *Voyage dans la haute et la basse Égypte, la Syrie et le Dârfour*, fait de 1792 à 1798, par W. G. Browne.

La feuille 12 renferme Syout, capitale de la province de ce nom, bâtie sur les ruines de l'ancienne *Lycopolis*, les lieux les plus considérables après cette ville sont Beny-A'dyn et Sadfeh.

La largeur de la vallée du Nil, c'est-à-dire de toute la partie que le fleuve peut inonder, est considérable dans cette feuille. Sur la rive droite, elle a communément 5 à 6 kilomètres de largeur; ce n'est qu'en face des vallées que le désert vient presque toucher les bords du Nil. Sur la rive opposée, ses eaux peuvent s'étendre à plus de 12 kilomètres : il n'y a qu'auprès de Syout que la montagne se rapproche du fleuve; elle s'en écarte ensuite en allant vers Beny-A'dyn.

F^{lle} 13e, Manfalout.

Cette feuille a été levée par MM. Jomard, Bertre et Lecesne. On a vu ci-dessus comment leurs travaux ont été réunis sur la carte. La partie de la province de Syout laisse des lacunes, particulièrement sur la rive gauche. La rive droite a été levée jusqu'au pied de la chaîne qui termine la vallée du Nil de ce côté; il y a seulement, à la jonction de cette feuille avec la précédente, quelques canaux et digues qui n'ont pu être vus.

Sur la rive opposée, le canal de Saouâqy, qui côtoie le désert presque dans toute son étendue, n'a point été vu dans la partie sud de cette feuille, jusqu'à l'endroit où le canal dérivé du Nil au nord de Manfalout vient s'y jeter; ce dernier n'a été tracé que sur des indications. Mais, depuis ce point de jonction jusqu'au village de Beny-Choragân, il a été levé par M. Schouani; de ce village jusqu'à son entrée dans la province de Minyeh, il n'a été tracé que d'après des renseignemens.

L'espace compris sur cette feuille entre le Nil, la province de Minyeh et le canal de Saouâqy, n'a pas été levé. On n'a pu y tracer que la route suivie par le général Desaix, allant dans la haute Égypte, et les objets qu'il a rencontrés dans sa marche.

Si le levé de la partie de la province de Syout est incomplet, il n'en est pas de même de celui de la province de Minyeh, que M. Jomard a porté à sa perfection. Le canal de Joseph prend naissance dans cette feuille : les ruines d'une grande ville se trouvent sur la rive droite; le gros bourg de Dalgeh, celui d'el-Qousyeh, bâti près des ruines de *Cusæ*, sur la rive gauche.

La partie de la province de Syout qui porte sur cette feuille n'a de remarquable que la ville de Manfalout.

Sur la rive droite, une chaîne de monticules, coupée de distance en distance par des gorges ou petites vallées, règne sur les bords du fleuve, depuis Meylâouy jusqu'au village de Damanhour; elle se dirige de là vers l'est, et laisse une plaine large de cinq kilomètres. A la hauteur de Manfalout, elle s'étend jusqu'à sept; mais la chaîne qui se porte au sud, après s'être dirigée à l'ouest, fait évanouir cette plaine en face de la vallée de Syout, où le désert vient de nouveau toucher le fleuve.

Sur la rive opposée, au contraire, l'étendue des terres susceptibles d'être arrosées est de 12 à 15 kilomètres. La chaîne libyque qui termine cette étendue est très-basse, et n'offre pas les aspérités de la chaîne arabique.

On a rapporté sur cette feuille une partie de la reconnaissance faite dans le désert, sur la rive droite du Nil, par M. Raffeneau-Delile. Elle se trouvera en entier sur la carte géographique. Cet important travail fait regretter que toutes les reconnaissances qu'on avait projetées dans le désert n'aient pu être exécutées.

F^lle 14e, ANTINOÉ, MINYEH.

Tout le levé de cette feuille appartient à M. Jomard; on a vu, feuille 12, comment elle a été assujettie sur la carte. Elle peut donner une idée, par la richesse de ses détails, de ce qu'aurait été la carte de l'Égypte, si elle eût pu être ainsi entièrement levée à l'échelle d'un pour 40000.

Le canal de Joseph traverse cette feuille; il coule parallèlement au Nil à une distance moyenne de 12 kilomètres. La rive gauche de ce canal touche au désert dans plusieurs endroits.

Parmi de nombreux vestiges d'antiquités, on remarque, sur la rive droite du Nil, les ruines romaines d'Antinoé bâtie par l'empereur Adrien, et sur la rive gauche, celles d'*Hermopolis magna*, qui renferment, au milieu d'un vaste amas de décombres, les restes d'un temple magnifique; sur cette rive gauche se trouvent aussi les deux villes modernes de Minyet Ebn Khasim et Meylâouy el-A'rych.

La chaîne de montagnes qui règne sur la rive orientale du fleuve, et qui est coupée, par intervalles, de gorges ou petites vallées, est très-escarpée; elle est tellement rapprochée du fleuve, qu'elle laisse peu de terres que le Nil puisse féconder.

F^lle 15e, ABOU-GIRGEH.

La partie de la province de Minyeh que contient cette feuille, a été levée, comme la précédente, par M. Jomard; il devait, comme on l'a déjà dit, continuer son travail au-delà de Samallout, en levant la province de Beny-Soueyf, si les événemens n'y eussent apporté obstacle. On ne possède sur cette province, depuis Beny-Soueyf jusqu'à Samallout, qu'une reconnaissance faite au pas et à la boussole par M. Schouani, et qui n'a pu fournir des matériaux aussi précis et aussi nombreux que ceux que l'on pouvait attendre du zèle et des talens de cet officier; plusieurs canaux qu'il n'avait pu apercevoir ont été tracés d'après des remarques dont M. Martin a bien voulu nous faire part.

Le travail de M. Schouani dans cette province, comprise dans la feuille 15 et sur les deux suivantes, se rattache aux villages de Samallout, Beny-Ghâny, Bagarlink, Bayhamoû, etc., levés par M. Jomard, et à la ville de Beny-Soueyf, dont la position géographique a été déterminée par M. Nouet.

La ville d'Abou-Girgeh près du fleuve, et Banaceh, bâtie sur la rive gauche du canal de Joseph, dans l'emplacement des ruines d'*Oxyrhynchus*, se trouve sur cette feuille.

Le canal de Joseph coule dans une direction à peu près parallèle à celle du Nil, et à une distance qui varie depuis cinq kilomètres jusqu'à seize. La rive gauche touche le désert en beaucoup d'endroits.

Sur la rive droite du Nil, la chaîne de montagnes,

comme dans la feuille précédente, laisse peu de terrains susceptibles d'être cultivés.

F^lle 16e, Fechn.

Les détails dans lesquels on vient d'entrer sur le levé et la construction de la feuille 15, s'appliquent entièrement à la feuille 16; elle a été tracée d'après la reconnaissance de M. Schouani et les remarques de M. Martin.

La petite ville de Fechn est l'endroit le plus remarquable de cette province. Le désert touche à la rive orientale du fleuve; et, quoique la chaîne de montagnes qui règne le long du fleuve s'en écarte plus que dans les précédentes, le terrain qu'elle laisse n'est qu'un désert, où aujourd'hui l'eau du Nil ne peut parvenir.

Le canal de Joseph coule parallèlement au fleuve, mais à une distance plus considérable que dans la feuille précédente; elle n'est jamais moins de 12 kilomètres, et va jusqu'à 18 dans beaucoup d'endroits.

La chaîne *libyque*, comme dans les feuilles dont on vient de parler, est généralement basse; cependant elle laisse, dans cette feuille, encore moins de terrain susceptible d'être arrosé que dans la feuille 15.

F^lle 17e, Gebel Gebei.

Cette feuille, construite avec les mêmes élémens que les deux précédentes, présente peu d'intérêt; elle n'a été faite que pour compléter la vallée du Nil.

F^lle 18e, Beny-Soueyf.

M. Martin, ingénieur des ponts et chaussées, pendant le séjour qu'il a fait à Beny-Soueyf, s'est occupé de l'hydrographie et de la topographie de cette province; il a levé à l'échelle d'un pour 40000 toute la vallée du Nil, depuis Beny-Soueyf jusqu'aux limites de la province de Gyzeh, et une partie du Fayoum. Il a bien voulu nous communiquer la carte qu'il en a dressée et les observations trigonométriques qui lui ont servi de bases. On va les faire connaître ici.

A son arrivée à Beny-Soueyf, M. Martin fit tracer, au nord de cette ville et le long des bords du Nil, sur un terrain aussi uni qu'il fut possible, une ligne parfaitement droite, qu'il mesura plusieurs fois avec le plus grand soin; cette ligne se trouva être de $426^m 72$ de longueur.

De ces deux extrémités, avec un très-bon graphomètre à lunettes, de 20 centimètres de rayon, il observa le minaret nord de Beny-Soueyf, un grand pic de la montagne appelée *Gebel Moqattam*, et le minaret de Bouch: il détermina leurs distances respectives. De ces trois points, il observa ensuite tous les minarets et tous les objets de remarque du nord de la province et des environs de Beny-Soueyf. Du minaret de Bouch et du pic du Moqattam, il détermina la position de la pyramide d'el-Lâhoun. Ce point et les trois précédens, visibles à de très-grandes distances, formèrent un canevas auquel il a rattaché tous les levés de détail, faits partie au graphomètre et partie à la boussole.

Pour orienter ce canevas, M. Martin observa, aux minarets de Beny-Soueyf et de Bouch, la déclinaison de la boussole par rapport à la ligne qui unit ces deux minarets; il trouva que cette ligne fait, avec l'aiguille aimantée, un angle nord-est à Beny-Soueyf, et sud-ouest à Bouch, de 31° 35'.

Il restait à M. Martin à lier la province du Fayoum à ce canevas; cette nouvelle opération présentait beaucoup d'obstacles qu'il a su vaincre. Aidé de son collègue M. Caristie, ils mesurèrent une base au nord et près de la pyramide dite *du Labyrinthe*, non loin du Bahr Belâ-mâ ou fleuve sans eau. Cette base se trouva être de 610 mètres de longueur, faisant de son extrémité ouest, avec le nord magnétique, un angle à l'ouest de 93° 50'. Cela posé, on établit sur cette base trois triangles; l'un avec la pyramide d'el-Lâhoun, l'autre avec la pyramide du Labyrinthe, et le troisième avec la mosquée Rouby de la ville de Medynet el-Fayoum.

M. Corabœuf a bien voulu faire tous les calculs que ces opérations ont exigés. On se bornera à en rapporter ici les résultats.

Il a trouvé pour les distances,

Du minaret nord de Beny-Soueyf..............	au pic du Moqattam......	13231 mètres.
	au minaret de Bouch.....	9077.
	à la pyramide d'el-Lâhoun.	22924.
De Bouch...............	au pic.................	10633.
	à la pyramide...........	19174.
De la pyramide d'el-Lâhoun.	au pic.................	29763.
	à la pyramide dite *du Labyrinthe*...............	8117.
	à la mosquée Rouby......	15356.
De la pyramide dite du *Labyrinthe*..............	à la mosquée Rouby......	7254.

Au moyen de l'angle de 31° 35' que le méridien magnétique fait avec la ligne qui unit les minarets de Beny-Soueyf et de Bouch, et en déduisant la déclinaison de la boussole observée au Kaire, égale à 12° 9' ouest, on a eu, pour la valeur de l'angle que fait la ligne du minaret de Beny-Soueyf au minaret de Bouch avec le méridien, 19° 26'.

Avec cet azimut, on a calculé en distances à la méridienne et à la perpendiculaire du minaret nord de Beny-Soueyf les positions trigonométriques déterminées par M. Martin. Le tableau suivant en contient les résultats.

NOMS DES LIEUX.	DISTANCES			
	A LA MÉRIDIENNE de Beny-Soueyf.		à la PERPENDICULAIRE.	
	mètres.		mètres.	
Beny-Soueyf (minaret nord)............	0.	»	0.	»
Bouch (minaret).....	3020.	Est.	8560.	Nord.
Pic du Moqattam (signal)............	12617.	Idem.	3982.	Idem.
Pyramide d'el-Lâhoun.	13251.	Ouest.	18706.	Idem.
Pyramide dite du Labyrinthe..........	20226.	Idem.	22856.	Idem.
Medynet el-Fayoum (la mosquée Rouby)....	26475.	Idem.	26540.	Idem.

Malgré la petitesse des bases d'après lesquelles M. Martin a opéré, les résultats qu'il a obtenus méritent confiance, d'autant qu'ils sont exactement conformes aux itinéraires de plusieurs ingénieurs membres de la Commission d'Égypte, qui ont fait à diverses fois le voyage de Beny-Soueyf au Fayoum.

C'est à ces opérations, qui portent sur les feuilles 18,

19 et 20, qu'on a rattaché tous les levés et reconnaissances faits au Fayoum et dans le nord de la province de Beny-Soueyf, et dont on va rendre compte.

Dans la feuille 18, la vallée du Nil, depuis Beny-Soueyf jusqu'à la grande digue d'Oukchey-chy, a été levée par M. Martin, comme on l'a dit précédemment. M. Jomard a fourni quelques détails sur la route de Beny-Soueyf au Kaire, et depuis cette ville jusqu'à Zâouyeh, situé à l'est de cette digue. Mais la partie de la vallée au-delà de la digue a été faite d'après les reconnaissances de MM. Jomard et Schouani. M. Jomard a levé, au pas et à la boussole, toute la route du Kaire à Beny-Soueyf, et il a déterminé tous les objets qu'il a pu voir de cette route. M. Schouani a levé, également au pas et à la boussole, toute la rive droite du fleuve, depuis le Kaire jusqu'à Atfyh, et la rive gauche, depuis Beny-Soueyf jusqu'au-delà de la pyramide de Meydoun: mais ces reconnaissances n'ont été employées qu'à défaut de levés réguliers; elles ont servi seulement pour tracer la vallée comprise entre la digue, les ruines de Memphis et les pyramides de Dahchour, où finissent les levés faits dans les environs du Kaire. Elles ont toutefois donné un résultat assez satisfaisant, en les comparant aux parties qui ont été levées depuis. M. Jomard a, dans la suite, eu occasion de faire une opération extrêmement importante, qui a servi à fixer plus particulièrement ces reconnaissances sur la carte. Étant (en 1801) sur les bords du Nil, au sud du village de Metânyeh, il observa avec une bonne boussole les angles que faisaient, avec le nord magnétique, la dernière pyramide de Dahchour, les deux pyramides qui sont à l'entrée du désert, à l'est de Metânyeh, et celle de Meydoun; il trouva que l'angle avec la première était de 1° 30', avec la deuxième de 106° 30', avec la troisième de 151° 30', et avec la quatrième de 154° 30'; tous ces angles sont à l'ouest. Cet ingénieur, dans son itinéraire du Kaire à Beny-Soueyf, avait, de plus, observé, à 2000 mètres au sud de Riqqah el-Kebyr, que la pyramide de Meydoun était exactement à l'ouest du méridien magnétique: cette observation et la précédente ont déterminé sa position; elle se trouve la même que celle que lui assigne M. Schouani dans le levé qu'il a fait au pas et à la boussole de tout le pays compris entre Zâouyeh et le village de Meydoun.

Toute la rive gauche de la vallée, comme on l'a déjà dit, a été faite d'après la reconnaissance de M. Jomard, ainsi que les rives du Nil qu'il a été à même de voir dans la route qu'il a suivie: mais le canal d'el-A'sarah, qui limite le désert à l'ouest, et les villages situés sur ses bords, ont été seulement tracés d'après une reconnaissance qu'on ne peut regarder comme exacte, et dont l'auteur ne nous est pas connu; bien que quelques-uns de ces villages se soient trouvés identiques dans le travail de M. Jomard et dans cette reconnaissance, on s'est borné à la ponctuer sur la carte.

La rive droite, depuis Atfyh jusqu'au village de Halouân, à la hauteur des ruines de Memphis, dans la feuille 21, et le cours du fleuve dans les parties que M. Jomard n'a pu voir, ont été tracés d'après la reconnaissance de M. Schouani. La ville d'Atfyh a été placée relativement au point de Riqqah, déterminé d'après une autre reconnaissance de M. Jomard. Les points correspondans entre ces deux reconnaissances n'ont présenté que des différences très-légères.

Les routes dans le désert, depuis Atfyh jusqu'à la vallée de l'Égarement, ont été tracées d'après les renseignemens fournis par M. Vidal, chef d'escadron du corps des *dromadaires*, qui, ayant parcouru ce désert, a bien voulu, d'après notre invitation, en observer toutes les routes.

Celles qui conduisent des bords du Nil aux monastères de Saint-Antoine et de Saint-Paul, n'ont point été fréquentées pendant l'expédition. On n'a eu, pour les indiquer, que les relations du P. Vansleb[1] et du P. Sicard[2], qui ont visité ces monastères.

La chaîne de montagnes de la rive orientale, comme dans la feuille 16, est coupée par des vallées et présente les mêmes aspérités; et, bien qu'elle soit assez éloignée du fleuve, particulièrement en face de Beny-Soueyf, ce n'est qu'au-dessus de cette ville, à Kerimât, que la rive droite peut être arrosée, sur une largeur de 2 à 3 kilomètres; la rive opposée peut l'être jusqu'au pied de la chaîne libyque, dont elle est séparée par une distance qui varie de 6 à 10 kilomètres.

F^{lle} 19e, LE FAYOUM.

Dans cette feuille, la distance moyenne du Nil au canal de Joseph est de 12 à 13 kilomètres; elle est de 20

---

[1] *Nouvelle relation d'un voyage fait en Égypte en 1672 et 1673*, par le P. Vansleb, R. D., pag. 297.

[2] *Lettres édifiantes et curieuses*, tom. V, pag. 191 (mai et juin 1716).

kilomètres à partir du pont d'el-Lâhoun. C'est de là que ce canal célèbre, après un cours de plus de 295 kilomètres, à peu près parallèle à celui du Nil, dans la direction du sud au nord, tourne au nord-ouest, puis, coupant la chaîne libyque, coule sur le roc dans une vallée étroite et sinueuse pendant un myriamètre : les montagnes qui forment cette vallée, se dirigent ensuite au nord et au sud, et de là vers l'ouest ; elles se réunissent en formant un vaste bassin connu sous le nom de Fayoum.

La longueur de cette contrée, environnée de toutes parts par le désert, et séparée de la vallée du Nil par la chaîne libyque, est de 58 kilomètres depuis Qasr Qeroun jusqu'à Tâmyeh, village le plus au nord ; sa plus grande largeur depuis les restes du Labyrinthe jusqu'aux ruines de Medynet Nemroud, sur les rives du lac Qeroun, est de 38 kilomètres. Le canal de Joseph arrose une grande partie de ce pays.

Ce canal, après avoir traversé la chaîne libyque, se divise en deux grandes branches qui prennent les mêmes directions que les montagnes formant le bassin du Fayoum. La branche de droite va vers le nord, ensuite vers l'ouest, et se perd dans le Birket el-Qeroun ; celle de gauche, après un cours de 5 kilomètres vers l'ouest, se partage en deux nouveaux bras, qui vont dans des directions opposées.

La première va vers le sud : après un cours d'un myriamètre, elle se subdivise encore et forme deux autres branches, dont la plus considérable, connue sous le nom de *Bahr el-Ouâdy,* se dirige au nord-ouest, à l'ouest et ensuite vers le nord; après avoir arrosé les terres de quelques villages, elle se jette dans le lac Qeroun; l'autre branche prend son cours vers le sud, et va alimenter le lac Garâh.

Le deuxième bras se dirige vers le nord : après un cours de 5 kilomètres et demi, il tourne vers l'ouest, et fournit à plusieurs canaux d'irrigation dans une étendue de deux kilomètres; arrivé à Medynet el-Fayoum, il se divise en deux rameaux, dont l'un traverse la ville, et l'autre la contourne au sud; ils se réunissent ensuite à l'ouest de la ville, pour se subdiviser encore en plusieurs canaux prenant leur direction vers le sud, l'ouest et le nord, arrosant les terres qu'ils traversent à plus de deux myriamètres de distance; le superflu de leurs eaux se perd dans les sables, ou va se jeter dans le lac Qeroun.

Nous avons cru devoir un instant nous écarter de notre sujet, pour donner cette description succincte du Fayoum, nécesssaire pour faire comprendre comment cette partie de la carte a été construite. Ceux qui désireront des renseignemens plus détaillés, pourront lire les excellens mémoires que MM. Girard, Jomard et Martin ont publiés sur cette contrée si intéressante [1].

On va maintenant faire connaître comment elle a été levée.

Tout l'espace compris entre le chemin de Beny-Soueyf au Fayoum et la chaîne libyque, et qui se rattache à la feuille précédente, a été levé et tracé sur la carte comme la partie nord de la province dont on a rendu compte dans cette feuille.

---

[1] Voyez *A. M.*, tom. VI, pag. 155; *É. M.*, tom. XI et XII.

DE LA CARTE DE L'ÉGYPTE.

Le chemin de Beny-Soueyf au Fayoûm a été levé, au pas et à la boussole, par M. Jomard, jusqu'à la pyramide d'el-Lâhoun; toute la partie de la province comprise sur cette feuille et qui se trouve à l'ouest de ce chemin, jusqu'au-delà du canal de Joseph, a été tracée d'après la reconnaissance de M. Schouani, qui a servi pour les feuilles 15 et 16, et qui se rattache aux levés de M. Jomard dans la province de Minyeh et au minaret de Beny-Soueyf. Tous les villages de cette feuille compris entre le canal, le Nil et le chemin, ont subi quelques légers déplacemens pour être placés respectivement entre eux dans cet espace déterminé. Le canal de Joseph en a également éprouvé pour se rattacher au pont de Haouârah el-Kebyr, près de la pyramide d'el-Lâhoun.

Mais, de ce point jusqu'au-delà de Medynet el-Fayoûm, le cours du canal, la vallée qu'il traverse, les villages et les objets placés sur ses rives dans toute cette longueur, sont déterminés avec beaucoup de précision; ils ont été levés par M. Caristie à l'échelle d'un mètre pour 10000. Les trois points cités plus haut, la pyramide dite *du Labyrinthe*, celle d'el-Lâhoun, et la mosquée Rouby, ont servi à fixer ces lieux sur la carte. La position de cette mosquée, à laquelle se rattachent tous les levés faits dans le Fayoûm, était extrêmement importante à connaître : d'après ses distances à la méridienne et à la perpendiculaire de Beny-Soueyf, elle diffère en latitude, avec ce point, de 14' 22" en plus, et en longitude de 16' 19" en moins; d'où il résulte que la latitude de cette mosquée Rouby doit être de 29° 22'

34.

50″, et sa longitude de 28° 56′ 26″, comptée du méridien de Paris.

Toute la partie habitée du Fayoum est limitée, vers l'est, par le désert qui le sépare de l'Égypte; au nord, par le canal de Tâmyeh et par les terres cultivées; à l'ouest et au sud, par le Bahr el-Ouâdy : elle a été levée à la planchette, à l'échelle d'un pour 40000, par M. Bertre. Il en a fait une réduction, à l'échelle d'une ligne pour 100 toises (ou $\frac{1}{86400}$). Cette réduction, sur laquelle il avait tracé la ligne de la boussole, et mise à l'échelle d'un pour 100000, a été placée sur la carte, au moyen de la position de la mosquée Rouby et de la déclinaison de la boussole observée au Kaire, égale à 12° 9′. Les opérations que MM. Jomard et Martin ont faites dans le Fayoum se rattachent au levé de M. Bertre; l'accord qui s'est trouvé entre elles a justifié leur exactitude.

M. Jomard a levé, au pas et à la boussole, la route qui conduit de Medynet el-Fayoum à Senhour; de ce village, il s'est dirigé vers l'ouest jusqu'à la hauteur du village d'Aboukeçeh; il a continué sa route vers le nord-ouest, a reconnu et levé le Bahr el-Ouâdy sur une longueur de cinq kilomètres, a déterminé son embouchure dans le lac Qeroun, a suivi les bords de ce lac vers l'est sur une longueur d'un myriamètre, et en a fixé la largeur dans cette partie : mais, arrêté dans sa marche par une terre mouvante, formée de sable et d'une boue liquide, qui compose le sol de toute cette partie des bords du lac et forme des espèces d'abîmes, il en a seulement indiqué la direction au-delà; il s'est ensuite dirigé vers l'est, et il est arrivé à Senhour, après avoir reconnu tout le pays qui sépare ce village du lac Qeroun. C'est d'après la carte qu'il a dressée et ses observations, que cette partie du Fayoum a été tracée sur la feuille, et rattachée aux opérations de M. Bertre.

La reconnaissance de Medynet el-Fayoum au Qasr Qeroun, temple égyptien, situé à l'extrémité occidentale de la province du Fayoum, a été faite, comme la précédente, au pas et à la boussole, par M. Jomard. Il a traversé le Bahr el-Ouâdy au village de Nezleh; il a levé avec soin les environs, et a indiqué les directions de ce canal; il a déterminé aussi tous les objets qu'il a pu voir de la route qu'il a suivie pour arriver au Qasr. Après avoir levé le plan de ce monument curieux et des ruines voisines[1], et avoir déterminé l'extrémité occidentale du lac Qeroun, il est retourné à Nezleh par une autre route au sud de la précédente, en fixant également la position de tous les objets qu'il a été à portée de voir. C'est d'après ses observations et les plans qu'il a communiqués, que l'on a tracé sur la carte cette reconnaissance importante, qui se rattache, comme la précédente, aux opérations de M. Bertre.

La partie du Bahr el-Ouâdy qui se trouve placée entre Nezleh et le lac Qeroun, et qui n'a pas été vue, a été ponctuée sur la carte.

Les levés et reconnaissances que l'on vient de faire connaître, et qui ont servi pour la construction de cette feuille, donnent tout l'intérieur du Fayoum, sa partie

---

[1] *Voyez* les pl. 69 à 72 du vol. IV des *Antiquités*, et le chap. XVII des *Antiquités-Descriptions*.

orientale, les extrémités et la rive méridionale du Birket el-Qeroun; mais la rive opposée du lac, la partie du nord, la grande chaîne de montagnes qui est au-delà de cette rive, et le sud de cette province qui présente tant d'intérêt, seraient encore inconnus sans le zèle et le courage de M. Martin, qui, avec une escorte de trente Arabes, et seul de Français, dans un pays très-difficile à parcourir, a fait la reconnaissance dont on va rendre compte : cette reconnaissance, qui a été rattachée aux levés de l'intérieur du Fayoum, complète la carte de cette province.

Il partit de Medynet el-Fayoum le 6 janvier 1801, se dirigea vers le nord, visita les ruines qui se trouvent près du village de Bayhamoû, passa à Sennourès, village bâti sur un monticule très-élevé, traversa ensuite le canal dit *Bahr Belâ-mâ*, deux lieues à l'ouest de Tâmyeh, déjà déterminé par M. Bertre, et connu, depuis ce village jusqu'à son embouchure dans le lac, sous le nom de *Batz*. Il continua de marcher dans la direction nord, et s'arrêta sur la crête du bord septentrional, à environ une demi-heure de ce canal, où il passa la nuit.

Le lendemain, il dirigea sa route est-ouest; il dévia quelques instans sur la droite vers le haut de la montagne, à peu près dans la direction sud et nord, laissant le lac à environ une lieue sur la gauche. La pente, en s'élevant très-doucement, se perd dans une large vallée qui s'étend vers le nord, et qui est la route directe de Medynet à Gyzeh; la grande chaîne, qui est très-proche du lac, dans la partie occidentale, et qui s'en écarte insensiblement, prend la même direction que la vallée, et ne se réunit pas à la chaîne libyque, qui circonscrit le Fayoum à l'est. L'espace que ces chaînes laissent entre elles forme cette même vallée, que M. Bertre avait signalée précédemment.

Après avoir fait cette remarque importante, M. Martin dirigea sa marche vers le lac, laissant à sa gauche un immense bois, encore sur pied, ressemblant à un jeune taillis desséché, qui s'étend le long du lac, sur une longueur d'un myriamètre environ. Après une marche de trois heures, il arriva à deux énormes buttes isolées, situées sur les bords du lac; la montagne, qui, dans cet endroit, en est éloignée de trois lieues, s'en rapproche ensuite.

Après avoir passé ces deux buttes, on observe que le terrain s'élève presque brusquement: par une pente facile, on arrive sur un très-grand plateau, dont la surface présente un rocher à nu, qui va se rattacher à la montagne. Après une marche de deux heures, il trouva sur ce plateau les ruines d'une ville, ou peut-être seulement d'un palais, que les Arabes appellent *Qasr Tafchârah* ou *Medynet Nemroud*. Il continua ensuite sa route dans une direction sud-ouest, à peu de distance du lac, laissant les montagnes de droite à une lieue : trois heures après, il descendit dans un bas-fond qui se prolongeait vers la montagne; il vit une petite butte située au bord du lac, et reconnut une île basse, située dans le milieu.

M. Martin, continuant toujours sa route à peu de distance du lac, arriva, après une heure et demie d'une marche un peu forcée, à un bois desséché, semblable à celui qu'il avait vu le matin; il le traversa pour arriver au bord du lac, où il passa la nuit.

Le lendemain, troisième jour de son voyage, il continua sa route; mais il ne put suivre les bords du lac à cause des bois desséchés dont ils sont couverts dans cette partie : il se rapprocha de la montagne, et, après être sorti du bois, il se dirigea vers l'extrémité ouest du lac, où il arriva après une marche de deux heures environ. Il croyait trouver à cet endroit la grande chaîne interrompue; mais il vit au contraire que sa direction se continuait à perte de vue vers le sud-ouest. Il éprouva des difficultés pour passer entre le lac et la montagne qui en est très-rapprochée; les blocs qui s'en sont détachés, et les bords du lac couverts d'une croûte saline qui cède sous les pieds, rendent ce passage pénible. M. Martin arriva ensuite par une pente très-douce au Qasr Qeroun, situé sur une petite élévation, et distant de l'extrémité du lac d'environ six kilomètres.

Du haut de ce monument, il examina attentivement, avec une bonne lunette, le prolongement de la montagne qu'il avait laissée au bord du lac, et il ne vit, sur une distance à perte de vue, aucune coupure qui pût faire soupçonner l'ouverture du *Lycus* de d'Anville. Le sol va toujours en montant par une pente douce depuis le lac, et finit par atteindre le haut de la montagne. On voit dans un éloignement le mamelon que ce géographe célèbre désigne dans sa carte de l'Égypte moderne sous le nom d'*el-Héram Médaïe el-Hebjad*. Assez près du Qasr on remarque une crête tranchante qui se dirige de l'est à l'ouest, et qui indique évidemment l'ancienne limite du lac, déjà reconnue par M. Jomard au midi du lac, dans toute la longueur de la province.

En quittant le Qasr Qeroun, M. Martin se dirigea sur Nezleh, village assez considérable sur la rive gauche du Bahr el-Ouâdy, et sur le chemin qui conduit de Medynet au Qasr Qeroun; il détermina dans sa route l'emplacement des Qasr Koufour et Koubal visités antérieurement par M. Jomard, avec lequel il est parfaitement d'accord. Sa reconnaissance donne également l'embouchure du Bahr el-Ouâdy dans le lac, qu'il n'a dû voir que de très-loin; mais, M. Jomard ayant été à cette embouchure, et ayant vu, ainsi que M. Bertre, le cours de ce canal au nord de Nezleh sur une longueur de plus de six kilomètres, on l'a tracé d'après les plans qu'ils en ont faits, et en indiquant, comme on l'a déjà dit, par deux lignes ponctuées la partie qu'ils n'ont pu voir. Peut-être le canal que M. Martin a vu est-il une branche dérivée du Bahr el-Ouâdy. Quoique cette supposition soit très-probable, on n'a pas cru devoir tracer ce canal sur la carte.

M. Martin a vu au pied de la montagne qu'il avait à sa droite, et sur les bords du lac, plusieurs salines. Il a remarqué, en partant du Qasr Qeroun, que la pente est d'abord insensible, mais qu'à mesure qu'on approche de Nezleh, elle devient plus forte.

Il passa la nuit dans ce village; le lendemain il dirigea sa route vers le sud-est. Après cinq quarts d'heure d'une marche pénible, il retrouva les bords du Bahr el-Ouâdy en face du village d'el-A'ryn, situé sur la rive droite; il en suivit le cours dans une direction sud, sur une longueur d'un kilomètre et demi : après avoir reconnu le canal, extrêmement large dans cette partie, et tous les environs, il arriva à Abou-Gandyr, situé sur une hauteur, à un kilomètre au sud-est du grand coude que fait là le canal. De ce village, d'où l'on découvre une grande partie de l'intérieur du Fayoum, il continua sa route au sud, rentrant dans le désert, dont le sol est plus élevé que les terres cultivées ; il se trouva sur une espèce de plateau dont la pente insensible s'étend en descendant vers l'ouest et vers l'est : il arriva ensuite à une hauteur isolée, distante d'Abou-Gandyr de six kilomètres et demi ; il reconnut les ruines considérables d'une ville qui s'étendait autour, dans la plaine ; les Arabes la nomment *Medynet Maa'dy*. De cette hauteur il vit le lac Garâh, au bas et à trois kilomètres au sud. On lui fit apercevoir au loin, vers le sud, deux montagnes entre lesquelles sont les deux puits de Rayân : cet endroit est le premier point de station en allant de l'Égypte à la petite Oasis. De ces puits jusqu'à Haouârah el-Soghayr, le versant de la chaîne libyque, qui sépare la vallée de Garâh de celle de l'Égypte, suit une direction nord-est, et forme une pente douce d'un accès facile.

De Medynet Maa'dy, M. Martin descendit dans un bas-fond où se trouve le canal qui alimente le lac ; il suivit ses rives jusqu'à Medynet el-Garâh ou el-Gharaq, village fermé de murs. Le lendemain il se dirigea sur Sennourys, village également fermé de murs, sur la rive droite du canal, en face d'el-Garâh ; continuant sa route vers le nord-est, il rencontra, à la distance de six kilomètres, le canal qui va se jeter dans l'Ouâdy, au-

DE LA CARTE DE L'ÉGYPTE. 539

dessous d'Abou-Gandyr, à l'origine de la belle digue de Minyeh, construite en briques cuites et en pierres de taille, et qui, malgré sa solidité, a été rompue par les eaux sur une longueur de 60 mètres; la direction de cette digue est à peu près sud-est, et sa longueur développée, de sept kilomètres. Après l'avoir reconnue, ainsi que ses environs, M. Martin dirigea sa route sur Medynet el-Fayoum, ne cessant de reconnaître les villages, canaux et tous les objets qui s'offraient à ses regards, et il arriva dans cette ville après une absence de cinq jours.

Il a dressé, à l'échelle d'un mètre pour 40000 mètres, une carte de cette importante reconnaissance, qui a été rattachée, comme on l'a dit, à la carte de l'intérieur du Fayoum. Le compte que l'on vient d'en rendre est extrait de l'intéressant mémoire que cet ingénieur a publié.

F^lle 20e, LES PYRAMIDES.

Cette feuille embrasse la partie nord du Fayoum; on a dit dans la feuille précédente comment elle a été levée et rattachée à l'intérieur de cette province. M. Bertre a levé la route qui conduit, à travers le désert, du village de Tâmyeh, le plus au nord du Fayoum, au village de Tahmeh dans la province de Gyzeh, et il a indiqué la direction de la chaîne libyque dans cette partie, ainsi que les mouvemens du sol.

Les pyramides et leurs environs sont réduits, d'après le plan qui en a été fait par nous, à l'échelle d'un pour 2000[1]. La vallée indiquée sur cette carte, qui se dirige de l'est vers le nord-ouest, n'a point été vue; elle a été

---

[1] *Voyez* la pl. 6, *A.*, vol. v, de la Description de l'Égypte, et la

tracée d'après des indications qui ne permettent pas de douter de son existence.

F^{lle} 21e, MEMPHIS.

On a fait connaître dans la feuille 18 comment la vallée du Nil a été levée depuis Beny-Soueyf jusqu'à l'endroit où fut jadis la célèbre ville de Memphis. Le surplus de la vallée, au nord de cette ville, a été réduit d'après le plan que nous avons fait des environs du Kaire à l'échelle d'un pour 40000, et qui embrasse tout le pays compris entre le Moqattam et la chaîne libyque, Memphis et les ruines d'Héliopolis. Il y a sur ce plan plusieurs lacunes que les circonstances n'ont point permis de remplir; mais un autre plan d'une partie de la province de Gyzeh, fait par M. Burel, a été très-utile pour celle qui se trouvait sur les bords du Nil entre Abou-Seyfeny et Monâ el-Emyr.

Le canal d'el-A'sarah n'ayant pas été levé depuis Abousyr jusqu'au-delà de Chobrâment, on l'a seulement ponctué.

Toutes les pyramides de Saqqârah et de Dahchour ont été déterminées à la planchette; M. Gratien Le Père, qui les a visitées, a donné le plan du sol sur lequel celles de Dahchour sont assises.

Le village et le château ruiné de Torrah, ainsi que la partie de la vallée de Bahr Belâ-mâ comprise entre ce château et le village de Baçâtyn, ont été établis d'après une reconnaissance de M. Souhait; mais les points de

---

pl. 16, où M. Jomard a donné les dimensions de toutes les pyramides de Gyzeh, autres que la grande, et des monumens qui les accompagnent.

Torrah et d'el-Baçâtyn ont été pris sur le plan des environs du Kaire.

La route qui conduit du Kaire à Soueys, connue sous le nom de la *vallée de l'Égarement*, a été levée, au pas et à la boussole, par MM. Girard, Devilliers et Alibert; ils ont indiqué avec précision toutes les petites vallées qui viennent y aboutir, et toutes les montagnes qui les séparent. On s'est servi, pour fixer cette route sur la carte, des points de Soueys et d'el-Baçâtyn.

A quatre kilomètres avant d'arriver aux puits de Gandely, on trouve une autre route qui conduit également à Soueys. Elle se dirige d'abord vers le nord-est, sur une longueur d'environ 4 kilomètres; elle passe au pied de Gebel Ammouneh; elle tourne à l'est, et suit une vallée pendant plus de 40 kilomètres; ensuite elle se dirige vers le nord-est, et va rejoindre, au château d'Ageroud, la route ordinaire du Kaire à Soueys, dont on parlera feuille 23. Cette route, très-peu fréquentée, a été suivie et reconnue par M. du Bois-Aymé.

La chaîne orientale s'écarte encore plus du fleuve dans cette feuille que dans la feuille 18; mais elle s'en rapproche ensuite au château de Torrah, bâti près des bords du fleuve. La plaine qui la sépare du Nil et qu'il peut féconder, a depuis 1 jusqu'à 3 kilomètres de largeur. Sur la rive opposée, la largeur de la plaine est de 4 à 9 kilomètres, depuis le Nil jusqu'au pied de la chaîne libyque, laquelle est peu élevée. C'est sur cette rive que Memphis a existé; à peine en aperçoit-on de faibles traces : la charrue, depuis plusieurs siècles, a nivelé la plus grande partie du sol sur lequel cette ville était bâtie.

F^lle 22e, Soueys ou Suez.

Cette feuille renferme l'extrémité septentrionale de la mer Rouge, où se trouvent la ville et le port de Soueys, entrepôt du commerce avec le Kaire, dont elle est séparée par un désert de vingt lieues. Cette ville a été réduite sur la carte d'après un plan communiqué par M. le général Sanson. La rade, les laisses de haute et basse mer, et toute la côte jusqu'aux caps dits *Rás el-Táqâ* et *Rás el-Mouça*, les fontaines de Moïse, le chemin qui y conduit de Soueys, ont été dessinés d'après les plans levés par MM. les ingénieurs des ponts et chaussées, et communiqués par M. Le Père aîné, directeur. Le reste de la côte, soit à l'est, soit à l'ouest, a été tracé d'après les meilleures cartes qui existaient alors.

F^lle 23e, lacs Amers.

La grande route du Kaire à la Mekke, connue sous le nom de *Derb el-Soltâny*, traverse cette feuille de l'ouest à l'est; le canal fameux qui communiquait de la mer Rouge à la mer Méditerranée par le Nil, prend naissance dans cette feuille à deux kilomètres au nord de Soueys. MM. les ingénieurs des ponts et chaussées ont reconnu et levé tout le sol où il existe des vestiges de cet ouvrage, monument de la puissance des anciens Égyptiens. On sait qu'ils ont exécuté un nivellement complet de Soueys au Kaire et à la Méditerranée. M. Le Père aîné a bien voulu nous communiquer tous les travaux qui ont été exécutés sous sa direction : on les fera connaître successivement, et l'on indiquera comment ils

DE LA CARTE DE L'ÉGYPTE. 543

ont été tracés sur la carte, ainsi que les points qui ont servi à les y rattacher.

Les environs de Soueys, le bras de mer qui s'avance dans les terres, au nord quart nord-est de cette ville, le canal de Soueys, la route du Kaire à la Mekke qui le traverse à l'extrémité de la mer Rouge, les lacs amers et la ligne depuis Soueys jusqu'au santon d'Abou-Keycheyd, et la montagne d'Ahmed Tâcher, à laquelle elle se rattache, ont été levés, à l'échelle d'un mètre pour 25000, par MM. les ingénieurs des ponts et chaussées. Le point de Soueys et celui d'Abou el-Cheyb ou Abou el-Cheykh, déterminés par M. Nouet, ont servi à les fixer sur la carte.

La route qui va de Soueys à Belbeys, est due aussi à MM. les ingénieurs des ponts et chaussées. Celle qui est connue sous le nom de *Derb el-Soltâny,* qui est la route ordinaire du Kaire à Soueys et en même temps celle des pélerins de la Mekke, jusqu'aux puits et château d'Ageroud, et toutes les montagnes qui sont à sa proximité, ont été levées au pas et à la boussole avec beaucoup d'exactitude et de soin par M. Say, mort de la peste, après avoir été blessé au siége d'Acre. Les autres routes, au midi de la précédente, ont été communiquées par M. Gratien Le Père, qui en a fait la reconnaissance. Il y a une autre route qui va du Kaire à Soueys ; mais elle est peu fréquentée : c'est celle dont on a parlé à la feuille 21, reconnue par M. du Bois-Aymé. Les ruines qu'on croit être celles d'Arsinoé, à l'extrémité de la mer Rouge, ont été vues et déterminées par M. Gratien Le Père. La continuation de la route de la Mekke, que l'on voit se diriger à l'est de ces ruines, a été tracée d'après un itinéraire de voyageurs qui ont été plusieurs fois à la Mekke.

Ne pouvant désigner ici la part que chacun de MM. les ingénieurs a eue dans le nivellement et le plan de l'isthme de Soueys, on se bornera à rappeler ici les noms de ceux qui ont coopéré à cette importante opération. Ce sont

MM. Le Père, ingénieur en chef, directeur;
    Le Père (Gratien), ingénieur ordinaire;
    Saint-Genis, *idem;*
    Févre, *idem;*
    Chabrol, *idem;*
    Favier, *idem;*
    Du Bois-Aymé, *idem;*
    Devilliers, *idem;*
    Alibert, *idem;*
    Duchanoy, *idem;*
    Viard, élève ingénieur.

Voyez, pour de plus grands renseignemens, le Mémoire sur le canal des deux mers, *É. M.*, t. xi, p. 37.

F^lle 24e, LE KAIRE.

C'est dans cette feuille que finit la basse Égypte et que la moyenne commence. Le fleuve, après un cours de 960 kilomètres depuis l'île de Philæ jusqu'au vieux Kaire, cesse de couler dans une vallée étroite. Les montagnes qui forment son bassin changent de direction; et à 31 kilomètres et demi au-dessous de cette ville, il se divise en deux branches connues sous les noms de

Rosette et de *Damiette* : le développement de la première est de 229 kilomètres et demi; celui de la seconde est de 252$^{\text{kil.}}$8. Ces branches, avec le littoral qui sépare leurs embouchures dans la mer, et dont le développement est de 146 kilomètres et demi, composent le Delta moderne.

La chaîne libyque, qui limite la vallée du Nil depuis l'île de Philæ jusqu'aux pyramides, cesse de se diriger du sud au nord pour aller vers le nord-ouest, en diminuant de hauteur à mesure qu'elle approche de la mer; elle s'écarte peu de la branche de Rosette et du canal de Baheyreh ou d'el-A'sarah, qui en est dérivé.

La chaîne orientale, connue sous le nom de *Moqattam* ou Mont coupé, est très-élevé près du Kaire; là elle cesse de se diriger du nord au sud pour aller vers l'est, en conservant toujours sa hauteur jusqu'au Gebel el-Tâqâ, à 20 kilomètres à l'ouest de Soueys. La mer Rouge lui sert de barrière; car elle ne paraît pas se prolonger au-delà pour se lier aux montagnes de l'Arabie Pétrée, qui sont une suite de celles de la Palestine.

Les élémens employés pour la construction de cette feuille sont considérables; ils ne laissent, la plupart, rien à désirer pour la précision. On va les analyser successivement.

A notre arrivée au Kaire, en septembre 1798, nous avons été chargés, pour le service de l'armée, de lever l'enceinte de cette ville, de Boulâq et du vieux Kaire, jusqu'à la distance de deux kilomètres; l'urgence de ce travail ne permit pas d'abord de former un canevas trigonométrique. On se borna pour le moment à choisir dans la plaine d'Ibrâhym-bey, entre le Nil et le Kaire, un terrain uni; on y traça une ligne parfaitement droite, qui fut mesurée exactement deux fois avec une chaîne métrique bien étalonnée : la longueur de cette base se trouva être de 1032^{m}46.

De ces extrémités, on détermina plusieurs points avec la planchette, et, avec cet instrument, on leva le plan dont on vient de parler; plan qu'attendait impatiemment le chef de l'armée, pour établir un système de défense contre les attaques intérieures et extérieures.

Pendant que nous étions occupés à ce travail, M. Nouet, secondé de M. Corabœuf, détermina, d'après la base que nous avions mesurée, et avec un cercle répétiteur de 25 centimètres de diamètre, les points principaux qui pouvaient servir de bases à un plan géométrique et détaillé du Kaire et des environs, qu'on se proposait de lever par la suite, afin de rectifier celui dont nous étions occupés.

Les montagnes de décombres qui environnent et dominent la ville, ont fourni des stations favorables pour découvrir et reconnaître les objets qu'on avait à déterminer; leurs distances réciproques ont été prises pour autant de bases qui ont donné la position de ces mêmes objets. La première base mesurée a d'abord donné la distance du fort de l'Institut à un signal placé sur une butte de décombres à l'ouest du pont d'*el-Gyr*, qui est situé au sud du Kaire sur le canal qui traverse cette ville. Cette nouvelle base a procuré la distance du fort de l'Institut à la tour du château dite *des Janissaires*; avec cette distance on a construit une suite de triangles, et la chaîne

Numéros d'ordre des angles	SOMMETS DES ANGLES.	VALEURS		DISTANCES DU PREMIER SOMMET de chaque triangle.		ANGLES QUE FORMENT LES SOMMETS DE CHAQUE TRIANGLE avec la méridienne et les objets suivans.	CÔTÉS.
		DES ANGLES.	DES CÔTÉS.	à la MÉRIDIENNE.	à la PERPENDICULAIRE.		
41.	Minaret de Gâma' Qesmâs el-Barâda'yeh Butte n°. 2....... Fort de l'Institut.......	38° 41' 01" 79. 46. 12. 61. 32. 47.	1412m8. 2271 7. 2029 6.	221m4. O.	1229m2. N.	et la butte n°. 2..... 70° 19' 04"	S. O.
42.	Minaret de Gâma' Soultân el-Moyed... Butte n°. 2....... Fort de l'Institut.......	41. 17. 55. 82. 30. 29. 56. 11. 36.	1442 8. 2167 5. 1820 7.	390 7. O.	1382 2. N.	et la butte n°. 2..... 73. 03. 21.	N. O.
43.	Minaret de Gâma' el-Azhâr......... Butte n°. 2....... Fort de l'Institut.......	32. 12. 00. 94. 08. 21. 53. 39. 39.	1442 8. 2700 5. 2181 0.	39 9. E.	1710 8. N.	et la butte n°. 2..... 84. 41. 13.	Idem.
44.	Minaret de Gâma' Mohammed-bey.... Butte n°. 2....... Fort de l'Institut.......	32. 49. 33. 94. 24. 58. 52. 45. 29.	1442 8. 2653 7. 2118 9.	21 7. O.	1726 8. N.	et la butte n°. 2..... 84. 57. 50.	Idem.
45.	Minaret d'el-Mardistân ou Mouristân... Butte n°. 2....... Fort de l'Institut.......	50. 55. 35. 76. 65. 30. 52. 28. 55.	1442 8. 1807 8. 1474 1.	774 1. O.	1340 1. N.	et la butte n°. 2..... 67. 08. 22.	Idem.
46.	Minaret de Gâma' Soultân el-Ghoury... Butte n°. 2....... Fort de l'Institut.......	35. 17. 02. 93. 54. 32. 50. 48. 26.	1442 8. 2492 0. 1935 9.	205 4. O.	1725 8. N.	et la butte n°. 2..... 84. 27. 24.	Idem.
47.	Minaret de Gâma' el-Achraf......... Butte n°. 2....... Fort de l'Institut.......	30. 58. 50. 74. 19. 05. 74. 42. 05.	1053 6. 1970 7. 1974 4.	162 0. O.	1879 6. N.	et la butte n°. 2..... 84. 57. 59.	S. O.
48.	Minaret de Gâma' el-Ahmar........ Fort Conroux......... Butte n°. 2.......	26. 34. 59. 90. 36. 09. 62. 48. 52.	1053 6. 2354 4. 2094 4.	179 3. E.	2358 7. N.	et le fort Conroux... 74. 20. 15.	N. O.
49.	Minaret de Gâma' el-Kykhyah....... Fort Conroux......... Butte n°. 2.......	79. 52. 22. 39. 52. 04. 60. 15. 34.	1053 6. 692 9. 929 3.	1465 2. O.	2072 7. N.	et le fort Conroux... 23. 36. 10.	Idem.
50.	Minaret de Gâma' el-Hakym (O.).... Fort Conroux......... Butte n°. 2.......	26. 10. 36. 98. 32. 22. 55. 17. 02.	1053 6. 2362 0. 1963 2.	108 2. E.	2660 4. N.	et le fort Conroux... 82. 16. 28.	Idem.
51.	Minaret de Gâma' el-Hakym (N.).... Fort Conroux......... Butte n°. 2.......	24. 45. 26. 101. 20. 59. 53. 53. 35.	1053 6. 2466 8. 2032 7.	188 0. E.	2750 1. N.	et le fort Conroux... 85. 05. 05.	Idem.
52.	Minaret de Gâma' el-Cha'rhony...... Fort Conroux......... Butte n°. 2.......	33. 20. 14. 95. 39. 34. 51. 00. 12.	1053 6. 1907 9. 1490 0.	372 7. O.	2650 1. N.	et le fort Conroux... 79. 23. 40.	Idem.
53.	Minaret d'el-Chorâyby............ Fort Conroux......... Butte n°. 2.......	52. 52. 18. 81. 59. 28. 45. 08. 14.	1053 6. 1308 6. 936 7.	983 4. O.	2539 2. N.	et le fort Conroux... 65. 43. 34.	Idem.
54.	Minaret de Salmeh............ Fort Conroux......... Butte n°. 2.......	38. 23. 14. 111. 35. 20. 30. 01. 26.	1053 6. 1577 7. 849 0.	992 0. O.	3003 1. N.	et le fort Conroux... 84. 40. 34.	S. O.

N° d'ordre des triangles	SOMMETS DES ANGLES.	VALEURS DES ANGLES.	VALEURS DES CÔTÉS.	DISTANCES DU PREMIER SOMMET de chaque triangle à la MÉRIDIENNE.	à la PERPENDICULAIRE.	ANGLES QUE FORMENT LES SOMMETS DE CHAQUE TRIANGLE avec la méridienne et les objets suivans.	CÔTÉS.
27.	Minaret de Gâma' Rouzâs........ Fort de l'Institut................ Butte n°. 4,....................	107° 01' 34" 41. 20. 20. 31. 38. 06.	771 m 4. 632 9. 423 2.	2069 m 3. O.	191 m 2. N.	et la butte n°. 4...... 27° 49' 12"	S. O.
28.	Minaret de Gâma' el-Qa'my..... Fort de l'Institut................ Butte n°. 4,....................	42. 51. 51. 45. 47. 23. 91. 21. 16.	771 4. 813 0. 1133 9.	1505 7. O.	245 2. S.	et la butte n°. 4...... 88. 32. 22.	Idem.
29.	Minaret de Gâma' Qhyd-lu-y.... Fort de l'Institut................ Butte n°. 4,....................	46. 19. 33. 50. 40. 24. 83. 00. 03.	771 4. 825 6. 1058 7.	1507 5. O.	125 3. S.	et la butte n°. 4...... 79. 00. 09.	Idem.
30.	Minaret de Gâma' el-Ghouly..... Fort de l'Institut................ Fort Muireur...................	103. 57. 53. 18. 35. 38. 57. 26. 29.	1282 8. 421 5. 1114 1.	1410 1. O.	77 1. S.	et le fort Muireur... 16. 36. 32.	Idem.
31.	Minaret de Gâma' el-Mesyhyeh... Fort de l'Institut................ Fort Muireur...................	70. 04. 30. 20. 18. 27. 139. 37. 03.	1282 8. 1297 0. 2421 2.	248 8. O.	679 1. S.	et le fort Muireur... 81. 12. 54.	N. O.
32.	Minaret de Gâma' Touloun....... Fort de l'Institut................ Fort Muireur...................	78. 29. 14. 21. 26. 41. 80. 04. 05.	1282 8. 478 6. 1289 5.	1227 8. O.	110 2. S.	et le fort Muireur... 39. 14. 08.	S. O.
33.	Minaret de Gâma' Genyd........ Fort de l'Institut................ Fort Muireur...................	78. 29. 14. 21. 26. 41. 80. 04. 05.	774 5. 646 6. 1282 8.	1765 7. O.	256 9. N.	et le fort Muireur... 63. 57. 55.	S. E.
34.	Minaret de Gâma' Sitty Sekynah.. Fort de l'Institut................ Fort Muireur...................	128. 47. 45. 28. 04. 17. 23. 07. 58.	1656 6. 1282 8. 582 6.	957 8. O.	377 5. S.	et le fort Muireur... 79. 45. 10.	S. O.
35.	Minaret de Gâma' Hoch Qadam... Fort de l'Institut................ Fort Muireur...................	44. 43. 41. 28. 32. 25. 106. 43. 54.	1282 8. 870 9. 1745 6.	735 6. O.	125 4. S.	et le fort de l'Institut. 69. 22. 22.	N. O.
36.	Minaret de Gâma' Cheykhoun..... Fort de l'Institut................ Fort Muireur...................	55. 11. 16. 32. 19. 41. 92. 29. 03.	1282 8. 835 5. 1560 9.	875 3. O.	37 4. N.	et le fort de l'Institut. 73. 09. 28.	Idem.
37.	Minaret de Gâma' el-Soultân Haçan Fort de l'Institut................ Fort Muireur...................	42. 52. 50. 39. 06. 24. 98. 11. 28.	1282 8. 1189 1. 1866 7.	531 3. O.	163 5. N.	et le fort de l'Institut. 79. 56. 21.	Idem.
38.	Minaret de Gâma' el-Kourdy..... Fort de l'Institut................ Fort Muireur...................	110. 13. 00. 39. 35. 31. 30. 11. 28.	6874 3. 1282 8. 871 2.	1691 5. O.	375 2. N.	et le fort de l'Institut. 80. 25. 29.	Idem.
39.	Minaret de Gâma' Qarâqogeh..... Fort de l'Institut................ Fort Muireur...................	63. 19. 10. 60. 47. 12. 55. 53. 38.	1282 8. 1251 0. 1188 7.	1205 0. O.	529 0. N.	et le fort de l'Institut. 78. 22. 50.	S. O.
40.	Minaret de Gâma' el-Emyr Yâkbour.. Fort de l'Institut................ Fort Muireur...................	92. 53. 24. 63. 27. 15. 23. 39. 21.	1282 8. 1149 0. 515 4.	1869 9. O.	616 8. N.	et le fort de l'Institut. 75. 42. 48.	Idem.

valeurs des angles, celles des côtés de triangles, et les distances de leurs sommets à la méridienne et à la
res. (Voyez la pl. 26, É. M., vol. 1.)

(Voyez tom. xvii, pag. 547.)

Numéro d'ordre des triangles	SOMMETS DES ANGLES.	VALEURS		DISTANCES DU PREMIER SOMMET de chaque triangle		ANGLES QUE FORMENT LES SOMMETS DE CHAQUE TRIANGLE avec la méridienne et les objets suivans.	côtés.
		DES ANGLES.	DES CÔTÉS.	à la MÉRIDIENNE.	à la PERPENDICULAIRE.		
14.	Pointe nord de l'Île de Roudah........ Butte n°. 4........................ Fort de l'Institut...................	37° 36′ 27″ 43. 52. 10. 98. 31. 23.	771^{m}4. 876 1. 1250 2.	3242^{m}4. O.	5612^{m}5. N.	et la butte n°. 4...... 47° 41′ 04″	S. E.
15.	Minaret nord de l'Île de Roudah....... Butte n°. 4........................ Fort de l'Institut...................	35. 36. 51. 79. 29. 35. 64. 53. 34.	771 4. 1302 6. 1199 6.	3509 4. O.	140 3. S.	et la butte n°. 4..... 83. 18. 29.	S. E.
16.	Minaret du centre de l'Île de Roudah... Fort de l'Institut................... Butte n°. 4........................	29. 01. 39. 43. 01. 20. 107. 57. 01.	771 4. 1084 7. 1514 6.	3325 4. O.	774 9. S.	et le fort de l'Institut. 39. 12. 26.	N. E.
17.	Dôme d'Ibrâhym-bey.............. Fort de l'Institut................... Butte n°. 4........................	56. 00. 38. 43. 15. 10. 80. 44. 12.	771 4. 637 5. 918 3.	2952 6. O.	219 4. S.	et la butte n°. 4..... 84. 33. 06.	S. E.
18.	Prise d'eau angle nord-est........... Fort de l'Institut................... Butte n°. 4........................	23. 17. 04. 29. 04. 18. 127. 38. 35.	771 4. 918 3. 1545 3.	3025 4. O.	904 6. S.	et le fort Muireur... 74. 10. 43.	N. E.
19.	Minaret nord du vieux Kaire......... Fort de l'Institut................... Butte n°. 4........................	19. 03. 49. 26. 26. 17. 134. 32. 54.	771 4. 1051 6. 1633 3.	3016 6. O.	1066 9. S.	et le fort Muireur... 68. 29. 2.	Idem.
20.	Minaret sud du vieux Kaire.......... Fort de l'Institut................... Butte n°. 4........................	6. 50. 57. 22. 06. 40. 151. 02. 23.	771 4. 2434 9. 3132 2.	3348 1. O.	1481 7. S.	et le fort Muireur... 42. 15. 10.	Idem.
21.	Minaret de Gebel Gyouchy.......... Fort de l'Institut................... Butte n°. 4........................	12. 58. 37. 61. 00. 18. 106. 01. 05.	771 4. 3004 8. 3302 0.	618 9. E.	915 3. S.	et le fort de l'Institut. 64. 49. 12.	N. O.
22.	Dôme d'el-Gebel................. Tour des Janissaires................ Butte n°. 4........................	11. 48. 46. 99. 58. 44. 68. 12. 30.	2334 8. 11233 0. 10590 0.	3073 7. E.	10134 3. S.	et la tour des Janis^{ses}. 16. 52. 16.	Idem.
23.	Fort Muireur.................... Fort de l'Institut................... Butte n°. 4........................	34. 51. 35. 37. 01. 03. 108. 07. 22.	771 4. 812 6. 1282 8.	1530 6. O.	481 0. S.	et le fort de l'Institut. 40. 49. 57.	Idem.
24.	Minaret sud du vieux Kaire.......... Fort de l'Institut................... Fort Muireur.....................	24. 01. 12. 59. 03. 55. 96. 54. 53.	1282 8. 2703 0. 3128 4.	....	....	Voyez le n° 20.	
25.	Minaret nord du vieux Kaire......... Fort de l'Institut................... Fort Muireur.....................	45. 54. 04. 63. 24. 55. 70. 41. 01.	1282 8. 1597 4. 1685 7.	....	....	Voyez le n°. 19.	
26.	Prise d'eau...................... Fort de l'Institut................... Fort Muireur.....................	48. 58. 35. 66. 01. 05. 64. 59. 20.	1282 8. 1553 7. 1540 8.	....	....	Voyez le n°. 18.	

TABLEAU des triangles qui ont servi de bases aux levés du plan du Kaire et de ses environs, contenant les perpendiculaire de la tour des Janissai

Numéros d'ordre des triangles	SOMMETS DES ANGLES.	VALEURS		DISTANCES DU PREMIER SOMMET de chaque triangle		ANGLES QUE FORMENT LES SOMMETS DE CHAQUE TRIANGLE avec la méridienne et les objets suivans.	CÔTÉS.
		DES ANGLES.	DES CÔTÉS.	à la MÉRIDIENNE.	à la PERPENDICULAIRE.		
1.	Fort de l'Institut...............	111° 08′ 41″	1032ᵐ46.	2369ᵐ3. O.	489ᵐ6. N.	et la butte n°. 4...... 17° 07′ 16″	S. O.
	Signal nord de la base........	50. 47. 21.	857 7.	2944 9. O.	783 9. N.	et le signal sud de la base. 20. 06. 54.	Idem.
	Signal sud de la base.........	18. 03. 58.	343 3.	2899 5. O.	184 6. S.	et le fort de l'Institut. 38. 10. 52.	N. E.
2.	Butte de décombres à l'ouest du pont d'el-Gyr, ou butte n°. 1......	90. 56. 06.	857 7.	2603 9. O.	270 9. S.	et le signal sud de la base. 73. 48. 50.	N. O.
	Signal sud de la base.........	68. 00. 18.	795 4.				
	Fort de l'Institut.............	21. 03. 36.	308 3.				
3.	Tour des Janissaires.........	17. 36. 31.	795 4.	0 0. O.	0 0. O.	et le fort de l'Institut. 78. 19. 31.	N. O.
	Butte n°. 1...................	66. 56. 42.	2419 3.				
	Fort de l'Institut............	95. 26. 47.	2618 4.				
4.	Buttes de décombres au nord-ouest de Bâb el-Touq, ou butte n°. 2.....	57. 33. 31.	2419 3.	2132 4. O.	1912 8. N.	et le fort de l'Institut. 9. 27. 08.	S. O.
	Fort de l'Institut.............	92. 13. 21.	2864 5.				
	Tour des Janissaires.........	30. 13. 08.	1442 8.				
5.	Fort Conroux................	48. 24. 17.	2864 5.	1837 3. O.	2924 3. N.	et la butte n°. 2...... 16. 15. 54.	S. O.
	Butte n°. 2..................	115. 37. 43.	3453 5.				
	Tour des Janissaires.........	15. 58. 00.	1053 6.				
6.	Fort Camin..................	41. 32. 28.	3153 5.	1652 2. O.	3546 6. N.	et le fort Conroux... 16. 33. 49.	S. O.
	Fort Conroux................	131. 17. 48.	3912 4.				
	Tour des Janissaires.........	7. 09. 44.	649 3.				
7.	Dôme de la Qoubbeh.........	54. 56. 36.	3912 4.	1749 7. E.	4337 4. N.	et le fort Camin...... 76. 54. 47.	S. O.
	Fort Camin..................	78. 06. 34.	4077 1.				
	Tour des Janissaires.........	46. 56. 50.	3492 6.				
8.	Fort Shulkowski.............	87. 04. 46.	3912 4.	116 2. E.	3579 3. N.	et le fort Camin...... 88. 56. 22.	S. O.
	Fort Camin..................	66. 04. 59.	3581 2.				
	Tour des Janissaires.........	26. 50. 15.	1768 7.				
9.	Deuxième pyramide de Gyzeh ...	15. 34. 44.	3912 4.	12662 6. O.	5992 7. S.	et le fort Camin...... 49. 05. 40.	N. E.
	Tour des Janissaires.........	90. 20. 57.	14568 0.				
	Fort Camin..................	74. 04. 19.	14009 0.				
10.	Minaret sud de Boulâq.........	47. 53. 34.	1053 6.	3063 7. O.	2953 6. N.	et la butte n°. 2...... 43. 28. 37.	S. E.
	Butte n°. 2..................	59. 44. 31.	1236 7.				
	Fort Conroux................	72. 21. 55.	1353 5.				
11.	Minaret nord de Boulâq.......	20. 28. 48.	1053 6.	2805 2. O.	4221 5. N.	et le fort Conroux... 36. 42. 31.	S. E.
	Butte n°. 2..................	32. 30. 37.	1618 5.				
	Tour des Janissaires.........	127. 00. 35.	2404 7.				
12.	Butte de décombres à 250 mètres à l'est de Gezyret el-Qorâtych, ou butte n°. 3...	140. 22. 10.	1442 8.	2466 6. O.	1381 0. N.	et le fort de l'Institut. 6. 47. 54.	S. E.
	Butte n°. 2..................	23. 22. 48.	877 7.				
	Fort de l'Institut............	16. 15. 02.	633 1.				
13.	Butte de décombres à 120 mètres au sud-est du pont d'el-Gyr, ou butte n°. 4..	86. 55. 22.	2419 3.	2318 0. O.	280 1. S.	et le fort Muireur... 75. 41. 32.	S. E.
	Tour des Janissaires.........	18. 34. 01.	771 4.				
	Fort de l'Institut............	74. 30. 37.	2334 8.				

s'est formée successivement en prenant de nouveaux côtés pour bases, suivant que la disposition des points le nécessitait. Boulâq, l'île de Roudah et le vieux Kaire ont été liés à cette trigonométrie, chacun par deux de leurs minarets.

La distance de la tour des Janissaires au fort Camin a fourni la plus grande base pour former un triangle avec une des grandes pyramides de Memphis (la seconde, celle qui est terminée au sommet). Les triangles ont été orientés par des azimuts pris de la maison de l'Institut; on a obtenu quinze résultats dont les écarts sont renfermés dans une minute de degré, et l'on a trouvé l'angle de direction de la base mesurée de 20° 6′ 54″ nord-est, pris de l'extrémité sud à l'extrémité nord.

On n'entrera pas ici dans tous les détails que cette opération a demandés; on se bornera à en rapporter les principaux résultats dans le tableau ci-après.

(*Voyez le tableau ci-joint.*)

Ces points, qui ont servi de bases au plan géométrique du Kaire, sont au nombre de cinquante-quatre. Ce grand travail présentait beaucoup d'obstacles et de difficultés, dans une ville aussi considérable, aussi populeuse, dont les rues et les impasses étroits et sinueux ne permettent pas de prendre de grands alignemens. On a adopté pour ce levé l'échelle d'$\frac{1}{m}$ pour 2000, correspondant à celle d'une ligne pour 2 toises 1 pied 10 pouces 8 lignes. A cette échelle on a pu exprimer les plus petits détails et toutes ces localités qui se rencontrent à chaque pas dans les villes de l'Orient.

Pour faciliter cet immense travail, on le distribua entre cinq ingénieurs; on divisa la ville en plusieurs portions, de telle sorte que chacune d'elles fût limitée par des rues, et eût, dans son enceinte et à son pourtour, plusieurs des minarets déterminés par M. Nouet. L'ingénieur chargé d'une de ces portions partait d'un des minarets de l'enceinte, en levait à la planchette les environs et toutes les rues et impasses qui venaient y aboutir, et se rattachait ensuite au point d'où il était parti. Lorsque cette enceinte ou périmètre se fermait exactement, et qu'il était assuré de la bonté de son opération, il levait les détails qu'elle renfermait.

Ces diverses portions étant levées, on a formé un canevas général à la même échelle, sur lequel on a rapporté tous les points déterminés par distances à la méridienne et à la perpendiculaire, qui ont servi à fixer chaque portion à sa place respective. Le plan qui en est résulté a 26 décimètres de largeur sur 15 de hauteur; il a été extrêmement utile pendant le siége de cette ville, après la bataille d'Héliopolis. Par son exactitude rigoureuse et la précision de ses détails, il peut supporter le parallèle avec les meilleurs plans des villes modernes.

MM. Simonel, Bertre et Lecesne ont levé tout l'intérieur. Leur travail a été vérifié par nous, et par M. Jomard, qui avait déjà levé le plan de la citadelle, à l'échelle d'un mètre pour 1000 mètres; cet ingénieur a fait la vérification du plan, en prenant tous les noms des quartiers, des rues, des impasses, des carrefours, des places, des monumens, des marchés, etc., écrits en arabe sur le lieu même, ainsi que les renseignemens les plus étendus sur ce qui pouvait faire connaître, soit les édifices et les établissemens du Kaire, soit le commerce et l'industrie de la capitale de l'Égypte. Cet objet a été parfaitement rempli, et l'on possède sur cette ville, indépendamment d'un plan très-détaillé et très-exact, des notions d'un grand intérêt.

Le plan de Boulâq, aussi détaillé que celui du Kaire, a été levé par M. Simonel, à l'échelle d'un pour $1666^m 66$; celui de Gyzeh, à la même échelle, par MM. les officiers du génie. Cette échelle nous a servi également pour lever l'île de Roudah et le Meqyâs. M. Lecesne a levé le plan du vieux Kaire à la même échelle que celui du Kaire. Enfin M. Simonel a levé à l'échelle d'un pour 10000 le cours du Nil dans ses hautes et basses eaux, depuis Atâr el-Neby, au-dessus du vieux Kaire, jusqu'à 2 kilomètres au-dessous de Boulâq.

Tous ces plans, sur lesquels nous avons fait depuis les changemens occasionés par le séjour des Français, pour la sûreté, l'utilité et l'embellissement du Kaire, ont été gravés à des échelles beaucoup plus petites, et ils font partie de la *Description de l'Égypte*. On les a réduits à l'échelle d'un pour 100000, pour être placés sur la carte topographique.

Nous avons fait connaître les obstacles qui ont empêché de couvrir l'Égypte d'un réseau trigonométrique pour y rapporter les opérations de détail, ainsi que les moyens qu'on a employés pour y suppléer. C'est par ces moyens qu'on a levé le cours du Nil depuis le Kaire jusqu'au Delta, ainsi que les branches de Damiette et de Rosette jusqu'à la mer. M. Simonel a été chargé de ces deux opérations; il a levé à l'échelle d'un mètre pour 40000 mètres le cours de ces deux branches, la naissance des canaux qui en dérivent, les villes, villages, habitations, etc., et tous les objets placés sur leurs bords; il a déterminé de plus les positions des villages jusqu'à la distance de 5 à 6 kilomètres.

Le plan du cours du Nil au boghâz de Rosette a été rattaché à la grande pyramide nord de Memphis, point d'où l'on est parti pour les distances à la méridienne et à la perpendiculaire. On n'avait que ce point et la position de Rosette pour fixer ce cours sur la carte. La distance de Rosette à la grande pyramide, calculée d'après les distances à la méridienne et à la perpendiculaire, est de 172570 mètres; la même distance prise sur le plan est de 171840 mètres, moindre conséquemment de 730 mètres que celle donnée par les observations : le rapport de ces deux distances est de 236 à 235. Cette différence est très-légère, et il a fallu bien de la précision dans les mesures et les opérations de détail pour parvenir à un résultat aussi satisfaisant sur une distance aussi considérable. Nous avons eu occasion de remarquer que les distances mesurées à la chaîne sont toujours plus courtes que celles qui résultent des observations astronomiques; la raison qu'on peut en donner, est la tension continuelle de la chaîne et sa dilatation causée par les grandes chaleurs.

Pour fixer sur la carte le plan dont on vient de parler, et qui porte sur les feuilles 24, 25, 29, 36 et 40, on a mené une ligne qui joint les positions de la grande pyramide et de Rosette; sur cette ligne on a déterminé le point d'intersection et l'angle qu'elle fait avec les côtés des feuilles de la carte sur lesquelles elle porte, et la différence de 730 mètres, que l'on a trouvée, a été répartie proportionnellement sur chacune de ces feuilles.

La branche de Rosette ainsi fixée sur la carte, on s'est occupé de celle de Damiette : on n'avait pour cette opération que la position de cette ville déterminée par M. Nouet; les événemens ne lui ont malheureusement pas permis de déterminer un plus grand nombre de positions sur ces deux branches. La longue distance de la pyramide à Damiette, déduite d'après les distances à la méridienne et à la perpendiculaire, est de 169854 mètres, tandis que, d'après le plan, elle n'est que de 169200 mètres; cette différence devient insensible, étant répartie sur une aussi grande longueur.

On a placé la branche de Damiette sur la carte comme celle de Rosette et en faisant usage des mêmes procédés. Elle porte sur les feuilles 24, 25, 30, 35 et 41.

Les plans des branches du Nil fixés sur la carte, comme on vient de l'exposer, ont servi de points de repère, auxquels sont venus se rattacher tous les levés et reconnaissances de l'intérieur du Delta et ceux de la partie orientale et de la partie occidentale de la basse Égypte, dont on rendra compte successivement. Nous avons remarqué avec une bien vive satisfaction que toutes les latitudes déterminées par le voyageur Niebuhr dans la basse Égypte sont d'accord avec celles qui résultent de la carte.

Après ces détails, on va faire connaître l'emploi des élémens qui ont servi pour terminer la feuille n°. 24.

Le canal d'Abou-Meneggeh, celui qui traverse le Kaire, connu sous le nom de *canal du Kaire* ou *du Prince des fidèles*, et qui, après avoir arrosé la plaine renfermant les ruines d'Héliopolis, va se jeter dans le Birket el-Hâggy, rejoint ensuite le précédent à la hauteur d'el-Menâyr, et se dirige sur Belbeys; tous les autres canaux qui en sont dérivés, et les villages qu'ils arrosent, ont été levés à l'échelle d'un mètre pour 40000 mètres par M. Devilliers, accompagné de M. Viard. Les lieux qui environnent le Kaire, communs à ce levé et au plan de cette ville, et la position de Belbeys déterminée par M. Nouet, ont servi pour le fixer sur la carte à la place qu'il doit y occuper.

Le plan de la province du Kaire ou de Qelyoub a été levé à la planchette et à l'échelle d'un mètre pour 10000 mètres par M. Jomard; le cours du Nil et la branche de Damiette limitent cette province vers l'ouest; les canaux dont nous venons de parler, la traversent vers l'est, et l'on a eu une multitude de points communs pour la placer sur la carte : ce travail n'a présenté aucune difficulté à cause de l'accord qu'on a trouvé entre les objets que renferme le plan de M. Jomard et ceux qui étaient déjà placés sur la carte. Cet ingénieur a pu fixer la position de plusieurs points par des rayons tirés sur la grande pyramide, visible à dix lieues de distance.

Nous avons levé la route du Kaire à Belbeys au pas et à la boussole. Sur cette route on aperçoit les pyramides et la tour des Janissaires à une distance de quatre myriamètres. Ces points nous ont toujours servi pour prendre des directions et pour lever avec exactitude la limite entre le désert et les terres qui peuvent être arrosées par le Nil. Notre travail a été rattaché à celui de M. Devilliers, et au fort de Birket el-Hâggy, déterminé par M. Jomard.

La partie de la province de Charqyeh qui se trouve sur cette feuille, a été tracée d'après la carte que M. le général Reynier a dressée de cette province, que l'on fera connaître en rendant compte de la construction de la feuille 30.

On a vu, dans la feuille précédente, comment la grande route du Kaire à la Mekke, connue sous le nom de *Derb el-Soltâny*, celle qui est au sud, celles aussi qui se dirigent sur Belbeys, et toutes les montagnes qui sont à leur proximité, ont été levées. C'est d'après les renseignemens de M. Vidal, qui les a fréquentées très-souvent, qu'on a tracé la route qui traverse le Moqattam et va à Birket el-Hâggy, et celle qui se dirige du Kaire et d'el-Khanqah sur Râs el-Ouâdy.

Les montagnes à l'est du Kaire, connues sous les noms de *Gebel Gyouchy* et de *Gebel el-Ahmar*, ont été levées par nous au pas et à la boussole.

La rive gauche du Nil au sud et à l'ouest de Gyzeh a été levée, partie par nous, et partie par M. Burel, officier du génie, à l'échelle d'un mètre pour 40000 mètres; la partie au nord de cette ville, à la même échelle, par M. Simonel : enfin les ruines d'Héliopolis, levées par nous à l'échelle d'un pour 2000, ont été réduites à l'échelle de la carte; le plan des mêmes ruines, levé par M. Jomard, est venu à l'appui du nôtre.

F^lle 25e, Ventre de la Vache.

C'est dans cette feuille que commence la partie de la basse Égypte connue des anciens sous le nom de *Delta*, parce qu'elle a, comme la lettre de l'alphabet grec de ce nom, la forme d'un triangle. Deux côtés sont formés par les branches de Rosette et de Damiette, et le troisième par le littoral compris entre leurs embouchures. Le sommet formé par la division des branches est connu sous le nom de *Batn el-Baqarah*, ou Ventre de la Vache [1]. On sait déjà comment ces deux branches ont été levées et fixées sur la carte. Nous allons rendre compte des objets qui s'y rattachent.

Le canal navigable qui prend naissance à deux kilomètres de Kafr Fara'ounyeh, sur la branche de Damiette, se dirige vers le nord-ouest, passe au sud et près de Menouf dont il porte le nom : il va se jeter dans la branche de Rosette près de Nadyr. Les villages qui sont sur ses bords ont été levés par MM. Jollois et du Bois-Aymé, à l'échelle d'un pour 10000. Les autres canaux et tous les villages de l'intérieur du Delta qui sont à la distance de plus de 4 kilomètres des branches du Nil, ont été reconnus par M. Lathuille. La rive droite, qui fait partie de la province de Qelyoub, a été levée par M. Jomard, comme il a été dit dans la feuille précédente. Sur la rive gauche, toute la partie que l'on voit

---

[1] Le Delta connu des anciens était plus considérable que le Delta moderne ; il prenait naissance près du village de Beçous, à 16 kilomètres au-dessus du Ventre de la Vache, où commence le Delta actuel : les branches Pélusiaque et Canopique le limitaient à l'orient et à l'occident. (*Voyez* le Système métrique des Égyptiens, par M. Jomard, *A. M.*)

depuis Mansouryeh en allant vers le nord, comprise entre la branche de Rosette et le canal d'el-A'sarah, a été levée, avec le cours de cette branche, par M. Simonel : mais le canal a été tracé d'après une reconnaissance dont l'auteur ne nous est pas connu ; cette reconnaissance ne fait que constater l'existence de ce canal sans beaucoup éclairer sur les détails et sur les sinuosités de son cours, depuis le pied des pyramides jusqu'au-delà de Ouârdân. Les montagnes qui bordent la rive gauche de ce canal, ont été figurées par M. Schouani.

Tel est l'emploi qu'on a fait des matériaux qu'on avait pour la construction de cette feuille. Ils laissent, dans le Delta et dans la province de Gyzeh, des lacunes que l'on n'a pas eu le temps de remplir.

Il ne reste plus à parler que des diverses routes tracées dans le désert. On en rendra compte dans la feuille suivante.

F^{ile} 26e, LACS DE NATROUN.

Il est fâcheux que les divers projets de voyage aux lieux voisins de l'Égypte n'aient pu recevoir leur exécution ; on aurait complété la description de la vallée des lacs de Natroun par M. le général Andréossy, en déterminant la position géographique d'un des lieux que renferme cette vallée, auquel on aurait rattaché tous les autres : on n'a eu, pour fixer cette vallée sur la carte, que la reconnaissance de M. le général Andréossy, l'itinéraire de M. Gratien Le Père, celui de M Sonnini ; les renseignemens de plusieurs Français qui ont fait le voyage d'Alexandrie au Kaire pendant l'inondation du lac Maréotis; enfin le Voyage de M. W. G. Browne. Ce voyageur donne la latitude de l'extrémité orientale du lac, la plus à l'ouest, de 30° 30′; il ajoute qu'une seule observation ne suffit pas pour la déterminer avec précision. L'aveu du voyageur, et la grande différence que nous avons trouvée entre cette latitude et les itinéraires dont nous venons de parler (d'ailleurs assez généralement d'accord entre eux), nous ont déterminés à fixer la position du couvent des Grecs comme elle est sur la carte, et différant peu de celle donnée par d'Anville, relativement à Alexandrie. Les communications que cette ville a eues dans les premiers siècles du christianisme avec le pays des lacs de Natroun, connu alors sous le nom de *Désert de Saint-Macaire,* et couvert de nombreux ermitages, dont on voit encore les ruines, ont fait penser que d'Anville avait pu se procurer pour sa carte de l'Égypte des données assez exactes : quoi qu'il en soit, cette position ne peut être regardée comme certaine [1].

Ayant déterminé, comme on vient de le dire, la position du couvent des Grecs ou d'el-Baramâys, nous avons tracé le plan de la vallée des lacs, que M. le général Andréossy a bien voulu nous communiquer. Ce général a lié par un triangle le Qasr, le couvent d'el-Baramâys et celui d'Anbâ-Bichây, en prenant pour base la distance entre le Qasr et le couvent d'el-Baramâys, qu'il a fait mesurer et qui s'est trouvée de 7232 mètres.

---

[1] M. de la Rochette a publié à Londres, en 1802, une carte de la basse Égypte, dans laquelle on verra que la distance d'Alexandrie au couvent des Grecs est d'accord avec celle de la carte.

Le calcul du triangle a donné 7432 mètres pour la distance entre le Qasr et le couvent d'Anbâ-Bichây, et 9259 mètres pour celle de ce dernier couvent à celui d'el-Baramâys.

Il a observé l'angle que fait le méridien magnétique avec le même couvent et le Qasr; il s'est trouvé de 78° à l'est. La déclinaison de l'aiguille aimantée observée à Alexandrie est de 13° 6′ à l'ouest du méridien; celle qu'on a observée au Kaire est de 12° 9′ également à l'ouest. Pour avoir la déclinaison aux lacs de Natroun qu'on n'a pas été à portée d'observer, on supposera que la variation de l'aiguille aimantée entre ces deux villes augmente comme la latitude. D'après cette supposition, la déclinaison de la boussole au couvent des Grecs sera de 12° 23′ à l'ouest; retranchant cette quantité de 78°, on aura pour azimut, ou pour l'angle que la ligne menée du couvent des Grecs au Qasr fait avec le méridien, 65° 37′ à l'est.

La vallée des lacs de Natroun fait avec le méridien magnétique un angle de 44 degrés. Les lacs, quant à leur position respective, sont à peu près dans le même sens que la vallée.

Après avoir tracé sur la carte la vallée, les lacs, et les diverses routes suivies pour y arriver, nous avons soumis notre travail à M. le général Andréossy, et nous avons profité des conseils qu'il a bien voulu nous donner sur la forme des lacs, sur celle des montagnes qui les environnent et sur les vallées des lacs et du fleuve sans eau, connu sous le nom de *Bahr Belâ-mâ*, et où l'on trouve beaucoup de bois pétrifiés. MM. Redouté et Duchanoy, qui ont accompagné M. le général Andréossy dans ce voyage intéressant, dont M. Berthollet, M. Fourier et M. Regnault faisaient aussi partie, nous ont également fait part de leurs observations.

On a tracé sur cette feuille, sur la précédente et sur la suivante, les routes suivies par les voyageurs qui ont parcouru ce pays, ainsi que celles que fréquentent les caravanes qui vont des côtes de Barbarie à la Mekke, et qui passent par le Kaire.

F^{lle} 27e.

Cette feuille renferme, 1°. la continuation des deux chaînes de monticules qui, dans la feuille 37, séparent la mer du lac Maréotis; 2°. celle des montagnes de grès calcaire qui sont percées de plusieurs carrières. On y trouve aussi quelques ruines et les routes qui conduisent de Tripoli de Barbarie au Kaire et à Alexandrie. On rendra compte, à la feuille 37, de la manière dont elle a été construite.

F^{lle} 28e, FLEUVE SANS EAU.

La feuille 28e n'offre pas un plus grand intérêt que la précédente, à laquelle elle se rattache; mais, comme elle se trouve placée entre les feuilles 26 et 37, qui en présentent beaucoup, on ne pouvait se dispenser de la graver. Elle renferme, comme la précédente, quelques ruines qui ont été reconnues par MM. Legentil et Gratien Le Père. On y a tracé la continuation de la route de Tripoli et celles que les Français suivaient pour aller d'Alexandrie au Kaire, après l'inondation du lac Maréotis. Elle contient aussi une petite partie de l'ancien canal d'el-A'sarah, qui conduisait les eaux du Nil à la ville de *Marea*.

Les montagnes que l'on voit figurer sur cette feuille ont été exprimées d'après les rapports des voyageurs qui ont traversé ce désert, et d'après les cartes de Sicard, de d'Anville et de La Rochette.

F^lle 29e, Menouf, Tant.

On a indiqué, feuille 24, comment la branche de Rosette a été levée et tracée sur la carte : pour ne point se répéter ici, on renvoie à cette feuille relativement à la partie de cette branche qui traverse la feuille 29.

Les canaux de Baheyreh ou d'el-A'sarah et de Châbour, les villages situés sur leurs bords, les autres canaux et villages compris dans l'espace qui les sépare, ont été puisés sur une carte communiquée par M. le général Sanson, que l'on fera connaître plus particulièrement à la feuille 37; mais les villages et toute la partie de la province de Baheyreh que comporte cette feuille entre le Nil et le canal de Châbour, à la distance de 3 à 4 kilomètres, ont été tracés d'après une carte faite à vue, où cependant les positions ont été placées avec assez d'exactitude.

Les montagnes qui bordent la rive gauche de la branche de Rosette, et les vestiges du canal que l'on voit au bord du désert, ont été figurés par M. Schouani.

Les routes qui vont de la province de Baheyreh aux lacs de Natroun, ont été suivies par M. Sonnini en

1778, et par M. Gratien Le Père qui accompagnait M. le général Menou. Ils ont bien voulu donner, à ce sujet, tous les renseignemens qui leur ont été demandés.

Tel est l'emploi des matériaux que l'on a pu réunir sur la rive gauche de la branche de Rosette ; on va passer à ceux de la rive droite.

M. Lathuille, à son arrivée en Égypte, fut attaché au général Lanusse en qualité d'ingénieur-géographe, et il suivit cet infatigable général dans toutes les courses qu'il fit pour maintenir l'ordre et la tranquillité dans le Delta. Il mit à profit quelques instans de repos pour faire la carte de la partie méridionale ; mais, manquant d'instrumens, il ne put figurer que les deux branches de Rosette et de Damiette, les principaux canaux et les villages qui sont à leur proximité. Ce travail, utile dans les premiers momens, était loin d'atteindre le but qu'on se proposait. En attendant une circonstance plus favorable pour lever régulièrement l'intérieur du Delta, on saisit l'occasion de M. le général Rampon, qui allait le parcourir, pour y envoyer M. Schouani ; il travailla à une reconnaissance au pas et à la boussole qui devait se rattacher aux deux branches du Nil. Mais cet ingénieur, forcé de suivre une armée et astreint à tous ses mouvemens sans pouvoir s'en écarter, n'a pu que tracer la position des lieux qu'elle parcourait ; il en a dressé une carte à une ligne pour 100 toises, dans laquelle il a ponctué les parties qu'il avait vues de loin et qu'il n'avait pu figurer exactement. On a suivi la même marche en traçant cette reconnaissance sur la carte ; elle se lie aux branches de Rosette et de Damiette, avec lesquelles elle a plusieurs points communs. On a été forcé, pour remplir quelques lacunes, d'avoir recours à la reconnaissance de M. Lathuille, dont il vient d'être question.

M. Girard, qui a parcouru le Delta, nous a donné les itinéraires de Menouf à Chybyn el-Koum et à Tant, et de Tant à Ramânyeh, à Mehallet el-Kebyr et à Semennoud. On a fait usage de ces itinéraires, quoique les lieux qu'ils renferment se trouvent sur la carte du Delta de M. Schouani, dont nous venons de parler; et ils ont servi à rectifier quelques positions.

Le canal de Menouf a été tracé, comme il a été dit feuille 25, par MM. Jollois et du Bois-Aymé; ces messieurs ont bien voulu donner divers renseignemens, notamment sur un canal dérivé de celui de Melyg à Birket el-Châreb, qui passe au nord des villages d'el-Amchyn, Kafr Houryn et Gaa'feryeh. Malgré ces renseignemens et ceux que nous nous sommes procurés d'ailleurs, cette feuille et la suivante laissent encore des lacunes qu'il n'a pas été possible de faire disparaître.

F^lle 30e, BUBASTE, SALEHYEH.

La branche de Damiette qui traverse cette feuille, a été fixée sur la carte, comme on l'a dit feuille 24. On n'a pu se procurer des matériaux sur la partie à l'ouest de la rive gauche de cette branche; les positions des villages qu'on y aperçoit ont été déterminées en en levant le cours. La continuation du canal de Melyg, qui prend naissance dans la feuille précédente, n'a pu également être tracée que sur des renseignemens fournis par des Français qui ont parcouru le pays.

La rive droite, qui laisse encore beaucoup à désirer, a été faite d'après une multitude de matériaux que l'on va analyser.

Un des plus importans est le canal de Moueys; il a été levé à la boussole, à l'échelle d'une ligne pour 100 toises (ou $\frac{1}{86400}$), par MM. Malus et Févre; ils y ont rattaché tous les objets qu'ils ont pu voir de ses bords. Ce canal, que l'on croit être la branche Tanitique des anciens, a été fixé sur la carte par plusieurs points qui lui sont communs avec la branche de Damiette, et par la situation des ruines de Sân, déterminée d'après les positions géographiques de Damiette et de Sâlehyeh, dont il sera parlé feuille 35.

Le canal de Chalchalamoun, dérivé de celui de Moueys, au sud de Kafr Bedrân, qui se dirige vers l'est, a été levé à une ligne pour 100 toises par MM. Lancret, Ferrus et Moret. Près des ruines de Tell Minyet Habyb (dont la position a été déterminée relativement à Belbeys), ce canal se réunit à un autre canal dérivé de celui d'Abou-Meneggeh, vers Zaouâmel (feuille 24), et qui a été reconnu par M. le général Reynier.

M. Devilliers, qui a levé le canal d'Abou-Meneggeh et les environs, depuis le Nil jusqu'à Belbeys, à l'échelle d'un mètre pour 40000, a continué cette opération jusqu'au Cheykh Nâser sur la route de Belbeys à Sâlehyeh, et jusqu'à Abbâçeh, à l'entrée d'el-Ouâdy; il a levé tous les canaux, digues et villages à quatre kilomètres de cette route, et a lié son travail au plan de la val-

DE LA CARTE DE L'ÉGYPTE.

lée d'el-Ouâdy : cette vallée renferme beaucoup de vestiges du canal de Soueys; on l'a levée en nivelant cette partie de l'Égypte. Les positions géographiques de Belbeys et d'Abou el-Cheyb ont servi de bases pour la fixer sur la carte.

La route de Belbeys à Sâlehyeh, la limite du désert, et tous les mouvemens de terrain depuis Cheykh Nâser, ont été levés par nous deux fois, au pas et à la boussole.

Les environs de Sâlehyeh, le cours de la branche Pélusiaque ou Bubastique, à partir du point où le canal de Sâlehyeh se jette dans cette branche du Nil en allant vers l'est, et tout le pays qui l'environne sur cette feuille, ont été levés par nous à l'échelle d'un mètre pour 40000, et assujettis aux positions géographiques de Sâlehyeh et de Damiette, dont on parlera à la feuille 35.

La route désignée par des points, qui va de Sâlehyeh à Mansourah, a été suivie par le général Dugua, après la bataille de Sâlehyeh; elle a été reconnue par M. Lathuille : celles qui sont tracées dans le désert, ainsi que les montagnes et les mouvemens de terrain que l'on y remarque, ont été dessinées d'après des renseignemens donnés par des Français qui ont suivi plusieurs fois ces communications.

Les deux canaux que l'on voit indiqués dans la partie de cette feuille qui appartient à la province de Mansourah, ont été tracés sur la carte par M. Alibert; on regrette vivement que cet ingénieur n'ait pu procurer de plus grands renseignemens.

Les ruines d'*Athribis* ont été réduites à l'échelle de la

carte, d'après le plan levé en grand par M. Jomard, et le cours du Nil par M. Simonel.

Pour compléter, autant que possible, cette feuille, on a eu la carte de la province de Charqyeh dressée par M. le général Reynier, qui y a long-temps commandé; il l'a parcourue plusieurs fois, a fait lui-même diverses reconnaissances, les a coordonnées entre elles, et en a dressé une carte à l'échelle d'un pour 129600 ($\frac{2}{3}$ de ligne pour 100 toises) : elle a été d'un grand secours pour remplir les nombreuses lacunes qu'on ne pouvait combler autrement.

C'est d'après cette carte aussi que nous avons tracé la branche Pélusiaque, depuis Bubaste jusqu'à sa jonction avec le canal de Sâlehyeh; celui de Qanyât sur la rive gauche du canal de Moueys jusqu'au village de Beydah, vers les limites de la province de Mansourah; enfin tous les canaux qui sont compris entre les canaux de Moueys, la branche Pélusiaque et le désert.

Nous ne devons pas oublier de dire combien les renseignemens de M. Delaroche ont été utiles. Agent de la province de Charqyeh, il a accompagné M. le général Reynier dans toutes ses expéditions, et a été à portée de voir le pays très en détail.

F^{lle} 31e, CANAL DE SOUEYS
(en partie).

La ligne de nivellement, les nombreux vestiges du canal de Soueys que cette feuille renferme, leurs environs et le lac Temsâh, ont été levés par MM. les ingénieurs des ponts et chaussées, à l'échelle d'un mètre pour 25000 [1]. On a dit, feuille 23, comment cette partie si intéressante a été rattachée à Soueys et au santon d'Abou el-Cheyb, points astronomiques entre lesquels elle est située.

Les lignes de nivellement suivies par ces ingénieurs, pour connaître la différence du niveau des deux mers, se rattachent à Soueys, aux pyramides, et aux ruines de Péluse. Celle qui va de Soueys aux pyramides, et qui porte sur les feuilles 23, 24 et 30, a été tracée et rattachée aux points qui servent de bases à ces feuilles. La ligne de nivellement qui va à la Méditerranée, se détache de la précédente ligne au point coté 169 pieds 11 pouces 8 lignes. Ce point est situé à l'ouest de Saba'h-byâr (les Sept-puits), vers le lieu où le canal de Soueys, après s'être dirigé du sud au nord et au nord-ouest (feuilles 23 et 31), se porte directement à l'ouest pour aller au Nil ou dans une de ses branches, au lieu de se diriger à la mer par la plus courte distance, c'est-à-dire à la bouche de Tyneh près de Péluse, point de la côte qui est le plus rapproché du canal.

Cette bouche est déterminée par celle d'Omm-fâreg, dont la position a été fixée, comme on le dira à la feuille 34; sa distance au point de départ coté 169 pieds 11 pouces 8 lignes s'est trouvée la même que celle qu'avaient assignée MM. les ingénieurs des ponts et chaussées, en traçant leur ligne de nivellement. On ne pouvait espérer une précision aussi grande, d'après des mesures prises sur des sables mouvans et brûlans, qui présentaient des

---

[1] La partie de la vallée appelée *Râs el-Ouâdy*, depuis Abbàçeh, feuilles 30 et 31, a été levée particulièrement par M. Favier.

obstacles de plus d'un genre. On a rattaché à cette ligne tous les levés et reconnaissances faits dans les environs, et il a été très-satisfaisant de voir que la distance de Sâlehyeh au point coté 151 pieds 9 pouces 2 lignes (où la ligne de nivellement coupe la route de l'Égypte en Syrie), distance déterminée par notre levé et celui de M. Legentil, se trouvait encore la même que celle que la carte donne, et qui est déduite des points qui lui servent de bases.

Le cours de la branche Pélusiaque que l'on voit sur cette feuille, les deux canaux qui en dérivent, la limite des hautes eaux du lac jusqu'au pont dit *du Trésor*, et la route qui conduit de ce pont à Sâlehyeh, ont été levés par nous à l'échelle d'un pour 40000. Toute la partie du lac Menzaleh au nord du pont du Trésor, les lacs Ballâh et les marais qui les environnent à l'ouest, l'ont été par M. Legentil, et les rives de ce lac au sud et à l'est, par MM. les ingénieurs des ponts et chaussées lorsqu'ils ont fait leur nivellement.

La route de Sâlehyeh à Qatyeh, que l'on suit pendant l'inondation du Nil, a été levée au pas et à la boussole par M. Legentil et par nous; nous avons employé les mêmes moyens pour celle qui va de Qatyeh à Saba'hbyâr et à Belbeys. Les autres routes que l'on voit tracées sur cette feuille, ont été communiquées par des officiers et des ingénieurs de l'armée qui ont été dans le cas de les parcourir attentivement.

On n'a pu apporter une précision bien rigoureuse dans le levé des montagnes de sables; ce travail long et pénible eût été sans utilité réelle. Il n'y a que celles qui sont à la proximité des chemins, celles qui environnent le lac Temsâh et les vestiges du canal, qui soient exactement figurées; les autres ont été dessinées à vue : mais on a cherché à rendre avec fidélité, autant que possible, le système qu'elles forment par leur enchaînement entre elles.

F^lle 32e, EL-A'RYCH.

La route que l'on suit ordinairement pour traverser le désert qui sépare l'Égypte de la Syrie et connu sous le nom d'*isthme de Soueys*, porte sur les feuilles de la carte 30, 31, 32, 33, 34. Le désert commence à Sâlehyeh et finit à Khan-Younès, premier village de la Syrie; il n'y a sur cette route, dont le développement est de plus de 240 kilomètres, de lieu habité que le fort d'el-A'rych, à 188 kilomètres de Sâlehyeh. La largeur de l'isthme, d'une mer à l'autre, est de 115 kilomètres.

Ce désert est généralement couvert de dunes formées par les vents; elles sont ordinairement dans la direction de l'est à l'ouest, et présentent de petits vallons au fond desquels on trouve souvent de l'eau en creusant à quelques pieds de profondeur, particulièrement au pied des dunes élevées.

La route a été levée par nous au pas et à la boussole en allant d'Égypte en Syrie, et vérifiée à notre retour, à quelques endroits près qu'on n'a vus que de nuit. Quelque soin qu'on ait apporté à ces opérations, extrêmement pénibles à la suite d'une armée, on n'a pu empêcher que, sur une grande étendue, il ne se glissât quelques erreurs, qui ne sont faciles à rectifier que lorsqu'on a des points de raccord, ou lorsque les points fixés par des observations astronomiques sont rapprochés. Mais depuis Qatyeh, dont la position a été déterminée avec assez de précision, jusqu'à Gaza, sur une étendue de plus de 21 myriamètres, nous n'avons eu aucun point pour fixer cet itinéraire; la déclinaison seule de la boussole, observée à Alexandrie de 13° 6', a été employée pour déterminer l'angle que la ligne tirée du fort de Qatyeh à celui d'el-A'rych fait avec le méridien. La distance qui les sépare a été prise sur le plan que nous avons fait au pas et à la boussole de la route de Qatyeh à Gaza. Mais, la position de cette dernière ville présentant encore des doutes, comme on le dira ci-après en parlant des feuilles de la carte qui appartiennent à la Syrie, nous ne pouvons regarder celle d'el-A'rych comme très-exacte : toutefois la route et les détails de terrain qui se rattachent à ce point, méritent confiance.

M. Bouchard, capitaine du génie, qui a séjourné long-temps au fort d'el-A'rych, et qui a fait plusieurs reconnaissances importantes dans les environs, a bien voulu nous les communiquer; il a reconnu le lit du torrent d'el-A'rych, connu des anciens sous le nom de *Torrens Ægypti*, sur une longueur de plus de 50 kilomètres depuis le fort jusqu'aux sources ou réservoir de Gayân. Ce dernier point, qui est bien connu, se trouve sur la route de Gaza au mont Sinaï.

Ce torrent d'el-A'rych prend naissance dans les montagnes situées au nord de l'Arabie Pétrée. M. Bouchard, pendant son séjour à el-A'rych, l'a vu déborder : le débordement ne dure ordinairement que vingt-quatre heures. Nous en avons remarqué les traces en levant son cours, depuis le fort jusqu'à la mer; elles présentent une largeur de plus de 60 mètres sur une hauteur réduite d'un mètre.

Les montagnes dont on vient de parler et que l'on aperçoit vers l'est pendant une grande partie de la route, font présumer qu'il y a d'autres torrens que celui d'el-A'rych; malgré nos recherches, nous n'en avons trouvé aucune trace.

Les montagnes que l'on aperçoit sur la droite de la route ordinaire de Qatyeh à el-A'rych, celles qui forment la vallée dans sa partie supérieure, les sources qu'elles renferment et les routes qui les traversent, ont été vues et parcourues par M. Bouchard; on les a rapportées sur la carte d'après ses dessins. Toutes celles qui, au-delà du torrent, forment la vallée dans le fond de laquelle passe la route qui va d'el-A'rych à Khân-Younès, et la chaîne de monticules qui sépare cette vallée de la mer, ont été levées et dessinées par nous, en suivant cette route. La chaîne ne nous ayant pas permis de voir le littoral dans certaines parties peu étendues, nous n'avons pu tracer celles-ci que d'après des renseignemens fournis par des militaires qui l'ont parcourue. Elles sont ponctuées, afin qu'on puisse les distinguer de celles que nous avons pu déterminer exactement.

F^lle 33e, LAC SIRBON.

La route ordinaire d'Égypte en Syrie, qui traverse cette feuille de l'ouest à l'est, a été tracée comme on vient de le dire dans la feuille précédente; mais le littoral et la langue de terre qui le sépare des lacs, ont été dessinés d'après une reconnaissance de M. Lazousky, qui se rattache aux puits de Meçoudyah dans la feuille qui précède, et aux ruines d'A'nb-Dyâb dans la feuille suivante; les bords du lac Sirbon (ou du moins de son emplacement), depuis la mer, près du cap appelé *Râs el-Kaçaroun*, jusqu'à l'endroit où il est limité par la route de Qatyeh à el-A'rych, de même que les bords à l'est du lac desséché, et les montagnes de Gels qui séparent ces lacs de la route, ont été tracés d'après une reconnaissance faite par M. Malus.

Les routes qui traversent le désert sur cette feuille et sur la précédente, ont été tracées aussi d'après cette reconnaissance et d'après des renseignemens et des itinéraires qu'on s'est procurés dans le pays.

F^lle 34e, Tennys, Péluse, Qatyeh.

Cette feuille renferme une grande partie du lac Menzaleh, les ruines des villes de Tennys, Péluse, Faramah, Touneh et *Sethrum*, et beaucoup d'autres lieux dont les traces, qui s'aperçoivent encore à la surface du sol, attestent que cette partie de l'Égypte n'a pas toujours été occupée par des eaux et par des sables.

Le lac Menzaleh et ses environs étaient peu connus; M. le général Andréossy fut chargé par le général en chef de l'armée de le parcourir, d'en faire la reconnaissance, et d'en remarquer les communications avec la mer et avec les diverses branches du Nil qui y portent le superflu de leurs eaux, après avoir arrosé les pays qu'elles traversent. Cette opération fut faite dans les mois de septembre et d'octobre 1799, vers l'époque de la plus grande crue du Nil, dans le temps où les hautes eaux du lac laissaient à peine voir quelques-unes des nombreuses îles qu'il renferme.

M. le genéral Andréossy fit lever au pas et à la boussole les environs de Damiette, tout le pays compris entre le Nil et le lac Menzaleh, depuis cette ville jusqu'à la mer, et toute la partie du lac entre Mataryeh, la ville de Menzaleh et Cheykh Nebyleh. Par des directions prises dans les environs de Damiette, il détermina plusieurs points visibles du lac, ainsi que tous les bords de la partie ouest du lac, depuis la mer jusqu'à l'embouchure du canal de Moueys dans ce lac, bords qui varient suivant le niveau des eaux du Nil.

Toute la langue de terre qui sépare la mer du lac, a été déterminée avec le plus grand soin ; on croit devoir rapporter ici le compte que M. le général Andréossy rend de cette opération dans son Mémoire sur le lac Menzaleh :

« Partant de la bouche Phatnitique (boghâz de Damiette), vis-à-vis la tour carrée, le gisement de la côte, l'ouverture des bouches, les directions et les grandeurs de leurs canaux jusques et compris la bouche Pélusiaque (bouche de Tynch), ont été déterminées avec toute l'exactitude possible par plus de cent trente intersections dont les distances ont été mesurées à la perche. La largeur de la langue de terre qui sépare la mer du lac, a été déterminée de la même manière. »

Cette côte présente un développement de 45677 toises, qui correspondent à 89026 mètres.

M. Legentil, dans des temps plus tranquilles, et lorsque le lac était dans ses basses eaux, a levé le plan du lac et de la côte; ses opérations se sont trouvées d'accord avec celles de M. le général Andréossy.

Pour fixer sur la carte la partie du lac qui porte sur cette feuille, on avait les positions géographiques de Damiette, celles des bouches de Dybeh, d'Omm-fâreg, et l'île de Tennys, dont on parlera à la feuille 41, la position de Menzaleh dont il sera question dans la feuille suivante, et la ligne de nivellement de MM. les ingénieurs des ponts et chaussées qui se rattache à la bouche de Tyneh. Le raccordement des levés s'est opéré sans qu'on ait eu à leur faire subir des altérations pour les contenir dans l'espace déterminé par tous ces points.

La partie du lac qui se trouve dans la province de Charqyeh, et celle qui est comprise entre la limite de cette province et la mer, jusqu'à la bouche de Gemyleh (laquelle partie renferme les îles de Tennys, de Koum-Româdeh et d'autres à l'est et au sud), ont été tracées d'après une carte dressée par M. Legentil, à l'échelle d'un pour 100000. Les îles de Touneh et de Mataryeh ont été levées par nous; mais toute la partie du lac à l'ouest de l'île de Tennys et de la bouche de Gemyleh, et au nord de Touneh, a été prise sur une carte à l'échelle d'un pour 40000, levée par M. Legentil. Les routes de Sâlehyeh à Qatyeh, et de Qatyeh à la bouche de Tyneh, et les monticules qui avoisinent ces routes, ont été également levés par lui; mais ce travail avait été fait antérieurement par nous, et, comme il ne différait point de celui de M. Legentil, nous avons dû l'employer de préférence.

La partie au sud du lac et les envions de Qatyeh, à la distance de deux kilomètres, ont été rapportés d'après le plan que nous en avons fait à l'échelle d'un pour 10000. Nous avons levé au pas et à la boussole toute la côte depuis Tyneh, la langue de terre qui la sépare du lac desséché, le périmètre de la partie de ce lac comprise sur cette feuille, enfin le désert qui le sépare de Qatyeh et de la route de Syrie.

Les ruines de Péluse et de Tennys ont été tracées d'après les plans particuliers qu'en a fait faire M. le général Andréossy.

F^lle 35e, Mansourah, San.

On a fait connaître, dans la première partie de ce mémoire, les causes qui avaient empêché de former un réseau de triangles qui aurait couvert toute l'Égypte, et auquel se seraient rattachés tous les levés, ou qui leur aurait servi de base; on a également indiqué les moyens employés pour y suppléer. Nous avions l'intention de mettre ces moyens en usage pour lever les provinces de Charqyeh, Mansourah et Damiette : nous devions lier nos opérations à la ligne de nivellement de Soueys, les rattacher à Sâlehyeh; nous diriger ensuite sur Menzaleh par Sân, après avoir levé les bords du lac Menzaleh depuis le pont du trésor jusqu'au-delà de cette ville, lever le canal d'Achmoun, et rattacher nos opérations à la branche de Damiette, lever toute la province de Mansourah, remonter ensuite le canal de Moueys, suivre le cours de la branche Pélusiaque, et lier le tout au point géographique de Belbeys. Ce projet commençait à recevoir son exécution; déjà nous avions levé tout le pays compris entre le canal de Sâlehyeh, la route de Syrie, le lac Menzaleh et le canal de Moueys, que nous avions rattaché à la ligne de nivellement et à Sâlehyeh. Nous venions de terminer le levé de tout le pays compris entre le lac Menzaleh et la plaine de Daqhelyeh, et nous allions commencer celui qu'arrose le canal d'Achmoun, lorsque nous eûmes le malheur de faire une chute grave; nous nous cassâmes la jambe en deux endroits. Ce funeste accident arrêta nos opérations si heureusement entamées. Depuis, M. Legentil, qui a tant coopéré à la carte de l'Égypte, y suppléa pour plusieurs parties. Nous allons indiquer comment ces travaux et les nôtres ont été employés dans la construction de cette feuille, ainsi que les points auxquels ils se rattachent.

La branche de Damiette, qui la traverse diagonalement, a été déterminée et tracée comme on l'a déjà dit feuille 24. M. Legentil, en faisant sa carte du lac Menzaleh, a levé cette branche depuis Mansourah jusqu'à la mer, à l'échelle d'un mètre pour 40000 mètres: elle ne diffère en aucun point de celle qui a été levée par M. Simonel; on n'a eu qu'à la réduire sur cette feuille, avec la partie du lac et le canal d'Achmoun. La position de la ville de Menzaleh a été ainsi déterminée, et sa distance de Sâlehyeh s'est trouvée la même que celle que nous avions mesurée entre ce dernier point et Menzaleh. Cette dernière position, celle de Sâlehych, le point de la ligne de nivellement où elle coupe la route d'Égypte en Syrie et la branche de Damiette, nous ont servi de bases pour tracer sur la carte les levés faits par nous avant notre accident, ceux de M. Legentil, et enfin ceux que nous nous sommes procurés d'ailleurs.

Le canal de Gemalyeh et ses environs, celui d'Achmoun depuis le village de Gemalyeh jusqu'à son embouchure dans le lac, tous les canaux qui en sont dérivés, tout le pays compris entre le lac et la plaine de Daqhelyeh, le cours du canal de Moueys depuis Habou Serâ jusqu'à son embouchure dans le lac, les ruines de Sân et tout ce qui, dans cette feuille, dépend de la province de Charqyeh, jusqu'au-delà du canal de Sâlehyeh, ont été levés par nous à l'échelle d'un mètre pour 40000, et rattaché aux points dont nous venons de parler. M. Legentil, ayant fait, depuis, le même travail et à la même échelle, nous avons conservé l'initiative.

Toute la partie du lac Menzaleh que renferme cette feuille, le pays compris entre le lac et la branche de Damiette, le canal d'Achmoun depuis Mansourah jusqu'à Gemalyeh, et tous les canaux qui en sont dérivés, la partie nord de la plaine de Daqhelyeh, les chemins qui la traversent et les villages qu'elle renferme, ont été levés à l'échelle d'un pour 40000 par M. Legentil.

La digue ruinée de Gam, celle de Senbellâouyn, le canal de Basseradi, les ruines de Tell el-Debeleh, de Tmây el-Emdyd (*Thmuis*), situées sur ses rives, ont été placés par M. Alibert, ingénieur des ponts et chaussées; qui, ayant long-temps habité la province de Mansourah, l'a parcourue pour en connaître le système d'irrigation.

Les canaux dérivés de la branche de Damiette que l'on voit au sud de Mansourah, et tout le pays qu'ils arrosent, ont été pris sur la reconnaissance faite au pas et à la boussole par M. Schouani, en allant de Mansourah à Myt el-A'mry; elle était appuyée sur les villages qui bordent la rive droite de la branche de Damiette levée par M. Simonel.

La route de Sâlehyeh à Mansourah a été reconnue par M. Lathuille, comme on l'a dit feuille 3o.

Les ruines de Sân sont réduites d'après le plan particulier que nous en avons fait à l'échelle d'un mètre pour 4000 mètres.

Ayant terminé ici la description des matériaux qu'on a eus pour construire la rive droite de la branche de Damiette, on va commencer celle de la rive gauche.

En faisant lever à l'échelle d'un mètre pour 40000 les branches de Rosette et de Damiette, et le littoral compris entre leurs embouchures, notre but était d'avoir le périmètre exact du Delta, dont les angles se trouvaient fixés sur la carte par les points de Rosette, de Damiette et du Kaire, et de lever ensuite à la même échelle l'intérieur de ce périmètre, si les circonstances le permettaient, ou d'en faire au moins la reconnaissance au pas et à la boussole, en se rattachant aux objets déterminés sur les bords des branches; mais ce but n'a pu être atteint qu'imparfaitement. M. Schouani, comme on l'a dit feuille 25, a parcouru le Delta à la suite d'une armée; il a levé au pas et à la boussole les routes qu'il a suivies, et les objets qui sont à leur proximité; et il a rattaché son travail à ceux qui bordent les deux branches du Nil. Il a agi de même pour la partie du Delta qui porte sur cette feuille. C'est ainsi que le canal de Nabâroueh et les villages qui bordent ses rives, ont été rattachés à la branche de Damiette, jusqu'à la hauteur de Kafr Demillâch. Depuis ce village jusqu'au lac Bourlos et à la mer, ce canal et les branches qui en dérivent ont été vus et reconnus par M. Cazals, mais non en entier; il a été forcé de les tracer sur sa carte d'après plusieurs renseignemens qu'il s'est procurés. Nous avions d'abord fait usage de cette carte; mais les canaux ne présentaient pas un cours naturel, comme ceux des autres parties du Delta. Un Français qui a parcouru cette partie du Delta en allant au couvent de Sainte-Gemiane, nous en a donné une carte figurée; à l'aide d'une autre carte et de divers renseignemens que nous sommes parvenus à obtenir, nous avons tracé le canal d'Achtoun-Gammâçah, qui dérive du canal de Nabâroueh, près de Kafr Demillâch, et qui se jette dans les marais nommés *Bahr el-Iktoub*, levés géométriquement par M. Simonel.

De Kafr Demillâch, le canal de Nabâroueh se dirige vers l'ouest : arrivé aux villages de Masa'rah et de Belgâs, dont les positions ont été déterminées par M. Schouani, il se divise en deux branches: L'une va au nord et passe à l'est de Sainte-Gemiane, monastère de la basse Égypte, célèbre chez les Qobtes; elle se dirige ensuite au nord-ouest, et se jette dans les marais du lac Bourlos par le large canal situé au sud des ruines d'el-Andâhour, levées par M. Simonel.

L'autre branche se dirige vers le nord-ouest, et se divise en deux autres branches : la plus considérable prend sa direction vers le nord, et se jette, comme la précédente, dans les marais du lac Bourlos; la plus petite se dirige vers l'ouest, et tombe dans le canal de Ta'bânyeh, qui va au lac Bourlos: le cours de celui-ci a été reconnu en partie par M. Schouani, et levé par M. Simonel vers son embouchure, sur une longueur de plus de 20 kilomètres.

Les embouchures des canaux dont nous venons de parler ont été levées géométriquement à l'échelle d'un mètre pour 40000: mais on ne peut considérer ces canaux eux-mêmes comme aussi exactement figurés; toutefois, dans leur ensemble, le tracé en est satisfaisant.

F^lle 36e, FOUEH, DAMANHOUR.

La branche de Rosette traverse cette feuille; on a dit, à la feuille 24, comment son cours a été déterminé sur la carte. Tous les canaux qui en dérivent et se jettent dans le lac Bourlos, et tous les lieux situés sur leurs rives, ainsi que la partie méridionale de ce lac, ont été levés à l'échelle d'un mètre pour 40000 par M. Simonel. On fera connaître dans la feuille suivante comment ils ont été rattachés à la carte.

La partie des provinces de Gharbyeh et de Menouf qui porte sur cette feuille, sur la rive droite du Nil, présente beaucoup de lacunes; elle a été levée, comme on l'a dit ci-dessus, feuille 35, au pas et à la boussole, par M. Schouani. Les canaux qui s'y trouvent n'ont pu tous être vus dans leur cours entier; on n'a tracé en plein que les portions qui ont été reconnues et levées, et l'on a seulement ponctué le reste.

La rive opposée laisse malheureusement aussi beaucoup à désirer. Les rives du lac d'Edkou, à l'est et au sud, et les canaux de communication avec la branche de Rosette, ont été faits d'après une carte à l'échelle d'un pour 100000 levée par M. Legentil. Ces rives ont été tracées telles qu'elles étaient en 1801; elles varient annuellement en raison des crues du Nil.

La rive opposée du lac a été réduite sur un levé fait par M. Vinache, à l'échelle d'une ligne pour 66^{toises}66, ou 1 mètre pour 57600; on verra, dans la feuille suivante, comment ce levé a été rattaché aux positions géographiques d'Alexandrie et de Rosette.

Le canal d'Alexandrie, celui de Damanhour, tous les petits canaux qui en sont dérivés, et les pays qu'ils traversent, ont été levés, à l'échelle d'un pour 5000, par MM. Lancret, Chabrol et Picot de Moras, et réduits à l'échelle d'une ligne pour 100 toises. C'est d'après cette réduction qu'ils ont été tracés sur la carte; leurs positions ont été fixées d'après celle de Rahmânyeh sur la branche de Rosette et celle d'Alexandrie.

Le canal de Châbour, celui qui en sort à Qarâqes pour se diriger vers l'ouest, et tous les autres petits canaux qui en dérivent aussi, ont été pris sur une carte à l'échelle d'un pour 100000, dressée par M. Legentil. Mais le canal de Baheyreh et celui qui est au nord-est, ont été tracés d'après une carte donnée par M. le général Sanson. On en rendra compte dans la feuille suivante.

Les villages compris entre les canaux de Damanhour, de Châbour et la branche de Rosette, à la distance de 4 kilomètres, ont été placés d'après une simple carte faite à vue, où cependant les objets indiqués étaient dans leur position respective avec assez d'exactitude.

Au reste, on avoue que cette portion de la carte, et généralement toute la partie au sud du canal d'Alexandrie, demanderaient des détails plus satisfaisans.

F^lle 37e, ALEXANDRIE.

Cette feuille est une des plus intéressantes de la carte; elle renferme les ruines d'Alexandrie, qui rappellent de grands et nombreux souvenirs. Quoique la ville moderne n'ait presque rien de commun avec l'ancienne que le nom, elle n'en est pas moins des plus remarquables, tant par sa position, ses ports et son commerce, que par les vestiges de magnificence qu'on y trouve encore. A peine les Français furent-ils les maîtres de cette ville célèbre, que les ingénieurs s'occupèrent d'en lever le plan, niveler le sol, sonder les ports et les côtes, etc.; en quelques mois Alexandrie, ses ports et tous ses environs, furent connus et décrits complétement.

Pour lier ces diverses opérations et les coordonner entre elles, M. Nouet, après avoir observé la position géographique d'Alexandrie, détermina par la trigonométrie les objets les plus apparens. A cet effet, il mesura, secondé par plusieurs ingénieurs, MM. Jomard, Bertre et Corabœuf, une base de $665^m 50$, sur un terrain uni, entre l'enceinte des Arabes et la colonne dite *de Pompée* : cette base servit à trouver la distance de la montagne *du Général*, dite depuis *fort Caffarelli*, à la montagne *de l'Observation*, nommée par la suite *fort Cretin*. De ces deux points de station, qui, par leur élévation, dominaient toutes les autres, on a formé cinq triangles qui ont donné des bases pour déterminer le Phare, le Pharillon, le rocher du port vieux, etc.

Pour orienter tous ces points et les rapporter à la méridienne du Phare et à sa perpendiculaire, on a observé du pavillon *du Génie*, avec un cercle répétiteur de Borda, de 25 centimètres de rayon, les différences d'azimut entre le Phare et les bords précédent et suivant du soleil, pris alternativement par des angles conjugués au nombre de deux pour chaque résultat ; on en a obtenu huit, qui, réduits et combinés avec les azimuts du soleil calculés pour les mêmes instans, ont donné pour azimut du Phare 12° 55′ 33″ nord-ouest. Par ce moyen, on a pu connaître l'angle de direction de chaque côté des triangles.

Plus tard, en juillet 1800, on voulut déterminer par un triangle la position de la tour d'Abouqyr. On prit pour base la distance du Phare au fort Cretin. Ces deux stations étaient les plus favorables pour apercevoir la tour ; mais l'ancien signal de la montagne de l'Observation au fort Cretin n'existant plus, on fut obligé de faire de nouveaux triangles pour avoir la position du fort Cretin et sa distance au Phare. Les signaux de la base mesurée en l'an VI (juillet 1798) furent retrouvés : mais comme, du signal Est, on n'apercevait plus le signal du fort Caffarelli, on prolongea la base de 30 mètres ; on fixa la position du fort Caffarelli et du fort Cretin par rapport à la nouvelle base ; leur distance réciproque fut calculée, et servit à donner, dans un triangle au Phare, la distance de ce point au fort Cretin. Cette dernière base donna enfin la position de la tour d'Abouqyr.

Les résultats de cette dernière opération sont rapportés dans le tableau suivant, sous les n°°. 13, 14, 15, 16 et 17, à la suite de celles qui furent primitivement faites.

(*Voyez le tableau ci-joint.*)

Tels sont les points qui ont servi de bases à la feuille 37, et particulièrement au plan d'Alexandrie et des environs. C'est à ces points, à celui de Rosette et à ceux situés sur la branche de ce nom, que se rattachent tous les levés dont on va rendre compte.

Le plan d'Alexandrie a été levé par les ingénieurs attachés à l'armée. Dans la distribution qui fut faite de ce travail, les officiers du génie se chargèrent de l'enceinte des Arabes; les ingénieurs-géographes, de l'intérieur de la ville ancienne et de toute la ville moderne : il restait aux ingénieurs des ponts et chaussées la côte et tout le front de la mer, en ce qui concerne les deux ports, l'île et le château du Phare. La côte et l'intérieur des deux ports ont été levés à l'échelle d'un mètre pour 1000 mètres; les autres parties, à celle d'un mètre pour 2000. Tous ces levés, faits au graphomètre, à la boussole et à la planchette, ont été réunis, coordonnés entre eux et rattachés aux points trigonométriques par les ingénieurs des ponts et chaussées; ils en ont fait ensuite une réduction à l'échelle d'un à 4000, pour l'usage de tous les services : c'est d'après cette réduction que le plan d'Alexandrie et de ses environs a été tracé sur la carte [1].

---

[1] *Voyez* les pl. 31, *A.*, vol. iv, et 84, *É. M.*, vol. ii. *Voyez*, pour

TABLEAU des triangles qui ont servi de bases au plan d'Alexandrie et de ses environs, contenant les valeurs des angles, celles de leurs côtés, et les distances de leurs sommets à la méridienne et à la perpendiculaire du Phare.

(*Voyez* tom. xvii, pag. 582.)

Numéros d'ordre des triangles.	SOMMETS DES ANGLES.	VALEURS des angles.	VALEURS des côtés.	DISTANCES DES SOMMETS à la méridienne.	DISTANCES DES SOMMETS à la perpendiculaire.	ANGLES QUE FORMENT LES SOMMETS DE CHAQUE TRIANGLE avec la méridienne et les objets suivans.	CÔTÉS.
1.	Signal de la montagne du Général..	34° 55′ 11″	663m52.	235m0. E.	2267m3. S.	et le pavillon du Génie.. 10° 55′ 25″	N.E.
	Signal ouest de la base............	86. 13. 19.	1156 60.	655 4. E.	3165 9. S.	et le fort Caffarelli.. 25. 04. 19.	N.O.
	Signal est de la base.............	58. 51. 30.	993 03.	1236 5. E	2845 7. S.	et le fort Caffarelli.. 59. 59. 31.	Id.
2.	Signal de la montagne de l'Observation.................	49. 57. 13.	1156 60.	1733 5. E.	2101 6. S.	et le fort Caffarelli.. 83. 41. 23.	S.O.
	Montagne du Général.............	36. 19. 06.	394 84.				
	Signal est de la base.............	93. 43. 41.	1507 67.				
3.	Colonne dite *de Pompée*.........	60. 33. 12.	1537 52.	1038 5. E.	3473 1. S.	et le fort Caffarelli.. 33. 40. 49.	N.O.
	Montagne du Général.............	62. 37. 48.	1848 99.				
	Montagne de l'Observation.......	56. 49. 00.	1507 67.				
4.	Montagne au nord-ouest de la colonne........................	71. 06. 00.	1507 67.	489 0. E.	3041 6. S.	et le fort Caffarelli.. 18. 09. 50.	Id.
	Montagne du Général.............	78. 08. 47.	1569 60.				
	Montagne de l'Observation.......	30. 45. 13.	814 88.				
5.	Aiguille de Cléopâtre.............	82. 31. 07.	1507 67.	1398 1. E.	1455 4. S.	et le fort Caffarelli.. 55. 05. 00.	S.O.
	Montagne du Général.............	28. 36. 23.	738 05.				
	Montagne de l'Observation.......	68. 52. 30.	1418 42.				
6.	Pavillon du Génie................	80. 09. 13.	1507 67.	367 0. E.	1583 3. S.	et le Phare.......... 13. 03. 00.	N.O.
	Montagne du Général.............	72. 45. 58.	1461 51.				
	Montagne de l'Observation.......	27. 04. 49.	696 61.				
7.	Phare............................	30. 35. 43.	1507 67.	»	»		
	Montagne du Général.............	89. 38. 26.	2724 70.				
	Montagne de l'Observation.......	56. 45. 51.	2279 14.				
8.	Pavillon de la Marine............	26. 58. 27.	1507 67.	747 3. O.	1260 9. S.	et le fort Caffarelli.. 44. 18. 23.	S.E.
	Montagne du Général.............	127. 59. 46.	1406 30.				
	Montagne de l'Observation.......	25. 01. 47.	2619 08.				
9.	Pharillon........................	85. 40. 30.	2724 70.	1788 0. E.	63 3. N.	et le Phare.......... 87. 05. 26.	S.O.
	Phare............................	53. 23. 30.	2193 44.				
	Montagne de l'Observation.......	40. 56. 00.	1790 27.				
10.	Château des Figuiers.............	30. 26. 43.	1406 30.	1112 3. O.	1464 5. S.	et le fort Caffarelli.. 59. 12. 41.	S.E.
	Pavillon de la Marine............	134. 38. 59.	1568 34.				
	Montagne du Général.............	14. 54. 18.	567 04.				
11.	Cap des Figuiers.................	24. 58. 37.	1406 30.	2265 2. O.	2278 4. S.	et le fort Caffarelli.. 89. 44. 46.	N.E.
	Pavillon de la Marine............	109. 04. 23.	2500 23.				
	Montagne du Général.............	45. 56. 50.	1901 33.				
12.	Tour du Marabou.................	17. 58. 46.	3638 08.	9228 4. O.	7240 0. S.	et la colonne dite *de Pompée*.......... 69. 51. 13.	Id.
	Phare............................	68. 33. 18.	10972 01.				
	Colonne dite *de Pompée*.........	93. 27. 56.	11766 09.				
13.	Fort Caffarelli...................	36. 18. 19.	676 52.	261 0. E.	2273 8. S.	et le Phare.......... 6. 32. 50.	N.O.
	Signal ouest de la base............	85. 03. 31.	1138 03.				
	Signal est de la base.............	58. 38. 10.	975 06.				
14.	Fort Cretin......................	48. 45. 18.	1138 03.	1759 4. E.	2096 5. S.	et le fort Caffarelli.. 83. 15. 12.	S.O.
	Fort Caffarelli...................	36. 31. 56.	901 02.				
	Signal est de la base.............	94. 42. 46.	1512 03.				
15.	Phare............................	33. 27. 25.	1512 03.	»	»		
	Fort Caffarelli...................	89. 48. 02.	2737 00.				
	Fort Cretin......................	56. 44. 33.	2288 07.				
16.	Tour d'Abouqyr..................	7. 10. 14.	2737 00.	18258 8. E.	12255 5. N.	et le Phare.......... 54. 09. 08.	S.O.
	Phare............................	85. 50. 39.	21868 03.				
	Fort Cretin......................	86. 59. 07.	21895 03.				
17.	Rocher du Port Vieux............	31. 53. 44.	2288 07.	3304 8. O.	2797 4. S.	et le fort Caffarelli.. 81. 38. 55.	S.O.
	Phare............................	53. 17. 59.	4292 08.				
	Fort Caffarelli...................	94. 48. 17.	3604 00.				

La partie au sud de la ville, située entre l'enceinte des Arabes et le canal d'Alexandrie, et embrassant tous les petits canaux dérivés de ce dernier pour porter l'eau dans les nombreuses citernes qui existent encore de l'ancienne ville, a été levée à l'échelle d'un pour 5000 par MM. Dulion et Lecesne, et rattachée au plan de la ville. Toute la langue de terre comprise entre la mer, les lacs Maréotis et Ma'dyeh, Alexandrie et Abouqyr, et connue sous le nom de *presqu'île d'Abouqyr*, a été levée par M. Taskin, à l'échelle d'un mètre pour 20000; les positions géographiques du Phare et du fort d'Abouqyr ont servi pour la placer sur la carte. M. Taskin a levé, à la même échelle, le littoral, depuis le fort d'Abouqyr jusqu'au boghâz de Rosette, fixé sur la carte comme on l'a dit feuille 24, et qui a servi de point de rattachement.

Le lac Ma'dyeh a été levé en août 1801, époque où les eaux sont le plus basses, à l'échelle d'un pour 5000, par M. Vinache : il a tracé en même temps la partie du canal d'Alexandrie qui sépare ce lac du lac Maréotis; elle s'est trouvée parfaitement d'accord avec le plan que M. Picot de Moras avait déjà fait de ce canal, depuis Alexandrie jusqu'à la hauteur de Damanhour.

Le tracé de ce canal appuyé sur Rahmânyeh et Alexandrie, la position d'Abouqyr et celle du littoral, ont servi pour fixer avec la plus grande exactitude la position du lac Ma'dyeh.

Le lac d'Edkou, de nouvelle formation, et la langue

---

les noms de tous les coopérateurs du plan d'Alexandrie, le Mémoire sur le canal des deux mers, *É. M.*, tom. xi, pag. 37.

de terre qui le sépare de la mer, comme on l'a dit dans la feuille précédente, ont été levés par M. Vinache à l'échelle d'un mètre pour 57600. On a eu, pour le fixer sur la carte, 1°. la rive nord de ce lac; 2°. les positions qui lui sont limitrophes sur la branche de Rosette; 3°. celle du village d'Edkou, déterminée comme on le dira à la feuille 40; 4°. la maison carrée, fixée en même temps que le littoral. Les rives à l'ouest et au sud, qui se lient à des marais impossibles à tracer exactement, ont été prises sur une carte de M. Legentil.

La langue de terre au sud-ouest d'Alexandrie comprise entre le lac Maréotis et la mer, et qui s'étend jusqu'au-delà de la tour du Marabou, a été levée à l'échelle d'un pour 20000 par M. Taskin; les points du Phare et du Marabou ont servi à la placer sur la carte.

Après l'anse du Marabou, cette langue de terre se prolonge dans la même direction jusqu'au-delà de la tour des Arabes, où le lac Maréotis s'arrête. Deux petites chaînes de monticules règnent dans toute sa longueur: dans cette partie, le lac est extrêmement étroit; il sépare la langue de terre d'une chaîne de montagnes de grès, beaucoup plus large que les deux précédentes, et percée de plusieurs carrières de grès qui se prolongent sur la feuille 27. Une vallée peu profonde, couverte de végétation, lui est parallèle. Toute cette partie de la carte que l'on vient de décrire a été faite d'après celle de M. Legentil; elle se rattache aux points géographiques du Marabou, du Phare et d'Abouqyr.

Le pays compris entre le canal d'Alexandrie et le canal connu aujourd'hui sous le nom de Baheyreh, correspond à l'emplacement de l'ancien lac Maréotis. Ce lac, qui avait fini par se dessécher, a reparu de nos jours, à cette époque où les Anglais, occupés du blocus d'Alexandrie (1801), coupèrent la digue du canal portant les eaux du Nil dans cette ville, seul obstacle qui empêchât celles de la mer d'entrer dans le lac. Les circonstances n'avaient pas permis de lever ces lieux avant la rupture de la digue. Un ingénieur anglais, M. Tawiland, au service de la compagnie des Indes, attaché à l'armée anglaise pendant son séjour en Egypte, vint à Paris peu de temps après le retour de l'armée d'Orient; il nous avait été adressé par des personnes de l'Égypte : nous le mîmes en relation avec le général Sanson, et il lui communiqua un plan à l'échelle d'un pour 128000. Il comprend toute la partie Est du nouveau lac jusqu'à la coupure, la partie sud, la partie ouest et toutes les îles, les villages et les buttes que cette enceinte renferme, et que les eaux n'ont pu couvrir. Il contient de plus la presqu'île d'Abouqyr, les canaux d'Alexandrie, de Châbour et de Baheyreh dans toute leur longueur, les villages et tous les objets qui bordent leurs rives, et ceux qui sont compris dans l'espace qui les sépare. On a été à portée de se convaincre de l'exactitude de ce plan, en comparant les points qui sont communs avec les levés employés pour la construction de cette feuille. On s'en est servi aussi pour le rattacher à la carte.

Le lac Maréotis présente sur cette carte deux périmètres. Le premier et le plus étendu est celui que les eaux formèrent immédiatement après la rupture de la digue : ces eaux, ne rencontrant aucun obstacle, ont dû entrer avec d'autant plus d'impétuosité, qu'elles étaient poussées par le vent du nord, qui dominait à cette époque. Le deuxième périmètre présente l'étendue du lac telle qu'elle était en janvier 1802; alors les eaux du Nil étaient déjà considérablement baissées, les vents du sud régnaient presque constamment et faisaient refluer les eaux vers le nord : elles ont découvert, en se retirant, une laisse de hautes eaux qu'on a pu exprimer sur la carte, mais qui n'est pas sensible dans la vallée Ouâdy Maryout, parce que les rives en sont encaissées par les chaînes de monticules qui l'environnent.

Les routes que l'on voit tracées au sud du lac ont été prises sur la carte de M. Legentil, de même que la ligne où se termine la navigation du lac. C'est d'après la même carte qu'on a placé la position des villages qui se trouvent entre le canal d'Alexandrie, le lac Maréotis et un canal dont le cours, n'ayant pu être déterminé exactement, n'est que ponctué.

Ici se termine la construction de la feuille 57. La carte que M. Legentil a faite des environs d'Alexandrie à l'échelle d'un pour 100000, qui s'étend depuis la branche de Rosette jusqu'au-delà de la tour des Arabes, et depuis le canal d'el-A'sarah jusqu'à la mer, a été très-utile pour cette opération; et si l'on n'en a pas fait constamment usage, c'est qu'on avait d'autres matériaux à des échelles beaucoup plus grandes, qu'on a dû parfois employer de préférence.

Les sondes du port vieux ont été prises sur une carte dressée par MM. les officiers de la marine; ce travail a été fait avec soin et exactitude.

Les sondes du lac Bourlos et celles de son embouchure à la mer ont été prises par M. Cazals. Celles du boghâz de Rosette sont dues à MM. les officiers du génie qui étaient en garnison à Alexandrie.

F^lle 38e.

Cette feuille renferme, ainsi que la feuille 27, la continuation de la côte depuis la tour du Marabou jusqu'au-delà de la tour des Arabes, ainsi que celle de la chaîne de montagnes de grès et de la vallée couverte de végétation qui lui est parallèle, citées dans la feuille précédente. Tous ces objets sont tracés d'après la carte de M. Legentil.

On doit aussi plusieurs renseignemens à M. Gratien Le Père et à M. Lancret, qui ont parcouru, l'un le désert, et l'autre la côte, gravés sur ces feuilles.

F^lle 39e, ABOUQYR.

Cette feuille, qui ne contient que l'île d'Abouqyr, a été faite d'après les plans de M. Taskin, levés à l'échelle d'un pour 20000, et d'après la carte de M. Legentil.

F^lle 40e, ROSETTE, LAC BOURLOS.

On a fait connaître, feuille 24, comment la branche de Rosette a été tracée sur la carte. Il deviendrait superflu d'entrer ici dans de nouveaux détails à ce sujet.

Le lac Bourlos et ses environs, la langue de terre entre ce lac et la mer, tout le littoral compris entre le boghâz de Rosette et celui de Damiette, qui forme le troisième côté du Delta, enfin la branche de Rosette sur un développement de plus de six myriamètres, ont été levés à l'échelle d'un mètre pour 4000 par M. Simonel. On avait, pour les fixer sur la carte, les positions géographiques de Rosette et de Damiette. Mais M. Simonel, en mesurant la côte du cap Bourlos au boghâz de Damiette, n'a pu déterminer la position des objets environnans qui auraient assuré l'exactitude de ses opérations; la chaîne de monticules qui règne tout le long de cette côte, depuis le lac Bourlos jusqu'au boghâz de Damiette, y mettait obstacle. Les motifs précédens ont déterminé à rattacher tout le lac Bourlos et ses environs à la branche de Rosette fixée sur les points de la grande pyramide et de Rosette. Cette opération, aussi facile qu'exacte, au moyen de la multitude de points communs au lac et à la branche, sur une étendue de plus de quatre myriamètres et demi, a donné la position de l'embouchure du lac et celle du cap Bourlos, qui se trouve à un myriamètre à l'est. Ce point et la tour du boghâz de Damiette, dont on parlera dans la feuille suivante, ont servi à fixer tout le littoral compris entre ces deux points, ainsi que les chaînes des dunes qui lui sont parallèles.

Le chemin d'Alexandrie à Rosette, que l'on voit sur cette feuille, a été levé par M. Schouani, depuis Rosette jusqu'à la mosquée située à l'ouest du village d'Edkou, feuille 36, ainsi que le littoral qui est à sa proximité. Cette route a été rattachée au plan de la branche de Rosette par M. Simonel, qui a levé toute la côte depuis le boghâz de Rosette jusqu'au point où le chemin d'Alexandrie à cette ville rejoint la côte.

Nous ferons remarquer que plusieurs villages de cette carte, situés entre les canaux de Châbour et de Baheyreh, et peu éloignés du Nil, n'avaient pas de noms; mais la carte de M. Tawiland ayant été gravée en Angleterre en 1807, nous y avons pris tous les noms qui manquaient sur celle qu'il avait communiquée, de même que les sondes du lac Maréotis dont nous avons fait usage.

F^lle 41e, Damiette.

En expliquant la feuille 24, on a dit comment la branche de Damiette avait été tracée sur la carte, et le peu de différence qui s'est trouvé entre la distance donnée par le plan et celle qui se déduit des observations astronomiques. On a fait connaître également, dans la construction des feuilles 34 et 35, comment la partie du lac Menzaleh, levée par M. Legentil, et qui se lie à cette branche, et celle qui a été levée par nous, se sont rattachées aux positions géographiques de Sâlehyeh et à la ligne de nivellement de MM. les ingénieurs des ponts et chaussées, sans subir d'altération.

Par ces opérations, les parties méridionale et occidentale du lac, et le plus grand nombre des îles qu'il renferme, se sont trouvées fixées; il ne restait plus, pour avoir le lac dans son entier et la langue de terre qui le sépare de la mer, qu'à tracer les environs de Damiette, la côte depuis le boghâz jusqu'à la bouche de Tyneh, près des ruines de Péluse, ainsi que les îles et autres endroits du lac qui s'y rattachent. On avait, pour atteindre ce but, plusieurs positions géographiques, le plan de la côte par M. le général Andréossy et celui de M. Legentil; mais lorsqu'il a fallu soumettre ces travaux aux points géographiques qui devaient les fixer sur la carte, on a rencontré des différences si grandes entre les points communs donnés par les levés ou déterminés par les observations astronomiques, que nous nous sommes trouvés embarrassés sur le parti à prendre. La côte levée par M. le général Andréossy ne diffère de celle que donne le plan du lac levé par M. Legentil, ni dans les longueurs, ni dans les directions; le cours de la branche de Damiette, levé aussi par ce dernier, depuis Mansourah jusqu'au boghâz, s'accorde parfaitement avec celui de M. Simonel. Ces plans, à l'échelle d'un mètre pour 40000, se superposent dans tous leurs points. On a vu précédemment l'accord qui règne entre toutes les opérations de cet ingénieur et les observations astronomiques. Il a levé deux fois la branche depuis le boghâz jusqu'à Damiette; il a mesuré à la chaîne la distance qui les sépare; il a obtenu à chaque fois les mêmes résultats; il a tracé l'orient magnétique; et, au moyen de la déclinaison de la boussole, qui est de 13° 12' à Damiette, on est parvenu à indiquer le méridien de cette ville. Si l'on a pu commettre une erreur par cette méthode graphique, elle est insensible, et ne peut même être appréciée sur une aussi petite distance que celle de Damiette au boghâz.

Tels sont les élémens qu'on a eus pour tracer la branche de Damiette depuis cette ville jusqu'à la Méditerranée, la partie nord du lac et la langue de terre qui le sépare de la mer. Les points géographiques qu'on avait pour les fixer sont Damiette, el-E'zbeh, la tour du boghâz, celle du boghâfeh, les bouches de Dybeh et d'Omm-fâreg, et l'île de Tennys. Les quatre premiers de ces points sont extrêmement rapprochés : en comparant leurs distances respectives et les positions données par les observations astronomiques avec celles qui sont données par le plan, on a trouvé de fortes différences ; il fallait altérer les formes et les dimensions des plans, non-seulement dans la partie entre la branche et le lac, mais encore sur une grande étendue vers l'est ; enfin, pour lier insensiblement les parties altérées avec les autres, il fallait d'un plan reconnu exact en faire un mauvais.

C'est après avoir apprécié toutes ces difficultés, qu'on a pris le parti de ne pas faire usage des points d'el-E'zbeh, des tours du boghâz et du boghâfeh, et de tracer la branche de Damiette à la mer, et tout ce qui s'y rattache, comme on avait fait au Kaire, c'est-à-dire que la position géographique de cette ville et celle de la pyramide ont servi pour fixer toute la branche. De cette manière, la partie qui va de Damiette à la mer, et toute la partie du lac Menzaleh qui s'y rattache, ne diffèrent point de celle qu'on aurait eue en employant la déclinaison de la boussole précitée.

La branche de Damiette ainsi déterminée, il restait à fixer, 1°. la côte depuis la tour du boghâfeh jusqu'à la bouche de Tynch, près de Péluse ; 2°. toute la partie nord-est du lac, avec les îles qu'il renferme ; 3°. le plan de la côte mesurée par M. le général Andréossy ; 4°. celui du lac levé par M. Legentil ; 5°. les positions géographiques de Dybeh et d'Omm-fâreg; 6°. enfin, la bouche de Tyneh, qui est à l'extrémité de la ligne de nivellement des deux mers, et dont le point coté 151 pieds 9 pouces 2 lignes, sur le chemin de l'Égypte en Syrie, a été rattaché à la position géographique de Sâlehyeh. De ces opérations, il est résulté que la distance du point de Tyneh à la tour du boghâfeh se trouve la même que celle qu'avait mesurée M. le général Andréossy, et que celle qui avait été donnée par les levés de M. Legentil : les points de Dybeh et d'Omm-fâreg se sont aussi trouvés placés à la latitude que leur donne M. Nouet. Finalement ces opérations, qui se sont servi réciproquement de vérification, ont offert une précision que nous ne pouvions guère espérer. Quant aux longitudes des points de Dybeh et d'Omm-fâreg, nous n'avons pu en faire usage sans nous exposer à altérer considérablement la forme et les dimensions des plans. Il en est de même de la position de l'île de Tennys; on n'a employé que sa latitude, qui s'est trouvée parfaitement d'accord avec les plans.

C'est de cette manière que le plan du lac a été fixé sur la carte. Levé deux fois, ce plan ne pouvait être dénaturé, et il n'a subi en effet aucune altération. Il reste à faire connaître comment la partie qui comprend le Delta a été faite.

On a dit, dans la feuille précédente, que le lac Bourlos, ses environs et le littoral compris entre les deux boghâz ou embouchures du Nil, ont été levés par M. Simonel, à l'échelle d'un mètre pour 40000 mètres; que le lac et la langue de terre qui le sépare de la mer ont été rattachés à la branche de Rosette, et que le cap Bourlos s'est trouvé déterminé de cette manière. Ce point, la position géographique de Damiette et la tour du boghâz, ont servi de bases pour fixer le littoral depuis ce cap jusqu'au boghâz de Damiette, et la chaîne de dunes qui lui est parallèle, de même que l'embouchure du Bahr el-Iktoub et les marais qui la précèdent.

La partie de ce canal connue sous le nom d'*Achtoun-Gammâçah*, et comprise entre Kafr Demillâch et le canal qui se jette dans les marais du lac Bourlos, a été tracée comme on l'a dit à la fin de l'explication de la planche 35. Le canal d'Abou-Galyb, les lacs formés par l'inondation du Nil, et qui sont à l'ouest de Damiette, ont été tracés d'après la reconnaissance de M. Cazals : mais la partie méridionale de cette feuille, comprise entre le lac Bourlos et la branche de Damiette, laisse beaucoup à désirer, l'armée n'ayant pas eu occasion de parcourir cette contrée déserte ; ce n'est que d'après les renseignemens fournis qu'elle a pu être tracée.

Les sondes du boghâz de Damiette, et celles de toutes les bouches du lac Menzaleh et de l'intérieur de ce lac, ont été faites par M. le général Andréossy. Celles de la rade d'Abouqyr ont été puisées à la même source ; mais celles des lacs d'Abouqyr et d'Edkou ont été procurées par MM. les officiers du génie.

F^lle 42e, BOUCHE DE DYBEH.

Cette feuille, qui n'embrasse qu'une très-petite partie du lac Menzaleh et de la langue de terre qui le sépare de la mer, a été levée par M. Legentil ; elle a été tracée sur la carte comme la feuille précédente, à laquelle elle fait suite.

La feuille 42 termine la carte de l'Égypte; celles qui suivent appartiennent à la Syrie.

SYRIE.

Exposé des difficultés qu'on a éprouvées pour la construction des cinq feuilles de la carte qui appartiennent à cette contrée ; examen et choix des points qui leur servent de bases.

La feuille 42 complétant entièrement, comme nous venons de le dire, la carte de l'Égypte, nous aurions borné là notre travail, si l'occupation de la Syrie par l'armée d'Orient n'eût exigé aussi la construction d'une carte de la partie de cette contrée qu'elle a parcourue, et qui a été, comme l'Égypte, le théâtre de sa valeur.

Ce pays célèbre n'offre aucune ressemblance avec l'Égypte; il aurait, par sa structure, beaucoup de rapports avec plusieurs parties de notre belle France, si l'on n'y rencontrait à chaque pas des ruines et des terres incultes.

Étant le seul ingénieur-géographe que le général en chef ait emmené à l'armée de Syrie, quelque zèle et quelque activité que nous ayons mis dans nos travaux, il nous a été impossible de toujours donner à nos opérations l'exactitude que nous aurions désirée : nous étions au milieu d'une armée toujours sur le qui vive, qui se battait fréquemment et qui traînait à sa suite la famine et la peste; en outre, on ne pouvait s'écarter sans tomber dans les mains des Arabes, plus à craindre encore. Il nous est souvent arrivé, particulièrement aux siéges de Jaffa et d'Acre, et au retour de l'armée en Égypte, d'opérer sur le terrain, environnés des victimes de ces trois fléaux; mais le désir de faire connaître un pays curieux sous tant de rapports, nous faisait braver tous les dangers, et détournait les tristes réflexions que faisaient naître à chaque pas les objets et les scènes funestes qui étaient sous nos yeux.

Tant d'obstacles et de difficultés à surmonter auraient nécessairement occasioné des lacunes dans notre travail, si nous n'avions pas été à portée d'y suppléer par les opérations particulières des généraux, des officiers de l'artillerie et du génie, qui ont fait la reconnaissance de la plupart des routes qu'ils ont parcourues. Nous nous ferons un devoir, dans cet exposé, de faire connaître la nature et le degré de précision de ces opérations, et de citer les personnes qui, en nous les communiquant, ont bien voulu aussi nous aider de leurs lumières.

Avant de rendre compte des moyens que l'on a employés pour tracer les matériaux sur la carte de la Syrie, et des points sur lesquels on s'est appuyé pour les fixer, nous devons prévenir que l'on trouvera ces points rapportés dans le tableau qui se trouve sur la feuille 1re de la carte géographique, à la suite de ceux de l'Égypte qui ont été déterminés par M. Nouet.

La latitude et la longitude de Gaza ont paru mériter

assez de confiance, quoique, comparées à l'ensemble de nos opérations, il eût mieux valu employer une longitude plus occidentale; sans vouloir rien préjuger sur son exactitude, nous avons cru devoir nous en servir, et rattacher ainsi le travail de l'Égypte à celui de la Syrie, en regrettant toutefois qu'il n'y eût pas un plus grand nombre de lieux déterminés par des observations astronomiques entre Damiette et Acre.

Après avoir long-temps hésité sur le choix entre trois latitudes différentes qu'on possédait pour la position de Jaffa, on a adopté celle qui cadrait le mieux avec toutes nos données, sans décider si elle était la plus exacte. Nous n'avons pas balancé à faire usage de la longitude de Jaffa, que nous nous sommes également procurée : en la comparant à celle du mont Carmel (prise au couvent), nous avons reconnu que l'angle que fait la ligne menée par ces deux positions avec le méridien, diffère peu de celui qui résulte de notre levé, sur lequel le méridien était tracé par le moyen de la déclinaison de la boussole, égale à 13° 20′, d'après l'observation qui en a été faite sur les côtes de la Syrie.

Parmi les diverses latitudes que l'on a eues pour Jérusalem, on a donné la préférence à celle qui a été déterminée par Niebuhr : elle est de 31° 46′ 34″. Quant à la longitude de cette ville célèbre, nous avons trouvé dans la *Connaissance des temps* 33° juste. Ce nombre rond de degrés, sans minutes ni secondes, nous a paru douteux : comparée à celle de Jaffa, cette longitude devient extrêmement fautive; aussi les auteurs des cartes modernes ne l'ont pas employée. D'après les itinéraires et les voyageurs, on a placé Jérusalem à la longitude de 33° 11′ 29″[1].

M. le marquis de Chabert a bien voulu donner les latitudes d'Acre et du couvent du mont Carmel, observées par lui, sur les lieux mêmes, avec de bons instrumens; c'est de ce dernier point que nous sommes partis avec confiance pour combiner toutes nos opérations et y rattacher les levés faits en Syrie.

La longitude du même point, comparée à celle de Jaffa, comme on l'a dit ci-dessus, et à nos levés, s'est trouvée exacte. La latitude d'Acre donnée par M. le marquis de Chabert ne diffère de celle de Niebuhr et de celle qui résulte de nos opérations, que parce qu'elles n'ont pas été observées précisément au même endroit.

M. Barbié du Bocage nous a procuré les latitudes de Jaffa, de Jérusalem et d'Acre, d'après Niebuhr; ce voyageur véridique avait bien voulu les lui adresser pour nous les transmettre.

Il restait à fixer la longitude de cette dernière ville; on n'a eu pour y parvenir que le plan de ses environs et de sa rade jusqu'au mont Carmel, avec la déclinaison de la boussole, qui, sur les côtes de la Syrie, est de 13° 20′, comme on l'a dit plus haut. Ces données ont procuré la distance du couvent du mont Carmel à Acre, et l'angle que la ligne menée par ces deux objets fait avec le méridien.

Tels sont les points qui servent de bases à la carte de la partie de la Syrie occupée par l'armée d'Orient. De-

---

[1] M. de Seetzen, voyageur allemand, étant, en 1806, au couvent de *Terra-Santa*, a observé pendant deux jours les hauteurs correspon-

puis la rédaction de ce travail, plusieurs voyageurs ont parcouru cette contrée, et ont pu recueillir pour la géographie des matériaux précieux, dont d'autres plus heureux que nous pourront tirer parti. Si nous regrettons de n'être pas restés plus long-temps dans ce pays, nous ne craignons pas qu'on nous reproche de jamais induire en erreur ceux qui s'y rendront après nous, attendu que nous avons exposé avec vérité comment nous avons opéré et rédigé nos observations.

On va maintenant indiquer ce qui a été fait pour établir les cinq feuilles suivantes, qui comprennent la partie de la Syrie dont il est question.

F^{lle} 43e, Gaza.

On a exposé, feuille 32, par quels moyens a été fixée la position d'el-A'rych. Ce point et celui de Gaza ont servi pour rattacher à la carte d'Égypte la reconnaissance de la route de Syrie comprise entre ces lieux, et levée au pas et à la boussole.

Les routes de Gaza à Ebneh, de ce village à Ramleh et à Jaffa, enfin celle de Ramleh à Jaffa et les objets qui sont à leur proximité, ont été également levés au pas et à la boussole, et tracés sur la carte au moyen des points de Gaza et de Jaffa.

Malgré nos efforts pour reconnaître la côte, particulièrement les ruines d'Ascalon, nous n'avons pu voir

---

dantes du soleil. Dix observations lui ont donné pour latitude, terme moyen, 31° 47′ 46″; et vingt-cinq observations des distances de la lune, faites le même jour, ont produit, pour trois instans différens, les résultats ci-après : 30° 20′ 48″, 32° 46′, 33° 46′ 45″. Somme, 99° 53′ 33″; terme moyen, 33° 17′ 51″.

la mer qu'aux embouchures des rivières et des ruisseaux qui s'y jettent, ni indiquer les sinuosités qu'elle forme; nous nous sommes donc contentés de la ponctuer. Pour nous guider dans ce travail, et pour placer les objets ruinés qui existent encore sur ses bords et que nous n'avons pu apercevoir, nous avons consulté les meilleures cartes existantes au moment de la rédaction des matériaux.

F^lle 44e, JÉRUSALEM ET JAFFA.

Pour tracer et indiquer les parties de côte qui portent sur cette feuille, on a éprouvé les mêmes difficultés et employé les mêmes moyens que dans la précédente, à l'exception cependant du littoral compris entre l'embouchure du Rubin et la partie au-delà d'Acre, lequel a été suivi et levé au pas et à la boussole.

Les deux routes que l'armée a suivies pour aller de Jaffa à Acre et pour en revenir, ont été levées par nous, aussi au pas et à la boussole, de même que les pays entre ces routes et la mer, et celui qui est à l'est, à 4 ou 5 kilomètres de distance. Les points de Jaffa, d'Acre et du mont Carmel, ont servi de bases pour fixer ces levés sur la carte.

Les environs de Jaffa, à la distance de 5 kilomètres, ont été réduits, d'après le plan que nous en avons fait, à l'échelle d'un pour 5000.

Nous nous étions bornés d'abord à tracer sur cette feuille les routes et les pays que l'armée a parcourus; mais la question qu'on nous a souvent faite en voyant cette feuille : *Où est Jérusalem?* nous a déterminés à placer cette ville.

La chaîne de montagnes près de laquelle elle est située, traverse toute la Palestine; en allant de Gaza à Acre, on a pu en apercevoir plusieurs sommets, sur lesquels on a tiré quelques rayons visuels. On connaissait la latitude de Jérusalem donnée par Niebuhr; sa longitude a été obtenue, comme on l'a dit ci-dessus, d'après des itinéraires et d'après les ouvrages des voyageurs. On a tracé les routes qui conduisent à cette ville; et les mêmes ouvrages, notamment ceux de Pococke, ont mis à même d'en tracer les environs et d'y indiquer tous les lieux que la religion chrétienne a en vénération : mais, ne regardant ce travail que comme un essai, nous nous sommes bornés à le ponctuer. Les mêmes élémens, et les cartes publiées sur ce pays, nous ont servi pour indiquer la chaîne de montagnes qui traverse la Palestine.

Pour remplir, autant que possible, les nombreuses lacunes que présentent cette feuille et la suivante, on y a placé, d'après d'Anville, les lieux anciens; ils sont seulement pointillés, et les noms sont soulignés pour les distinguer des noms modernes.

F^{lle} 45e, Césarée.

Dans la description que l'on vient de donner de la feuille 44, on a dit comment les routes suivies par l'armée d'Orient pour aller de Jaffa à Acre, et pour retourner de cette ville à Jaffa, ont été levées et fixées sur la carte, ainsi que les objets visibles qui n'en sont éloignés que de 4 à 5 kilomètres : mais entre ces routes, quoique peu distantes l'une de l'autre, il y a trois petites rivières ou ruisseaux dont le cours n'a pu être entièrement déterminé; on s'est contenté de les ponctuer. Nous avons fait de vains efforts, en parcourant le pays, pour voir ces ruisseaux dans tout leur cours; les Arabes qui marchaient sur les flancs de l'armée ne nous ont pas permis de nous écarter.

La route suivie par le général Junot, depuis le village de Mesky jusqu'au pied du mont Carmel, vers le sud, a été tracée d'après une reconnaissance faite par M. Horace Say.

Les positions des villages de Soufy, Hazoun, celles de Gelgely et de Hableh, qui se trouvent sur la feuille précédente, la route qui conduit à ces deux derniers villages, depuis la rivière d'O'ugeh, et les environs de ces lieux, ont été tracés d'après une reconnaissance faite par M. Ferrus, capitaine du génie.

La route ponctuée sur la carte, qui conduit de Nazareth à Jérusalem, et qui passe par Nâblous, a été dessinée d'après un itinéraire très-détaillé donné par M. Jacob Habâyb, habitant de Chafâ-A'mr, près d'Acre, et depuis colonel dans le corps des Mamlouks : on a eu occasion d'en reconnaître l'exactitude.

F^{lle} 46e, ACRE, NAZARETH, LE JOURDAIN.

Le séjour de l'armée dans la partie de la Syrie que cette feuille embrasse a mis à portée d'en lever la plus grande partie, et de donner aux opérations plus d'exactitude qu'à celles qu'on a faites en suivant la marche des troupes.

Notre premier soin, en arrivant devant Acre, fut de reconnaître précisément les distances du lieu où était assis le camp de l'armée française aux principaux lieux de la ville, notamment au grand minaret; ensuite, de déterminer l'enceinte du côté de la terre; enfin, d'en lever exactement les environs, à l'échelle d'un pour 5000, dans un rayon de 2 kilomètres. On mesura ensuite, dans la plaine, une base qui se liait à ce premier travail, et, des extrémités de cette base, on dirigea des rayons visuels sur tous les objets visibles, quel que fût leur éloignement. Ces nouvelles opérations donnèrent exactement, entre autres positions, celle d'un sommet assez dominant, occupé par notre cavalerie, éloigné d'Acre de 6 kilomètres, et nommé par l'armée *redoute Detroye*, du nom d'un colonel du génie qui trouva sous les murs d'Acre une mort glorieuse. De ce point, on détermina la position du couvent du Carmel, celle de plusieurs sommets de cette montagne et de divers objets déjà observés des extrémités de la base. Nous nous transportâmes au couvent du mont Carmel, et, de ce point, les objets qui avaient été observés le furent de nouveau, ainsi que tous ceux qui se trouvaient autour de nous. Cette opération, faite à la boussole, donna la position du mont Kafr Mendah, du mont Qabr Simâny, du minaret d'Acre, du château de Geddyn, etc.; c'est sur ces points que l'on s'est appuyé pour lever tous les détails : on peut donner comme exacts, à 50 mètres près, la distance du mont Carmel à Acre, tout le littoral qui sépare ces deux endroits, ainsi que le pays qui les environne.

La partie de cette feuille comprise entre la mer, la chaîne de montagnes qui en est à 20 kilomètres vers l'est, le mont Saron au nord, qui se trouve sur la feuille suivante, et la rivière d'Acre au sud, a été levée à la boussole et vue dans tous ses détails.

Nous avons également levé à la boussole la route qui conduit d'Acre à Jaffa et suit les bords de la mer jusqu'au-delà du Carmel, en nous appuyant, comme ci-dessus, sur les points que nous avions déterminés. On est parti des mêmes bases pour lever le cours du Keysoum, ses environs depuis son embouchure jusqu'au pied du château d'el-Qyreh, à l'entrée de la plaine d'Esdrelon à l'ouest, ainsi que la route qui conduit de ce château ruiné à Acre, et les objets qui l'avoisinent.

Les routes d'Acre à Chafâ-A'mr, à O'bellyn, à Bedâouy, Safoureh, Nazareth, Cana, et au bazâr, au nord-est du mont Tabor, ont été levées par les mêmes procédés.

On avait parcouru les environs d'Acre à 15 kilomètres de distance, et l'on attendait une occasion favorable pour rejoindre la division Kléber, campée au pied du mont Tabor, près des rives du Jourdain; elle se présenta : le général en chef nous envoya à cette division pour lever les champs de bataille de Nazareth, de Cana et du mont Tabor, « où une poignée d'hommes bien disciplinés avait triomphé d'ennemis aussi nombreux que les étoiles du ciel[1]. » Nous avions de plus à reconnaître le fleuve du Jourdain.

Le général Kléber nous accorda toute sa protection

---

[1] Paroles du grand-vizir Yousef à son armée, en passant sur le champ de bataille du mont Tabor, après la bataille d'Héliopolis. (*Courrier de l'Égypte*, n°. 89.)
Les Français étaient au nombre de quatre mille, et leurs ennemis, de trente-cinq mille hommes.

et les secours qui dépendaient de lui pour faciliter notre mission; mais malheureusement, peu de jours après notre arrivée, il partit avec sa division pour se rendre devant Acre. Voici le détail des opérations que l'on a pu faire dans ce court espace de temps.

Nous avons pris plusieurs angles à la boussole, à divers points de la chaîne de montagnes située entre Cana et Nazareth, et qui se dirige du sud au nord; on avait pour bases le mont Carmel, le mont Kafr Mendah, et quelques positions intermédiaires. De ces diverses stations, on a tiré des rayons visuels sur plusieurs objets au sud et à l'est, particulièrement du mont Qabr Simâny, où le général Kléber avait fait construire une redoute; de ce point culminant, on découvre toute la vaste plaine d'Esdrelon et le mont Hermon, qui la limite vers l'est.

Les points qui ont été déterminés sur la chaîne dont on vient de parler, ont servi pour lever toute la partie sud de cette chaîne et le bassin où se trouve Nazareth, lieu si souvent cité parmi les Chrétiens, et qui n'est aujourd'hui qu'un petit bourg, remarquable seulement par son couvent et son église.

Ces mêmes points ont servi pour fixer la position du mont Tabor. Du sommet de cette montagne entièrement détachée de la chaîne, on a une vue magnifique: à l'ouest, on voit à ses pieds la belle plaine d'Esdrelon; à l'est, on découvre le lac de Tabaryeh, plus loin la ville de Safed, et, au-delà, les monts de Kana'ân; dans le lointain, vers l'est, on aperçoit les montagnes du Hauran, et, au sud, le mont Hermon.

Nous avons remarqué, de ce lieu jadis célèbre et aujourd'hui couvert de ruines, que la chaîne qui traverse la Syrie est interrompue au pied du Tabor, entre cette montagne et le mont Hermon, de sorte qu'il est difficile de préciser le point de partage des eaux qui se rendent, partie au Jourdain, et partie dans la Méditerranée. Au nord, cette grande chaîne ne s'aperçoit que par quelques sommets isolés, et ce n'est qu'au-delà de Ramah qu'elle commence à se distinguer facilement et à s'élever progressivement jusqu'aux montagnes du Cheykh, *Gebal el-Cheykh*, à l'ouest de Damas. De cette montagne, on a tiré des rayons visuels sur une multitude de points, et l'on a eu occasion de les recouper par d'autres rayons, pour en fixer la position.

Ces lieux étant déterminés ont donné des points sur lesquels on s'est appuyé pour lever une partie du cours du Jourdain. On a d'abord suivi la route qui conduit du bazâr au pont de Magma', en faisant diverses stations pour la déterminer, ainsi que les ravins qui la traversent et qui forment par leur réunion le ruisseau qui se jette dans le Jourdain, à environ trois kilomètres au-dessous du pont de Magma'.

De ce pont, on a remonté le fleuve, par la rive droite, jusqu'à sa sortie du lac de Tabaryeh, et par diverses stations on est parvenu à lever toutes ses sinuosités et l'embouchure de la petite rivière d'Yârmouk; on a également pu tirer des rayons visuels sur les coudes principaux de cette rivière, dans une étendue de plus de dix kilomètres, et par conséquent fixer leurs positions.

En quittant le Jourdain, on a côtoyé les bords du

lac jusqu'à la ville de Tabaryeh; puis, en multipliant les observations, on a déterminé tous les objets visibles et particulièrement l'embouchure des torrens ou ruisseaux qui se jettent dans le lac, enfin tout ce qui pouvait servir à en donner une configuration exacte.

La ville de Tabaryeh est bâtie à un kilomètre au nord des ruines de l'ancienne ville de Tibériade, fondée par Tibère, et où l'on voit une source d'eau thermale très-abondante; elle est située sur les bords du lac et dans une position agréable, d'où l'on découvre toute l'étendue de ce lac ainsi que les montagnes qui en forment le bassin. De ce point important, on a tiré une multitude de rayons sur tous les objets visibles; et, après avoir levé les environs de cette ville, nous nous sommes rendus sur le haut de la montagne dite *des Béatitudes*, au sud de Hattyn; ce sommet étant isolé de toutes parts, on y a fait les mêmes opérations, particulièrement pour les points déjà déterminés d'Acre et du mont Carmel, et l'on a reconnu et fixé la position du village de Hattyn et celle d'une partie de la vallée de ce nom. De ce point, en se dirigeant sur Loubiah et sur les champs de bataille de Nazareth et de Cana, on en a déterminé les positions et celles des environs jusqu'au bazâr. Nous nous proposions de parcourir la plaine d'Esdrelon; nous avions déjà tiré plusieurs rayons visuels sur quelques-uns des objets qu'elle renferme : mais le général Kléber ayant quitté le bazâr, où il était campé depuis la bataille du mont Tabor, pour se rendre, comme on l'a dit, devant Acre avec sa division, notre travail s'est réduit alors à tracer la route qui conduit du bazâr et de Nazareth à cette ville.

Telles sont les opérations qui ont pu être faites pendant les deux mois que l'armée française est restée sous les murs d'Acre et dans les environs.

Il nous reste à parler des matériaux que nous nous sommes procurés d'ailleurs, à l'effet de remplir les lacunes que nous avons laissées dans plusieurs parties, faute d'avoir pu opérer par nous-mêmes.

Le cours du Keysoum, dans la plaine d'Esdrelon, et tous les ruisseaux qui se jettent dans cette rivière jusqu'à sa sortie de cette plaine, ont été reconnus par M. Alexandre Crepin, officier du génie, de même que le chemin qui conduit de cette plaine à Bedâouy et qui passe par les villages de Karm el-Nefyceh, Gebât Sammouny. Les villages de Zebed et de Geydâ et la route qui conduit de Chafâ-A'mr à Genyn, ont été tracés d'après un itinéraire communiqué par M. Jacob Habâyb, dont on a déjà parlé.

Le littoral du lac de Tabaryeh, depuis la ville de ce nom, en remontant vers le nord, jusqu'à l'endroit où le Jourdain se jette dans le lac, tout le pays compris entre ce fleuve, la route de Safed au pont de Jacob et celle qui conduit de cette ville aux ruines de Génésareth, ont été tracés, d'après une carte à l'échelle d'un pour 150000, par M. Paultre, chef d'escadron d'artillerie; nous en avons reconnu l'exactitude, en comparant les objets qu'elle renferme avec ceux qui avaient été levés par nous.

La route d'Acre à Safed et au pont dit *des Filles de*

Jacob a été tracée d'après une reconnaissance de M. Vernois, officier du génie, combinée avec la carte de M. Paultre; elle a donné la facilité de tracer le lac Helou, qui se trouve sur la feuille suivante.

On n'a pas vu le pays au nord de Ramah et des monts de Kana'ân; c'est d'après la carte de d'Anville et d'autres renseignemens qu'il a été indiqué.

On n'a pas été à même de parcourir la rive orientale du lac de Tabaryeh; c'est par des rayons visuels tirés de divers points de la rive occidentale qu'elle a été déterminée, ainsi que les ruisseaux qui se jettent dans ce lac.

F^{lle} 47e et dernière, TYR, SYDON.

Les circonstances ne nous ont pas permis d'étendre nos opérations sur cette feuille au-delà du cap el-Mechrefy; mais M. le général Vial, en se rendant aux ruines de Tyr, a fait une reconnaissance de la route qu'il a suivie et des environs : nous l'avons rédigée sous ses yeux, telle qu'elle est tracée sur la carte.

Le lac Helou a été tracé d'après les reconnaissances de M. Paultre et de M. Vernois.

Nous avions borné là cette feuille : mais ayant été invités à la compléter, nous avons dû compulser les ouvrages des voyageurs, afin d'y puiser des renseignemens; la carte de la Phénicie et des environs de Damas, par d'Anville, nous a fourni les principaux matériaux.

Nous devons rappeler ici que, pendant la campagne de Syrie, MM. Jaubert, Belletête et Delaporte, membres de la Commission des sciences et arts, se sont empressés, dans toutes les occasions, de nous donner les noms des lieux parcourus par l'armée.

Nous donnons ici l'extrait du journal de voyage du général Vial.

Extrait du Journal du général Vial sur la campagne de Syrie, en l'an VII (1799).

Dans la nuit du 13 au 14 germinal an VII (du 2 au 3 avril 1799), je reçus l'ordre de me rendre à Sour (l'ancienne Tyr), avec cinq cents hommes, pour prendre possession de cette place et y établir une garnison de Motouâllys. Je partis à la pointe du jour, et j'arrivai à Sour, après dix à onze heures de marche.

Le cheykh Nassar, fils de Nassyf, qui fut tué, il y a six ans, dans une affaire contre les Arnâoutes du pâchâ d'Acre, avait eu du général Bonaparte l'ordre de s'y rendre par la vallée de Bega'; il y était venu avec deux cents hommes de sa nation. Les habitans de Sour, et surtout les chrétiens, s'étaient enfuis à son approche. Je les trouvai épars dans la campagne, hommes, femmes et enfans, portant péniblement d'énormes paquets de hardes et de leurs effets les plus précieux. Je rassurai ces malheureux ; je leur dis que je venais les protéger, et que les Motouâllys obéiraient à nos ordres : je les engageai à rentrer dans leurs foyers ; ce qu'ils firent avec confiance.

Nassar vint au-devant de moi avec plusieurs individus de sa famille ; il avait fait mettre sous les armes sa petite troupe, dont je passai une espèce de revue. Je l'exhortai à se conduire de manière à gagner la confiance des habitans et à se les affectionner.

Les Motouâllys sont une superbe espèce d'hommes, presque tous grands, bien faits, robustes et de bonne mine : ceux-ci paraissaient résolus à tout entreprendre ; ils étaient tous bien vêtus, mais assez mal armés.

Je fis établir quelques postes. Les gardes furent composées de Français et de Motouâllys, de quoi ces derniers parurent extrêmement flattés.

Le cheykh me conduisit ensuite sur le port, au logement qu'il m'avait fait préparer. J'y trouvai, pour tout meuble, un morceau de tapis sur une vieille natte ; pour toute provision, une cruche d'eau. Il m'apprit que la maison où nous étions lui appartenait ; que son bisaïeul l'avait fait construire, ainsi qu'un autre grand bâtiment qu'il me mena visiter le lendemain, au sud de la presqu'île, et que nous trouvâmes dévasté par les troupes du pâchâ.

Nassar me parla d'un air pénétré des malheurs de sa famille ; il espérait être bientôt vengé de Gezzâr : « Je veux, me disait-il, faire de Sour une place plus forte que celle d'Acre ; j'y attirerai beaucoup de marchands ».

La population de Sour est de douze à quinze cents personnes, dont les trois cinquièmes sont musulmans, et le reste professe la religion chrétienne ; les premiers font le commerce de l'intérieur, et les autres vivent du commerce du dehors. Ces derniers ont fait bâtir depuis peu d'années quelques maisons assez commodes ; ils ont leur église, pour la conservation de laquelle ils paient de bien fortes contributions : s'ils ne gémissaient sous un despotisme de fer, Sour deviendrait dans peu assez considérable.

Je rentrai le 16 au camp, laissant à Sour les Motouâllys disposés à s'y défendre jusqu'à extinction.

La campagne d'Acre est fermée, vers le nord, par des montagnes qui se terminent sur la mer par le cap el-Mechrefy. Celle de Sour est ceinte d'une plus haute chaîne, qui, partant de la Qasmyeh, rivière de la vallée de Bega', tourne au midi et à l'ouest, et vient aussi se terminer sur la mer par le cap Blanc, appelé dans ce pays *Gebel el-Naqourah*.

Le cap Blanc est séparé du cap el-Mechrefy par une petite plaine : mais les deux chaînes auxquelles ils appartiennent s'unissent à une demi-lieue du rivage ; ils ne sont guère plus saillans de ce côté que la ville d'Acre : Sour est beaucoup plus avancée en mer, et répond presque au mont Carmel.

Il y a neuf lieues d'Acre à Sour ; savoir, trois et demie de la place d'Acre au pied du cap el-Mechrefy, trois de l'extrémité de la campagne d'Acre à l'entrée de celle de Sour, deux autres de là aux sources ou moulins de Sour, et une demi-lieue encore pour arriver dans cette presqu'île.

On trouve plusieurs villages sur la route, dans la campagne

d'Acre : le principal, nommé *el-Esmeryeh*, à une demi-lieue de la place, est peuplé de deux cents Turks ; le second, *el-Masâr*, une demi-lieue plus loin et un peu sur la droite, est habité par une centaine de chrétiens ; le troisième, nommé *Zyb*, vers la mer, à près de deux lieues d'el-Masâr, renferme quatre cents individus turks. On laisse à l'est el-Bafà, village des Motouàllys, qui a six cents personnes de population.

La nature du sol est une bonne terre de labour ; on y trouve par intervalles quelques monticules de sable : on y voit quelques oliviers. Il est coupé par plusieurs ruisseaux, dont un, qu'on passe sur un vieux pont, entre el-Masâr et Zyb, fait aller, à une demi-lieue plus haut, près du village d'el-Fargy, des moulins qui ont été très-utiles à l'armée, et fournit des eaux à l'aqueduc d'Acre.

On monte au cap el-Mechrefy par une rampe pratiquée sur le flanc de la montagne, de l'est au nord-ouest ; en haut, on trouve une maison crénelée, espèce de corps-de-garde, ouvrage des Motouàllis : pour descendre de l'autre côté, l'on n'a d'autres chemins que quelques sentiers, impraticables pour l'artillerie, à peine frayés sur le rocher nu, le long d'une coupure faite au ciseau et qui indique une ancienne route ; ils conduisent dans un ravin qui descend rapidement par plusieurs contours aboutissant à une petite plaine pierreuse. On y voit des ruines et une maison isolée près de laquelle coule une eau vive qui invite à se désaltérer. Cette eau s'appelle *A'yn el-Ga'fât*, fontaine de Ga'fât, du nom d'un village qui est dans l'intérieur, près duquel elle prend sa source, et que les habitans Motouàllys ont abandonné depuis peu, à la suite d'une rixe avec les soldats de Gezzâr. Au fond, sur une hauteur, on aperçoit deux colonnes debout : elles sont d'ordre dorique et de pierre calcaire, l'une entière et l'autre tronquée ; elles ont fait partie d'un temple très-ancien dont on retrouve beaucoup de débris et une partie du plan sur une terrasse soutenue par des pierres énormes ; aux environs sont taillées, dans le rocher, des grottes qu'on dirait avoir été des habitations. A l'extrémité nord, et un peu avant d'être au cap Blanc, on trouve les restes d'une grande route pavée de gros quartiers de pierre, et qui paraît un ouvrage des Romains.

Le cap Blanc est une montagne de pierre calcaire très-tendre, ressemblant assez à de la craie. On y voit une quantité étonnante de pierres à feu ; elle est élevée à plus de trois cents toises au-dessus de la mer. Le tiers inférieur est taillé à pic, et c'est au haut de ce précipice qu'est pratiqué et comme suspendu le chemin par lequel il faut passer. La base est un banc de rochers, qui s'étend assez avant dans la mer, dans laquelle il se plonge insensiblement et d'une manière inégale. Le sel marin paraît agir très-activement sur la montagne, qui se coupe par tranches verticales ; ce qui donne lieu de conjecturer que le chemin actuel s'écroulera à une époque peut-être prochaine. En haut de la montagne est une fortification nommée *Qâla'h-chama'* (fort de la Chandelle) ; elle fut bâtie par Ouâked, cheykh des Motouâllys. Le pâchâ y tient ordinairement garnison ; mais elle fut évacuée un peu avant l'arrivée de l'armée française. Les Motouâllys y avaient autrefois établi des signaux de feu, qui se répétaient jusqu'à Ba'lbek, leur chef-lieu.

Presque en entrant dans la plaine de Sour, on voit, sur une petite éminence, des ruines parmi lesquelles on distingue les fondations d'un grand bâtiment ; à l'intérieur est une citerne dans laquelle on descend par un escalier en pierre. Ces ruines sont probablement celles de la forteresse de Scandalion, que fit bâtir Baudouin, roi de Jérusalem, frère de Godefroi de Bouillon, à l'endroit même où Alexandre établit son quartier général quand il fit le siége de Tyr.

De là aux sources ou moulins, on ne trouve presque aucune trace d'habitation. Le sol paraît fort propre à la culture ; mais il est peu cultivé. L'isthme de Sour, ainsi que la presqu'île, ses sources, son aqueduc, sont si exactement décrits dans les ouvrages d'un de nos voyageurs modernes, qu'il est difficile de trouver à y ajouter. J'observerai seulement qu'une assez grande chaîne de roche règne à peu de profondeur dans la mer, à l'ouest de l'île ; ce qui explique comment l'ancienne Tyr put être si considérable et renfermer un si grand nombre d'habitans. Ce banc a dû nécessairement appartenir jadis à l'île, et l'agrandir d'autant. La mer, qui agit sur cette partie avec beaucoup de violence, l'a, par le laps de temps, dépouillée du terrain qui la recouvrait, et s'en est emparée. Les deux tours qui défendent l'entrée du port, sont bâties sur des lits de colonnes : la mer, qui en ronge le pied, en a mis une partie à découvert, et l'on en distingue de très-belles ; les deux superbes colonnes de granit rouge dont parle M. de Volney, sont toujours et seront encore probablement long-temps dans les décombres où il les a vues. Le mur qui ferme la ville du côté de la terre est en fort bon état, et les approches en sont défendues par une grande tour isolée, à deux cents mètres en avant, sur le rivage du midi.

Nota. J'ai eu le bonheur de trouver à Sour, dans les recherches que j'y ai faites, un médaillon de Tyr inédit.

Signé VIAL.

SECTION II.

Carte géographique de l'Égypte et des pays environnans, en trois feuilles.

La carte topographique de l'Égypte, dont on vient d'analyser la construction, forme un cadre de 11 mètres de hauteur sur $6^m 4$ de largeur. La difficulté de trouver des emplacemens d'une assez vaste étendue pour assembler les 47 feuilles dont elle se compose, à l'effet de la voir toute d'un coup d'œil, et le temps qu'exigerait d'ailleurs une semblable opération, ont déterminé à faire une réduction sous-décuple de cette carte, sur la même projection, à l'échelle d'un mètre pour 1000000 mètres ; celle-ci ne contient que trois feuilles, et présente, dans une étendue de 12 décimètres sur 8 décimètres, l'ensemble de l'Égypte et des pays limitrophes.

Si cet ensemble n'eût renfermé que la réduction de la carte topographique, on y aurait aperçu bien des vides et des lacunes qui auraient été désagréables à l'œil : c'est autant pour les éviter que pour donner plus d'intérêt à cette réduction, qu'on a cru devoir y ajouter une partie des pays environnans; on s'est servi, pour ce travail, des meilleures cartes qui étaient connues en 1803, et l'on a consulté les auteurs anciens et modernes les plus estimés, qui ont connu et fait connaître ces contrées. On va rendre compte de ces additions selon l'ordre géographique; savoir :

Partie occidentale de l'Égypte,	Mer Rouge,
	Arabie,
Partie orientale,	Syrie et Palestine.

§. I. *Partie occidentale de l'Égypte.*

Le littoral qui borne cette partie voisine des vastes déserts de la Libye, a été reconnu et levé depuis la tour des Arabes jusqu'à 35 kilomètres de cette tour, en allant vers l'ouest : mais le reste de la côte qui se trouve sur cette carte, sur une longueur de 40 kilomètres, n'a point été levé ni parcouru; on n'a pu qu'en indiquer la direction principale, au moyen d'autres cartes dont on ne peut garantir la précision.

La route que l'on voit tracée le long de cette côte, et qui conduit de l'Afrique septentrionale ou des côtes de Barbarie en Égypte, a été établie d'après un itinéraire des Barbaresques qui l'ont suivie plusieurs fois en faisant le pèlerinage de la Mekke.

La vallée de Moqarrah et la route du Kaire à Syouah ont été tracées d'après la carte rédigée par le major Rennell pour le Voyage de Hornemann, publié en 1802. On s'est attaché particulièrement à rendre cette vallée telle que ce voyageur l'a décrite. On regrette que l'espace n'ait pas permis de mettre sous les yeux la position de Syouah, anciennement l'Oasis d'Ammon ; mais les deux lignes ponctuées tracées à cet effet sur la carte, partant, l'une, d'Alexandrie, et l'autre, de la grande pyramide de Memphis près le Kaire, étant prolongées, indiqueraient, par leur intersection, la position du temple si fameux dans l'antiquité sous le nom de Jupiter Ammon.

La carte et l'ouvrage qui viennent d'être cités ont également servi pour la route qui va du Fayoum à la petite Oasis, et celle qui conduit de Syout à la grande Oasis, au Dârfour et à Dongola jusqu'à Chebb, lieu qui produit de l'alun et où la tribu des Arabes *A'bâb-deh* va tous les ans le chercher ; la route qu'ils suivent a été indiquée d'après une carte manuscrite, communiquée par M. Buache, membre de l'Institut, et d'après la description qu'en a donnée M. Girard dans son Mémoire sur l'agriculture, l'industrie et le commerce de la haute Égypte[1].

Les autres routes qui conduisent de la haute Égypte à la grande Oasis, ont été tracées d'après divers renseignemens. M. Legentil a indiqué toutes celles qui communiquent avec la haute Égypte et qui se trouvent dans les parties de cette contrée levées par lui.

Il existe encore d'autres routes à travers les déserts qui suivent les rives du Nil, dans la haute et la moyenne Égypte : plusieurs sont à peu près parallèles au fleuve se dirigeant du nord vers le sud ; d'autres partent de

[1] *Décade égyptienne*, tome III, pag. 84 et suiv.

l'Égypte et conduisent aux Oasis. M. Jomard, en levant la province de Minyeh, en a indiqué plusieurs, une, entre autres, qui part de Dalgeh et qui va à la petite Oasis; mais, n'ayant pas eu de renseignemens assez précis pour tracer toutes ces routes sur la carte, on s'est borné à indiquer celle qui conduit de Farchout à Rezqât, à 20 kilomètres au-dessus de Thèbes, sur la rive gauche du Nil.

§. II. *Partie orientale.*

On comprend sous ce nom tout le pays entre l'Égypte et la mer Rouge; on n'a eu, pour l'exprimer sur la carte, que les relations du petit nombre de voyageurs qui l'ont parcouru, et quelques renseignemens que l'on s'est procurés sur les lieux.

Le sommet culminant que l'on aperçoit à environ trois myriamètres au sud de Qatyeh, et qui paraît se rattacher aux montagnes du nord de l'Arabie Pétrée, a été aperçu; mais il n'a été déterminé qu'approximativement.

Tout l'espace compris entre la vallée de l'Égarement, celle de Tarfeh, le Nil et la mer Rouge, et qui ne se trouve pas sur la carte topographique, a été indiqué d'après la description qu'en a donnée le P. Sicard, qui a traversé ces déserts en allant visiter les monastères de Saint-Antoine et de Saint-Paul, en 1716[1]. L'ouvrage du P. Vansleb[2], qui avait fait le même voyage, a été

---

[1] *Lettres édifiantes et curieuses*, tom. v, pag. 191.

[2] *Nouvelle relation d'un voyage fait en Égypte en 1762 et 1764*, par le P. Vansleb, pag. 297.

également utile; il en est de même de celui de Granger[1]. D'Anville paraît avoir tiré un grand parti des descriptions de ces trois voyageurs. On observe cependant qu'outre qu'ils laissent beaucoup à désirer sous le rapport de la géographie, il est à regretter qu'ils n'aient pas vu la partie orientale de la chaîne du Moqattam et les vallées qui la coupent depuis la hauteur de Beny-Soueyf jusqu'à celle de Manfalout.

On a tracé scrupuleusement la reconnaissance faite par M. Raffeneau-Delile, ingénieur des ponts et chaussées, entre le Nil et la mer Rouge. Si l'on eût pu faire également toutes celles qu'on avait projetées dans les déserts qui environnent l'Égypte, on aurait sans doute trouvé les traces de diverses routes qui conduisaient des rives du Nil à la mer Rouge. M. Bachelu, colonel du génie, en revenant de Qoçeyr à Qené, n'a point suivi la route fréquentée aujourd'hui; mais, la laissant au sud, il en a pris une beaucoup plus directe, sur laquelle il a reconnu, à des distances à peu près égales (évaluées à neuf ou dix heures de marche), des ruines de bâtimens anciens, qui étaient sans doute des lieux de station pour les caravanes : ces renseignemens n'ont pas été suffisans pour tracer cette route sur la carte topographique; mais on a pu l'indiquer sur celle-ci. On a également manqué de données sur l'intérieur de ces déserts, qui sont fréquentés par les Arabes de la tribu de Beny Ouâsel. Il existe un voyage de l'Inde en Europe par l'Égypte, fait par M. Irwin en 1777 : il débarqua à Qoçeyr, se rendit à Qené; la navigation du fleuve

---

[1] *Relat. d'un voy. fait en Égypte en 1730*, par le sieur Granger, p. 97.

n'étant point sûre (les beys étaient en guerre à cette époque), il se rendit au Kaire par le désert. La route qu'il suivit présente beaucoup d'intérêt; mais elle n'offre pas assez de précision pour trouver place sur la carte.

Le désert qui s'étend depuis la route ordinaire de Qoçeyr à Qené jusqu'aux frontières de la Nubie, et qui est fréquenté, dans les parties qui avoisinent l'Égypte, par la tribu des *A'bâbdeh*, n'a point été parcouru; on sait seulement qu'il y a une route qui conduit d'el-Beheyrah (village sur la rive droite du Nil en face d'Edfoû) à Qoçeyr, et qu'elle est assez usitée. Une autre qui paraît l'être beaucoup moins, et qui était très-connue des anciens, est celle qui allait de *Coptos* (aujourd'hui Qeft) au port de Bérénice; elle fut établie par Ptolémée Philadelphe. Qoiqu'on n'ait pu obtenir aucun renseignement sur les points de station qui doivent avoir existé, si l'on en juge par les ruines de celle de la Gytah, qui était la première en partant de *Coptos*, on a cependant cru devoir indiquer toutes ces positions d'après la carte de l'Égypte ancienne par d'Anville.

La montagne de la pierre baram ou *basanites* a été placée d'après la description que nous en a donnée M. Rozière, qui l'a visitée très en détail.

La route de Sennâr à Syène et à Darâoueh a été tracée d'après la description de Bruce[1]. La carte de Norden[2] a servi pour établir le cours du Nil au-dessus de l'île de Philæ.

---

[1] *Voyage en Nubie et en Abyssinie, pendant les années* 1768 à 1773, par Bruce, tom. IV, p. 646.

[2] *Voyage d'Égypte et de Nubie*, par Norden, avec des notes par M. Langlès, tom. III, pl. 145 et 149.

Ces matériaux, les seuls qu'on ait pu se procurer sur les déserts qui environnent l'Égypte, laissent encore beaucoup de lacunes importantes, notamment la grande Oasis ; M. le général Donzelot était au moment d'aller la visiter, lorsqu'on apprit le débarquement des Anglais à Abouqyr, en mars 1801.

§. III. *Mer Rouge.*

De l'examen de plusieurs cartes de cette mer, nommée par les Orientaux *Bahr Qolzoum,* il résulte que deux d'entre elles sont beaucoup plus satisfaisantes que les autres : 1°. celle de M. l'amiral Rosili, publiée en 1796 ; 2°. celle de La Rochette, publiée à Londres en 1785. La première a été employée pour tracer toute la côte occidentale depuis la vallée de l'Égarement près de Soueys, jusqu'au port de l'Abyssinie, situé sous le tropique du Cancer ; on s'est servi toutefois de la position de Qoçeyr, déterminée par Bruce. Cette position a également servi pour fixer la reconnaissance de Qené à ce port de la mer Rouge, étant aussi plus d'accord avec elle.

La rive orientale, depuis les fontaines ou sources de Moïse près de Soueys, jusqu'au râs ou cap Mohammed, a été tracée d'après la même carte et d'après celle de La Rochette. Malgré la confiance que méritent ces deux cartes, on a cru devoir se servir des latitudes données par Niebuhr pour les positions de Tor, de râs Mohammed, attendu que, ce voyageur ayant été à même d'observer à terre, ses opérations sont présumées plus exactes.

Toute la côte orientale de la mer Rouge tracée sur cette carte, ainsi que les îles qui l'avoisinent, ont été prises sur la carte précitée de M. l'amiral Rosili, de même que le golfe connu sous le nom de *Bahr el-A'qabah*. Cette carte peut laisser à désirer sur la forme et la position du golfe vers le nord; mais on n'avait pas de matériaux plus exacts : les itinéraires du Kaire à la Mekke, dont on parlera au paragraphe suivant, justifient notre opinion à cet égard.

§. IV. *Arabie.*

Les géographes divisent ordinairement cette contrée en trois parties : l'Arabie Heureuse, l'Arabie Pétrée et l'Arabie Déserte. La carte renferme la plus grande partie de l'Arabie Pétrée et une faible partie de l'Arabie Déserte. Il existe peu d'itinéraires de ces deux pays, qui sont fréquentés seulement par quelques tribus d'Arabes et par les caravanes qui font le pélerinage de la Mekke.

Si l'on en excepte le mont Sinaï, ces arides contrées, dénuées de toute ressource, ont été très-peu visitées; cependant elles mériteraient d'être parcourues soigneusement. On a quelques renseignemens sur la partie nord de l'Arabie Pétrée, confinant à la Palestine vers la mer Morte. « Il y a au sud-est du lac Asphaltite, dans un espace de trois journées, plus de trente villes ruinées, absolument désertes. Plusieurs d'entre elles ont de grands édifices avec des colonnes, qui ont pu être des temples anciens, ou tout au moins des églises grecques[1]. »

[1] *Voyage en Syrie et en Égypte*, par M. de Volney, tom. II, p. 317, édition de 1788.

Du géographe turk qui est à la Bibliothèque du roi, on a extrait plusieurs itinéraires : celui du Kaire à la Mekke a été comparé à celui qu'a donné Pococke[1], et à d'autres; et c'est après avoir discuté ces élémens qu'on a tracé la route de Soueys à la Mekke, telle qu'elle est sur la carte. Les points communs à cette route et au travail de M. l'amiral Rosili ont été autant de repères pour la fixer.

Le promontoire du mont Sinaï, formé par le Bahr Soueys et le Bahr el-A'qabah, dont le littoral était déjà déterminé, a été placé d'après la carte de Niebuhr. On est redevable de renseignemens précieux à MM. Coutelle et Rozière, les seuls Français qui aient pu faire le voyage du mont Sinaï, voyage où il y avait bien des fatigues et des dangers à braver. M. Rozière a bien voulu donner ses conseils pour le système des montagnes, et indiquer leur conformation et leur figure. On a fait usage de l'itinéraire qui se trouve à la fin de l'intéressant mémoire que M. Coutelle a rédigé sur cette contrée. Enfin le voyage de Richard Pococke a fourni aussi quelques détails sur les environs du mont Sinaï.

Les voyageurs qui ont visité cette montagne célèbre et ses couvens sont peu d'accord sur les descriptions qu'ils en donnent. D'Anville, qui a probablement lu leurs ouvrages, a placé les objets autrement qu'ils ne les indiquent. Après bien des recherches et des travaux pour concilier ces voyageurs, nous avons adopté l'opinion de ce célèbre géographe d'autant plus volontiers

---

[1] *Voyages de Richard Pococke en Orient, dans l'Égypte, l'Arabie*, etc., tom. II, pag. 308.

que les renseignemens qui nous ont été fournis par M. Coutelle, s'y rapportent presque entièrement.

La route que l'on voit tracée de cette montagne jusqu'à el-Aïlah, a été prise sur une carte qui nous a été communiquée; et celle du mont Sinaï à Gaza, sur une autre carte dont d'Anville paraît avoir fait usage dans son *Égypte moderne.* Cette route a été rattachée aux puits de Gayân, dont il a été parlé feuille 32.

Il existe une autre route qui conduit de Soueys à Gaza, et qui va rejoindre la précédente à Maqar; comme elle est fréquentée, on a cru devoir la tracer, quoiqu'on ne connût pas ses points de station.

Le géographe turk déjà cité a été également utile pour indiquer les routes que fréquentent les pélerins pour aller de Damas à la Mekke, et l'on a figuré le pays tel qu'il est décrit dans cet ouvrage. M. Paultre a bien voulu communiquer un itinéraire de ces routes; c'est après les avoir comparées qu'on les a tracées sur la carte. M. Paultre nous a donné aussi une autre route qui conduit également de Damas à la Mekke; elle est à l'est de la précédente, et moins fréquentée.

La partie de l'Arabie qui confine au lac Asphaltite ou mer Morte, a été prise sur la carte de la Palestine par d'Anville.

Nous passons aux portions de la Syrie et de la Palestine qui n'ont pas été vues par l'armée.

§. V. *Syrie, Palestine.*

La Syrie, nommée par ses habitans actuels *Barr el-Châm*, qui signifie *pays de la gauche*, était connue des anciens sous le nom d'*Assyrie*.

La partie que comprend la carte géographique, et qui se lie à l'Arabie Pétrée et à la Palestine au sud, s'étend vers le nord un peu au-delà du 34ᵉ degré de latitude; à l'est, elle dépasse le 55ᵉ degré de longitude comptée du méridien de Paris : on n'a eu, pour la tracer, que la carte de d'Anville et les matériaux qui suivent.

Les bases qui ont servi à ce travail, sont, la réduction des feuilles 43, 44, 45, 46 et 47 de la carte topographique, et la position géographique de Berout, dont la latitude est de 33° 50′ 6″, et la longitude, de 33° 30′.

C'est à ces bases que l'on a rattaché la carte de la Phénicie et des environs de Damas, dressée par d'Anville en 1752 et publiée en 1780; c'est à lui qu'il faut toujours recourir, lorsqu'on est dans le cas de donner des cartes des pays où les voyageurs modernes n'auront pu encore pénétrer ni faire d'observations. On ne peut qu'admirer la sagacité avec laquelle ce savant géographe a pu, du fond de son cabinet, assigner à chaque lieu sa position respective.

Le *Voyage en Syrie et en Égypte* par M. de Volney, ouvrage classique dans son genre, a été également utile pour bien saisir le système des montagnes que l'on n'a pu voir, et pour connaître comment elles se lient entre elles.

Les diverses tribus d'Arabes dont les noms sont indiqués sur cette carte, dans la partie de la Syrie et de l'Arabie, ont été placées d'après les renseignemens communiqués par M. Paultre, à qui nous devons également les divisions de cette contrés par pâchâliks.

Tel est, en détail, l'emploi de tous les élémens que l'on a pu réunir pour construire les cartes topographique et géographique de l'Égypte. Il nous reste un mot à dire sur la carte qui sert à les assembler.

SECTION III.

Carte ou tableau d'assemblage pour la carte topographique de l'Égypte en quarante-sept feuilles, et pour la carte géographique en trois feuilles.

Cette carte est à l'échelle d'un millimètre pour 2500 mètres ($\frac{1}{2500000}$) : sa hauteur est de 48 centimètres; et sa largeur, de 32. Elle est divisée en trois parties qui correspondent aux trois feuilles de la carte géographique; celles-ci sont cotées à l'angle supérieur de gauche.

On a tracé sur ce tableau la méridienne et la perpendiculaire qui passent par la grande pyramide de Gyzeh ou de Memphis. C'est sur ces deux coordonnées, auxquelles sont rapportées toutes les feuilles de la carte topographique, qu'on a porté des distances égales et correspondantes à la longueur et à la largeur de ces feuilles, et qu'on a mené des lignes ponctuées et parallèles aux coordonnées, formant des parallélogrammes;

DE LA CARTE DE L'ÉGYPTE.

ceux de ces parallélogrammes qui correspondent à des feuilles de la carte, sont circonscrits par un trait plein.

Le but de ce tableau n'étant que de faciliter la réunion et l'assemblage des feuilles des deux cartes, on s'est borné à graver le trait des grandes masses. On n'y a mis que les noms principaux et ceux qui désignent les feuilles de la carte topographique.

Dans le cadre, on a coté les distances des lignes qui déterminent les feuilles de la même carte, relativement aux deux coordonnées, et, dans l'intérieur du cadre, on a indiqué les degrés de longitude et de latitude. On ne les a pas tracés dans ce tableau, pour éviter la confusion avec les lignes qui déterminent les feuilles; on s'est borné à tracer seulement le tropique du Cancer.

En regard de ce tableau, se placent, dans un cadre de même dimension, le tableau des caractères topographiques employés dans la carte, et celui de l'alphabet harmonique pour la transcription de l'arabe en français, d'après une méthode particulière, dont il sera question plus loin. Au bas de ces tableaux on a tracé diverses échelles.

Ici se termine le compte que nous avions à rendre de la construction des cartes topographique et géographique de l'Égypte. On va faire connaître maintenant le mode qui a été employé pour écrire les noms des lieux et des objets divers qu'elles renferment.

CHAPITRE IV.

Des écritures de la carte en caractères français et en caractères arabes.

Chaque peuple a son langage, et chaque langage a des sons ou inflexions de voix qui lui sont propres. Certains signes expriment ces sons qu'il est difficile, pour ne pas dire impossible, de rendre exactement dans les langues des peuples auxquels ils sont étrangers. L'idiome des Arabes vient plus que tout autre à l'appui de cette assertion : onze des lettres de son alphabet indiquent des sons tout-à-fait étrangers à la langue française, qui, n'ayant, pour les représenter, aucun caractère spécial ni aucun signe équivalent, met les traducteurs dans le cas de les exprimer à volonté : ceux-ci, n'étant assujettis à aucun principe fixe, ont rendu ces lettres, les uns d'une manière, les autres d'une autre, sans suivre d'autres règles que les idées plus ou moins arbitraires qu'ils s'étaient faites de la manière de les représenter par des équivalens. De ce défaut d'accord il devait nécessairement résulter, et il est résulté en effet, un véritable chaos. Rien de plus disparate que l'orthographe des voyageurs comparée à celle des érudits, ou bien celles qui ont été suivies par les Français, les Anglais, les Allemands, les Italiens, les Danois et les autres peuples. Il fallait cependant déterminer pour la carte de l'Égypte un mode qui mît les orientalistes à même de transcrire uniformément tous les noms et autres mots arabes qui entrent dans cette carte, afin de parvenir à faire reconnaître ces mots d'une manière sûre. On a cherché en conséquence à réunir toutes les lumières qui pouvaient éclairer cette question difficile.

M. Delaporte, élève de l'école spéciale des langues orientales, membre de la Commission des sciences et arts d'Égypte, et agent du payeur général de l'armée d'Orient auprès des intendans qobtes, percepteurs des contributions, était, par sa place, dans le cas d'avoir sans cesse sous les yeux les cahiers arabes où étaient consignés les noms des villages d'Égypte. Il fut chargé par nous d'en procurer la nomenclature complète, nécessaire non-seulement pour faire connaître tous les noms des villages de l'Égypte, mais encore pour donner le moyen de les écrire exactement.

On a vu, dans le chapitre Ier, que les ingénieurs chargés de lever les provinces et autres pays devaient prendre les noms des lieux qui entraient dans le cadre de leurs travaux. Ces noms étaient écrits par eux en français, et par la combinaison des lettres ils tâchaient de représenter, autant que possible, leur prononciation locale; mais, en outre, des interprètes attachés à ces ingénieurs traçaient encore ces mots en caractères arabes. Rien n'a été négligé pour que tous les noms fussent inscrits de cette manière sur les originaux.

Ces élémens mettaient bien à même d'écrire en caractères arabes les noms de la carte; mais il fallait les confronter aux registres pour connaître s'ils étaient conformes, et les transcrire en caractères français. Ces confrontations et transcriptions réclamaient les soins d'une personne versée dans les langues orientales. M. Delaporte, qui, durant l'expédition, n'avait cessé d'être utile à l'armée, fut choisi à cet effet; tous les noms des cartes manuscrites, examinés, confrontés et discutés par lui, furent écrits de sa main en caractères arabes et transcrits en caractères français. Il suivit, pour la transcription française, l'orthographe adoptée par les écoles des langues orientales à Paris.

Ce travail touchait à sa fin, lorsque M. de Volney, d'après l'invitation du ministre de la guerre, se rendit au dépôt de la guerre pour y examiner la carte. Il fit l'éloge de la pureté avec laquelle les noms des villages étaient tracés en arabe; mais il trouva que le système adopté pour la transcription en français était trop compliqué, fatigant pour les yeux, et présentait de grandes difficultés pour la lecture.

Ses observations déterminèrent le Gouvernement à nommer, sur la proposition du ministre de la guerre, une commission qui avisât au meilleur moyen à suivre pour simplifier et régulariser le mode de transcription.

Cette commission fut réunie au dépôt général de la guerre : M. Delaporte remit un mémoire dans lequel il exposait la marche qu'il avait suivie pour rendre en caractères français les lettres arabes qui ne trouvent pas de lettres correspondantes dans notre alphabet (*voyez le procès-verbal ci-après*). La commission, après plusieurs discussions, prit dans notre alphabet les lettres qui lui parurent les plus propres à représenter les sons arabes, et les modifia légèrement par des signes simples, en leur donnant une valeur convenue. Ce mode facile de transcription se trouve exposé dans le *Tableau harmo-*

nique ci-joint, dont le Gouvernement a sanctionné le principe et approuvé l'emploi pour la carte de l'Égypte.

C'est d'après ce principe que tous les noms arabes ont été transcrits de nouveau par M. Delaporte. Il a donné à ce travail, qui présentait beaucoup de difficultés, toute l'attention qu'il méritait; il fallait quelquefois, à défaut des originaux, reconnaître et rétablir en arabe les noms qu'on avait inscrits sur les plans et les reconnaissances, sans les accompagner des mots arabes correspondans.

Le Gouvernement ayant ordonné la gravure de la carte, il fut décidé, pour qu'elle présentât encore plus d'intérêt, non-seulement que tous les noms seraient gravés en français tels que M. Delaporte les avait transcrits, mais qu'ils le seraient encore en arabe. Nouvelle difficulté à vaincre : il fallait se procurer un graveur de lettres qui pût lire les caractères arabes. M. Raige, élève de l'école spéciale des langues orientales et membre de la Commission des sciences et arts d'Égypte, remplaça M. Delaporte, appelé par le Gouvernement à d'autres fonctions, et il apprit, en très-peu de temps, au graveur Miller, à lire l'arabe correctement; ce graveur intelligent et habile fut bientôt en état, non de comprendre l'idiome arabe, mais d'en lire tous les mots et d'en connaître les ligatures : surveillé par M. Raige, il grava tous les noms de la carte en beaux caractères, imités de modèles choisis et approuvés par les plus savans orientalistes. La santé de M. Raige s'étant affaiblie par des travaux opiniâtres, M. Belletête, son ami et son collègue, termina cette tâche; il fit une vérification générale des noms de la carte d'après les matériaux originaux apportés de l'Égypte et le registre de la nomenclature des noms de villages[1]. La vérification achevée et la gravure terminée, M. le général Sanson, alors directeur du dépôt de la guerre, fit encore soumettre toutes les feuilles de la carte à M. Silvestre de Sacy, membre de l'Institut, qui en revit toutes les épreuves; son examen ne fit que prouver les soins qu'on avait apportés à ce travail important, et les connaissances de ceux qui y avaient coopéré.

Depuis que la carte a été annexée à la *Description de l'Égypte*, on s'est procuré, sur quelques parties de cette contrée, des matériaux meilleurs que ceux dont primitivement on avait dû faire usage; ils ont nécessité quelques changemens. M. Ellious Bocthor, né en Égypte, et ancien interprète de l'armée d'Orient, a fait toutes les nouvelles transcriptions avec cette clarté et cette précision qu'on devait attendre de la connaissance profonde qu'il a acquise de notre langue, et sans s'écarter du système de transcription des caractères arabes. Enfin il a été fait une dernière vérification, avec les soins les plus scrupuleux, par le commissaire du Gouvernement près la Commission d'Égypte, afin que l'atlas géographique fût en harmonie avec l'*ouvrage*. Son but était, 1°. que tous ou la plupart des noms cités dans les mémoires se trouvassent inscrits sur la carte; 2°. qu'ils fussent faciles à reconnaître, malgré la différence entre l'ortho-

---

[1] On a vivement à regretter la fin prématurée de ces deux orientalistes, morts à la fleur de l'âge. Unis par les liens d'une tendre amitié, comme par leurs études, leurs travaux et leurs succès, ils ont laissé dans la Commission d'Égypte un vide bien fâcheux, que l'absence de M. Delaporte a rendu encore plus sensible.

graphe de l'*ouvrage* et celle qui a été admise par le dépôt de la guerre. Ce travail, qui a duré plus de dix-huit mois, a donné lieu de rechercher encore de nouveaux matériaux qui n'avaient pu être employés, et qui ont servi à compléter plusieurs lacunes essentielles, ou bien à rectifier quelques parties défectueuses; tellement que, sous ces divers rapports, nous osons croire que le travail est digne d'obtenir la confiance des savans et des géographes[1].

Procès-verbal des séances de la Commission réunie au Dépôt général de la guerre, pour fixer le mode de transcription de l'arabe en caractères français.

1ʳᵉ SÉANCE.

Le 7 nivose an XI (28 décembre 1802), en conséquence de la lettre du ministre de la guerre, adressée à chacune des personnes ci-après nommées, et sur l'invitation de M. Sanson, général de brigade du génie, directeur du Dépôt de la guerre, MM. Volney, sénateur; Monge, sénateur; Berthollet, sénateur; Langlès, professeur à l'école spéciale des langues orientales vivantes, tous membres de l'Institut national; Silvestre de Sacy, aussi professeur à ladite école; Caussin, professeur de langue arabe au collége national de France; Lacroix, professeur de mathématiques et membre de l'Institut national; Baudeuf, négociant au Kaire; Marcel, ci-devant directeur de l'imprimerie nationale au Kaire, et Michel Abeyd, Syrien de naissance, s'étant réunis au Dépôt de la guerre, le général directeur du dépôt les a invités à se former en commission.

---

[1] On a suivi, dans ce mémoire, l'orthographe adoptée dans l'*ouvrage*, pour éviter les disparates; mais la concordance entre les noms écrits suivant les deux méthodes se trouvera dans la *Table géographique* qui a été annoncée dans l'*Avertissement de l'ouvrage.*

M. Silvestre de Sacy a été nommé président, et M. Lacroix, secrétaire.

Le directeur du Dépôt a donné ensuite à la Commission lecture du rapport suivant, qu'il a fait au ministre de la guerre, le 24 frimaire dernier.

« D'après votre invitation, le sénateur Volney a bien voulu se rendre au Dépôt de la guerre, où se rédige la carte de l'Égypte, pour voir cet intéressant travail.

« Il a été satisfait, tant de ses progrès que du mérite des matériaux qui lui servent d'élémens, et de la manière exacte et précieuse dont il est exécuté.

« Il a remarqué avec plaisir la pureté et la netteté avec lesquelles l'arabe y était écrit par M. Delaporte, membre de la Commission des sciences et arts d'Égypte; mais il diffère d'opinion avec ce traducteur, et en général avec l'École française des langues orientales, sur la manière d'exprimer en caractères européens les sons de la langue arabe pour lesquels nous n'avons pas de signes analogues.

« Sur les vingt-huit lettres de l'alphabet arabe, dix-sept représentent des prononciations absolument les mêmes que dans notre langue; en conséquence, l'École française et le sénateur Volney les expriment par nos propres lettres, sauf quelques observations.

« Il en reste onze qui peignent des prononciations qui nous sont étrangères. L'École française emploie, pour les rendre, les lettres les plus approchantes, prises dans notre langue, en les doublant, les opposant ou les séparant; ce qui n'indique qu'imparfaitement aux nationaux la prononciation primitive, et la défigure aux yeux des étrangers.

« C'est à cet inconvénient que le sénateur Volney cherche à remédier en adoptant, pour représenter ces onze lettres, ou pour peindre leur prononciation, des signes simples, soit de notre alphabet en les modifiant, soit en les empruntant d'autres langues de l'Europe, soit en les formant de convention.

« Son système, clairement expliqué dans l'ouvrage qu'il a publié, en l'an III, sous le titre de *Simplification des langues orientales*, se présente sous des rapports d'utilité générale dignes de fixer l'attention du Gouvernement dans un moment où il s'agit de consacrer l'une ou l'autre méthode par un monument tel que la carte générale de l'Égypte.

« J'ai cru qu'il importait à la topographie de cette contrée, comme au progrès des sciences et des arts, d'appeler une discussion savante sur cette diversité d'opinions, et de soumettre ensuite aux consuls l'avis qui doit en résulter. J'ai donc l'honneur de vous proposer d'inviter le sénateur Volney, le professeur de Sacy, et quelques autres savans dans les langues orientales ou la grammaire générale, à se réunir au Dépôt général de la guerre ou ailleurs, pour y discuter cette intéressante question, afin que leur discussion, soumise à l'approbation du Gouvernement, règle de la manière la plus avantageuse la nomenclature française de la carte de l'Égypte, comparée aux caractères arabes. »

Le directeur a ajouté que le ministre avait reconnu l'importance de cette mesure, approuvé son exécution, et que c'était pour cet objet que la Commission se trouvait réunie.

M. Delaporte, ayant été appelé, a donné connaissance des principes par lesquels il avait cru devoir se diriger dans la transcription, sur la carte de l'Égypte, des noms arabes en caractères français.

Plusieurs membres de la Commission ont ensuite exposé les difficultés qui paraissent s'opposer à ce que l'on puisse atteindre le double but de représenter, dans les caractères des langues européennes, l'orthographe et la prononciation des mots arabes; et par la comparaison faite particulièrement de l'alphabet français avec l'alphabet arabe, il a été reconnu, comme principes qui devaient servir de bases aux discussions suivantes,

1º. Que le nombre des élémens qui composent l'alphabet français, est absolument insuffisant pour exprimer toutes les articulations et les sons de la langue arabe;

2º. Que parmi ces élémens il y en a plusieurs qui expriment des articulations tout-à-fait étrangères à la langue arabe, tels que le *j* et le *g*, et que, par cette raison, le nombre de lettres de l'alphabet français applicables à l'expression des articulations de la langue arabe se trouve encore diminué;

3º. Que de ces données il résulte l'absolue nécessité d'avoir recours à des signes particuliers ou de convention, pour exprimer en français les noms propres ou autres mots de la langue arabe qu'il faut faire passer dans cette écriture.

En conséquence, après avoir discuté les avantages et les inconvéniens des divers systèmes employés ou proposés jusqu'à présent par les orientalistes français, et avoir pris en considération particulière le système exposé par M. de Volney dans l'ouvrage intitulé *Simplification des langues orientales*, pour parvenir à ce but, la Commission a délibéré sur cette première question.

Pour exprimer les articulations propres à la langue arabe qui n'ont point de signes correspondans dans les lettres qui composent l'alphabet français, aura-t-on recours à quelques configurations, soit empruntées des autres langues de l'Europe, soit absolument nouvelles? ou bien choisira-t-on exclusivement parmi les lettres de l'alphabet français celles qu'il s'agira d'exprimer, sauf à leur faire éprouver quelque modification destinée à caractériser l'usage qui en sera fait?

La commission, considérant principalement que, si, d'un côté, il est utile de donner aux personnes qui savent la langue arabe un moyen sûr de mettre en caractères arabes les mots que l'on aura exprimés en caractères européens, il n'est pas moins essentiel, d'un autre côté, de n'employer dans cette transcription aucun caractère dont la forme soit absolument étrangère à un lecteur français, a décidé unanimement qu'elle adopte la dernière de ces deux propositions.

Il a été posé une seconde question en ces termes :

Pour modifier les lettres de l'alphabet français qui seront employées à exprimer des articulations propres à la langue arabe, et dont elles ne seront cependant qu'un signe imparfait, suivra-t-on la méthode, souvent pratiquée, d'employer plusieurs lettres françaises réunies pour exprimer une seule lettre arabe, ou s'astreindra-t-on, autant qu'il sera possible, à n'employer, pour correspondre à chaque lettre arabe, qu'une seule lettre française, sauf à la modifier par quelque signe additionnel?

Il a été décidé qu'on n'emploierait pour chaque lettre arabe qu'une seule lettre française, sauf à modifier la forme des lettres françaises, quand il sera nécessaire, par quelque signe additionnel.

En conséquence de cette décision, il a été observé que, la valeur du *chyn* arabe étant absolument identique à celle qui s'exprime en français par les deux lettres *ch*, et des deux lettres *q* et *g* la première étant toujours suivie d'un *u*, qui ne fait pas la fonction de voyelle, mais paraît faire une partie constitutive du signe de l'articulation, et la seconde exigeant le concours de l'*u* pour conserver devant l'*e* et l'*i* une valeur approchant de celle qu'elle a devant l'*u* et l'*o*, il serait peut-être convenable de déroger, quant à ces trois cas, à la détermination qui venait d'être prise.

Cet objet ayant été mis en délibération, il a été arrêté que, quant au *g* et au *q*, il ne leur sera jamais adjoint d'*u* comme signe auxiliaire de leur articulation, et que ces deux lettres seront toujours employées comme exprimant chacune une seule et même articulation, quelle que soit la voyelle dont elles seront suivies, en sorte que le *g* conservera devant l'*e* et l'*i* la même valeur qu'il a devant l'*a*; et le *q*, malgré l'absence de l'*u*, la valeur qui lui est propre : quant au *ch*, il a été arrêté que l'on conserverait la réunion de ces deux lettres pour exprimer le *chyn*; ce qui a paru avoir d'autant moins d'inconvénient, que le *c* pourra ne servir à aucun autre usage.

2ᵉ SÉANCE, *4 janvier* 1803.

Le 12 nivose, la Commission s'étant réunie de nouveau, la discussion a été ouverte sur la correspondance à établir entre chacune des lettres de l'alphabet arabe et celles des lettres de l'alphabet français qui paraîtront les plus propres à les représenter, et sur les signes qu'il conviendra d'employer pour multiplier et diversifier celles de ces lettres qui devront servir à représenter plusieurs lettres arabes. On a observé que ces signes pouvaient être ou hors de la lettre, ou incorporés dans la forme même de la lettre; que la première supposition paraissait plus propre à rendre général l'usage du système qui sera déterminé par la Commission, en le mettant à portée de toutes les imprimeries, et que la seconde semblait offrir l'avantage de présenter, au moyen d'un petit nombre de poinçons qu'il sera nécessaire de faire graver, un coup d'œil plus agréable.

La discussion sur ces diverses propositions s'étant prolongée sans avoir produit aucun résultat, et la Commission ayant pensé qu'au moyen d'un tableau qui offrirait l'emploi du mode d'exécution, il serait plus facile à chacun de ses membres de prendre une détermination en connaissance de cause, elle a chargé MM. Volney et Silvestre de Sacy de concerter entre eux la rédaction de ce tableau, pour être mis sous ses yeux à sa plus prochaine séance; et le général-directeur du Dépôt a été prié d'inviter le ministre de la guerre à écrire au directeur de l'imprimerie nationale, pour l'autoriser à faire exécuter à cette imprimerie les tableaux dont le modèle lui sera fourni par MM. Volney et Silvestre de Sacy.

3e SÉANCE, 8 *février* 1803.

La Commission s'étant assemblée de nouveau, le 18 pluviose, M. Silvestre de Sacy, président, a rendu compte de la conférence qu'il avait eue avec le sénateur Volney, dont le résultat avait été que l'on proposerait à la Commission d'adopter concurremment deux systèmes représentatifs des articulations arabes qui n'ont point d'équivalent dans l'alphabet français; que, dans l'un de ces deux systèmes, le signe employé pour caractériser ces articulations serait incorporé à la lettre même, et que, dans l'autre, il en serait séparé; qu'on observerait cependant de rapprocher, autant qu'il serait possible, les configurations des deux systèmes; que le premier serait employé dans l'écriture, la gravure, et dans l'impression, toutes les fois qu'on voudrait faire les frais de la gravure des poinçons nécessaires; et que le second serait en usage dans la typographie ordinaire, attendu qu'il n'exigerait que très-peu de frais.

Le président a soumis à la Commission un projet de transcription de l'arabe en français conformément à ce second système, projet qu'il avait fait exécuter à l'imprimerie de la république.

En conséquence, il a proposé de délibérer sur les questions suivantes :

1°. *Adoptera-t-on concurremment deux systèmes de transcription de l'arabe en français, ou n'en adoptera-t-on qu'un seul?*

2°. *Dans le cas où la Commission n'en adopterait qu'un seul, les signes particuliers à cette transcription seront-ils incorporés dans la lettre, ou en seront-ils séparés?*

DE LA CARTE DE L'ÉGYPTE. 637

Sur la première question, il a été décidé que l'on n'adopterait qu'un système de transcription de l'arabe en français.

La seconde proposition a donné lieu à une discussion beaucoup plus longue; et, quand la question a paru suffisamment éclaircie, elle a été mise aux voix : le résultat de la délibération a été que les signes particuliers que l'on adoptera pour caractériser les lettres françaises employées à représenter les articulations particulières à la langue arabe, seront incorporés dans la figure même de la lettre, et qu'on ne s'écartera que le moins possible de cette disposition : la Commission a invité M. Marcel, l'un de ses membres, actuellement directeur de l'imprimerie nationale, à lui présenter, de concert avec MM. Volney et Silvestre de Sacy, un tableau des configurations les plus propres à remplir le but qu'elle se propose, et elle a arrêté qu'elle ne se rassemblerait que quand ce travail serait en état de lui être présenté.

4ᵉ SÉANCE, 9 mai.

Le 19 floréal, la Commission s'étant assemblée sur l'invitation du général directeur du Dépôt de la guerre, le président a mis sous ses yeux plusieurs tableaux des diverses configurations que l'on peut donner aux lettres françaises qui, au moyen de quelques modifications dans leurs formes, doivent servir à représenter plusieurs lettres arabes.

Ces divers tableaux ayant été examinés par tous les membres présens de la Commission[1], il a été unanimement arrêté, 1°. que le tableau ayant pour titre, *Alphabet harmonique pour la transcription de l'arabe, du persan et du turk en français*, formé d'après les principes convenus, sera signé du président et du secrétaire, et demeurera joint au procès-verbal de la présente séance; 2°. que le directeur du Dépôt est invité à faire graver, par tel artiste qu'il jugera à propos, de concert avec MM. Volney, Langlès et Silvestre de Sacy, les configurations comprises audit tableau, sauf cependant les modifications que le graveur croira nécessaires pour le coup d'œil et l'ensemble des caractères: 3°. que la planche ainsi gravée servira de modèle, tant pour l'exécution de la carte

---

[1] Le sénateur Volney se trouvait absent.

d'Égypte, que pour la gravure des poinçons nécessaires à la topographie.

Signé SILVESTRE DE SACY, *président;*

S. T. LACROIX, *secrétaire.*

Pour copie :

Le ministre de la guerre, signé ALEX. BERTHIER.

ALPHABET HARMONIQUE,

POUR LA TRANSCRIPTION DE L'ARABE, DU PERSAN ET DU TURC EN FRANÇAIS.

Numéro	Figures	Noms arabes des Lettres	Nouvelles Dénominat.	Valeur	Configuration Typographique	Configuration Cursive
1	ا	élif	élif	Articulation gutturale avec une voyelle variable a, e, i, o.	,	,
2	ب	bé	be	b. dans berbéres.	B. b.	B. b.
3	ت	té	te	t. dans Tatarie	T. t.	T. t.
4	ث	Té	teta ou tita	th. Anglais dur dans with.	T. t.	T. t.
5	ج	Gîm	Gim	gà, gué, gui en Égypte, dja ou gi Italien en Syrie.	G. g.	G. g.
6	ح	Hà	Ha	Forte aspiration.	H. h.	H. h.
7	خ	Kà	Ko	jota Espagnol, ch. Allemand dans acht. χ Grec	K. k.	K. k.
8	د	Dàl	De	d. dans Don.	D. d.	D. d.
9	ذ	Dàl	Dal	th. Anglais doux dans those; them, they.	D. d.	D. d.
10	ر	Ré	Re	r. rire.	R. r.	R. r.
11	ز	Zé	Zed	z. Zodiaque.	Z. z.	Z. z.
12	س	Sîn	Sin	s, ç. son Açores, maçon, façon.	S. s.	S. s.
13	ش	Chîn	Chin	ch. chat, Chine.	Ch. ch.	Ch. ch.
14	ص	Sàd	Sad	s	S. s.	S. s.
15	ض	Dàd	Dad	d } Articulés d'une manière emphatique en gonflant le gosier.	D. d.	D. d.
16	ط	Tà	Ta	t	T. t.	T. t.
17	ظ	Zà	Za	z	Z. z.	Z. z.
18	ع	Aïn	Ain	Articulation gutturale forte avec une voyelle variable à, è, ò ou èu.	.	.
19	غ	Gaïn	Gain	r. Grasseyé à la Provençale.	G. g.	G. g.
20	ف	Fé	Fe	f. faste.	F. f.	F. f.
21	ق	Qâf	Qaf	q. Articulé de la glotte qa Glottal.	Q. q.	Q. q.
22	ك	Kâf	Kif	q. ou c. dans qui, quelqu'un, cœur.	K. k.	K. k.
23	ل	lám	lam	l. hélas.	L. l.	L. l.
24	م	mîm	mim	m. mon.	M. m.	M. m.
25	ن	noûn	noun	n. noir.	N. n.	N. n.
26	و	Wâw	ou	ou. oui, ouatte.	W. w.	W. w.
27	ه	hé	he	h. Aspiration douce honte.	H. h.	H. h.
27	ة	hé	het	idem devenant t à la fin des mots.	t.	t.
28	ي	Iâ	ié	y ou i. dans Andaye, aïe interjection.	Ï. ï.	I. i.

Articulations particulières aux Langues Turque et Persane.

29	پ	Bâ âgémî		p. dans Paris.	P. p.	P. p.
30	چ	Ghu âgémî		c. Italien dans cio, ou ch Anglais dans church.	Ch. ch.	Ch. ch.
31	ژ	Zâ âgémî		j. dans jatte, joug.	J. j.	J. j.
32	گ	Kâf âgémî		gu. dans gueux, guide; g. dans gain.	G. g.	G. g.
33	ڭ	Sagir noûn		n. dans les voyelles nazales comme bu, brun, rang.	ñ	ñ

Valeur du Hamza avant une Voyelle.

ٱ	à ou è.	à ou è.
ٳ	ì, é ou è.	ì, é ou è.
ٱ	ô, ù, où ou èu.	ô, ù, où ou èu.

après une Voyelle.

بَأ	ba'.	ba'.
بِ	bi'.	bi'.
بُؤ	bou'.	bou'.

N°. On peut sans inconvénient omettre le signe du Hamza, toutes les fois qu'il commence un mot.

Valeur des Voyelles brèves, longues et Diphtongues.

بَ	ba ou bè	ba ou bè
بِ	bi, be ou bé	bi, be ou bé
بُ	bo, bu, bou ou beu	bo, bu, bou ou beu
با	bà	bà
بي	bî	bî
بو	boù	boù
بَو	baw.	baw.
بَي	baï ou béï	baï ou béï
بَا	bä	bä

Valeur du Tenwin ou Voyelles Nazales.

بً	baň	baň
بٍ	biň	biň
بٌ	buň	buň

Valeur du Aïn avant une Voyelle.

عَ	à.	à.
عِ	ì ou é.	ì ou é.
عُ	ò ou èu.	ò ou èu.

après une Voyelle.

بَع	bá	bá
بِع	bí ou bé	bí ou bé
بُع	bó ou beú	bó ou beú

RÉSUMÉ.

L'objet de ce mémoire était de faire connaître comment la carte de l'Égypte a été levée, construite et gravée.

On l'a divisé en quatre chapitres.

Dans le premier, on indique les moyens employés, soit pour lever le pays régulièrement et suppléer aux opérations trigonométriques reconnues inexécutables par le manque d'instrumens et de temps et par la nature des lieux, soit pour recueillir tous les renseignemens propres à faire connaître cette contrée célèbre. On signale les obstacles qu'on a rencontrés pour parvenir à ce double but, ainsi que les dangers auxquels on a été exposé. On y montre que le temps n'aurait pas permis aux ingénieurs-géographes employés à ces travaux, malgré tout leur zèle et leur dévouement, de faire ce qu'ils se proposaient, sans la coopération de MM. les ingénieurs militaires et civils, et sans les matériaux procurés par plusieurs de MM. les généraux et officiers de l'armée d'Orient. Ce chapitre est terminé par une analyse des instructions données à chaque ingénieur pour opérer uniformément. Enfin on y parle des divers plans de voyages qu'on était sur le point d'exécuter, quand les événemens de la guerre obligèrent d'y renoncer.

Dans le deuxième chapitre, on rend compte de la remise au dépôt de la guerre de tous les matériaux recueillis par les ingénieurs-géographes; on y indique quels coopérateurs étaient nécessaires pour l'emploi de ces matériaux, et les sources où l'on devait puiser pour en obtenir de nouveaux, l'échelle qu'il convenait d'adopter pour la carte, etc. On y expose les difficultés et les obstacles survenus dans la construction et la gravure de la carte, ainsi que les moyens dont on a fait usage pour écrire les noms en caractères arabes et pour les graver; la mise des scellés sur les cuivres; leur transport hors de Paris pour les mettre à l'abri des deux invasions; enfin les améliorations ultérieures faites au travail, et la remise de la carte à la Commission d'Égypte pour être annexée à son ouvrage.

Le chapitre troisième concerne entièrement la construction de la carte : on y traite de son format, de sa projection, de son échelle, des points qui lui servent de base; on analyse les matériaux qui entrent dans la construction de chaque feuille, et le parti que l'on a pris sur l'emploi de chacun d'eux.

Le chapitre quatrième est relatif au système adopté par le Gouvernement pour écrire et graver les noms de la carte en caractères arabes et en caractères français. On a cru devoir rapporter tout au long le procès-verbal des séances de la commission d'orientalistes nommée pour déterminer ce système de transcription.

Les détails que renferment ces quatre chapitres mettront à même d'apprécier le degré de confiance que mérite la carte. On la jugera sans doute avec indulgence, si l'on veut considérer que l'armée d'Orient n'a occupé l'Égypte que pendant environ trois ans; qu'elle y a été dans un état continuel de guerre; qu'elle a eu à combattre les Mamlouks, les Arabes, les Turks, les Anglais, et même les habitans du pays; qu'elle en a fait deux fois la conquête; que la peste y a régné tous les ans, ainsi que l'ophtalmie et la dyssenterie; que les débordemens du Nil ne permettaient pas de parcourir le pays dans toutes les saisons; que les ingénieurs étaient peu nombreux, et que plusieurs ont été victimes de leur dévouement; que toutes leurs opérations, de même que celles de ce genre faites par MM. les ingénieurs militaires et civils, « ont été souvent entreprises au milieu du tumulte de la guerre et dans des provinces éloignées dont la soumission était récente et incertaine. On a été plusieurs fois obligé de substituer des armes aux instrumens géométriques, et, en quelque sorte, de disputer ou de conquérir le terrain que l'on avait à mesurer[1]. »

On terminera ce résumé du mémoire par deux tableaux.

Le premier donnera en masse la superficie de l'Égypte et de la partie de la Syrie parcourue par l'armée d'Orient; on y indiquera la quantité de lieues carrées, de vingt-cinq au degré, levées géométriquement, ou au pas et à la boussole, en distinguant combien d'espace il y a eu de levé, selon ces méthodes, par les divers ingénieurs de l'armée.

Ces quantités auraient pu être distinguées suivant les divers coopérateurs : mais, comme les noms des principaux sont gravés au bas de toutes les feuilles qui renferment leurs travaux, et rappelés dans la liste qui pré-

[1] Extrait du Discours préliminaire de la *Description de l'Égypte*, par M. Fourier.

cède l'atlas géographique; qu'il a déjà été fait mention de tous dans le compte rendu de la construction de chaque feuille, ainsi que de leurs grades et qualités; enfin, que leurs noms seront encore rapportés dans le deuxième tableau ci-après, on a pensé que ce détail serait ici superflu.

Le deuxième tableau donnera les noms des ingénieurs et des autres personnes qui ont fourni des matériaux, rangés suivant l'ordre des feuilles où figurent les résultats de leurs opérations.

TABLEAU de la superficie des pays parcourus par l'armée d'Orient.

NOMS		NOMBRE DE LIEUES CARRÉES PARCOURUES, qui ont été levées			OBSERVATIONS.
DES PAYS.	DES CORPS.	à la planchette et au graphomètre.	au pas et à la boussole.	TOTAUX.	
		de 25 au degré.	de 25 au degré.	de 25 au degré.	Dans ces quantités, il n'est question que de l'espace absolu qui entre dans la construction de la carte. Plusieurs parties de l'Égypte ont été levées deux et même trois fois : mais on ne rapporte ici que la superficie dont le levé a été employé sur cette carte, comme ayant paru mériter la préférence ; il n'est point question des autres.
ÉGYPTE..	Ingénieurs-géographes.....	800[1]	873[1]	1673[1]	
	Ingénieurs militaires......	204.	284.	488.	
	Ingénieurs civils ou des ponts et chaussées et des mines.	139.	125.	264.	
	Généraux, etc...........	»	159.	159.	
	TOTAUX.....	1143.	1441.	2584.	

NOMS		NOMBRE DE LIEUES CARRÉES PARCOURUES, qui ont été levées			OBSERVATIONS.
DES PAYS.	DES CORPS.	à la planchette et au graphomètre.	au pas et à la boussole.	TOTAUX.	
		de 25 au degré	de 25 au degré.	de 25 au degré.	
SYRIE....	Ingénieurs-géographes......	92.	147.	239.	
	Ingénieurs militaires......	»	96.	96.	
	Ingénieurs civils..........	»	»	»	
	Généraux, etc............	»	91.	91.	
	TOTAUX......	92.	334.	426.	
ÉGYPTE et SYRIE.	Ingénieurs-géographes......	892.	1020.	1912.	
	Ingénieurs militaires......	204.	380.	584.	
	Ingénieurs civils..........	139.	125.	264.	
	Généraux, etc............	»	250.	250.	
	TOTAUX......	1235.	1775.	3010.	

DE LA CARTE DE L'ÉGYPTE.

TABLEAU *général des ingénieurs qui ont coopéré à la carte de l'Égypte, et de toutes les personnes citées dans ce mémoire qui ont fourni des matériaux.*

ORDRE DES FEUILLES.

DÉSIGNATION DES FEUILLES.		NOMS des INGÉNIEURS OU DES PERSONNES qui ont fourni des matériaux.
Nos.	NOMS.	
	CARTE TOPOGRAPHIQUE.	MM.
1.	Les Cataractes..........	Legentil. Jomard. Rozière.
2.	Koum-Omboŭ..........	Legentil.
3.	Edfoŭ................	Legentil.
4.	Esné.................	Legentil. Jomard.
5.	Thèbes...............	Simonel. Schouani. Jollois. Devilliers. Jomard. Nouet. Corabœuf.
6.	Vallée de Qoçeyr.......	Schouani.
7.	Qoçeyr...............	Du Bois-Aymé. Schouani. Legentil.
8.	El-Haouch............	Schouani.
9.	Qené.................	Schouani.
10.	Girgeh...............	Schouani. Jomard.

DÉSIGNATION DES FEUILLES.		NOMS des INGÉNIEURS OU DES PERSONNES qui ont fourni des matériaux.
N.ᵒˢ	NOMS.	
		MM.
11.	Tahtah..............	Schouani. Bertre. Lecesne.
12.	Syout...............	Bertre. Lecesne. Schouani.
13.	Manfalout...........	Jomard. Bertre. Lecesne. Raffeneau-Delile. Schouani.
14.	Antinoé, Minyeh......	Jomard.
15.	Abou-Girgeh.........	Schouani. Jomard. Martin.
16.	Fechn...............	Schouani. Martin.
17.	Gebel Gèbeï..........	Schouani.
18.	Beny-Soueyf.........	Martin. Jomard. Schouani. Vidal.
19.	Le Fayoum..........	Bertre. Martin. Jomard. Caristie. Schouani.
20.	Les Pyramides.......	Martin. Bertre. Jacotin. Jomard.

DE LA CARTE DE L'ÉGYPTE.

DÉSIGNATION DES FEUILLES.		NOMS des INGÉNIEURS OU DES PERSONNES qui ont fourni des matériaux.
Nos.	NOMS.	
		MM.
21.	Memphis.............	Schouani. Jacotin. Jomard. Devilliers. Girard. Alibert. Burel. Souhait. Le Père (Gratien). Du Bois-Aymé.
22.	Suez ou Soueys.........	Les ingénieurs des ponts et chaussées. Devilliers. Girard. Alibert. Du Bois-Aymé.
23.	Lacs Amers............	Les ingénieurs des ponts et chaussées. Say. Le Père (Gratien). Du Bois-Aymé.
24.	Le Kaire.............	Jomard. Jacotin. Simonel. Devilliers. Reynier. Bertre. Lecesne. Nouet. Corabœuf. Say. Vidal. Burel.
25.	Ventre de la Vache......	Simonel. Lathuille. Jomard. Jollois. Du Bois-Aymé. Schouani.

DÉSIGNATION DES FEUILLES.		NOMS des INGÉNIEURS OU DES PERSONNES qui ont fourni des matériaux.
N.ºˢ	NOMS.	
		MM. Le général Andréossy. Jacotin. Say.
26.	Lacs de Natroun..........	Le général Andréossy. Redouté. Duchanoy.
27.	....	Legentil.
28.	Fleuve sans eau..........	Legentil. Le Père (Gratien).
29.	Menouf................	Simonel. Schouani. Lathuille. Jollois. Du Bois-Aymé. Le général Sanson. Le Père (Gratien).
30.	Bubaste, Sâlehych.......	Simonel. Les ingénieurs des ponts et chaussées. Jacotin. Malus. Favier. Fevre. Lancret. Reynier. Devilliers. Ferrus. Moret. Jomard. Lathuille. Alibert. Delaroche.
31.	Canal de Soueys........	Legentil. Jacotin. Favier. Les ingénieurs des ponts et chaussées.

DE LA CARTE DE L'ÉGYPTE.

DÉSIGNATION DES FEUILLES.		NOMS des INGÉNIEURS OU DES PERSONNES qui ont fourni des matériaux.
N.os	NOMS.	
		MM.
32.	El-A'rych............	Jacotin. Bouchard.
33.	Lac Sirbon............	Jacotin. Lazouski. Malus.
34.	Tennys, Péluse, Qatyeh...	Legentil. Jacotin. Le général Andréossy. Les ingénieurs des ponts et chaussées.
35.	Mansourah, Sán........	Legentil. Simonel. Jacotin. Schouani. Alibert. Cazals. Théviotte. Potier. Lathuille.
36.	Foueh, Damanhour......	Simonel. Schouani. Lancret. Chabrol. Legentil. Vinache. Sanson.
37.	Alexandrie............	Legentil. Taskin. Lancret. Chabrol. Sanson. Vinache. Picot de Moras. Nouet. Jomard. Corabœuf. Dulion.

DÉSIGNATION DES FEUILLES.		NOMS des INGÉNIEURS OU DES PERSONNES qui ont fourni des matériaux.
Nos.	NOMS.	
		MM. Bertre. Lecesne. Les ingénieurs des ponts et chaussées.
38.	....	Legentil. Le Père (Gratien).
39.	*Abouqyr*............	Legentil. Taskin.
40.	*Rosette, lac Bourlos*......	Simonel. Cazals. Théviotte. Potier.
41.	*Damiette*.............	Legentil. Simonel. Le général Andréossy. Cazals. Théviotte. Potier.
42.	*Bouche de Dybeh*........	Legentil.
43.	*Gaza*..................	Jacotin.
44.	*Jérusalem* et *Jaffa*.......	Jacotin.
45.	*Césarée*...............	Jacotin. Say. Crepin. Ferrus. Paultre.
46.	*Acre, Nazareth, etc*......	Jacotin. Paultre. Crepin. Vernois.

DÉSIGNATION DES FEUILLES.		NOMS des INGÉNIEURS OU DES PERSONNES qui ont fourni des matériaux.
N^{os}	NOMS.	
47.	*Tyr, Sidon*............	MM. Jacotin. Paultre. Vial. Vernois.
	CARTE GÉOGRAPHIQUE.....	Jacotin. Raffeneau-Delile. Paultre. Coutelle. Rozière. Bachelu.

Interprètes pour la traduction et la transcription des noms arabes.

MM. DELAPORTE, membre de la Commission des sciences et arts d'Égypte.
RAIGE, *idem*.

MM. BELLETÊTE, membre de la Commission des sciences et arts d'Égypte.
ELLIOUS BOCTHOR.

Voyageurs et auteurs dont les ouvrages ont été consultés pour la construction de la carte de l'Égypte.

MM. ANVILLE (D').
BROWNE.
BRUCE.
BUACHE.
GRANGER.
HORNEMANN.
LA ROCHETTE.
NIÉBUHR.

MM. NORDEN.
POCOCKE.
RENNELL (Le major).
ROSILY (L'amiral).
SICARD (Le P.).
SONNINI.
VANSLEB (Le P.).
VOLNEY.

Graveurs du Dépôt de la guerre qui ont été employés à la gravure de la carte.

Topographie.

MM. Blondeau,
　　premier graveur.
Orgiazzi.
Thuillier.
Barrière père.
Semen.
Chamouin.
Vicq.
Dandeleux.
Nyon.

MM. Walh.
Rousseau.
Eymard.
Tardieu (Baptiste).
Chailly.
Decatte.
Perdoux.
Roux.
Flahaut.
Barrière (Alexis).

Lettre française.

Giraldon.　　　　　　　　Lale.

Lettre arabe.

Miller.

FIN DU TOME DIX-SEPTIÈME.

TABLE

DES MATIÈRES DU TOME XVII.

ÉTAT MODERNE.

Pages.

MÉMOIRE *sur l'agriculture, l'industrie et le commerce de l'Égypte*; par M. P. S. Girard, ingénieur en chef des ponts et chaussées, membre de l'Académie royale des sciences et de l'Institut d'Égypte, chevalier de l'ordre royal de la Légion d'honneur.. 1

PREMIÈRE PARTIE. *De l'état actuel de l'agriculture en Égypte*.... 10

Section Ire. Disposition et étendue des terrains cultivables. — Irrigations. — Moyens artificiels d'arrosement... Ibid.

Section II. De la charrue. — Du noreg. — Des autres instrumens de l'agriculture. — Des animaux qui y sont employés... 22

Section III. Des mesures agraires. — Des mesures de capacité. — Des poids. — Des monnoies............... 29

Section IV. De l'état des cultivateurs en Égypte. — Quelques notions sur l'administration des villages........ 37

Section V. Des diverses cultures de l'Égypte............... 48
§. Ier. Culture du blé.................................. Ibid.
§. II. Culture du dourah et du maïs.................... 54
§. III. Culture du riz................................. 61
§. IV. Culture de l'orge............................... 69
§. V. Culture des lentilles, des pois chiches et des lupins... 73
§. VI. Culture des fèves............................... 76
§. VII. Culture des ognons, — des pastèques, — des melons. — Autres cultures de plantes potagères........... 78
§. VIII. Culture du trèfle, — du fenugrec, — de la gesse, — et du pois des champs............................ 83
§. IX. Culture du colza, — de la laitue, — et du sésame.... 90
§. X. Culture du carthame............................. 94
§. XI. Culture du lin.................................. 98
§. XII. Culture du coton............................... 104
§. XIII. Culture de l'indigo............................. 108
§. XIV. Culture du sucre................................ 113
§. XV. Culture du tabac............................... 115

		Pages.
§. XVI.	Culture des rosiers...........................	117
§. XVII.	Culture du dattier, de la vigne, — de quelques autres arbres..	118
Section VI.	Des animaux élevés par les cultivateurs..........	125
Section VII.	De l'aménagement des terres dans les différentes provinces de l'Égypte...........................	133
Section VIII.	Des bénéfices de l'agriculture et du meilleur emploi de la terre en Égypte........................	148
§. Ier.	Culture du blé *el-bayády*.....................	149
§. II.	Culture des fèves *el-bayády*...................	152
§. III.	Culture du trèfle *el-bayády*...................	155
§. IV.	Culture du carthame *el-bayády*................	158
§. V.	Culture du *dourah el-nabáry*..................	160
§. VI.	Culture de l'indigo............................	164
§. VII.	Culture du blé *el-chetaouy* dans le Fayoum......	167
§. VIII.	Culture du lin dans le Delta...................	169
§. IX.	Culture du riz................................	172
Section IX.	Du droit de propriété et de la perception de l'impôt.	189
SECONDE PARTIE.	*De l'état actuel de l'industrie en Égypte*......	198
Section Ire.	Fabriques de vases de terre et de diverses poteries, des briques crues et des briques cuites.........	199
Section II.	Fabriques des toiles de coton, de lin, et de diverses autres étoffes................................	207
Section III.	De la fabrication des nattes....................	225
Section IV.	Des différentes espèces d'huiles et de leur fabrication..	229
Section V.	De la fabrication du vin, des différens vinaigres, et de l'eau-de-vie................................	234
Section VI.	De la fabrication de l'eau de rose...............	236
Section VII.	De la fabrication du sucre.....................	238
Section VIII.	De la fabrication du sel ammoniac..............	242
Section IX.	De l'art de faire éclore les poulets...............	246
Section X.	De la chasse et de la pêche....................	248
Section XI.	De la fabrication du sel marin et du salpêtre.....	250
Section XII.	Des arts et métiers, et généralement de l'industrie des villes.....................................	253
TROISIÈME PARTIE.	*Du commerce actuel des Égyptiens*........	260
Section Ire.	Du commerce intérieur de l'Égypte.............	Ibid.
Section II.	Des relations commerciales de l'Égypte avec l'intérieur de l'Afrique.............................	277
§. Ier.	Caravane de Dârfour..........................	278
§. II.	Caravane de Sennâr...........................	291

TABLE DES MATIÈRES. 655

Pages.

§. III. Caravane du pays de Fezen..................... 297
§. IV. Du commerce de l'Égypte avec les États Barbaresques. 299
Section III. Relations commerciales de l'Égypte avec l'Asie... 305
§. Ier. Commerce avec la Syrie...................... 306
§. II. Commerce de l'Égypte avec l'Arabie et l'Inde....... 318
Section IV. Des relations commerciales de l'Égypte avec l'Europe... 340
§. Ier. Commerce de l'Égypte avec Venise et Trieste....... 341
§. II. Commerce de l'Égypte avec la Toscane........... 352
§. III. Commerce de l'Égypte avec la France............ 360
Section V. Renseignemens sur le commerce de l'Égypte, fournis par les registres des douanes............... 374
Résumé *et observations générales*........................ 397
Pièces justificatives................................... 421

MÉMOIRE *sur la construction de la carte de l'Égypte*, par M. Jacotin, colonel au corps royal des ingénieurs-géographes militaires, chef de la Section topographique du Dépôt de la guerre, chevalier de l'ordre royal et militaire de Saint-Louis, officier de l'ordre royal de la Légion d'honneur, membre de la Commission des sciences et arts et de l'Institut d'Égypte, etc............. 437
Introduction.. *Ibid.*
Chapitre Ier. *Moyens employés pour connaître la géographie de l'Égypte et obtenir les élémens nécessaires à la construction de la carte*................... 441
Chapitre II. *Réunion, au Dépôt général de la guerre, de tous les levés, reconnaissances et matériaux recueillis sur l'Égypte et la Syrie pendant l'expédition; moyens employés pour construire la carte et pour la graver*................................. 470
Chapitre III. *Construction des cartes de l'Égypte*............ 491
Section Ire. Carte topographique en quarante-sept feuilles.... *Ibid.*
§. Ier. Échelle et projection de cette carte; positions géographiques qui lui servent de bases, et qui sont calculées en distances à la méridienne de la grande pyramide de Memphis et à sa perpendiculaire; position de chaque feuille relativement à ces deux coordonnées; leurs dimension, notation et disposition, pour en faciliter l'assemblage...................... *Ibid.*
§. II. Analyse des matériaux employés pour la construction de chaque feuille............................ 497

TABLE DES MATIÈRES.

	Pages.
ÉGYPTE. { *Haute.* Feuilles 1 à 13	498
Moyenne. Feuilles 14 à 21	520
Basse. Feuilles 22 à 42	542

SYRIE. Exposé des difficultés qu'on a éprouvées pour la construction des cinq feuilles de la carte qui appartiennent à cette contrée ; examen et choix des points qui leur servent de bases.. 594

     Feuilles 43 à 47.. 598

Section II. Carte géographique de l'Égypte et des pays environnans, en trois feuilles................................ 613

§. Ier. Partie occidentale de l'Égypte.......................... 614
§. II. Partie orientale.. 616
§. III. Mer Rouge.. 619
§. IV. Arabie... 620
§. V. Syrie, Palestine.. 623

Section III. Carte ou tableau d'assemblage pour la carte topographique de l'Égypte en quarante-sept feuilles, et pour la carte géographique en trois feuilles.. 624

CHAPITRE IV. *Des écritures de la carte en caractères français et en caractères arabes*................................ 626

RÉSUMÉ... 639

Tableau de la superficie des pays parcourus par l'armée d'Orient. 643
Tableau général des ingénieurs qui ont coopéré à la carte de l'Égypte, et de toutes les personnes citées dans ce mémoire qui ont fourni des matériaux, par ordre de feuilles........ 645
Interprètes pour la traduction et la transcription des noms arabes. 651
Voyageurs et *auteurs* dont les ouvrages ont été consultés...... *Ibid.*
Graveurs employés à la gravure de la carte...................... 652

FIN DE LA TABLE.

BARREAU ANGLAIS

ou

CHOIX DES MEILLEURS PLAIDOYERS

DES AVOCATS ANGLAIS

Traduits par MM. CLAIR et CLAPIER, avocats à la Cour royale de Paris.

Trois volumes in-8° format et texte du Barreau français, dont ils formeront les tomes 17, 18 et 19, si les souscripteurs veulent les joindre à leur collection. Prix : 18 fr. les trois volumes. Chez C. L. F. PANCKOUCKE, éditeur, rue des Poitevins, n. 14.

Le tome premier a paru et renferme les plaidoyers de lord Erskine.

Extrait du Prospectus.

« Notre recueil réunit tout ce que le barreau anglais a produit de plus remarquable. Les Œuvres du lord Erskine ont fourni un corps complet de doctrine sur la liberté de la presse ; ses plaidoyers pour le doyen de Saint-Asaph, pour Stockdale, pour Thomas Paine, présentent le résumé des plus intéressantes questions sur ce sujet. Nous emprunterons à Mackintosh sa défense du libraire Pelletier, poursuivi pour avoir publié à Londres une ode contre Napoléon, que l'on attribuait à Chénier ; Philipps et Curran nous offriront quelques procès fameux de divorce et de séduction, qui nous feront connaître l'état des mœurs domestiques en Angleterre ; enfin, le procès de M. Hastings nous apprendra comment s'exerce, dans le parlement anglais, cette responsabilité ministérielle qui n'existe encore chez nous que de nom. Ainsi, notre recueil ne sera pas seulement utile à l'avocat auquel il offrira de nouveaux modèles ; tout homme qu'une honorable ambition invite aux études plus relevées du droit public, trouvera dans ces précédens de liberté, des enseignemens utiles. »

« L'ouvrage est imprimé dans le même format et du même caractère que le *Barreau français* auquel il se lie naturellement. La première livraison, qui paraît, contient les plaidoyers de lord Erskine ; de courtes notices, placées en tête de chaque plaidoyer, en feront connaître l'objet et le résultat.

« Les termes et les usages de la jurisprudence anglaise qui pourraient présenter quelques difficultés aux lecteurs français, sont expliqués dans des notes claires et concises.

« Enfin, rien n'est négligé par l'éditeur pour rendre cet ouvrage digne de la faveur dont le public a honoré la collection du Barreau français.

« Il y joindra quatre portraits des plus célèbres orateurs du Barreau anglais.

www.ingramcontent.com/pod-product-compliance
Lightning Source LLC
Chambersburg PA
CBHW050313240426
43673CB00042B/1397